Sammlung Kilpper

Mesopotamien

Bärtiger Beter mit Weihgefäß aus Tell Asmar

Mesopotamien

von Hartmut Schmökel

EMIL VOLLMER VERLAG

*Der Text dieser Ausgabe folgt ungekürzt der in den Jahren 1958 bis 1966
in mehreren Auflagen erschienenen Serie „Große Kulturen der Frühzeit".
Der Bildteil wurde zum Großteil überarbeitet und von Band zu Band
je nach Erfordernissen der neueren Ausgrabungen neu zusammengestellt.
Die Bildhinweise im Text wurden angepaßt und zum Teil ergänzt. Die
Bearbeitung besorgte Theophile Sauvageot.*

Der Verlag

Gesamtherstellung: Millium Media Management
Printed in Germany

ISBN 3-88851-091-0

Inhalt

I
Das älteste Sumer

Wenn die kurze Dämmerung sich über das weite, flache Land am Euphrat legt, kehren die Tempelherden unter den Rufen der braunen, nackten Hirten heim. Es ist Frühling, und das junge sprießende Gras hat Saft und Kraft, so sind die Schafe und Ziegen feist, und die Lämmer folgen hurtig ihren schwereutrigen Müttern. Noch ist Zeit bis zur Schur: Lang und dick hängt den Tieren das Fell herab – die Wollspinnerinnen in den Tempelhöfen werden dies Jahr reichlich Arbeit bekommen.

Die Staubwolke, die die vielen schleppenden Füße aufwirbeln, verdüstert den gedeckten Gang durch Uruks Stadttor und wallt über den Rinderpferch des Eanna, des Inanna-Heiligtums. Die Rinderhirten, die sich über die armen Schaftreiber erhaben dünken, warten ihnen mit Schimpfworten auf. In das Blöken und Meckern des Kleinviehs mischt sich das Brüllen der Kühe, die gerade gemolken sind, und das Schnauben der Stiere. Sie warten auf die Gerste, die ihnen aus den Tempelscheunen als Abendfütterung hingebreitet wird. Nun sind auch Ziegen und Schafe in ihren Hürden an den Mauern des Heiligtums untergebracht; das Tagewerk der Tempelhirten ist beendet, und sie drängen sich zur Ausgabestelle, um ihre Rationen an Bier und Brot in Empfang zu nehmen.

Auf den Straßen der Wohnquartiere von Uruk – sie sind wie Schluchten zwischen den Lehmmauern, die nur hier und da durch die Tore der Häuser oder eine keine Kapelle unterbrochen werden – ist jetzt, da die Kühle des Abends kommt, vielerlei Leben. Tischler, Grob- und Feinschmiede, Töpfer, Steinmetze und die vornehmen Rollsiegelschneider treten, von ihren Werkstätten kommend, aus den Tempelportalen und gehen schwatzend ihren Häusern zu. Die Frauen, mit hochgebundenem Schwarzhaar und in geschürzten Wollkitteln, holen in ihren großen Tonkrügen Wasser vom Fluß, und bald sieht man sie durch die Hoftore am Herd wirtschaften oder noch eilig das letzte Korn für die abendlichen Brotfladen ausmahlen. Soldaten in bronzenem Kegelhelm, die Rechteckschilde umgehängt und die langen Speere lässig über der Schulter, rücken ein – vielleicht hatten sie heute Pionierdienst und mußten die vom letzten Hochwasser weggerissenen Buhnen am Fluß ausbessern; Schreiber, Priester und Hofbeamte im modisch gekräuselten Zottenrock schlendern stolz vorüber, und die Knaben haben endlich die harten, in Reih und Glied stehenden Lehmbänke der Tempelschule verlassen dürfen; sie toben, ihre Tontafeln schwingend, über die Plätze und winden sich jetzt behende zwischen den schwerbepackten Eseln einer Lastkarawane durch, die unter den Stöcken ihrer Treiber geduldig Körbe, Säcke und Schläuche von den breiten Lastkähnen am neuen Euphratkai ins Magazin schleppen.

Und nun werden Befehle und Rufe laut, die die Passanten stutzen und beiseite treten lassen: Durch ein Spalier achtungsvoll gebeugter Rücken schreitet der Priesterfürst in Fellmantel und Königsbinde, mit seinem Gefolge von einer Besichtigung des neuangelegten Bewässerungskanals kommend, dem Tor des Eanna zu, um sich in sein innerhalb des heiligen Bezirks gelegenes Haus zu begeben. In ihren Angelsteinen ächzend, schließen sich die Türen der Magazine und Verteilungsstellen, und aufatmend legen die Verwalter und Listenführer ihre vollgeschriebenen Tafeln auf die Regale. Es ist Feierabend, Arbeitsende auch für die Gartensklaven, die nun die Sperrbretter vor die Wassergräben der Dattelhaine und Gemüseplantagen setzen und die Zugänge zu den Anpflanzungen in den Lehmumwallungen schließen.

Der Wind, der mit dem Einfallen der Dunkelheit aufkam, mengt den Duft blühender Steppenkräuter in den Rauch von Vieh, Holzfeuern und Fluß, der über der kleinen Sumererstadt liegt, trägt aber auch die herbe Würze von Myrrhe und Weihrauch in die Höfe und

Gassen rings um den Tempelbezirk. Gewohnheitsmäßig richten die arbeitsmüden Bürger ihre Augen zur alle Mauern und Dächer überragenden Hochterrasse, auf der sich zwei Kultbauten vom Abendhimmel abheben. Sie sind der Stolz der Stadt und verkünden weit ins Land den Ruhm ihrer genialen Erbauer. Nicht aus Lehmziegeln, sondern ganz aus dem seltenen und kostbaren Kalkstein erbaut, erhebt sich dort das größte Heiligtum, das Menschen bisher errichteten: 30 : 80 m betragen die Maße, innen ist ein T-förmiger Hof, 62 m lang, 12 m breit, um den sich, symmetrisch geordnet und mit auf Achse liegenden Eingängen, 11 Kammern lagern. Die Zella, das Allerheiligste, befindet sich im Mittelraum des Kopfbaus und ist vom Hof aus zu betreten. Mit zahlreichen Eingängen ist das Heiligtum den Gläubigen offen, die Gottheit lädt ihre Verehrer zu Gaste.

Der Kalksteintempel mit der köstlichen Nischenarchitektur seiner Mauern ist von Südwesten nach Nordosten orientiert; ihn ergänzt auf der mit ungezählten Tagewerken angelegten Nordsüd-Terrasse ein zweites, zierlicheres Heiligtum von 40 : 18 m Größe, dessen Schönheit auf den bunten Stiftmosaiken seines Hofes – Tonnägel mit farbigen Köpfen sind in Zickzack-, Dreieck- und Rautenmustern in die Lehmziegelwände eingelassen – und in der ihm vorgelagerten Pfeilerhalle von 15 : 17 m Ausmaß beruht: Sie wird von je 4 Halbrundpfeilern an den Querwänden und 8 Rundpfeilern in Weiß und Schwarz gebildet. Zwei Gotteshäuser stehen so eng beieinander, und in ihnen wohnen zwei innig verbundene Gottheiten – Inanna, Uruks Herrin, und ihr durch ihre Wahl vergöttlichter Geliebter Dumuzi. Ihnen gelten die abendlichen Opferfeuer, die nun ihren Flackerschein auf die gewaltigen, durch die wirkungsvolle Kunst der Nischensetzung aber leicht und beschwingt wirkenden Mauerwerke werfen. Und da ist auch das Abendlied der Götter, das zum Tagesausklang der Stadt gehört wie das letzte Blöken der heiligen Herden, wie das Rauschen des Euphrat … Priester und Tempeldienerinnen stimmen es an, und die Nischenwände lassen es widerhallen, daß es wie ein Versprechen göttlichen Schutzes gegen alle bösen Geister für die Nacht weit über die Häuser der Gläubigen dahingetragen wird.

Sie ist erst jung, diese Stadt Unuk-Uruk, und die ganz Alten erinnern sich noch der Berichte ihrer Väter, nach denen das Sumerervolk einst nach langer Wanderung von Osten her in der Lagune von Eridu, am Westende des Persischen Golfs, landete. Seit Jahrhunderten stand hier ein oft überbauter Tempel der an Zahl geringen Vorbewohner des Landes: Der Platz wurde zur ersten Siedlung der Einwanderer, und im übernommenen heiligen Bezirk mögen sie dem gütigen und weisen Gott Enki, dem „Herrn der Wassertiefe", der ihnen die Künste der Zivilisation geschenkt und sie hergeführt hatte, ihre Dankopfer dargebracht haben. In Enki begegnen wir wohl dem ältesten Gott Sumers, und wenn wir feststellen, daß sein Kult auch auf der rund 700 km südöstlich von Eridu im Persischen Golf gelegenen Insel Tilmun (dem heutigen *Bahrein*) gepflegt wurde und daß nach Aussage alter sumerischer Mythen seine Fürsorge ebenso dem Lande Meluchcha – nach neuesten Forschungen wahrscheinlich Nordwestindien – galt, so erhalten wir damit wenigstens einen ersten Hinweis auf den Marschweg und die Herkunft der Ankömmlinge, die zu Land und zur See vielleicht den weiten Weg von Indien hergekommen sind.

Von Eridu aus, das politisch nie zu irgendwelcher Bedeutung gelangte, seine Heiligkeit dafür aber Jahrtausende bewahrte, wurde Uruk besiedelt, und die Mythe weiß noch zu erzählen, wie Inanna ihrem von ihrem Liebreiz bestrickten Vater Enki bei einem trinkfrohen Gastmahl die „göttlichen Kräfte" – alle himmlischen Erfindungen, Setzungen und Künste, auf denen die Zivilisation gegründet ist – abschwatzte. Der berauschte Enki schenkte sie ihr:

„Bei meiner Macht, bei meiner Macht, ich will
Inanna, meiner reinen Tochter, schenken

Die Herrschaft ..., Götterschaft, Tiara,
Will schenken ihr den königlichen Thron!"
Inanna nahm, die reine, alles an.
„Bei meiner Macht, bei meiner Macht, ich will
Inanna, meiner reinen Tochter, schenken
Das hohe Zepter ..., den erhabenen Tempel,
Will schenken Hirtenschaft und Königtum!"
Inanna nahm, die reine, alles an ...

Die Göttin versteht es, ihren Schatz auch vor dem später Ernüchterten zu wahren und in ihr neues Heiligtum nach Uruk zu überführen. Doch vergaß man Enki und Eridu auch in Uruk nicht. Das erst kürzlich bekanntgewordene Epos „Enmerkar und der Herr von Aratta" berichtet, daß der König Enmerkar von Uruk, der auch als Erfinder der Schrift erscheint, mit allen Kräften des Landes dem Enki in Eridu seinen Tempel Eapzû, „Haus der Wassertiefe", erbaute. Uruk aber wurde die Hauptstadt des jungen Landes Sumer, wo man den fernen, erhabenen Himmelsgott An und – mit weitaus mehr Freude und Inbrunst – im Eanna, dem „Himmelshaus", die Große Mutter, Liebesgöttin und Spenderin der Fruchtbarkeit Inanna verehrte.

Nun, da der Frühling erschienen war, lag die begehrliche und liebesstarke Göttin nicht mehr allein auf ihrer heiligen Bettstatt: Der Hirte Dumuzi – vielleicht tatsächlich einer der frühesten Könige von Uruk – war von der finsteren Unterweltsherrin Ereschkigal aus ihrem Schattenreich Kurnugea, dem „Lande ohne Wiederkehr", entlassen worden, um mit dem ersten Sprießen und Blühen zur Welt des Lichts und in Inannas Arme heimzukehren. Es zwang ihn zu ihr zurück trotz des Verrates, den sie schmählich an ihm begangen hatte. Denn einst war Inanna selbst nach Kurnugea hinabgestiegen, ihre dunkle, ihr feindlich gesinnte Schwester Ereschkigal aber ließ sie triumphierend festhalten und mit schweren Plagen schlagen. Um sich zu retten und der Welt Liebe, Fruchtbarkeit und Wachstum zu bewahren – all das stockte während ihrer Höllenfahrt –, hatte sie den Geliebten als Ersatz preisgegeben; sieben Galla-Dämonen rissen den Entsetzten von seinem Thron in Uruk-Kullaba und entführten ihn zur Zeit der beginnenden Sommerdürre ins finstere Reich des Todes hinab. Inanna war befreit, verzehrte sich aber nur zu bald in brünstiger Sehnsucht nach dem herrlichen Geliebten, dem „Herrn der Viehhürden" und heldenhaften Kämpfer gegen die reißenden, dämonischen Raubtiere, die die Herden zehnteten. Und es geschah, daß er schließlich für die Hälfte des Jahres, für die Frühlings- und Frühsommerzeit, aus der Unterwelt auferstehen durfte; seine Rückkehr war der Anlaß zum großen Neujahrsfest, an dem Inanna und Dumuzi – den die Babylonier später Tammuz und den die Griechen dann Adonis nennen sollten – in weltabgeschiedener, festlich geschmückter Tempelkapelle die „Heilige Hochzeit" feierten, damit jährlich aufs neue den Feldern und Gärten Wachstum und Gedeihen, den Herden und Menschen Liebe und Fruchtbarkeit und der Welt ihre feste segensreiche Ordnung garantierend.

Von dem geheimnisvollen, glückbringenden Geschehnis nahm das ganze gläubige Volk Anteil. Denn der mit dem Titel „Ensi" angeredete Priesterfürst und die Hohepriesterin des Inannatempels stellten auf dem Podium in der Tempelzella diesen Höhepunkt des kultischen Jahresablaufs in Form eines sakralen Gastmehls, das von Musik und Tanz begleitet war, öffentlich dar – ein Ritus, der bald auf alle Tempel und Götterpaare Sumers übergehen sollte und als „Symposion" auf Reliefs und Rollsiegelbildern immer wieder dargestellt worden ist. Er überzeugte aber nicht nur die Gläubigen von der Wirklichkeit des überirdischen Geschehens, sondern verlieh auch den beiden Trägern der Hauptrollen des Mysterienspiels bald göttliche Würde. Wir werden diesem Glaubenskreis in der Zeit der I. Dynastie von Ur wiederbegegnen.

Glauben und Leben war in dieser Frühzeit der babylonischen Geschichte noch eins, und der Aufbau der sumerischen Stadtstaaten – bald entwickelten sich neben Eridu und Uruk weitere selbständige, lebenskräftige Gemeinwesen in Ur, Lagasch, Umma, Nippur, Adab usw. – bezeugt diesen Sachverhalt. Daß den Göttern, zu denen das Sumerervolk betete, alles Land gehörte, war unangefochtenes Dogma; der unsichtbare Herr der Stadt und ihrer Feldmark, dessen Heiligtum sich bald prächtig über die Dächer der Bürgerhäuser erhob, wurde auf Erden durch den priesterlichen Fürsten, der zugleich Führer des militärischen Aufgebots war, vertreten. Damit war der Tempel nicht nur Kultplatz, sondern ebenso Regierungssitz und Gerichtsort. Er wurde aber auch der wirtschaftliche Mittelpunkt der wachsenden Siedlung. Hier stapelten sich die Ernteerträge an Korn und Öl, Datteln und Gemüse, hier sammelten sich die Viehherden, verteilte man das Fleisch der Schlachttiere und verwertete man die Häute und Felle, in den Tempelwerkstätten arbeiteten die Handwerker, in den Höfen trafen sich Kaufleute und Händler, in anderen Gelassen planten die Architekten ihre Bauten und entwarfen die Kanalbauer und Wasserwirtschaftler ihr System der nur in durchdachter Gemeinschaftsarbeit durchführbaren Landbewässerung aus dem Euphrat, seinen Nebenarmen, Zuflüssen und Altwässern. Alle aber waren Diener und Hörige ihres Gottes, der ihnen für ihren Fleiß in den Ausgabestellen regelmäßig das Lebensnotwendige an Nahrung und Kleidung zukommen ließ, ihnen Recht schuf, sie gegen menschliche und dämonische Feinde schützte, ihre Opfer gnädig ansah und sie zu seinen Festen einlud, damit sie ihren Anteil ebenso an den Freuden des Lebens wie am göttlichen Geschehen erhielten. Man hat für diese politisch-wirtschaftliche Lebensform den Namen „religiöser Staatssozialismus" geprägt; er scheint bis zur Mitte des 3. Jahrtausends hin für die staatliche und soziale Struktur Altsumers maßgeblich gewesen zu sein.

Die große Leistung einer solchen durchorganisierten Staatswirtschaft, deren Grundlage ebenso die Ausnutzung aller Kräfte wie die angemessene Versorgung der so Eingespannten war, ist undenkbar ohne das Hilfsmittel schriftlicher Aufzeichnung. So sehen wir denn aus uranfänglichen Punkten, Strichen und Marken der Abrechnungen und Listen die früheste *Schrift* entstehen. Der überreichlich vorhandene, leicht knetbare und schnell steinhart trocknende Lehm des Schwemmlandes bot zusammen mit dem Griffel aus Rohr ein bequemes Material; zeichnerische und rechnerische Begabung prädestinierte diesen und jenen zum Beruf des Schreibers. Bald mehrten sich die Bildzeichen bis zu einer geschätzten Zahl von 2000, aber ebenso schnell setzte eine – den Zeichenbestand wieder um etwa zwei Drittel verringernde – Vereinfachung ein, indem man verwandte Begriffe, wie etwa „Pflug" und „Pflüger", durch das gleiche Bild ausdrückte oder bald auch neben dem Bildwert dessen vom Ursinn nun unabhängigen Lautwert stellte und damit eine bequem verwendliche Silbenschrift erhielt. Ihr gesellte sich eine Zahlenschrift zu, die sowohl auf dem Dezimal- als auch dem Sexagesimalsystem beruhte und ebensosehr hohe Werte wie niedrige Bruchzahlen zu fixieren in der Lage war.

So fanden die deutschen Ausgräber, die seit 1913 die Trümmerhügel Uruks (des heutigen *Warka)* durchforschten, zahllose mit archaischer Schrift und archaischen Zahlen bedeckte Tontäfelchen von 4–11 cm Seitenlänge, die ausschließlich Belege der Tempelwirtschaft darstellen und deren älteste der Schicht Uruk IV a (3000/2900) entstammen. Es handelt sich um die älteste Schrift der Menschheit – denn von hier aus erst gelangt die Idee des Schreibens nach Ägypten, um dort ihre Eigenentwicklung zu nehmen. Nicht zum Ruhm der Könige, nicht zum Preis der Götter, sondern aus den wirtschaftlichen Alltagsbedürfnissen eines fleißigen und hochbegabten, sich im neuen Lande seine Existenz erringenden Volkes heraus ist die Kunst des Schreibens entstanden. Die in ihren Auswirkungen gar nicht abschätzbare Erfindung der Schrift, grundlegend für die Entwicklung der abendländischen Geisteskultur, ist vielleicht die größte Tat des Sumerertums.

Nippur

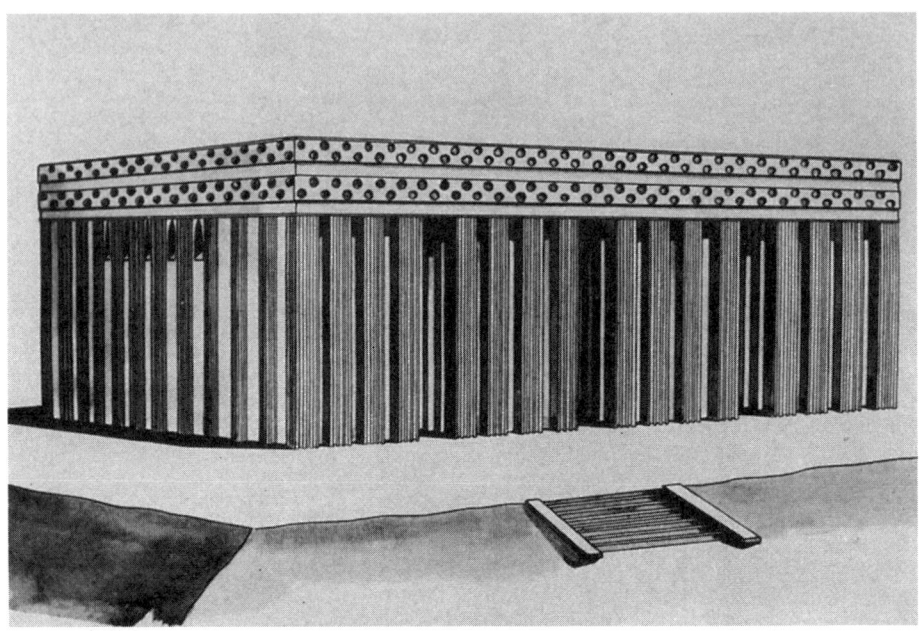

Großtempel der Urukzeit, Rekonstruktion und Grundriß

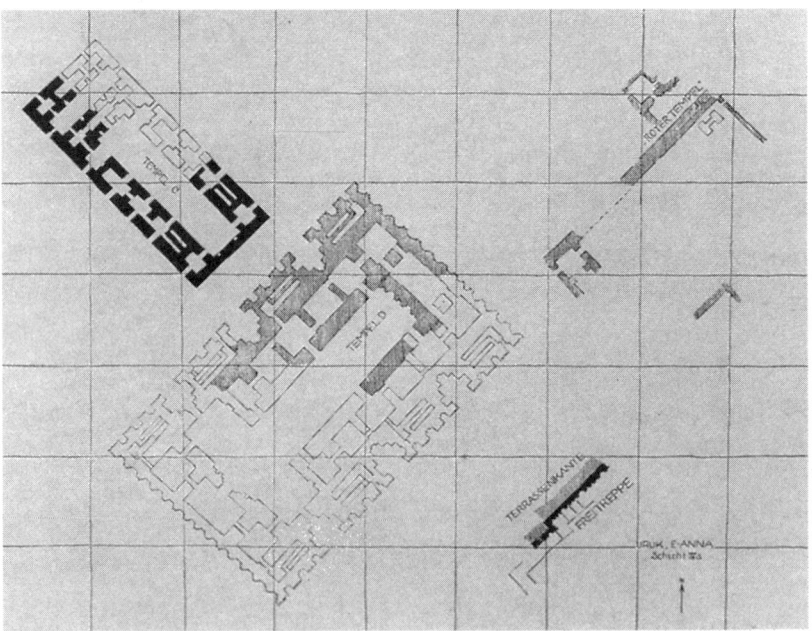

Der „Weiße Tempel" in Uruk, Aufgang (unten) und Inneres mit Altar (oben)

Archaische Schrifttafel und Rollsiegelbild der Urukzeit

Elfenbeinmessergriff der Djemdet Nasr-Zeit, vom Djebel-el-Arak (Ägypten)

Priesterfürst der Uruk- bzw. Djemdet Nasr-Zeit, oben auf einem Rollsiegel als Sieger mit Gefangenen, unten auf der sog. Jagdstele von Uruk als Bogenschütze auf der Löwenjagd

Rollsiegelbilder der Uruk- und Djemdet Nasr-Zeit
Oben: „Jagd im Gebirge"; unten: „Schiffsprozession"

Kleinplastiken der Djemdet Nasr-Zeit aus Uruk

Libationskanne der Djemdet Nasr-Zeit aus Uruk

Reliefschmuck der sog. Kultvase aus Uruk, Abrollung

II
Die Djemdet Nasr-Zeit

Uruk, 2800 v. Chr.

Seit rund 300 Jahren sind nun die Sumerer – Menschen eines mittelgroßen, untersetzten Typs mit rundem Kurzschädel und nicht sehr hoher Stirn, vorspringender, meist gerader Nase, kleinem Mund, schmalen Lippen und kurzem Unterkiefer – im Lande ansässig. Das Gebiet, dem sie ihren Namen gaben, umfaßt die Westhälfte des heutigen Iraq Arabi und entspricht mit ungefähr 20 000 qkm in der Größe etwa Westfalen; es hat während dieser ersten Jahrhunderte des 3. Jahrtausends sein Aussehen weithin verändert. Zwar überwiegen, insbesondere im Nordosten, auch jetzt die Steppengebiete, deren Charakter sich zur Dürrezeit vielerorts dem der Wüste annähert, aber die großen Sümpfe haben sich verengt, die Ufer der Flüsse und zahllosen Wasserläufe wurden teilweise schon befestigt, und große Strecken in ihrer Nachbarschaft sind Ackerland geworden. Der zähe, energisch zusammengefaßte und zielbewußt angesetzte Fleiß des nun zwischen den Strömen fest verwurzelten Volkes hat ein *Bewässerungssystem* geschaffen, das den von den Regen- und Schmelzwässern Armeniens verursachten Frühjahrs- und Herbsthochfluten durch hohe Dämme Einhalt gebietet, dem nur selten vom Regen befeuchteten Steppenboden das Wasser der Ströme durch Kanäle, Hebewerke, Gräben und Rinnen zuleitet und so aus ihm üppige Gärten und Dattelhaine, fruchtbare Getreidefelder und fette, nie ganz verdorrende Weiden macht.

Hier liegt der Ursprung jenes Werkes, dessen sich durch die Jahrtausende Könige, Statthalter und sonstige Machthaber Mesopotamiens rühmen – ein Werk, das einer Millionenbevölkerung seine Nahrung garantiert und das, im heutigen Iraq mit modernen, aber kostspieligen Mitteln mühsam wiederaufgenommen, erst durch römische Mißwirtschaft, parthische Indolenz und die Metzeleien der Mongolen Dschingis-Khans vernichtet wurde. Elf Zwölftel der einst so reichen Gebiete verwandelten sich in Wüste zurück.

Damals aber, in der altsumerischen Zeit, beginnt das Land zu blühen. Sein Getreide – Weizen, Gerste und die minderen Kornarten –, seine Ölfrucht und sein Vieh, zu dem Rind, Schaf und Ziege, Esel, Schwein und Geflügel zählen, reichen nicht nur zur Versorgung der wachsenden Bevölkerung aus, sondern werden auch nach Norden, Osten und Westen exportiert; der Erlös gestattet die Einfuhr des dringend benötigten Bauholzes, des Hartsteins, der Edelmetalle und mancherlei anderer Bedürfnisse von Wirtschaft und Zivilisation, deren Weiterverarbeitung durch eine sich schnell entwickelnde Verfeinerungsindustrie der Ausfuhr wiederum neue Waren zur Verfügung stellt. Die herrlichen Steinkrüge, die wir aus der Schicht Uruk III erhielten, werden unter ihnen neben Rollsiegeln gewiß zu den begehrtesten Artikeln gehört haben.

Auf dieser Grundlage entwickelt sich ein immer weitere Absatzgebiete erschließender *Handel,* dessen Spuren wir mit Erstaunen bis tief ins Östliche Elam (Südwestpersien), gelegentlich bis nach Indien, andererseits bis an den Golf von Issus und, in der sogenannten Negade-II-Kultur, besonders in Ägypten verfolgen können. Die Auffindung des berühmten elfenbeinernen Messergriffs von *Djebel-el-Arak* mit seinen eindeutig der sumerischen Djemdet Nasr-Zeit angehörigen Reliefdarstellungen war der Markstein auf dem Weg zu der Erkenntnis, daß Sumers wirtschaftlicher und kultureller Einfluß in dieser Epoche sehr weit gewirkt hat. Auf dem Trümmerhügel *Tell Brak,* 120 km nordwestlich von Mossul, entdeckte man im sogenannten Eye-Tempel ein ganz in sumerischem Stil gebautes Heiligtum; das schon genannte Epos „Enmerkar und der Herr von Aratta" bezeugt Großlieferungen von Getreide in Gebiete nördlich des Tigris, und es währt nicht mehr lange, bis auf dem Wege des

Warenaustausches sogar Siegelzylinder aus dem Bereich der noch rätselhaften Induskultur von *Amri, Mohendjo-Daro* und *Harappa* (4./3. Jahrtausend) und indisches Elfenbein den Weg ins Zweistromland finden. Der Fleiß seiner Menschen trug in diesem Lande wahrhaft tausenfältige Frucht; aus dem geduldigen, einen ewigen Kreis gehenden Trott der Esel am Schöpfrad, dem Schweiß der Arbeiter in den immer wieder verschlickenden Wassergräben, an den Wällen neuausgehobener Kanäle und den nur zu oft von der Hochflut weggerissenen Eindämmungen der Flüsse, aus der Mühsal des unablässigen Wasserschöpfens für das durstende Feld und des nie endenden Kampfes gegen wucherndes Unkraut, wehenden Sand und reißende, die Herden zehntende Raubtiere begann ein fast unerschöpflicher Strom des Segens in die Städte Sumers zu fließen.

Gibt sich die städtische Kultur dieser Periode im Großen als eine Fortsetzung der Urukzeit, so empfehlen hier doch einige Beobachtungen die Vornahme eines Einschnittes in Sumers Frühgeschichte. Aus den Erdschichten dieses Zeitraums von 2800/2700 kam überall in Vorderasien eine schöne, lebhaft in Schwarz und Rot gehaltene *Keramik* zutage, die man nach ihrem ersten, 40 km nordöstlich von Babylon gelegenen Fundort als Djemdet Nasr-Ware bezeichnete und die danach als eines der Hauptkennzeichen ihren Namen auf die ganze Epoche übertrug. Statt der normalen oder übergroßen Lehmziegel verwendet man jetzt fast durchweg einen kleinen Schmalziegel, das sogenannte „Riemchen", neben dem Rollsiegel erscheinen noch einmal in größerer Zahl die archaischen Stempelsiegel, und die Größenmaße der Tempelbauten verringern sich. Vielleicht sind hier östliche, elamitische Einflüsse wirksam geworden, die aber das Gesamtbild der altsumerischen Kultur nicht umzuformen vermochten, sondern fruchtbar von ihr verarbeitet wurden.

Unter den sumerischen Stadtstaaten, deren Gründung und Ausbreitung gewiß nicht immer friedlich abging – frühe Rollsiegelbilder stellen Kampfszenen dar, die von kriegerischen Auseinandersetzungen zwischen Einwanderern und Vorbewohnern, aber wohl auch zwischen den einzelnen sumerischen Stadtstaaten Zeugnis ablegen –, hat noch immer Uruk den Vorrang. Sein Reichtum spiegelt sich in den *Tempelbauten* wider, die uns die Ausgrabungen sehr genau kennen gelehrt haben. Gegen Ende der Urukzeit, um 2850 v. Chr., stellen wir eine völlige Neuplanung des Eanna-Heiligtums fest. Man hat damals die alten Kultgebäude abgetragen, die kostbaren Kalksteine des großen Tempels zum Bau einer Freitreppe verwandt und auf der neugeschaffenen Terrasse den – im Grundriß fast vollständig erhaltenen – „Tempel C" von 22:56 m Größe, sodann, quergestellt zu ihm, den riesigen sogenannten „Tempel D", mehr als 50:80 m groß, errichtet, dessen Zella 7:12 m maß. Dieser größte Kultbau Sumers entspricht im Grundplan dem Kalksteintempel, übertrifft ihn aber an Zahl der Räume und durch differenziertere Maßverhältnisse. Dabei ist es dem sumerischen Baumeister gelungen, auch diese wuchtigen – mit ihrer Dicke von 2½–5 m wahrscheinlich fensterlosen – Wandflächen durch eine noch gesteigerte Anwendung der Nischentechnik aufzulösen und in „klingende Beschwingtheit", wie der Ausgräber selbst es genannt hat, zu verwandeln. Allmählich steigen die Hochterrassen, auf denen die Heiligtümer liegen, immer mehr empor, und die Entwicklung führt folgerichtig auf den Zikkurratbau – jene in Ägypten, Polynesien und Mexiko wiederbegegnende Erscheinung des pyramidenartigen Stufenturms – zu.

Eine bedeutsame Station auf diesem Wege ist das ebenfalls in Uruk freigelegte An-Heiligtum der Djemdet Nasr-Zeit, das, auf langer Freitreppe erreichbar, wegen der in Resten noch erhaltenen Tünche seiner Wände den Namen „Weißer Tempel" erhielt und dessen Mauern bei der Freilegung noch übermannshoch anstanden. Mit seinen Abmessungen von 17:22 m, klassischer Nischenarchitektur und mehreren, um einen Mittelraum angeordneten Gelassen darf er als typisch für die Tempel der Zeit angesehen werden; sie fanden sich ähnlich etwa am Dijala, einem nun hinzugewonnenen Siedlungsgebiet Sumers nördlich des unteren Tigris, wo

Trümmerhügel wie *Chafadji, Tell Asmar, Ischtschali* oder *Tell Agrab* bald von sich reden machen werden. Indes sind es Bezirke des Bildschaffens, auf denen die Sumerer des 29. und 28. Jahrhunderts die höchsten Leistungen hervorbringen sollten. Und hier haben wir zunächst die feine Kunst der *Glyptik,* der Rollsiegelbearbeitung, zu nennen, die einzig im alten Vorderasien zur Blüte kommen sollte. In der Uruk-Periode noch selten, erscheinen diese köstlichen Fundstücke, in die Muster, Embleme, mythische Figuren und jetzt auch ganz realistische Bilder so eingeschnitten sind, daß sie bei der Abrollung auf dem weichen Ton ein erhabenes, reliefartiges Bild ergeben, nun immer häufiger. Altsumers Siegelzylinder sind noch dick und oft 7–8 cm hoch, sie liefern abgerollt eine vergleichsweise große rechteckige Bildfläche bis zu 16 cm Länge. Auf ihr verstand es die Kunst des Steinschneiders, jene wunderbaren Szenen einzugravieren, die wir heute wieder voll Staunen betrachten können. Der Motivschatz der Glyptik ist in diesen Jahrhunderten unerhört reich, er umfaßt ebenso das naturnahe Jagdbild wie Kultakte – Opferdarbringungen, Prozessionen –, mythische Vorgänge, symbolische Darstellungen und vieles andere mehr. Wir begegnen dem König im Kampf, wie er über seine Feinde triumphiert, sehen Dumuzi die heiligen Herdentiere füttern, treffen die einherziehenden geweihten Rinder und die heiligen Schafherden; wir sind Augenzeugen der Kämpfe, die die Hirten zum Schutz ihrer Tiere gegen reißende Löwen zu führen haben, schauen einer Prozession zu Schiff auf dem Flusse zu oder dürfen gar die weitstreifenden Jäger Sumers auf einem Jagdzug in die Nordberge begleiten. Möge es dem Leser gefallen, bei der Betrachtung gerade dieses letzten bereits berühmt gewordenen Siegelbildes einen Atemzug lang zu verharren und die Geschichte, die es uns erzählt, anzuhören ...

Die Nacht hatte keine Abkühlung gebracht. Wie eine schwere Decke lag die Hitze über der verdorrten Steppe. Der schüttere, strohtrockene Bodenbewuchs knisterte, als ein armlanger, eidechsenähnlicher Waran den Dickichten am Euphrat zukroch. Seit dem Frühjahrshochwasser war der Spiegel des Flusses sehr gefallen, bot aber dennoch allerlei Wassergeflügel Zuflucht, dessen verschlafenes Lautgeben man zuweilen hörte. Ein Schakal kläffte unweit zur erblassenden, wie ein Nachen auf dem dunklen Himmelsmeer ruhenden Mondsichel empor. Der Morgen war nicht mehr fern.

Der große Jagdhund mit den mächtigen Pranken stellte die Ohren auf und knurrte. Da erwachten die Jäger, die am Flußufer ausgeruht hatten, und machten sich reisefertig. Sie kehrten von einer langen Expedition ins Gebirge jenseits des Tigris zurück, auf der sie vor allem den Bergziegen nachgestellt hatten, waren auf einem Floß den uralten Wasserweg des Schatt el-Hai, der als ursprünglich natürlicher Kanal die zwei Ströme verband, herabgekommen und strebten nun euphrataufwärts ihrer Stadt zu. Einen Tag noch oder anderthalb der Uferlinie folgend, mußten sie Uruk erreichen, und in der Klarheit des Morgens mochte wohl bald die Silhouette der Hochtempel zu erkennen sein.

Urplötzlich war die Sonne da. Wie zwischen zwei Bergen stieg Utu, Sumers Sonnengott, aus der Unterwelt empor. Waren da nicht die beiden Strahlenbündel, die aus seinen Schultern wuchsen? In stummer Verehrung standen die Wanderer still. Es war, als habe der glänzende Gott ihre Gebete erhört: Als sie sich westwärts wandten, gleißte ihnen Helligkeit von einem Punkt weit hinter der Steppe entgegen – das Sonnenlicht hatte die hohen Mauern des Weißen Tempels erreicht, und in seinem Widerschein grüßten die Götter der Heimatstadt aus der Ferne ihre heimkehrenden Söhne. Glück und Dank erfüllte ihr Herz, sie beugten sich demütig vor Inanna, der Herrin der Stadt, die jetzt wohl einsam ihrem wieder ins Reich Kurnugea zurückverbannten Buhlen Dumuzi nachklagte. Ihr sollte als Weihgabe die kostbare Trophäe weitgeschwungener Bezoarhörner gehören, die in ihren Tragsäcken lag. Und wenn der Priester in der Ablieferungsstelle mit der Beute an Fellen, Gehörnen und Damhirschgeweihen zufrieden war – alle vier Männer trugen schwer an ihrer Last –, so bekam ein Rollsiegelschneider vielleicht den Auftrag, ihnen einen segenbringenden Siegelzylinder mit dem Bild ihres großen Jagderlebnisses anzufertigen ...

Unermüdlich marschierten die Jäger, und allmählich stieg aus der hitzeflimmernden Steppe das große, mächtige Uruk mit seinen gelbbraunen Stadtmauern, den Türmen, Toren und den alles krönenden Prachtbauten seiner Hochtempel vor ihnen empor. Sie waren am Ziel, und sie dankten den Göttern, die sie in all den Wochen ihres abenteuerlichen Zuges sichtbar beschützt hatten. Auch ihr Wunsch ging in Erfüllung. Von ihrer Erzählung gepackt, schuf ein Künstler der Tempelwerkstatt jenes in all seiner Einfachheit wunderbare Siegelbild, das der Führer der Jagdgruppe nun an einer Schnur stets um den Hals trug. Es zeigte die schwachen Flußwindungen ihres Jagdreviers, die Bergkuppen, die Kette um Kette dem Flußtal folgten, den Aufstieg der Jäger und ihres Spürhundes, vergaß auch den – rechts im Bilde sichtbaren – Charakterbaum auf der Höhe nicht und hielt schließlich den Augenblick fest, da nach Erlegung eines Muttertieres (rechts vor dem Bogenschützen auf dem Rücken liegend) und Einfangen des Kitzes (rechts oberhalb des Bogens) der Schütze seine Waffe spannte, um den kapitalen Bezoarbock, der über einen kahlen Hügel zu fliehen sucht und sichernd sein mächtiges Haupt den Verfolgern zuwendet – ein Pfeil haftet ihm schon im Halsansatz – den Fangschuß zu geben. Für ewige Zeit war das Geschehen auf der kleinen, zauberhaften Siegelrolle eingefangen, die heute das nach den Höhlenmalereien der Altsteinzeit wohl früheste Jagdbild darstellt, das wir besitzen.

Die Kleinkunst der Glyptik bestreitet nicht allein das Bildschaffen Altsumers. Die Ausgrabungen lieferten uns wunderhübsche Miniaturen an Tierplastiken, die wir wohl als Votivgaben oder Kinderspielzeug anzusprechen haben; das Kunsthandwerk schuf mit Figuren in Hochrelief geschmückte Steingefäße, deren eines rinderjagende Löwen zeigt; und ein Reliefbildner versuchte sich in der Darstellung einer Löwenjagd, bei der der heldenhafte König, zweimal untereinander dargestellt, mit Speer und Bogen der Raubkatze den Garaus macht. Neben vielen weiteren Stücken aber sind es vor allem zwei Funde, die ebenso von der Macht des Glaubens wie von der Hochblüte der Bildkunst in der Djemdet Nasr-Zeit Zeugnis ablegen: Es handelt sich um eine Kultvase und einen Frauenkopf aus Uruk, und diese zwei Stücke verdienen es, daß wir uns die Zeit zu liebevoller Betrachtung nehmen.

Das Eanna, Uruks Inannatempel, war gewiß reich an Schätzen; unter ihnen dürfte aber eine fast 1 m hohe Kultvase aus Alabaster, die ringsumlaufend mit Reliefdarstellungen religiöser Art geschmückt ist, gehegt worden sein. Schon damals war das Weihgefäß wohl alt und nicht mehr unversehrt, es zeigte bereits einige Sprünge, und herumgelegte Kupferringe verliehen ihm besseren Halt. Es hatte seinen Platz vermutlich auf einem gemauerten Lehmsockel nahe dem Kultbild der Göttin in der Zella und wurde bei irgendeiner Erstürmung oder Plünderung der Stadt zerschlagen und von den fallenden Tempelmauern zugedeckt. Jedenfalls fanden es die deutschen Ausgräber in fünfzehn Teile zerbrochen. Man goß an Ort und Stelle jede der Scherben ab, und im Berliner Alten Museum ließen sich die einzelnen Abgüsse fast lückenlos zu dem kostbaren Kleinod zusammensetzen, das nun wieder vor uns steht. Aber es ist mehr als nur ein Ausstellungsstück: Die Reliefs, die in drei Bändern das hohe, formschöne Weihgefäß umgeben, stellen eine Art von Glaubensbekenntnis der – für uns zunächst nur aus solchen Darstellungen auf Reliefs und Siegelbildern ablesbaren – altsumerischen Frömmigkeit dar, das Natur, Mensch und Gottheit zu einem harmonischen Ganzen vereinigt. Die Abrollung der Bilder in die Fläche läßt uns noch bequemer erkennen, wie sich, von unten nach oben aufsteigend, gleichsam eine Prozession empor zum Heiligtum bewegt: Im untersten, noch einmal längsgeteilten Band finden wir das lebenspendende Wasser, das dem üppig sprießenden Korn Wachstum und Frucht schenkt, und über ihm die sich aus solchem Sprießen nährende Heilige Herde – Symbol des sich ewig erneuernden Lebens –, die wir uns auf dem Weg zum Heiligtum denken dürfen. Das nächsthöhere Bildband stellt die Menschen dar, deren Arbeit dem Getreide sein Wachstum sichert und deren Hege das Milch, Fleisch und Kleidung spendende Vieh gedeihen läßt. Sie wissen dennoch, daß all ihre Mühe ohne den göttlichen Segen nutzlos ist, und bringen der Gottheit dankbar ihre Weihgaben an Feldfrüchten, Milch, Käse, Fischen, Vögeln und dem Fleisch ausgewählter Lämmer. So steigen sie zum heiligen Bezirk des Tempels hinan, in den wir auf dem obersten Reliefband eintreten. Das dreimal erscheinende Symbol des sogenannten Schilfringbündels kennzeichnet ihn als der Inanna, der wohl markantesten Gestalt des sumerischen Pantheon, geweiht. Und da steht die Göttin selbst, in langem Gewand, mit Kopfschmuck und herabwallendem Haar, eine Hand gnädig erhoben, unter ihrem heiligen Panier und empfängt freundlich die Opferspenden, die ihr von den Auserwählten unter ihren Verehrern dargebracht werden. Vor sie tritt ein nackter Priester – die älteste Kultsitte schreibt den Dienern der Götter Nacktheit vor – und hebt ihr ein kegelförmiges Gefäß voller Früchte entgegen; ihm folgt, durch eine Bruchstelle im Relief leider bis auf geringe Spuren nicht erhalten, offenbar der Priesterkönig selbst in prunkendem Festgewand, dessen breite Schleppe ihm ein Hofbeamter nachträgt. Hinter der Göttin finden wir Requisiten des Tempels: Den Altar auf einem als Widder gestalteten Postament, dahinter die Figuren zweier bekleideter Anbeter, Weihgaben und Krüge mit Opferspenden – zwei davon deutlich unserer Kultvase ähnelnd –, mit Einguß versehene Tonfiguren von Tieren, die wohl zum Spenden des geweihten Öls Verwendung fanden, und anderes. Es ist unverkennbar, daß die Ausdrucksmittel des Künstlers dieser dritten, höchsten und heiligsten Sphäre am wenigsten genügen. Dennoch ist die Bildersprache deutlich und eindrucksvoll, und der zielbewußte Ernst der – übrigens mit prächtiger Muskelzeichnung wiedergegebenen – Opferer im zweiten Reliefband herzbewegend. Über das ganze Werk läßt sich das Motto „Heiligung" setzen, und als ein Symbol des Dankes an die Göttin für Frieden, Wohlstand und Gedeihen werden wir die große Alabastervase aus dem Inannatempel von Uruk mit Ehrfurcht betrachten.

Ungleich stärker noch aber zieht uns ein zweites Werk der Bildkunst Uruks aus der Djemdet Nasr-Zeit an, weil es uns eine erste unmittelbare Berührung mit dem Menschentum jener Zeit vor fast 5000 Jahren vermittelt. Es handelt sich um die früheste menschliche Großplastik überhaupt: das berühmte Marmorhaupt der „Dame von Warka" – die lebensgroße Wiedergabe eines Frauenantlitzes, das in seiner geheimnisvollen Beseeltheit bisher nicht seinesgleichen in Altvorderasien hat. In dieser zunächst geradezu modern wirkenden Plastik hat die erste große Blüte menschlicher Kultur – die klassische Zeit des Sumerertums – einen überwältigenden Ausdruck gefunden. Wenn eine gleichzeitige Maske aus *Tell Brak* bei Mossul eine allein Furcht erweckende, fratzenhafte Darstellung der Gottheit bietet, so ist bei diesem Bilde, von dem wir nicht recht wissen, ob es eine Göttin oder eine Priesterin wiedergeben will, sowohl ewige, geheimnisvolle Frauenschönheit als auch, durch sie hindurchscheinend, Andacht fordernde Göttlichkeit und überirdisches, dem Menschen verschlossenes Wissen eingefangen. Von ihm zeugen der entsagungsvolle Mund, die Reinheit der Stirn und die übergroßen – einst ebenso wie die edel geschwungenen Brauen eingelegten – göttlichen Augen des Bildwerkes.

Es mag sein, daß eine Hohepriesterin der Inanna aus fürstlichem Geblüt, die in der „Heiligen Hochzeit" zur Vertreterin der Gottheit selbst und so dem als Dumuzi erscheinenden Priesterkönig verbunden wurde, dem Kunstwerk ihre edlen Züge geliehen hat; sein Schöpfer hat es vermocht, Ewiges und Irdisches in ihm zu vereinigen und zu abstrakter Aussage zu steigern. Wir wissen bis heute nicht, wozu diese Maske im Tempel gedient hat. War sie Teil einer aus verschiedenem Material zusammengesetzten Statue im Heiligtum? Bohrlöcher auf der Innenseite scheinen darauf hinzuweisen, daß man eine Perücke an ihr befestigen konnte.

15

Aber solche Fragen erscheinen sehr nebensächlich vor der Kraft des Ausdrucks, der diesem schönen, von schwerem, entsagungsvollem Ernst überlagerten Antlitz innewohnt. Aus ihm spricht, so ahnen wir, die ganze innere Spannung jener Zeit und ihres Glaubens, der im Mysterium um Inanna und Dumuzi beschlossen war und um das zentrale Problem des ewigen „Stirb und Werde" kreiste.

Die „Dame von Warka", Alabaster

Rollsiegelbilder der Djemdet Nasr-Zeit (Uruk)

Rollsiegelbilder der Mesilimzeit. Oben: „Figurenband" (Schuruppak)
unten: früheste Darstellung von Wagen und Gespann

Spuren der Stadt-
mauer von Uruk

Eingangstor zum
Tempeloval von Chafadji
(Rekonstruktion)

III
Kisch und die Städte am Dijala

Kisch, 2600 v. Chr.

Sumers Ruhm war mit seinen Handelskarawanen in alle vier Weltgegenden gewandert, überall wurden seine Waren begehrt, die Mär von seinem Reichtum ging von Mund zu Mund. Die Fata Morgana der hitzeüberflimmerten Wüste zeigte den streifenden Beduinen hochgetürmte Städte, üppige Dattelhaine, die im kühlen Abendwinde schwankten, und blanke Seen randvoll des begehrten Wassers. Zwar wußte man, daß auch dort drüben, im Fruchtlande, die Winterregen knapp ausfielen, aber die Fama erzählte von dem engen Netz der Kanäle und Gräben, die statt ihrer das ganze Jahr hindurch dem Lande Leben und Gedeihen spendeten. Im Röhricht der Sümpfe konnte man dem zahlreichen Flugwild nachstellen, auf den Flüssen und Kanälen Fischfang treiben, und die Felder, Baumpflanzungen und Gärten dankten ihren fleißigen Betreuern durch üppigen Ertrag. Und mochten die Winternächte zuweilen eisig sein, mochten die Sommermonate unter drückender Hitze und erstickenden roten Sandstürmen liegen – Frühling und Herbst entschädigten mit ihrem Sprießen und Blühen für diese Beschwerden.

So kann es nicht wundernehmen, daß arme, dafür aber kampftüchtigere Nachbarn der beständigen Lockung nachgaben und in das zunächst kaum verteidigte Fruchtland einströmten – als neue Glieder in einer langen Reihe von Eroberern, die immer wieder im Lauf der Jahrtausende das Zweistromland zum Ziel ihres Aufbruchs machen werden. Es sind *Semiten* – wohl erste Schübe jener Akkader, die einige Jahrhunderte später unter Sargon ein Großreich gründen –, und sie kommen offenbar aus den arabisch-syrischen Grenzgebieten am mittleren Euphrat, wo sie in Mari, dem heutigen *Tell Hariri*, einen ersten Rückhalt finden. Euphratabwärts marschierend, nähern sie sich Sumers Grenzen und setzen sich im späteren Lande Akkad fest, wo sie Kischi-Kisch, heute *Tell Oheimir* etwa 20 km nordöstlich von Babylon, zu ihrem Stützpunkt machen. Binnen kurzem scheinen sie – mit den Waffen oder friedlich – ganz Sumer durchdrungen zu haben, dessen kultureller Grundbestand zwar in wesentlichen unerschüttert bleibt, dem sie aber doch bestimmte, sehr markante und archäologisch einwandfrei greifbare Züge ihres eigenen Wesens aufprägen.

In der Tat ist zwischen der Djemdet Nasr-Periode und dem folgenden Zeitraum ein merkbarer Bruch spürbar, und die kulturelle Entwicklung Altsumers erfährt eine gewisse Stockung. Mit den Eindringlingen kommt eine gröbere Keramik und, was wesentlicher ist, eine neue Ziegelform auf, die nur als ausgesprochen rückschrittlich bezeichnet werden kann: Statt mit den Normal- und Großformatbausteinen der Urukperiode oder den „Riemchen" der Djemdet Nasr-Zeit baut man jetzt mit den sogenannten plankonvexen Ziegeln, einem rechteckigen Backstein, dessen eine größte Fläche aufgewölbt ist und der wie ein gut aufgegangener Kuchen aussieht. In abwechselnder Schräglage vermauert, bringt diese unhandliche Ziegelform eine fremde Note in die Architektur und ist nur aus einer eigenwillig beibehaltenen Bautradition der Ankömmlinge zu erklären. Man hat gemeint, daß sie Opferbrote darstellen solle – sogar der „Nabel", der Abdruck des Daumens in der Mitte der Oberfläche, ist häufig feststellbar – und daß man so den Göttern gleichsam aus geweihten Broten ihre Tempel und Mauern bauen wollte.

Aber nicht nur das Material, auch die Bauweise des Heiligtums selbst unterliegt anderen Gesetzen. Wie uns insbesondere die amerikanischen Ausgrabungen auf den Tells des Dijalagebietes (nördlich des unteren Tigris) lehrten, sind die Fundamente der Kultbauten jetzt in die Erde gesenkt und in einer Schicht reinen Sandes eingebettet, der wahrscheinlich mit besonderer Betonung „geweihten Boden" darstellen sollte; und die Heiligtümer selbst haben nicht mehr die Form des weltoffenen, durch mehrere Pforten zugänglichen Hochtempels mit seinen zahlreichen, um einen rechteckigen oder T-förmigen Hof gelagerten Kammern, sondern erscheinen nun als sogenannte *Herdhaustempel*, die in sich gekehrt nur durch eine einzige, weit vom Altar am Ende einer der Längsseiten des rechteckigen Kultraums befindliche Tür zu betreten sind. Fremder Einfluß ist auch in der Rollsiegel-, Relief- und Rundbildkunst deutlich: Hier tritt an Stelle des lebendigen, naturnahen Stils die Neigung zu umrißhafter schematisierender oder gar abstrahierender Darstellung, die sich am deutlichsten in dem Rollsiegel-Bildtyp des sogenannten „Figurenbandes" zeigt.

Doch nicht nur der äußere Ausdruck sumerischen Lebens scheint zeitweilig verändert, auch das soziale Grundgefüge der Sumererstädte wird durch neue Ideen erschüttert. Die im „religiösen Staatssozialismus" gegebene Einheit von Staat und Tempel, von Thron und Altar löst sich in ein Nebeneinander von Palast und Heiligtum auf, die sich nun beide mit eigenem Mauerwerk umgeben und miteinander wirtschaftlich und machtpolitisch in Konkurrenz treten. Ein kriegerischer Geist scheint das einst so friedliche Sumer zu erfüllen: Die wachsenden Stadtstaaten mit ihrer zunehmenden, durch Einwanderer vermehrten Bevölkerung beginnen sich das Land streitig zu machen, neue Königssitze, wie Chamazi, Adab oder Akschak, deren Dynastien uns gegen Ende des Jahrtausends dann die „Sumerische Königsliste" aufzählen wird, zeichnen sich schattenhaft ab, und deutlich wandert unter dem Einfluß der Früh-Akkader die Macht nordwärts, wohin denn auch das eben genannte historische Werk der sumerischen Spätzeit die „I. Dynastie nach der Flut" mit 20 Herrschern verlegt. Es lokalisiert sie in dem schon genannten, 160 km von Uruk entfernten Kisch, wo man den kriegerischen Gott Zababa verehrte, und läßt sie mit dem später mythisierten, zum Himmel emporsteigenden Etana beginnen. „Er einigte alle Lande", heißt es da, und vielleicht verbirgt sich hier der Rest einer richtigen historischen Erinnerung. Denn wir wissen aus dem ein gutes Jahrhundert späteren Berichten der Fürsten Eannatum und Entemena von Lagasch – den frühesten historischen Urkunden im eigentlichen Sinn, die wir haben –, daß der König *Mesilim* von Kisch einst einen Streit zwischen Lagasch und seiner Nachbarstadt Umma schlichtete und als bleibendes Zeugnis dieses Entscheids eine Gedenksäule an der neu festgelegten Grenze errichtete – als ein erster Oberkönig in sumerischen Landen. Die keineswegs immer zuverlässige sumerische Königsliste nennt ihn freilich nicht, aber er hat uns selbst einen als Weihgabe gedachten, mit Reliefs geschmückten Keulenknauf und mehrere Inschriften – denn die Kunst des Schreibens hat inzwischen große Fortschritte gemacht – hinterlassen, in denen wir zum ersten Male das Wort eines Sumererfürsten selbst vernehmen. Es handelt sich um kurze Weihtexte, die uns daher historisch zunächst noch wenig sagen. Sie lauten etwa:

„Mesilim, König von Kisch, Erbauer des Ningirsutempels, weihte dies für Ningirsu. Lugalschag-engur (war damals) Ensi von Adab."

So, wie das politische Übergewicht auf das an Sumers Grenze gelegene Kisch übergeht, so rückt als religiöses Zentrum mit steigender Autorität jetzt die Stadt Nippur, 50 km südöstlich von Kisch (heute *Niffer*, 150 km südöstlich von Bagdad), in den Vordergrund. Hier stand der Tempel Ekur, „Berghaus", und in ihm wurde der ursprüngliche Windgott, der dann zum „Herrn der Länder" und – wie An – zum „König der Götter" aufgestiegene Enlil verehrt, der sich mit An und Enki zur ältesten sumerischen Trinität verband. Herr der Schicksalstafeln, ein unerbittlicher Herrscher, Spender aber auch des Lebens und der Fruchtbarkeit, ist er in einer noch nicht geklärten Entwicklung – denn Nippur hat nie eine politische Rolle gespielt –, gewiß aber doch dank der Klugheit und Energie seiner Priester zum Reichsgott Sumers geworden, dessen Spruch später dem jeweils Mächtigsten die Herrschaft über das ganze Land verlieh. Wir werden ihm bei der Betrachtung von Sumers Pantheon wiederbegegnen.

Mesilim, der offenbar mächtigste Fürst seiner Zeit, hat uns als „säkularisierter Herrscher" in seiner Residenz das früheste Beispiel eines *Palastbaus* hinterlassen. Es ist der sogenannte „Palast A" in Kisch, der alsbald in zwei sehr ähnlichen Bauten in Eridu – der eine von ihnen mißt 65 : 45 m – ein Gegenstück findet und somit einer Art von frühakkadischem Normaltyp zu entsprechen scheint. Eine Mauer mit vorspringenden Pfeilern und turmbewehrten Toren umgibt im Rechteck diese dynastischen Anlagen. Durchs Tor gelangt man in einen quergestellten Breitraum. Der Palast selbst, ein gut zu verteidigendes Viereck, beherrscht den Innenhof. Er birgt Säulenhallen, Thron-, Empfangs- und Gerichtssaal, aber auch Wohn- und Wirtschaftsräume. Die Decke des Thronsaales im Palast A wird von vier 1,50 m dicken Säulen getragen, er mißt etwa 22 : 8 m.

Dem Abwehrbedürfnis einer unsicher gewordenen Zeit entstammt weiter der jetzt nachdrücklich betriebene Bau von *Stadtmauern*, deren Spuren wir überall im Lande begegnen, deren klassisches Zeugnis aber das ungeheure Werk des Mauerkranzes von Uruk darstellt. Schon im Jahre 1849 war der englische Geologe W. K. Loftus auf seine Überreste gestoßen; nachdrücklich aber nahmen sich erst 80 Jahre später die deutschen Ausgräber seiner an und widmeten sich der Erforschung mit höchstem Eifer. Sie hatten das Glück, dank ausnahmsweise günstiger, nur ganz selten einmal eintretender Bodendurchfeuchtung in der Kampagne 1935/36 den Verlauf der Mauer fast vollständig identifizieren zu können. Dabei ergab sich, daß Uruks Festungsbaumeister nicht nur monumental geplant, sondern – gewiß unter schonungsloser Heranziehung aller Kräfte – ihr Werk auch durchgeführt hatten: Ein doppelter Mauerzug von 9,5 km Länge umschloß nicht nur die Wohnviertel und Heiligtümer, sondern auch Gärten, Äcker und Weiden, war aber nur an zwei Stellen, im Süden und im Norden, durch 3,5 m breite, feindwärts durch Rechtecktürme gesicherte Tore unterbrochen. 800 Halbkreistürme in etwa 10 m Abstand eine Mauerdicke von 5 m und eine geböschte Verbrämung feindwärts belehren uns über das Maß an Aufwendungen und Anstrengungen, die hier eingesetzt worden sind, um die Stadt mit einem unüberwindlichen Schutzwall zu versehen. Die Sage hat sich des später schier übermenschlich erscheinenden Werkes bemächtigt und es auf den Gottmenschen und mythischen König von Uruk, Gilgamesch, zurückgeführt; das nach ihm benannte Epos berichtet in seiner 1. Tafel von den Mühen des Baus:

> „Held Gilgamensch erbaute Uruks Mauer,
> Die mächtige, die da steht wie erzgegossen,
> So lotrecht sind die Ziegel aufgetürmt ...
> Ersteiget Uruks Mauer, geht auf ihr,
> Bewundernd ihren allgewaltigen Bau!
> Die Männer Uruks zürnten sehr und schalten,
> Die Mütter und die Töchter klagten weinend,
> Denn schwer lag ihres Königs Hand auf ihnen,
> Und seine Herrschaft dünkte Uruk hart.
> Die Mauer, rühmenswert in späten Tagen –
> In harter Fron ließ er sie auferbauen.
> Es werkten hier die Männer Tag und Nacht,
> Es durfte nicht der Sohn den Vater suchen,
> Das Mädchen konnte seinen Freund nicht sehn,
> Der Mann die Gattin in den Arm nicht nehmen:
> Was lebte, diente einzig nur dem Bau ..."

Das Werk an Mauern und Palästen hat indes in dieser bewegten Epoche um 2600, die man jetzt nach dem oben genannten ersten historischen König von Kisch als „Mesilimzeit" bezeichnet, die kultische Bautätigkeit keineswegs ausgeschlossen. Nun beginnt die aus dem Hochterrassenbau geborene Eigenentwicklung der *Zikkurrat,* des mehrstufigen Tempelturmes. Es ist dies ein mächtiger, oft mehr als 20 m aufragender Lehmziegelblock, den man durch ein sorgsam durchdachtes System von Drainageröhren trocken zu halten lernt und zu dessen oberster, von einem kleinen Tempel bekrönter Plattform man auf breiten Freitreppen hinaufsteigt. Kisch und Nippur können sich rühmen, die ersten Anlagen dieser Art über ihre Mauern hinauswachsen zu sehen. Für den eigentlichen *Tempelbau* der Zeit liefert uns die von den Amerikanern vor zwei Jahrzehnten durchgeführte Erforschung der Trümmerhügel am Dijala hervorragende Belege. Auf dem *Tell Asmar,* dem alten Eschnunna, kam ein Heiligtum zutage, das sich über drei Bauschichten bis in die Djemdet Nasr-Zeit zurückverfolgen läßt; auf dem *Tell Agrab* trat ein Tempel des Gottes Schara ans Licht, und in *Chafadji* fand man Kultbauten des Mondgottes Nanna, der als Sohn Enlils galt, und der Göttin Nintu. Alle diese Heiligtümer stellen sich als erweiterte Herdhaustempel mit Höfen, Priesterkammern, Büroräumen und Magazinen dar, in deren Mittelpunkt eine Zella liegt oder bei denen mehrere Raumgruppen mit je einer Zella zu einem Großbau vereinigt sind. Trotz solcher Raumhäufung wird aber die schlichte Monumentalität der frühen Uruktempel nicht erreicht.

Das Trümmerfeld Chafadji (etwa 25 km südöstlich von Bagdad) enthüllte indes noch ein Heiligtum von anderer Gestalt, und seine Freilegung hat dieser einst so tempelreichen großen Stadt, deren Ruinen heute einsam in toter Steppe liegen und von der wir nicht einmal den alten Namen wissen, ihre Berühmtheit eingebracht. Wir meinen das *Tempeloval von Chafadji,* das eine ganz neue Form kultischer Anlagen darstellt. Das Luftbild zeigt uns, wie sich die Bürgerquartiere – nur der vornliegende Teil ist ausgegraben – an die Mauern des heiligen Bezirks anschmiegen, und es läßt sogar aus den flachen, dem Sand entrissenen Trümmern noch die prachtvolle Geschlossenheit des in der größten Länge 80 m messenden Bauwerks erkennen. Wir sehen in der Rekonstruktionszeichnung links das einzige Tor in der Außenumwallung, durch das man in den vorderen Hof mit seinen Büros, Werkstätten, Wirtschaftsräumen und Viehgattern gelangt; er wird überragt von der weitaus stärkeren inneren Mauer, die in Form eines Ovals den heiligen Bezirk im engeren Sinne umschließt. Hier befinden sich, an die Mauern gelehnt, die Wohnungen der Priester und Priesterinnen, die Schatzkammern und die Räume für den kultischen Bedarf; sie umrahmen einen rechteckigen Hof mit mehreren Brunnen, von dem eine Treppe auf das Dach der inneren Wohnbauten (links) führt. Wieder eine Stufe höher erhebt sich eine Treppe, die – rechts im Bild – das Heiligtum trägt und zu der man auf einer Freitreppe emporsteigt. Der kleine Tempel in Herdhausform ist nur erschlossen; in ihm stand das Bild der Liebesgöttin Inanna, der nach der Inschrift eines an Ort und Stelle wiedergefundenen Votiv-Streitkolbens das Heiligtum geweiht war. Es überragte den doppelten Mauerring und zog den Blick der Gläubigen rings in der Stadt auf sich. Etwa so, wie es unsere Rekonstruktion von Gesamtbau und Toreingang wiedergeben, wird sich der schöne Kultbau auch vor ihren Augen erhoben haben.

Die Ausgräber der Dijalastädte, die, von Hitze, Sandstürmen und Fliegenplage gequält, die Grundrisse der Tempel wiederaufdeckten, wurden in noch anderer Weise für ihre Mühe und Zähigkeit belohnt. Aus dem Schutt der Tempelkammern, aus kleinen, in die Fußböden der Kulträume eingelassenen Depots hoben sie eine große Zahl *Beterstatuetten* von 30–90 cm Höhe – die ersten Ganzbilder der sumerischen Kunst. Die erstaunlichste Entdeckung dieser Art geschah 1934 im Abba-Tempel von Tell Asmar, und wir geben für ein paar Sätze Seton Lloyd, einem der Ausgräber, selbst das Wort: „Als wir den Graben bis zur Ecke nördlich des Altars gezogen hatten, machten wir unsern größten Fund, einen Schatz von Statuen, der unter dem Fußboden begraben war ... Die Mulde, in der sie lagen, war 80 : 50 cm groß ... die schweren Statuen ruhten auf dem Boden, die übrigen waren, offensichtlich mit

Tempeloval von Chafadji. Luftbild der Ausgrabung und Rekonstruktion der Gesamtanlage

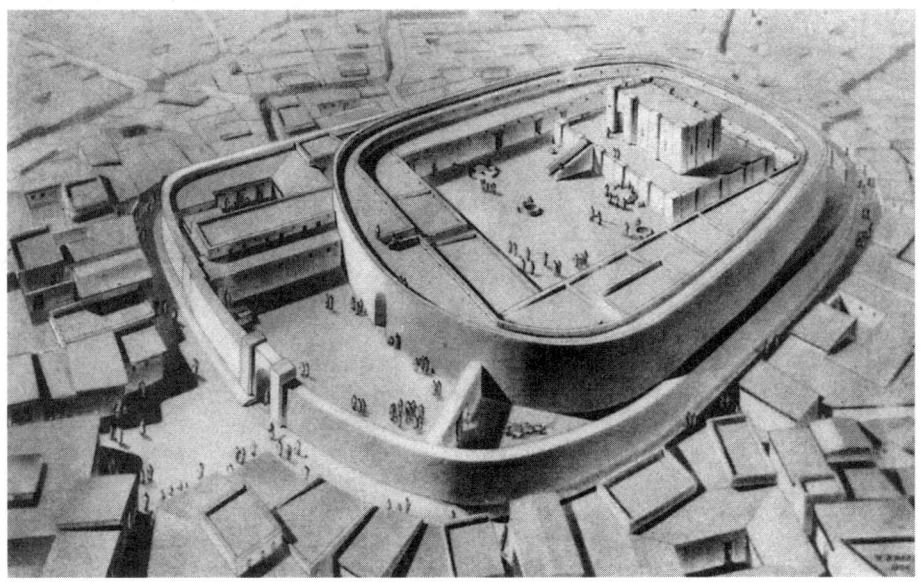

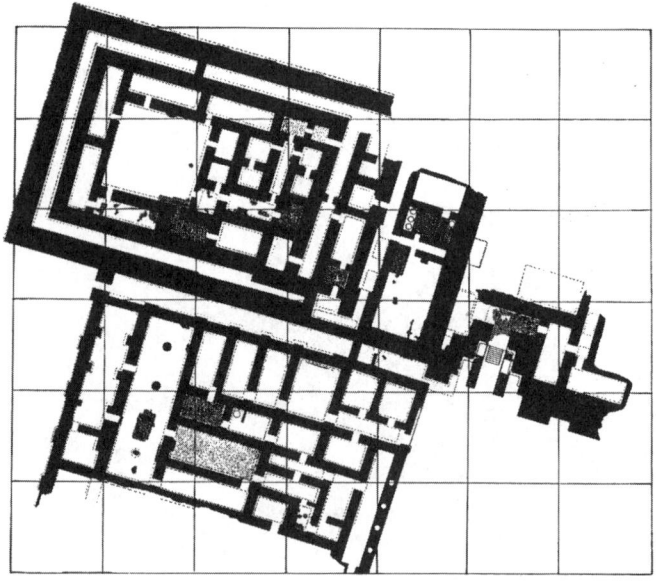

Fassade (Rekonstruktion) und Grundriß des ältesten bekannten
Königsschlosses: Palast A in Kisch

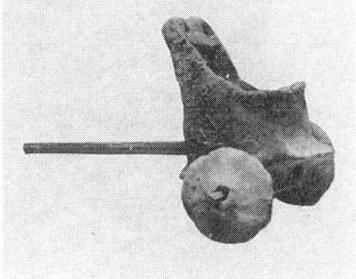

Oben: Kupferquadriga von Tell Agrab; unten: Tonmodelle von Wagen aus Kisch

Frauenköpfchen aus Chafadji (oben) und Tell Agrab (unten)

großer Sorgfalt, darübergepackt!" Wunderbar erhalten, bot sich dem Beschauer eine Sammlung von zwölf Alabasterstatuetten dar, die aus zehn männlichen – bis auf eine alle stehend – und zwei gleichfalls stehenden weiblichen Figuren bestand. Allen aber war gemeinsam, daß sie in großer Eindringlichkeit den Gesichtsausdruck und die Haltung von Betern hatten und daß ihre Formen sich nicht streng an die menschlichen Maße halten, sondern eher an geometrische Linien anklingen. Ein gleichförmiger Stil gibt Kopf- und Barthaar, Nasen, vorspringenden Lippen und Ellbogen annähernd Dreiecksformen; die Finger der aufeinandergelegten Hände und die Zehen der Füße liegen fast wie lange, schmale Rechtecke nebeneinander, die Brust springt prismaähnlich vor, die Augenbrauen verlaufen so in zwei regelmäßigen, über der Nase zusammenstoßenden Halbbögen, wie wir es schon beim Warkakopf sahen, und die untere Gewandhälfte zerfällt meist in eine Reihe genau gleicher, unten zugespitzter Rechtecke.

Daß diese Umformung eine gewollte ist und nicht etwa aus Unvermögen geschah, ist offenbar und wird auch durch die in Sanduhrform gestalteten Kriegerbilder auf der ältesten erhaltenen sumerischen Malerei, einem Vasenbild, erwiesen. Der Künstler hat die von ihm geschaffenen Gestalten „entmaterialisiert", um so der Idee seiner Schöpfung zum Durchbruch zu verhelfen, und das ist ihm gelungen. Noch heute spricht uns die Gebärde des Betens bei aller Verschiedenheit der Adoranten über die Schranken von Zeit und Volkstum hinweg unmittelbar und beredt an, und die der Gottheit zugewandten Gesichter mit den aus Muschel und Lapislazuli eingelegten Augen zeigen in unerhörter Lebendigkeit hier wie bei anderen, ebenso in den Dijalatells zutage gekommenen Beterfiguren die mannigfachsten Gemütsbewegungen von Furcht und Zerknirschung, Andacht und Glauben, Dankbarkeit, Güte und Nachdenklichkeit; und bisweilen fällt unser Blick sogar auf frohe oder gar fast spitzbübische Züge. Daß hier ein inspirierter Künstler – vielleicht der Leiter einer Bildhauergruppe, der er seinen Geist und seine Intuition einzuflößen versuchte – am Werke war, ist unmittelbar deutlich und ergibt sich überzeugend auch aus dem Vergleich seiner Schöpfungen mit einer etwa gleichzeitigen Fürstenstatuette aus Eridu, deren geisterhafte Starrheit himmelweit von der sprechenden, vergeistigten Lebendigkeit jener Figuren entfernt ist.

Um was bitten diese Menschen, deren Leiber vor viereinhalb Jahrtausenden vergingen, und wie kamen ihre Abbilder in die kleinen Gräber unter den geweihten Böden der Tempel? Klage und Gebet, wie sie uns in den spätsumerischen religiösen Texten so oft begegnen, sind ein Grunderfordernis sumerischer Frömmigkeit. Die Götter sind fern, streng und schwer zu erbitten, sie halten das Schicksal der Irdischen in ihren Händen und schicken Freud und Leid, Krankheit, Tod oder auch langes glückliches Leben – ganz, wie es ihnen gefällt. Demütiges Flehen aber erweicht noch am ehesten ihr Herz, und so mochte denn inständiges, unaufhörliches Bitten die Götter beschwichtigen, Gnade erwerben und den Menschen zum ungestörten Genuß der Güter dieser Welt – Gesundheit, Glück und langes Leben – verhelfen. Es entstand die seltsame Kultsitte, daß Könige und Hochgestellte, Priester, Fürstinnen und Tempelfrauen von hohem Rang eine kleine Statue, die sie darstellte, ins Allerheiligste ihres Gottes brachten, wo diese nun stellvertretend für ihre lebenden Ebenbilder in ständigem Gebet vor der Gottheit verharrt. Wie die Lebenden, so mußten aber auch ihre Abbilder neuen Generationen Platz machen; dann begrub man sie, da ihre Heiligkeit die Entfernung aus dem geweihten Bezirk verbot, unter dem Fußboden der Tempelräume – bis andere religiöse Anschauungen aufkamen und die weitgeübte Sitte, deren Ausführung uns so viele Standbilder erhielt und deren Enthüllung ihrem Vorhandensein einen klaren Sinn gibt, verlorenging. Ist sie uns mit ihrer „Technisierung" des Gebets fremd – die Bildwerke, die sie hervorbrachte, verdienen ob der eindrucksvollen Belebtheit ihres Ausdrucks und ob der erstaunlichen Fähigkeit ihres Schöpfers, dem toten Stein eine geistige Aussage abzuringen, unsere uneingeschränkte Bewunderung. Wir werden berechtigt sein, schon hier von einer

expressionistischen Kunst zu sprechen. Dennoch oder gerade darum aber wirken die Beterfiguren der Mesilimzeit lebensnah.

Zu ihnen gehören gewiß auch jene schönen Kopfplastiken oft sehr kleinen Formats, die
einflußreiche oder vermögende Frauen darstellen, wie etwa die Dame mit der großen Perücke
aus Tell Agrab oder das Mädchen mit der Kranzfigur – Bildwerke, die, wie man sieht, auch
Einblick in die Frisierkünste ihrer Zeit gestatten; und hierher gehört wohl auch jener rät-
selhafte kniende Beter aus Alabaster, der ein Fischamulett um den Hals trägt und, ein sumerischer Laokoon, rings von Schlangen umwunden ist. Alle diese Fundstücke machen uns – von
ihrer künstlerischen Bedeutung abgesehen – mit dem Typ der nun schon leicht mit
Frühakkadern gemischten sumerischen Bevölkerung um 2600 bekannt, zeigen uns ihre Haar-
und Barttracht und geben uns auch Aufschluß über ihre Kleidung: Die Männer tragen den
Zottenrock und gelegentlich den darübergezogenen Fellmantel, die Frauen ein beide Schultern freilassendes Zottenkleid oder ein bald mehrfach gefaltetes oder plissiertes Gewand aus
Wolle oder Leinen.

Neben die Statuette stellt sich als ein zweiter Bereich der Bildhauerei zur Mesilimzeit das
Relief, und zwar im Gegensatz zum Rundstil der Djemdet Nasr-Periode jetzt mehr in seiner
Flachform. Auch hier gaben kultische Bedürfnisse den Steinmetzen Hammer und Meißel in
die Hand, und so entstanden die eigenartigen, in der Mitte – vielleicht zum Aufhängen an
Lehmknäufe der Tempelwinde – durchlochten, meist 25 : 30 cm langen und ebenso breiten
Weihplatten, die in Tell Asmar und Chafadji, Schuruppak, Lagasch und Ur ans Licht kamen
und gottesdienstliche Szenen darstellen. Wir sehen da auf dem obersten Blickfeld etwa das
sich zum Symposion, dem Symbol der Heiligen Hochzeit, gegenübersitzende Götterpaar
(oder Ensi und Hohepriesterin, die es verkörpern), umgeben von Mundschenken, Musikanten und Tänzerinnen; auf dem zweiten Band bringen Träger Wein in schweren Krügen her-
bei, oder es schreitet ein Opfertier daher, und zuweilen begegnet ein erstes Gespann, das
Weihgaben oder Speisen und Getränke heranschafft. Das Dargestellte ist gewiß von hoher
religiöser Bedeutung, und man hat vermutet, daß diese Weihplatten im Allerheiligsten oft
geradezu an Stelle des Kultbildes der Gottheit getreten sind. Bezeugen diese Bilder künstle-
risch oft nur eine gute handwerkliche Technik, so ist doch die Bewegtheit der Szenen und die
Kunst, lebensechte Figuren darzustellen, der Bewunderung wert.

Daß neben der Steinbearbeitung auch die *Kupfer- und Bronzeplastik* ihren Platz hatte, ist
uns durch schöne, ebenfalls aus Chafadji stammende Fundstücke bekannt geworden, und
hier müssen wir freilich wieder erstaunliches Können und eindrucksvolle Stilisierung feststellen. Da gibt es formschöne figurale Ständer mit schmalgliedrigen nackten Männern in beten-
der Haltung, und im Tempel der Göttin Nintu stieß man auf die etwa 10 cm hohe Figur eines
Ringerpaares, das sich an den Hüften gepackt hält und seine Kunst zeigt. Sie grenzt an Arti-
stik; denn die beiden bis auf einen Lendengürtel nackten Athleten balancieren halbmannshohe Tonkrüge auf dem Kopf, und es galt gewiß, diese beim Ringkampf nicht zu verlieren.
Wahrscheinlich ist hier eine Darbietung beim Tempelfest abgebildet, deren kultischer Sinn
uns noch unklar ist. Sicher aber dürfen wir in dem Stück eine Weihgabe sehen.

Um ein Votivgeschenk wird es sich auch bei einem anderen Beleg für die Kunst der
Metallbearbeitung handeln, dem unsere letzte Betrachtung in diesem Abschnitt gewidmet
sein soll. Es hat seine Bedeutung insbesondere für die Geschichte der Technik. Denn die
1936/37 ergrabene, 7,2 cm hohe *Kupferquadriga von Tell Agrab* ist neben einem gleichzeitigen Rollsiegelbild, einigen Weihplatten- und Vasendarstellungen und den kleinen Tonmodel-
len zwei- und vierrädriger Wagen aus Kisch, zu denen dann um die Jahrtausendmitte
Originalfunde aus Wagenresten und Geschirren in den Königsgräbern von Ur treten, das
prächtigste Zeugnis frühester Wagenlenkerkunst in dieser Welt. Das kleine Kunstwerk zeigt

ein Gefährt mit zwei niedrigen Scheibenrädern und einer Stirnwand, an das vier pferdeähnliche Tiere geschirrt sind. Wahrscheinlich handelt es sich bei ihnen um Onager, „Pferde-Esel", die damals noch Mesopotamien und Persien in großen Herden durchstreiften – eine kleine Herde des fast ausgerotteten Tieres konnte ein Tierfänger Hagenbecks im Sommer 1954 in der persischen Salzwüste *Descht-Kevir* einfangen. Die beiden inneren Tiere gehen unterm Joch, während die äußeren mit Hilfe eines Kummets an die Stangentiere festgeschirrt zu sein scheinen. Der Fahrer hält ein Leitseil in der linken Hand; man lenkt die Tiere wenigstens zuerst – grausam genug – vermittels eines senkrecht durch die durchgebohrte Oberlippe gezogenen Ringes und sichert sich gegen Bisse durch ein als Maulkorb dienendes, um die Schnauze gelegtes breites Band. Wir wollen menschenfreundlich genug sein, um unserem Fahrer zu wünschen, daß er beim Angaloppieren sein Vierergespann in der Gewalt und sich selbst auf der schmalen Plattform stehend halten konnte – damals, vor viereinhalbtausend Jahren, als man es zum ersten Male wagte, den bisher nur als Tragtier verwandten Esel vor ein Rädergestell zu spannen, und damit den Grundstein für die hohe Kunst des Wagenlenkens, aber auch für die nachmals so schicksalhafte Technik des Kriegswageneinsatzes legte.

Das unscheinbare Kupfermodell mag von seinem Spender mit der Bitte vor die zuständige Gottheit – denn jetzt beginnen sich Charakter und Aufgabenbereich der Götter zu differenzieren – gebracht worden sein, daß sie ihn vor gefährlichen Stürzen und anderen Unfällen des neuen Sports schützen möge; der Meister aber, der das kleine Kupfermodell schuf, hat gewiß den bemerkenswerten Augenblick selbst miterlebt, da der junge Fürst die erste Ausfahrt wagte, und danach, als ihm sein Auftrag wurde, alle technischen Einzelheiten der jungen Erfindung aufs genaueste studiert. Und vielleicht erzählten uns die mit weißer Muschel eingelegten Augäpfel der Zugtiere noch ein wenig von dem beängstigenden Eindruck, den das feurige Viergespann, das erste seiner Zeit, in seinem Geschirr auf ihn, den geruhsamen Fußgänger, gemacht hat.

IV

1. Dynastie von Ur und Vorherrschaft von Lagasch

Lagasch, 2360 v. Chr.

Das Heer des großen Königs, der aus Umma stammt – immer schon sah Umma in seiner Nachbarstadt Lagasch den Feind und Rivalen –, ist beutebeladen abgezogen. Es führt
den guten Fürsten Urukagina, Schagschag, seine kluge Frau, und den Hofstaat mit sich
und hinterläßt eine zum größten Teil zerstörte Stadt, über der sich die Staubschwaden von
den stürzenden Mauern mit dem schweflingen Rauch der Brände zu einer dunklen Wolke
der Vernichtung zusammenballen. Von den entweihten Tempeln, deren Heiligkeit die Soldateska diesmal auf Geheiß ihres Herrn nicht achtete – und wieviel reiche Heiligtümer besaß die Stadt! –, klingt wie ein einziger Schrei des Entsetzens die Klage der Priester her-
über. Frauen, Greise und Knaben stehen in langer Kette und reichen vom Kai her hastig die
Eimer weiter, deren Wasser die Feuersbrunst löschen soll; sie schöpfen es tief gebückt aus
dem breiten Wasserlauf, halb Kanal, halb Fluß, der seit alters her Tigris und Euphrat ver-
bindet und dem die vor Tagen noch so reiche Handelsstadt Lagasch ihren Wohlstand ver-
dankt. Aus den wankenden Häusern, deren brennende Decken am Niederbrechen sind,
schleppen sie den Hausrat des Alltags, den die Plünderer verschmähten: Tisch und Rohr-
sessel, Hocker, Bettgestell und Fußbank, tönerne oder – als Kostbarkeit – hölzerne Truhen
und Laden, die Töpfe und Kannen vom Herd und ein paar große Tonkrüge aus dem Keller-
loch … und das kleine Töchterchen preßt schluchzend das feingerillte Tonschäfchen an
sich, das beim Schütteln so schön klappert und das ihr die Großen in der Hast des Rettens
fast zertreten hätten. Dann, allmählich, nach Einbruch der Dunkelheit, ebbt der Lärm ab,
die Brände verschwelen, und in den abgelegenen Hofecken flackern hier und da die kleinen
Feuer auf, an denen die übriggebliebenen, bis zum Tode erschöpften Bewohner der Stadt
sich ein wenig Essen kochen.
Alle Vorräte haben die Soldaten Lugalzaggesis doch nicht gefunden, und die Wache, die
zurückblieb, hat überreichlich genug und kümmert sich nicht um die geschlagenen
Lagascher. Weit von ihrem Wachlokal, wo ihnen einige niedere Tempeldirnen und große
Krüge Bier die Zeit vertreiben, im Stadtteil Girsu, den sie nun nach dem Tempelbrand scheu
meiden, sind einige Häuser stehen geblieben. Zerbrochenes Tongeschirr, das überall auf der
Gasse herumliegt, knirscht unter ihrem Fuß, da wir uns im Dunkeln zu ihnen hintasten.
Denn aus der verlassen daliegenden einstöckigen Hütte, die den Schreckenstag überstand,
klingt die Stimme eines Singenden. Sie ist brüchig, wie wir beim Näherkommen merken, ein
alter Mann spricht da halb singend eine eintönige, traurige und doch inbrünstige Weise, in
die sich zuweilen das scheue Aufklingen von Harfensaiten mischt … Wir finden auch im
Finstern ins Grundstück, denn die Wohnhäuser Sumers sind sich alle ähnlich und werden
sich im Zweistromland auch für ungezählte Generationen kaum ändern: Wir treten von der
Straße durch ein Tor, dessen Pfosten sich in festeingelegtem Angelstein dreht, in einen
Vorraum; hier steht der Getreidemörser, und von hier geht auch die Treppe aufs Flachdach
oder zum Söller hinauf. Dann kommen wir in den Hof mit dem Herd und dem Wasserab-
flußrohr, oft auch einem Brunnen, und um ihn liegen die Gelasse und Kammern, unter denen, möglichst in Breitlage auf der Südseite, der Hauptraum hervorragt … Hier ist schon
der Hof. Das monotone Deklamieren bricht ab, und da die ziehenden Wolken gerade den
Mond freigeben, erblicken wir die Gestalt des Sängers, der auf der Eingangsstufe zum
Wohnraum hockt. Aus kahlem, bärtigem Kopf richten sich erloschene Augen auf uns, und
eine dürre Hand stellt die halbmannshohe Harfe mit unsicherer Bewegung beiseite. Nun

Die zwölf Beter aus Tell Asmar (Alabaster)

Bärtiger Beter mit Weihgefäß aus Tell Asmar

Beterhaupt aus Tell Asmar

Beterin der Mesilimzeit mit Stirnband

wissen wir, weshalb die Krieger ihn und sein kleines Haus in gutmütiger Aufwallung verschonten: Der alte Mann, dessen Fellrock den mageren Oberkörper freiläßt, ist blind. Wir beruhigen ihn, wir kauern uns zu ihm nieder, und jetzt, ganz nahe, erkennen wir ihn auch: Es ist ein Tempelsänger vom Hauptheiligtum der Stadt, das dem Ningirsu (dem „Herrn von Girsu") zugehört und das heute das Schicksal der anderen Tempel teilte. Und wie wir ihn nach seiner Rezitation fragen, da stellt er die Harfe vor sich und beginnt aufs neue seinen Sprechgesang, der ihm in diesen Abendstunden nach furchtbarem Tage einfiel und der Frage und Wehklage, Fluch und Rechtsspruch in einem ist – ein Text, der, später aufgeschrieben, Jahrtausende überdauern sollte:

> „Die Männer Ummas haben Brand gelegt,
> Das Antasurra setzten sie in Flammen,
> Sie raubten Silber, raubten Edelstein,
> Vergossen Blut in Tirasch, dem Palast!
> Ja Blut vergossen sie im Enliltempel
> Und wieder Blut in Babas Heiligtum …"

Langsam bewegt der Alte den Oberkörper hin und her, düster geht die gaumige Stimme dahin und erfüllt mehr und mehr auch uns mit schwerer, trostloser Trauer. Sie nennt den Namen eines weiteren Heiligtums, das heute geschändet wurde, und noch einen und noch einen – wohl ein Dutzend Tempel und Kapellen der Stadt zählt der Greis in seiner Klage auf, greift ein, zwei Saiten der Harfe, hält ein, fährt dann fort:

> „Weh, wo Ningirsus heil'ges Feld bebaut,
> Da strecken sie die Hand nach seinem Korn!
> Die Männer Ummas, da Lagasch sie schatzten,
> Begingen an Ningirsu Freveltat.
> Drum wird die Macht, die ihnen zugefallen,
> Gar bald verrinnen und verloren sein!
> Denn keine Sünde ward gefunden an
> Urukagina, Girsus gutem Herrn,
> Lugalzaggesi aber, der da ist
> Der Ensi Ummas – seine Sünde möge
> Aufs Haupt Nisabas, seiner Göttin, kommen!"

Das war das Ende von Lagasch, das sich von diesem Schlage erst nach Jahrhunderten erholte; der Sieg Lugalzaggesis von Umma, der sich bald zum Herrn ganz Sumers aufwerfen sollte, setzte den Schlußpunkt unter anderthalb Jahrhunderte, in denen Lagasch (heute *Tello*) eine ruhmreiche Rolle gespielt hatte. Mit dem Aufblühen des sumerischen Handels war der Ort – gut 60 km nordöstlich von Uruk am Ostufer des *Schatt-el-Hai* gelegen und wahrscheinlich damit nicht nur für den Nordsüdverkehr, sondern durch einen direkten Kanal zum Meer auch für den Überseehandel bedeutsam – zu Wohlstand gelangt. Vielleicht geschah es, als in Kisch die Dynastie wechselte und eine ehemalige Schankwirtin namens Kubaba sich zur Königin aufwarf, daß Lagasch unter dem tüchtigen Fürsten *Urnansche* Kischs Oberhoheit abwarf und eigene Politik machte. Die zahlreichen Inschriften dieses Fürsten erzählen freilich meist von seiner umfangreichen kultischen Bautätigkeit und den reichen Weihgaben für den kriegerischen Ningirsu und seine Gemahlin Baba, für die Göttin Nansche – Tochter des Enki, Herrin der Quellen und Flüsse, aber auch Rechtsgöttin – oder für die „Mutter der Stadt" Gatumdug, berichten aber ebenso von Kanalbauten und Handelsunternehmungen zum Import von Hölzern und Doleritstein. Listen und Rechnungen aus Urnansches späteren Jahren beweisen ein erhebliches Anwachsen der Unternehmungen Lagaschs, und die „Familienreliefs" des betriebsamen Fürsten zeigen ihn uns mit allen, namentlich benannten Gliedern seiner Familie, wie er mit ihr die Ziegel- oder Mörtelkörbe trägt und so „offiziell" beim Bau der Heiligtümer mitwirkt.

In Urnansches Sohn *Eannatum*, der in allem auf den Fundamenten seines Vaters aufbauen konnte, begegnet uns der erste Herrscher Sumers, der im hellen Licht der Geschichte steht. Seine leider unvollständige „Geierstele", das früheste umfangreiche historische Dokument schlechtweg, das die erfolgreichen französischen Ausgräber Lagasch-Tellos in den achtziger Jahren des vorigen Jahrhunderts mit als erstes fanden, stellt in Kalksteinrelief den Gott Ningirsu dar, wie er Eannatums Feinde im Netz zappeln läßt, und zeigt uns den König selbst vor der Phalanx seiner Krieger im Kampf, danach aber auch bei der feierlichen Bestattung seiner Soldaten. Ein Bruchstück mit der makabren Darstellung von Geiern, die sich um die abgetrennten Köpfe Erschlagener auf der Walstatt balgen, gab dem berühmten 1,60 m hohen, allseitig reliefierten und beschrifteten Denkmal den Namen. Der Text ist in den noch bildähnlichen Zeichen der Monumentalschrift gehalten, neben der für den Alltagsgebrauch längst eine Kursive in „Keilschrift" – der Eindruck des Rohrgriffels nimmt in dem noch weichen Ton die Form eines senkrechten, waagerechten oder schrägen Keiles an – Verwendung fand. Hier in diesem Siegesbericht Eannatums ist es, wo jener schon genannte König Mesilim von Kisch erscheint, hier hören wir von siegreichem Kampf und maßvollem Friedensschluß mit Umma und sodann von weiter gespannten Kriegsunternehmungen, in deren Verlauf Eannatum nach Elam, dem „staunenswerten Gebirge", vordrang, Ur, Uruk und Akschak (gegenüber Seleucia am Tigris) unterwarf und sogar Kisch selbst in Abhängigkeit brachte.

Sein Epkel *Entemena* hinterließ uns eine umfangreiche Kegelinschrift, die noch einmal Mesilim, die Vorgeschichte Lagaschs und Eannatums Taten nennt und eine neue Grenzziehung mit dem gefährlichen Nachbarn Umma (heute *Djocha*, 30 km nordwestlich von Lagasch und 50 km nördlich von Uruk) meldet. Weihinschriften, etwa auf Türangelsteinen, bezeugen große kultische Bauten für Ningirsu, Nanna, Enki, Ninchursang, Enlil, Gatumdug und andere Gottheiten – mit der Heranbildung eines Oberkönigtums erhalten auch die Götter der Vasallen und Nachbarn ihre Tempel in der Hauptstadt –, in einer Tonnagelinschrift hören wir vom Brüderschaftsvertrag mit dem König Lugalkinischedudu von Uruk, und in Ur fand sich eine Dioritstatuette des Fürsten und belegt so seine sakrale Bautätigkeit auch in dieser Stadt.

Entemena hat gewiß an Weihgaben und Stiftungen nicht gespart, dennoch beginnen jetzt die Priesterschaften auf den zunehmenden Einfluß des Palastes scheel zu sehen. Denn die Krone wird nun auch ein wirtschaftlicher Faktor. Die uns erhaltenen und bis ins einzelne gehenden Belege, Quittungen und Kaufabschlüsse aller Art erweisen für diese Zeit ein ausgeprägtes und längst in festen rechtlichen Bahnen laufendes Verwaltungs-, Wirtschafts- und Handelswesen, das andererseits sehr schnell zu starken Klassenunterschieden und wirtschaftlicher Ausbeutung führt. Lugalanda, Entemenas offensichtlich von der priesterlichen Opposition auf den Thron gesetzter 4. Nachfolger, besitzt sieben Güter von zusammen mehr als 160 ha Fläche, seine Gattin Baranamtarra – denn kluge und energische Frauen vermochten sich schon damals über Beschränkungen gesellschaftlicher und juristischer Art hinwegzusetzen – führt ein eigenes, uns ebenso wie das ihres Gatten erhaltenes Siegel und besitzt Land in Größe von 66 ha; sie steht überdies in selbständiger Geschäftsverbindung mit der Fürstin von Adab. Die Priester ihrerseits scheinen die ihnen gegebene Macht skrupellos zugunsten ihrer Einkünfte ausgenutzt zu haben.

So kommt es hier in Lagasch zur ersten sozialen Reform, von der die Geschichte uns berichtet: *Urukagina* wird nach neun Regierungsjahren Lugalandas offenbar von der antipriesterlichen Legitimistenpartei zur Herrschaft gebracht, und aus den von ihm überkommenen Texten – Bau-, Weih- und Geschäftsurkunden, die übrigens wieder auch die Königin als selbständigen Handelspartner zeigen – ragt ein „Vertrag mit Ningirsu" hervor, in dem er die Sünden der raffgierigen Priester aufzählt, ihre Einkünfte, etwa bei Begräbnissen, radikal beschneidet, das Vorkaufsrecht der Vorgesetzten aufhebt, den Verwaltungsapparat vermindert und Witwen und Waisen vor Übergriffen schützt: „... Er sprach und befreite so die Leute von Lagasch vor Dürre, Diebstahl und Mord ... er setzte die Freiheit ein; der Waise und der Witwe durfte der Mächtige kein Unrecht mehr tun ..." Die Priesterpartei wird über solche Neuerungen kaum erfreut gewesen sein, und vielleicht spann sie die Fäden nach Umma und zu seinem ehrgeizigen König Lugalzaggesi. Jedenfalls kommt es im 7. Regierungsjahr Urukaginas zu jenem kriegerischen Zusammenstoß, von dem wir hörten und der freilich nicht nur Urukagina, sondern Lagasch selbst aufs härteste traf.

Aus den bitteren Worten der Abrechnung, die ein Lagascher mit Nisaba, Ummas Göttin, und dem „Aggressor" hielt und die wir einem alten Tempelsänger in den Mund legten, spüren wir noch heute, wie unerhört das Vorgehen des *Lugalzaggesi* von den Unterworfenen empfunden worden ist. Tempel und heiliger Bezirk galten den Sumerern auch in Kriegszeiten als sakrosankt; hier aber hatte sich ein Ensi, ein „Priesterkönig" selbst also, brutal und frevelhaft über die ehrwürdigen Gebote von Sitte und Religion hinweggesetzt. In der Tat hatte dieser zunächst wenig bedeutende Stadtfürst offenbar keinerlei Skrupel. Aber es scheint, als entstamme seine bis dahin unbekannte grausame Kriegsführung einer verzweifelten Erkenntnis, als diene sie dennoch einem großen Ziel: Der Druck des Semitentums vom Nordwesten hatte sich immer mehr verschärft, und nur eine Zusammenfassung aller Kräfte Sumers mochte ihm noch Einhalt gebieten. Lugalzaggesi betrachtete sich als den Mann, der dieses Werk durchführen konnte: Der Sieg über das östlich benachbarte reiche Lagasch sicherte seine Finanzierung, die Gewinnung Uruks, wohin er alsbald seine Residenz verlegte, hob sein Ansehen, Ur und Larsa fielen ihm zu; es gelang ihm, sogar Kisch zu erobern, und als er dann auch in Nippur einzog, da zögerte die Enlilpriesterschaft nicht, ihm den Titel „König der Länder" zuzubilligen. Nun konnte er die Würden aller wichtigen sumerischen Tempel in eine Großkönig-Titulatur zusammenfassen und nannte sich hinfort etwa „König von Uruk, König des Landes, Priester Ans, Prophet der Nisaba, Groß-Ensi Enlils, mit Verstand begabt von Enki, mit Namen benannt von Utu, Versorger der Inanna, Kind der Nisaba, mit heiliger Milch genährt von Ninchursang, Hauptzögling der Ninabuhadu, der Herrin von Uruk, Begeisterter der Götter".

Aber sein Bestreben war, Sumers Macht auch in größeren Fernen zu festigen, und das semitische Element des Nordens konnte ihm hierbei zunächst keinen nachhaltigen Widerstand leisten. Seine wiedergefundene Prunkinschrift spricht davon, daß Enlil „ihm die Länder unter seine Füße niedergeworfen und in die Wege vom Aufgang bis zum Untergang der Sonne, vom Unteren Meer über Euphrat und Tigris bis zum Oberen (Mittel-) Meer geebnet" habe. Eine solche Ausweitung des sumerischen Machtbereichs bis nach Syrien hin wird gewiß Sumers Kultureinfluß in diesen Westgebieten außerordentlich verstärkt haben. Weiß doch jener Text auch davon zu berichten, daß während der 25jährigen Regierung Lugalzaggesis „die Länder in Sicherheit wohnten" und das Land „mit Wasser der Freude gespeist" wurde. Freilich, die letzte und flehendlichste Bitte des alternden Großherrschers erfüllt ihm das Schicksal nicht, und wir, die wir den historischen Ablauf kennen, lesen sie nicht ohne innere Anteilnahme:

„Enlil, der König der Götter, möge An, seinem geliebten Vater, meine Bitte aussprechen, meinem Leben Leben hinzufügen! Er lasse die Länder in Sicherheit wohnen; Menschen, zahlreich wie Kraut, gebe er mir reichlich! Die ‚Zitzen des Himmels' möge er flie-

27

ßen lassen, das Land wohlwollend ansehen! Das gute Schicksal, das die Götter mir bestimmt haben – mögen sie es nicht verändern! Der Hirte, der an der Spitze steht, möge ich stets bleiben!"

Erfüllte sich der Fluch der Götter Urukaginas von Lagasch? Am Ende von Lugalzaggesis Leben steht der Sieg des Akkaders Sargon, der uns triumphierend berichtet, daß er Lugalzaggesis Hals in eine Holzgabel zwängen und am Tempelportal Enlils in Nippur ausstellen ließ – vor dem Heiligtum eben jenes schicksalbestimmenden Gottes, der ihm einst die Herrschaft über Sumer verliehen und dem sein großes Gebet gegolten hatte.

Lugalzaggesis Sturz schloß eine zweite Blütezeit Sumers ab – so wie sein Aufstieg Ruhm und Glanz der Stadt Lagasch beendet hatte. Sein Plan eines geeinten sumerischen Großreichs war nicht neu; in geschichtlich nicht deutlich erkennbarer Zeit, jedenfalls noch vor der Jahrtausendmitte, scheint schon ein König *Lugalannemundu* von Adab (heute *Bismaja*, etwa 65 km nördlich von Uruk) seine Verwirklichung erstrebt zu haben. Eine ihm zugeschriebene fingierte Inschrift aus der pseudohistorischen Literatur des 19. Jahrhunderts v. Chr. berichtet, daß er dreizehn Fürsten besiegt und der Nintu, der Gemahlin Enlils, einen pomphaften Tempel erbaut habe; einiges an geschichtlicher Wahrheit mag in dieser Tradition enthalten sein. Jedenfalls wanderte nach Assimilierung jener frühakkadischen Einwanderungswelle der Mesilimzeit das machtpolitische Übergewicht zunächst einmal wieder nach Süden.

Die sumerische Königsliste nennt eine *1. Dynastie von Ur* und als ihren Begründer den auch durch Weihinschriften bekannten König Mesannepadda, übergeht aber seinen Sohn Aannepadda, der durch den Bau des – wiederausgegrabenen – Ninchursangtempels im nahen *el-Obed* mit seinem berühmten kupfernen Löwenadler-Relief und seinen Kalksteinfriesen eine gewisse Berühmtheit erlangt hat, und nennt ebensowenig den aus den Königsgräbern von Ur durch Goldhelm und Goldsiegel bezeugten Meskalamdug. Irgendwann muß es diesen Fürsten gelungen sein, eine Art Oberherrschaft zu gewinnen, und damit tritt zum ersten Male das vielgenannte Ur (heute *Muqajjar*, 65 km südöstlich von Uruk, damals nahe der Euphratmündung an der einstigen Küste des Persischen Golfs gelegen) ans Licht der Geschichte. Hier verehrte man den Mondgott Nanna, der als Sohn Enlils und Ninlils galt, und seine Gemahlin Ningal, die „Große Herrin", und hier erhob sich bereits zur Zeit der 1. Dynastie (um 2500) eine Zikkurrat, deren Rumpf ein halbes Jahrtausend später von Urnammu mit Brandziegeln neu überbaut wurde und so bis heute standhalten sollte.

Wie Uruk von den deutschen Archäologen, so ist dieser Platz von den Engländern, insbesondere seit 1922 durch Sir Leonard Woolley, erschlossen worden; unter seinen Entdeckungen hat die Freilegung des *Königsfriedhofs von Ur* in den Jahren 1926–1931 – wenige Jahre nach der Auffindung des Tutenchamun-Grabes durch Howard Carter und eine Art von sumerischem Gegenstück zu jener ägyptologischen Sensation – das größte Aufsehen erregt. Gestatteten uns doch die reichen Feunde einen bis dahin unvorstellbaren Einblick in Gesittung, Kunst und Glauben des sumerischen Volkes um die Mitte des 3. Jahrtausends

Südöstlich des dem Mondgott Nanna geweihten heiligen Bezirks stießen die Ausgräber auf ein riesiges, schon seit langem benutztes Gräberfeld mit mehr als 1800 meist einfachen Bestattungen – Erd- und Sarggräbern –, dessen Erforschung mehrere Kampagnen erforderte. Zwischen ihnen verstreut fand man dabei in wechselnder Höhenlage sechzehn gänzlich abweichende Anlagen. Sie alle zeigten in einem bis zu 10 m tiefen, mit geböschten, aber sehr steilen Wänden versehenen Schacht auf sorgfältig geglättetem Boden Gruftbauten mit einer oder mehreren Kammern, die aus Kalkstein errichtet und mit Tonnen- oder Kuppelgewölbe überdeckt waren. Hier hatte man Könige und auch Fürstinnen oder Hohepriester-

Kupferständer aus Chafadji

Ringer mit Tonkrügen, Kupfer (Chafadji)

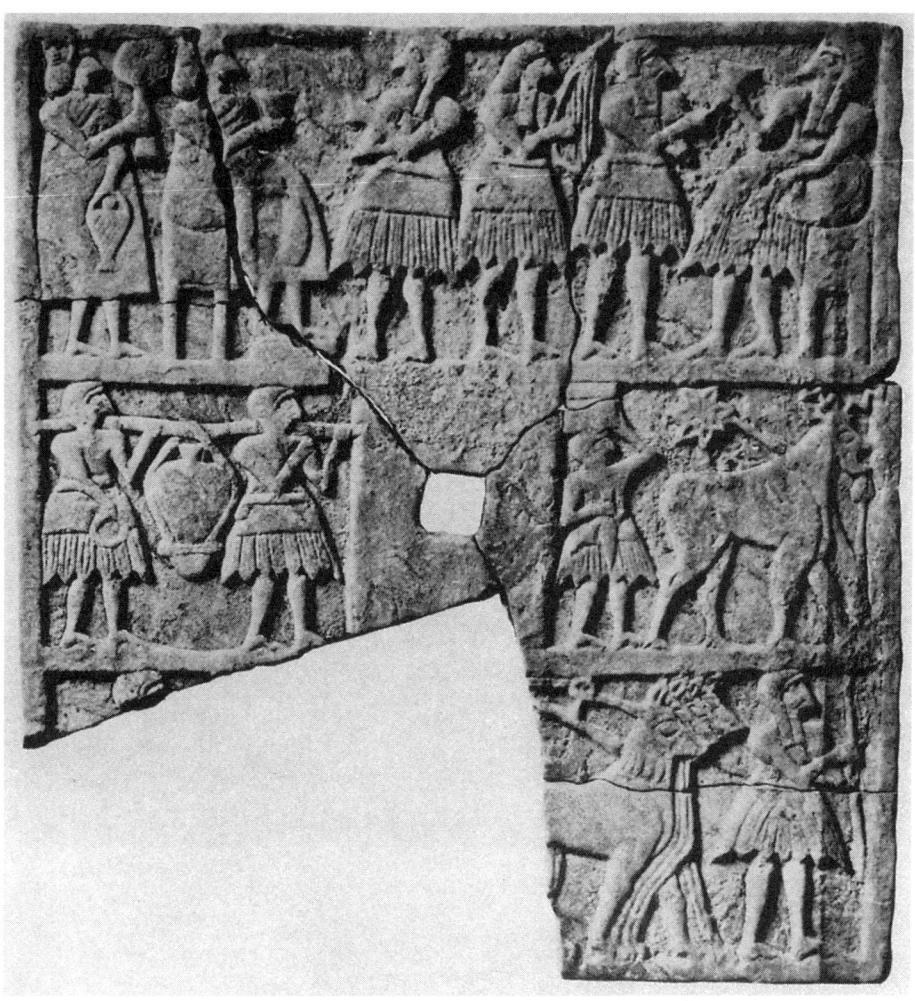

Weihplatte mit kultischer Szene (Chafadji)

Urnansche von Lagasch mit Kindern und Beamten (unten)

innen zur ewigen Ruhe gebettet und mit überreichen Beigaben versehen. Aber sie waren nicht allein beerdigt worden: Während mehrfach der männliche Hauptbestattete in der inneren Kammer fehlte und anscheinend später – unter Zurücklassung aller Kostbarkeiten – durch ein eigens hierzu geschlagenes Loch in der Decke entfernt worden war, fand man in Haupt- oder Vorkammer und auf der Rampe *(Dromos)*, die in den Schacht hinabführte, die Leichen des Gefolges, Diener, Musikantinnen und Leibwächter, dazu die Wagenlenker bei ihren esel- oder rinderbespannten Fahrzeugen. Man konnte bis zu achtzig Mitbestattete in einem Grabe zählen und glaubte zunächst, in ihnen Menschenopfer erkennen zu müssen. Die Krieger, 50 und 60 an der Zahl, hatten den Kupferhelm auf dem Haupte und zwei Speere bei sich, Gruppen von neun Mädchen mit reichem Haar-, Hals- und Gewandschmuck aus Gold, Silber, Karneol und Lapislazuli lagen um ihre Musikinstrumente herum, und die Harfenistin hatte ihre Hand noch an den Saiten.

Die sämtlich unausgeraubten Grüfte boten eine Fülle von kostbaren Weihgaben. Da waren goldene und silberne Schalen, Kupfer- und Goldwerkzeuge, mit Bildwerk in schöner Intarsienarbeit versehene Leiern und Harfen, deren Klangkörper oft in goldgetriebene, zuweilen mit blauem Lapislazulibart versehene Stierköpfe auslaufen – der Stier ist uraltes Fruchtbarkeitssymbol –, herrliche Schwerter und Dolche, köstlicher Schmuck, Brettspiele mit Spielsteinen in Einlegearbeit und ein 65 cm langes silbernes Boot mit Sitzen und Rudern, auf dem der Tote wohl den das Totenreich begrenzenden Chuburfluß, den Styx der Sumerer, überqueren sollte. Da gab es goldene Tierfigürchen als Gürtelschmuck, silberne Zügelringe mit Stier- und Maultierplastiken, reliefierte Schildbeschläge und als besondere Kostbarkeit die 50 cm lange, über 20 cm hohe und an der Basis 12 cm dicke, sich nach oben verjüngende sogenannte Mosaikstandarte von Ur, die auf je drei Bändern der Vorder- und Rückseite in Goldeinlegearbeit Szenen aus Krieg und Frieden – Festmahl, Opferdarbringung, Weihgabentransport, Kriegswagen, Kampfszenen und Soldaten zeigt. Man fand den Goldhelm des Königs Meskalamdug, der Ohren und Frisur nachbildet, und sein goldenes Siegel, Trinkbecher aus Edelmetall und zwei gegenständig angelehnte, aus Gold, Silber, Muschel und Lapislazuli mit Asphalt über einem Holzkern gefertigte Ziegenböcke, die sich auf die Hinterbeine erheben und an einer Pflanze mit Rosettenblumen zu fressen scheinen – ebenso wie manche Darstellungen der Intarsienarbeiten offenkundig Symbole des auf die Inanna-Dumuzi-Mysterien ausgerichteten Totenglaubens.

Die Aussagen dieser Bilder, die das „Symposion", das Symbol der Heiligen Hochzeit, weiter den rinderbeschützenden Helden und andere Motive des Dumuzikreises zeigen, die seltsame Durchbrechung der Deckengewölbe in den Grabkammern männlicher Bestatteter und die Auffindung der Mitbeerdigten, neben denen meistens noch der kleine Giftbecher lag und die keinerlei Spuren etwa eines gewaltsamen, unter körperlicher Abwehr erlittenen Todes zeigen, haben in Verbindung mit den Forschungsergebnissen über die Gräber der 3. Dynastie von Ur um 2000 v. Chr. A. Moortgat zu der einleuchtenden Theorie geführt, daß die in den Schachtgräbern bestatteten Fürsten zu Lebzeiten Akteure der kultischen Heiligen Hochzeit, damit selbst zum göttlichen Rang des von ihnen dargestellten Dumuzi erhoben und „Geliebte der Inanna" – diese wiederum durch die Hohepriesterin dargestellt – waren; Ninschubad, eine der unter überreichen Beigaben und mit großem Gefolge zur Ruhe gebetteten weiblichen Hauptbestatteten, mag eine solche zur Inanna gewordene Darstellerin der Liebesgöttin gewesen sein. Der zum Dumuzi erhöhte König aber würde, wie jener selbst, wiederauferstehen, und man hat wahrscheinlich diese Auferstehung, etwa beim ersten Neujahrsfest nach dem Tode, symbolisch durch Aufbrechen der Gruft und von Opferriten begleitete Heraufholung der Leiche in ein höhergelegenes Grab oder in ein oberirdisches Mausoleum dargestellt. Mit ihm, so mag man gläubig gehofft haben, konnte auch das unmittelbare Gefolge seiner Lebenszeit, das vielleicht selbst an der mimischen Umrahmung des Kultaktes der Heiligen Hochzeit mitgewirkt hatte, auf Neubelebung rechnen, und so ging es mit seinem fürstlichen, zum Gott gewordenen Herrn in den Tod – ebenso wie die Begleitung der Hohenpriesterin Ninschubad, die Inanna verkörpert hatte; denn auch diese kehrt ja nach der Mythe unversehrt aus dem Totenreich zurück. So tranken die Männer und Frauen der nächsten Umgebung des Königs nach der letzten Trauerfeier in der Gruft den Becher mit einem vermutlich erst betäubenden, dann aber schnell wirkenden Gift und sanken nahe ihrem toten Herrn zu Boden – in jener Stellung von Schlafenden, die sie noch bei der Wiederfreilegung innehatten. Und wer will sagen, ob der Glaube, der da nach dem Wort der Schrift Berge zu versetzen vermag, ihrem unsterblichen Teil nicht jenes Erwachen aus dem Todesschlaf geschenkt hat, das ihre Frömmigkeit erträumte?

Ein paar Weihinschriften aus Ur und el-Obed, die Gräber und ihre Toten, die Üppigkeit der Beigaben und schließlich einige Namen der Königsliste – das ist alles, was wir von dieser 1. Dynastie Urs kennen. Ihr Verhältnis zu Kisch, ihre Auseinandersetzung mit Lagasch – dessen mächtigen Fürsten die sumerischen Historiker übrigens den Königstitel versagen und die sie überhaupt nicht mitzählen –, all das bleibt uns vorerst unbekannt. Die Archäologie ist ein Feld der Überraschungen; vielleicht lüftet sich durch unvorhergesehene Funde auch noch einmal der Schleier, der über diesen geheimnisvollen Königen, ihrem politischen Wirken und ihrem rätselvollen Glauben ausgebreitet ist. Ihre Grüfte sind dem weiteren Ausgrabungsverlauf zum Opfer gefallen, und lediglich Woolleys Rechenschaftsbericht spricht noch zu uns von den alten Königen der Mondstadt Ur, aus der nach dem biblischen Bericht später einmal Abrahams Vater Terach gen Westen wandern sollte.

Die Vielzahl der Götter und Tempel, die uns die Weih- und Bauinschriften nennen, bezeugt uns für die Mitte des 3. Jahrtausends ein sumerisches *Pantheon*, das sich – zuerst in der Eigenentwicklung der einzelnen Stadtstaaten, danach in dem Erstehen größerer Machtgebilde um eine Hauptstadt herum – zu großer Mannigfaltigkeit entwickelt hat. Gewiß bleibt der Stadtgott, der einst alle göttlichen Kräfte und Bereiche in sich schloß, auch jetzt noch der Herr seiner Siedlung und dem Glauben seiner Bürger am nächsten; wo aber ein Oberkönig den Göttern seiner Vasallen in einer Stadt ein Heim anbot oder wo er seine himmlischen Herren auch in den botmäßigen Orten verehrt sehen wollte, da ergab sich die Notwendigkeit einer Ordnung, eines kultisch-religiösen Systems, das man am ehesten durch die Schaffung eines Familienschemas erreichte. Aus den Göttern wurden Väter, Söhne und Töchter, Brüder und Schwestern, aber auch Wesire, Diener und Mägde; die Kultbilder des göttlichen Gefolges bekamen ihren Platz in Nischen und Seitenkapellen des Heiligtums.

Ebenso differenzierte sich der Raum ihres Wirkens: Krieger und Handwerker, Schreiber und Künstler wählen sich ihre Götter, Schafzucht und Ackerbau, Jagd, Fischfang, Handel und Gewerbe wenden sich einer besonderen Göttergestalt oder einem Götterkreise zu. Die Gegensätze der irdischen Welt spiegeln sich alsbald in der jenseitigen wider; chthonische und kosmische Mächte heben sich ab; Gewalten der Vernichtung und der Finsternis stehen gegen solche des Lichts, des Gedeihens, des Lebenschaffens und der Weisheit.

Große Götter wie An, Enlil und Enki treten zusammen und bilden eine erhabene Trinität; indes erscheinen etwa der Sonnengott Utu, der Mondgott Nanna und die Liebesgöttin Inanna dem Menschen näher und begreiflicher, wobei das ewige und allgegenwärtige Prinzip der Liebe, Fruchtbarkeit und Mutterschaft unter Inannas Namen oder dem der Mach („Erhabene"), Ninmach („Erhabene Herrin"), Ningal („Großherrin"), Ninsun, Nintu („Herrin, die Geburt schafft") oder Ninchursang („Herrin des kosmischen Gebirges") steten Vorrang behält. Umma verehrt seinen Gott Schara, der auch am Dijala Anbetung findet, und seine schwesterliche Gattin Nisaba; in Kisch steht der Kriegsgott Zababa im Vordergrund, in Lagasch wieder dominieren Ningirsu und Baba, während sich Utus Haupttempel Ebabbar („Glanzhaus") in Larsa (heute *Senkereh,* etwa 25 km südöstlich von Uruk) erhebt. Mit Räucher- und Trankspende – Wasser, Öl, Milch von Haustieren und Hirschkühen –, mit Opfergaben an Obst, Feldfrüchten, Fischen, Geflügel und Schlachttieren dient man ihnen, Zicklein und Schaf spielen als Opfertier die Hauptrolle, und vielleicht dürfen wir die zahlreich wiedergefundenen Votivschafe aus Ton so verstehen, daß sie der Opferer eines Schafes als Gegengabe aus der Tempeltöpferei erhielt und dann auf den Altar stellen durfte.

Aber die Götter benötigen auch Tisch, Bett, Sessel und Lade. Die Mythe erzählt, wie Inanna den sturmgeplagten jungen Chuluppu-Baum vom Euphratufer in ihren Garten verpflanzte, um ihn zu hegen und aufzuziehen und sich dann aus seinem Holz Thron und Bett zu fertigen; Dämonen aber nehmen von dem neu aufragenden Baum Besitz, und erst der starke Gilgamesch muß der Göttin zu ihrem Recht verhelfen. So spenden die Fürsten und Reichen den Gottheiten, was sie bedürfen, und vergessen das Gebet um die Gegengabe, nach der sie gieren, nicht: Gesundheit, Macht und langes, glückliches Leben möge ihnen beschert werden. Die Sitte, Beterstatuetten im Tempel aufzustellen, wird weitergepflegt und hat uns zahlreiche größere und kleinere Abbilder der Menschen jener Zeit erhalten, von denen neuerdings schöne Belege in dem weitentfernten, aber ganz dem sumerischen Kulturkreis zugehörigen Mari ans Licht kamen.

Die Geschichte Eannatums und Entemenas hat uns indes gezeigt, daß die Ur I-Zeit neben den frommen Werken auch die Waffen übte, und an Hand der Darstellungen auf der Geierstele, der Mosaikstandarte von Ur und anderen Belegen sind wir in der Lage, über *Heerwesen* und *Kriegstechnik* dieses sumerischen „Mittleren Reiches" etwas auszusagen. Die Truppe, aus Halbfreien oder einem dienstpflichtigen, mit einem Lehen versehenen „Erbstand" gebildet, verfügte über Infanterie und Wagenkämpfer. Die Bewaffnung des Fußvolkes bildeten langer Speer und Kurzschwert, vielleicht auch die Doppelaxt; Offiziere trugen als Abzeichen ihrer Würde den Streitkolben, während der König das Sichelschwert führte. Geschützt wurden die Krieger durch Mantel, Kegelhelm und große, den ganzen Körper deckende Rechteckschilde, die aus Holz mit Metallbezug gefertigt waren und neun in drei Reihen angeordnete Bronzebuckel aufwiesen. Die Infanterie trat in einer wuchtigen, geschlossenen Phalanx mit eingelegtem Speer zum Angriff an, wie uns das die Geierstele anschaulich zeigt. Die Besatzung des Streitwagens dürfte aus zwei Mann, Fahrer und Kämpfer, bestanden haben; man verwandte sowohl einen leichten Wagentyp mit zwei Rädern als auch einen schwereren vierrädrigen, und mindestens der letztere wurde nach Ausweis der Mosaikstandarte von vier pferdeähnlichen Tieren gezogen. Ein hoher Aufbau schützte jetzt die untere Körperhälfte der Besatzung; an dieser Vorderwand war links ein Behälter für die Wurfspeere, die Waffe des Wagenkämpfers, angebracht. Fahnenträger trugen dem Heer Feldzeichen in Form von Götteremblemen – Adlern etwa oder Geiern – voraus.

Wir werden uns das militärische Aufgebot eines Eannatum oder gar eines Lugalzaggesi nicht gar zu klein vorstellen dürfen; das wohlbebaute Land ernährte eine große Bevölkerung und war dicht besiedelt – die Einwohnerzahl von Lagasch soll damals rund 36 000 betragen haben –, so daß wir Infanterieeinheiten von hundert und tausend Mann und Geschwader zu zehn oder zwanzig Streitwagen ansetzen dürfen. Im Notfall zog man über den Kriegerstand hinaus gewiß jeden Wehrfähigen ein; wir besitzen Stammrollen, in denen nur Magazinverwalter, Köche, Brauer, Händler und Priester fehlen. Die Heerführer versäumten nicht, den auf der Walstatt Gebliebenen kriegerische Ehren zu erweisen, und so sehen wir denn auf der Geierstele Eannatum den Gefallenen eine militärische Begräbnisfeier veranstalten. Dennoch hat Sumers kriegerisches Wesen die große Belastungsprobe, die seiner beim

Erscheinen der Akkader Sargons wartete, nicht bestanden: Die neue Kampftechnik und ein überragender kriegerischer Élan der jugendfrischen semitischen Eroberer ließen es schnell erlahmen.

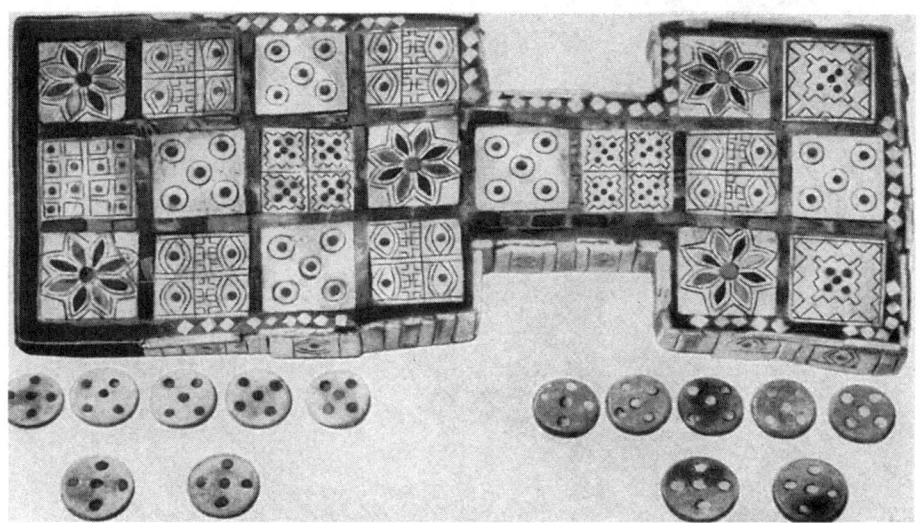

Goldener Zügelring mit Brettspiel aus den Königsgräbern von Ur

Einlegearbeit an der Stirnseite einer Harfe und Prunkschwert aus den Königsgräbern von Ur

Der „Goldhelm des Meskalamdug", eine Art von Perücke für eine Beterstatuette (Ur)

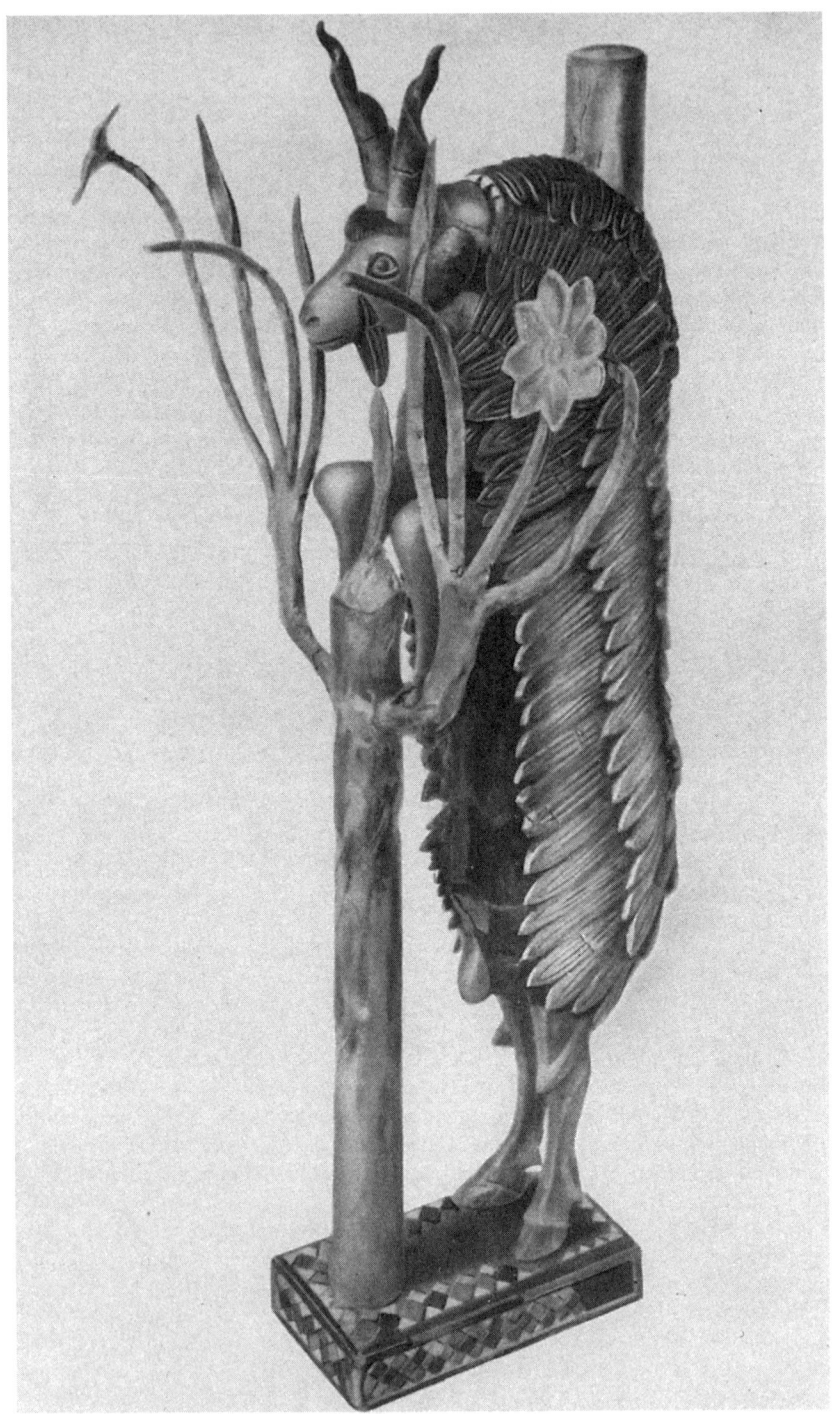

Ziegenbock am Lebensbaum, Weihfigur in chrysolither Technik (Ur)

V

Das Reich von Akkad

Die Sumerer sind keine Menschen der Steppe. Das Land der Flußniederungen ist ihre Heimat, und wie ein rätselhaftes Schicksal sie ans Nordwestufer des Persischen Golfes verschlägt, da erwachsen längs der zwei Ströme, ihrer Nebenarme und bald auch der von ihnen abgezweigten Großkanäle städtische Siedlungen, und künstliche Bewässerung macht das flußnahe Land anbaufähig, so daß es Brot- und Ölfrucht spendet und auf seinen Weiden die sich reichlich vermehrenden Herden ernährt. Die großen Steppenweiten dagegen gehörten den Sumerern nie, und gar die Wüsten mit ihren spärlich eingestreuten Oasen und Wasserstellen blieben ihnen ebenso verschlossen wie die Fruchttäler in den unendlichen, himmelhohen Gebirgsketten des Zagros im Norden. Gerade aber die bedingte, gefährliche und fast glückspielhaft wechselnde Bewohnbarkeit der wüstenähnlichen Randsteppen um das Fruchtland der großen Ströme zwang die zähen und bedürfnislosen Bewohner jener Distrikte immer wieder zu diesem hin, und so liegen denn seit jeher zwischen den mauerbewehrten Siedlungen des stadtsässigen Sumerertums und ihren Anbauflächen weitverstreut die schwarzen Ziegenhaarzelte der Steppenleute, bis zu denen die Macht der Stadtherren selten reicht. Diese „zweite Kraft" Mesopotamiens ist semitisch, und am Ende der Djemdet Nasr-Zeit war sie, wie wir sahen, an Zahl zum ersten Male so weit angewachsen, daß ihr ein sehr spürbarer Einbruch in die kulturelle Entwicklung Altsumers gelang. Das Pendel ist dann zurückgeschlagen, Ur und Lagasch haben ihre durchaus wieder sumerische Rolle spielen können, und dem harten Lugalzaggesi von Uruk ist es trotz des Abscheus und der Flüche seiner Landsleute gelungen, aus Einzelstaaten und Föderationen ein Großreich zu schaffen.

Am Hofe des Königs Urzababa von Kisch, eines Vasallen Lugalzaggesis, tat in dessen letzten Regierungsjahren um 2350 v. Chr. ein Beamter semitischer Herkunft, Sohn eines gewissen Laïpu, Dienst, der unter seinen Stammesgenossen großes Ansehen besaß und vermutlich einer Häuptlingsfamilie entsprossen war. Hier, an der Nordflanke des eigentlichen Sumer, hatten die Semiten seit Mesilims Tagen bevölkerungsmäßig das Übergewicht, und der Usurpator Lugalzaggesi war ihnen naturgemäß noch weit mehr verhaßt als den Bürgern der sumerischen Stadtstaaten im Unterland. Diese aufsässige Stimmung muß der ebenso fähige wie ehrgeizige Höfling aus Kisch geschürt und ausgenutzt haben. Seine Parole „Alle Macht dem semitischen Norden" zündete, seine Anhängerschaft wuchs, und so konnte er zunächst seinen schwachen Herrn beiseite stoßen und sich selbst zum König von Kisch ausrufen. Damit war die Plattform geschaffen, von der aus der Aufstieg des großen Akkaders begann. Er legte sich nun einen semitischen Herrschernamen programmatischer Bedeutung zu, indem er sich *Scharrukenu*, „Rechter Herrscher", nennen ließ: Wir kennen ihn als *Sargon von Akkad*. Bald war der ganze, vorwiegend semitische Norden sein, und er benannte ihn mit dem Namen seines Stammes. Eines schicksalhaften Tages trat sein Volk, aus dem sich mit Zähigkeit und Härte ein Heer geschaffen hatte, zur Entscheidungsschlacht gegen die Sumerer Lugalzaggesis an.

Dieses Treffen ist nicht zum wenigsten durch eine neue Kampftechnik zugunsten Sargons entschieden worden. Die schwerblütigen, seßhaften Sumerer rückten mit Langspeer und riesigem Schild in eng geschlossener Phalanx vor und besaßen lediglich im Kriegswagen eine bewegliche Angriffswaffe. Die Akkader scheinen dieses kostspielige und schwierige Kriegsgerät, dessen Meisterung sie ohnedies noch kaum beherrschten, verschmäht zu haben.

Ihre Waffen waren die der Jagd und der flüchtigen Steppenfehde, nämlich leichter Wurfspeer und Pfeil und Bogen, und sie kämpften, schnell beweglich und ohne Schild, in der aufgelösten Ordnung der Beduinen, der die Sumerer ziemlich fassungslos gegenübergestanden haben müssen. Die Akkader siegten, Lugalzaggesi fiel in Sargons Hand, und der bemächtigte sich der Städte Sumers. Aber er erkannte doch das Große am Werke seines unterlegenen Gegners an: In konsequenter, eisenharter Fortsetzung der Politik Lugalzaggesis schuf er sich einen zentralisierten Großstaat, dessen Kernland jetzt freilich nicht mehr Sumer, sondern Akkad hieß. Als erster Herrscher des alten Vorderasien baute er sich eine eigene Residenz und nannte auch sie Akkade-Akkad, die Bürger des „befreiten Kisch" damit freilich nicht wenig erbitternd; er schmückte sie mit Tempeln des wilden Zababa und der semitischen Form der Inanna, der kriegerischen Ischtar Anunîtu, erbaute sich einen Palast und ließ am Flußufer eine große Kaianlage errichten, bis zu der nach den Berichten bald die Seeschiffe von Tilmun und Südarabien her hinauffuhren.

Noch heute ahnen wir nicht, wo diese Gründung Sargons gelegen hat. Daß sie nicht allzu weit von Kisch und dem späteren Babylon entfernt war, scheint sicher. Da sie indes nach ihrer Zerstörung durch die Gutäer – anderthalb Jahrhunderte später – kaum je wieder aufgebaut wurde, ist auch die letzte Spur von ihr verlorengegangen; sollte sie einmal unter einem der zahlreichen Tells jenes Gebietes entdeckt werden, so dürften den Ausgräber dort unerhörte historische Aufschlüsse erwarten. Denn in Akkads Erbauer steht der erste altorientalische Fürst vom Rang eines Weltherrschers vor uns. Elam und Tilmun *(Bahrein)* im Osten fielen ihm ebenso zu wie das Osttigrisland, Assyrien und Syrien. Und es besteht kein Grund zum Zweifel darüber, daß das spätere Epos vom „König der Schlacht" – es beschreibt den abenteuerlichen, siegreichen Zug Sargons nach Kleinasien – den historischen Kern einer Oberhoheit Akkads auch über Kappadozien enthält; soll der große Eroberer doch sogar Zypern besucht haben.

Der „König der vier Weltgegenden" schuf sich einen Beamtenapparat, die „Söhne des Palastes"; überall, außer im sumerischen Süden, dessen Tradition er zu achten wußte, setzte er Statthalter ein, und die Tradition nennt ein stehendes Heer von 5400 Mann, das er sich verfügungsbereit hielt. Der Zentralisierung hat gewiß auch der neueingeführte „Kaiserkult" gedient: Sargon und seine Nachfolger begnügten sich nicht mit der Vergöttlichung durch die Riten des Dumuzidienstes, sondern ließen sich zu Lebzeiten als Gottkönige verehren; sie führen das Gotteszeichen von ihrem Namen. Eine dergestalte Deifizierung hinderte übrigens in keiner Weise an der Verehrung der alten Gottheiten Sumers und der neuen Götter der Akkader, denen wir nun begegnen. Die Steppenleute von einst bevorzugten im Gegensatz zu den chthonischen Mächten des sumerischen Glaubens die Astralgottheiten, die „lichten Götter": Wir sehen neben dem kriegerischen Zababa von Kisch die im Venusstern angeschaute, gleichfalls mit kriegerischen Aspekten versehene Ischtar Anunitu auftauchen und begegnen weiter mit Vorzug dem semitischen Sonnengott Schamasch, der in Sippar seinen Kultplatz findet, der akkadischen Form des Mondgottes, der Sin genannt wird, und dem Herrschergott Dagan, der in den Westen gehört und den Akkadern wohl schon vor ihrem Einbruch ins Zweistromland bekannt war; Sargon brachte diesem Gott, der gut 1000 Jahre später noch einmal bei den biblischen Philistern erscheint, auf seinem Westfeldzug in Tutul *(Hit)* Opfer dar.

Der Weg bis hin zur Beherrschung eines Großreichs von vorher nicht gekannter Ausdehnung war steinig; Rückschläge blieben nicht aus, und noch im Alter mußte Sargon einen großen Aufstand niederschlagen. Sein Name aber wurde bald legendär, und wir kennen jene später auf Mose übertragene Sage um seine Herkunft, nach der seine Mutter, eine zur Kinderlosigkeit verpflichtete Priesterin, in der Stadt Azipiranu niederkam und ihren Sohn in einem aus Rohr geflochtenen Kästchen dem Euphrat anvertraute: Ein Gärtner fand ihn und zog ihn auf, bis die Göttin Ischtar in Liebe zu ihm entbrannte und ihm die Herrschaft über die „Schwarzköpfigen" schenkte. Noch ein Jahrtausend später spielt er als königlicher Sagenheld zusammen mit seinem Enkel Naramsin in der Literatur der Hethiter eine Rolle. Seine Taten wurden zu einem festen Bestandteil der babylonischen Chroniken; Omentexte – Beispiele für gute Vorzeichen bei der Leberschau – nahmen auf ihn Bezug und erzählten Einzelheiten aus seinem Leben, und man hat sogar versucht, zum erstenmal in einer Art von Landkarte sein Reich darzustellen.

Sargon, der Akkader, gedachte der Sprache der Semiten vor dem Sumerischen den Vorrang zu geben. So erhielten seine Schreiber die schwere Aufgabe, die dem Sumerischen angepaßte Schrift des Landes nun auf die akkadische Sprache umzustellen. Das ist ihnen gelungen, freilich nicht, ohne daß die Lautwerte der Silbenzeichen erheblichen Veränderungen unterlagen; und so finden wir nun – allerdings eben wegen der Zerstörung und Unauffindbarkeit Akkads vorwiegend in späteren Abschriften – neben sumerischen historischen Texten auch bilingue (zweisprachige) und akkadische. Eine Reihe ursprünglich selbständiger Sargontexte sind von einem Schreiber der ersten nachsumerischen Zeit auf einer großen Tafel zusammengestellt worden; dort lesen wir:

„Dem Sargon, dem König des Landes, gab Enlil keinen Feind vom Oberen bis zum Unteren Meer ... Sargon, der König des Landes, stellte Kisch wieder her, ihre Stadt schenkte er ihnen als Wohnort ... Von der Grenze des Meeres band er die Schiffe von Meluchcha, die Schiffe von Magan und die Schiffe von Tilmun am Kai von Akkad fest. Sargon, der König, betete in Tutul Dagan an ... Das Obere Land gab er (Dagan) ihm, Mari, Jarmuti und Ibla bis zum Zedernwald (Amanus oder Libanon) und den Silberbergen (Taurus). Sargon, dem König, ließ Enlil keinen Feind erstehen. 5400 Krieger essen täglich vor ihm ihre Speise ..."

Ein unerhörter Glücksfall ließ in Ninive die herrliche Kupferplastik eines Königshauptes wieder ans Licht treten, in der wir aus zwingenden inneren Gründen das Antlitz des großen Herrschers zu erkennen berechtigt sind. Hoch steigt die unter Haarkranz, Stirnreif und sorgfältig frisierten Locken verborgene Stirn empor, stark gewölbte, dichte Augenbrauen reden von Entschlußkraft und Zähigkeit, während die Augen auch in ihrem jetzigen halbzerstörten Zustand Scharfsinn und Menschenverachtung auszudrücken scheinen. Über die Jahrtausende hinweg schaut uns hier der erste Großkönig – Kaiser und Gott in einer Person – majestätisch und tiefste Ehrfurcht heischend an.

Mehr als fünf Jahrzehnte soll die Regierung Sargons gewährt haben, seine zwei Söhne Rimusch und Manischtusu, die ihm folgten, müssen also zur Zeit, da sie herrschten, bereits recht bejahrt gewesen sein. Schwere Aufstände waren niederzuringen, um den Bestand des Reiches zu halten. Aber die Treue des Akkaderheeres bewährte sich in vielen Schlachten, deren Gefallenen- und Gefangenenziffern Rimusch in einer Art Kriegstagebuch genau notiert: Im Kampf gegen Ur und Umma nennt er 8040 Tote und 5460 Gefangene, und in der Schlacht bei Kazallu im Osttigrisland will er sogar 12 650 Tote und 5864 Gefangene gezählt haben – wobei keineswegs sicher ist, daß es sich hier immer um Übertreibungen handelt. Manischtusu sicherte die Oberherrschaft über Elam durch einen Sieg über 32 Städte „jenseits des Meeres" und dürfte somit eine Flotte zur Verfügung gehabt haben; eine in Susa aufgestellte, von einem akkadischen Beamten einer elamitischen Gottheit geweihte Büste des Königs, der freilich die kraftvolle Lebendigkeit des Sargonhauptes fehlt, ist erhalten und bezeugt die Reichweite akkadischer Macht. Sie fand ihren Höhepunkt unter Sargons Enkel *Naramsin,* dem „Gott von Akkad" oder auch „mächtigem Gott", dem die babylonischen Historiker 37 Jahre zuschreiben. Einen großen Aufstand, den das ob der ständigen Bevorzugung Akkads enttäuschte Kisch angezettelt hatte, schlug er nieder, Magan (Südarabien) wurde besiegt und sein König Mani gefangen, und zum erstenmal drang ein akkadisches Heer in die riesige Gebirgsbarriere des Zagros, der etwa 500 km in nordöstlicher Richtung entfernt mit dem *Kuh-i-Uschtaran*, dem *Qal'ǝh* und dem *Kuh-i-Karbusch* weit über die Viertausendergrenze aufsteigt, ein, um wilde Bergvölker zu züchtigen.

Die berühmte Kampfstele Naramsins, glänzendstes Zeugnis der Reliefkunst ihrer Zeit, die zunächst in der Schamasch-Stadt Sippar aufgestellt, später bei einem Elamitereinfall als Siegesbeute nach Susa verschleppt und dort wiederaufgefunden wurde, berichtet in packenden Bildern von den Kämpfen im Hochgebirge; ein anderes Siegesdenkmal erhielt sich in Kurdistan, an einem Nebenfluß des Tigris in *Pir Hüssein* nordöstlich von Diarbekir. Syrische Fürsten werden zum Gehorsam zurückgezwungen, und überall sicherten feste Burgen Akkads durch Statthalter aus dem Königshause wahrgenommene Herrschaft. Unter ihnen ist in erster Linie die riesige Anlage in *Tell Brak,* nordwestlich von Ninive an einem Quellfluß des Chabur gelegen, zu nennen: Die gestempelten Ziegel ihrer Mauern bewahrten bis heute Naramsins Namen, der für die Nachwelt vielleicht mehr noch als der Sargons mythischen Klang hatte. Fingierte Königsinschriften preisen die durch ihn heraufgeführte Segenszeit; in Chattusa, der Hauptstadt des kleinasiatischen Hethiterreiches, begegnet er noch ein Jahrtausend später, und die babylonischen Omentexte fügen seiner Nennung den ehrfürchtigen Zusatz an: „der die Welt unterwarf". Wir finden in seiner Zeit aber auch die ersten Anfänge einer exakten Geschichtswissenschaft in Form chronologischer Notizen: Es sind die sogenannten Jahresformeln oder Datenlisten, mit denen man eine relative Chronologie schuf:

„Jahr, da Naramsin das Fundament des Enliltempels zu Nippur und des Inannatempels zu Zabalam legte."

„Jahr, da Naramsin die Mündung des Kanals E-erinna nach Nippur leitete."

Nach dem Tod dieses größten Akkaderfürsten ist es mit Sargons Gründung bergab gegangen. Scharkalischarri (um 2200 v. Chr.) erschöpfte sich trotz seines volltönenden Namens („König aller Könige") in schweren Kämpfen, die er in den „vier Weltgegenden" durchzustehen hatte; er besiegte die wilden Gutäer in den Nordgebirgen, etwa zwischen dem Oberlauf von Dijala und Großem Zab, und wir hören, daß ihm die Gefangennahme ihres Fürsten Scharlak gelang. Dann aber kam es zu Thronstreitigkeiten; die sumerische Königsliste nennt kurzfristige Regierungszeiten von sechs Königen und fragt: „Wer war König? Wer war nicht König?" Während dieses Interregnums scheint von Uruk eine sumerische Reaktion ausgegangen zu sein; es kam zu einem Kampf aller gegen alle, der von jenem schon genannten barbarischen Volk der Gutäer zu einem Einfall benutzt wurde. Diese Invasion hat um 2150 v. Chr. dem Reich von Akkad ein Ende gemacht. Seine Hauptstadt wurde bis auf den Grund zerstört, doch schonten die „Drachen des Gebirges" auch Uruk und Ur nicht. Tödliches Schweigen legte sich für ein Jahrhundert über Sumer und Akkad und beendet eine einzigartige, von den frischen Kräften des Akkadertums in neue Formen geprägte Kulturblüte.

Die spätsumerische Literatur hat die Nöte jener Zeit in einer Reihe tiefempfundener Trauergesänge über die Vernichtung der altberühmten Städte ihres Landes nacherlebt, unter denen die der Ningal, der Gemahlin des Mondgottes Nanna, in den Mund gelegte Klage um die Zerstörung von Ur am berühmtesten geworden ist. Sumers Götter verlassen ihre Städte – Ur, Nippur, Lagasch, Isin, Uruk und Eridu sind nun ohne Schutz! Bitterlich weint Ningal Tag und Nacht über Urs Untergang, denn Wind und Regen gehen jetzt über ihr niedergerissenes Heiligtum dahin ... In Flutwind, Orkan, Feuer, Finsternis und glühender Hitze kam das Verderben auf Ur herab, an den Stadtmauern verwesen die Toten, die Tore sind mit Leichen verstopft! Nicht länger Königin ihrer Stadt, möchte Ningal wie ein gefallener Stier

Silberkahn und Harfe (rekonstruiert) aus den Königsgräbern von Ur

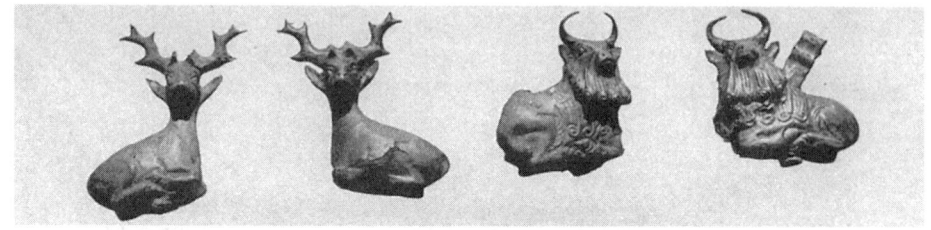

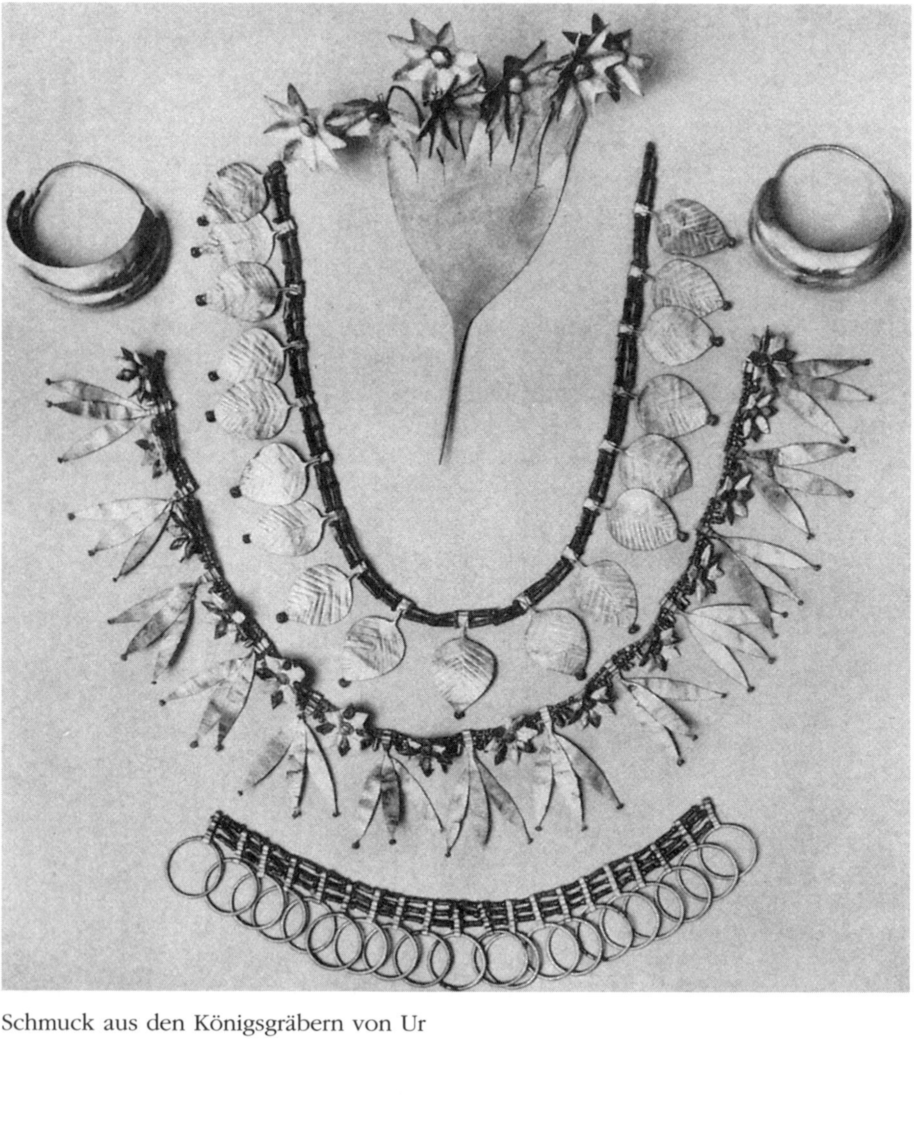

Schmuck aus den Königsgräbern von Ur

Urnansche, Mitglied der Tempelsängerschaft von Mari

Sitzender Beter aus el-Obed, I. Dynastie von Ur

in den Ruinen liegenbleiben und nie wieder aufstehen. Wehe! ruft sie über ihre Stadt, wehe! über ihr Haus, in dem der Gesang des Volkes erstarb und in das kein Fischer, kein Vogelfänger mehr seine Gaben bringt … Das in Staub und Asche gesunkene Ur aber streckt wie ein menschliches Wesen die Hände nach Ningal, seiner Herrin, aus und fleht, daß sie zurückkehren möge wie ein Rind in seinen Stall, wie ein Schaf in seine Hürde, wie ein Kind in seine Kammer …

Die Kultur Akkads, die im Gutäersturm zugrunde ging, hebt sich mit markanten Zügen von der sumerischen ab. Das gilt schon rein äußerlich. Die Tracht der Zeit ist eine andere geworden: Wo der Akkader den Oberkörper freiläßt und nur einen Rock trägt, da besteht dieser nun aus einem rechteckigen gewebten Tuch, das an der Schmalseite mit Fransen aus den Enden der Kettfäden geschmückt ist; er reicht hinten bis zum Kniegelenk oder zur halben Wade, vorn nur knapp bis zum Knie. Das Vollgewand läßt rechte Schulter und rechten Arm frei, wird von links nach rechts übereinandergeschlagen und um die Hüfte mit einem Gürtel zusammengehalten. Der Unterteil einer Manischtusu-Statue aus Diorit zeigt uns ferner ein fußlanges, mit verknoteten Fransen geschmücktes Prachtkleid, das durch die betonte Wiedergabe der von der linken Hüfte her nach rechts herabfallenden Schrägfalte fast klassische Belebtheit aufweist. Soldaten trugen anscheinend einen Mantel, der beide Arme frei ließ, ihnen also volle Bewegungsfreiheit gestattete. Frauen bevorzugten längsplissierte, gegürtete Gewänder, Matronen mit spitzem Halsausschnitt versehene Mantelkleider, die Schlitze zum Durchstecken der Hände haben. Als Kopfbedeckung ist eine kegelförmige Mütze mit Randwulst beliebt, daneben gibt es Baretts und kissenartige Hauben. Die Haartracht der Männer vermeidet Kopf- und Bartrasur und zeigt das Haar sowohl kurzgeschnitten wie lang; langes Haar wurde im Nacken geknotet. Die kunstvolle Prachtfrisur des Sargonkopfes führt einen Flechtzopf zur Stirn, der durch einen Metallreifen gehalten wird; wie die gleiche Plastik zeigt, trägt man dazu einen kurzen oder langen, bei Vornehmen sorgfältig frisierten und ondulierten Backen- und Kinnbart. Frauen fassen ihr Haar im Nacken zu einem länglichen Knoten zusammen, der abgebunden und mit einem Stirnband befestigt wird. Die Menschen dieser Zeit selbst – Männer mit oft markanten scharfgeschnittenen Zügen, Frauen von zuweilen hohem Liebreiz – sind uns aus mehreren Plastiken bekannt.

Denn die *Bildkunst* der Akkad-Epoche erreicht bei Ablehnung der geometrischen Stilisierung etwa der Mesilimzeit und im Anschluß an den Naturalismus der Djemdet Nasr-Kunst nun eine bewundernswerte Höhe. Natürlich gibt es auch hier konventionelle und provinzielle Erzeugnisse, wie manche Köpfe und Statuen aus dem jetzt akkadisch gewordenen Assur und den – der neuen Zeit anscheinend nicht gewachsenen oder akkadisches Wesens betont ablehnenden – Sumererstädten des Südens. Neben ihnen aber finden wir Meisterwerke der Plastik wie das porträtartige Mädchenköpfchen aus Assur, das kleine Alabasterhaupt eines Ensi von Adab oder als Krönung das lebensgroße kupfergetriebene Bildnis Sargons.

Unter den Reliefs ragt eine Stele aus Lagasch mit der Darstellung von Einzelkämpfen und vor allem das schon genannte Siegesdenkmal Naramsins von fast 2 m Höhe hervor, das unerhört lebendig und in musterhafter Wiedergabe der Kriegergestalten den König im Gebirgskampf zeigt. Hier ist echte Komposition: Unter Götteremblemen steht, übergroß dargestellt, die Hörnermütze der Götter auf dem Haupt, am Fuß eines steilen Felskegels der schwerbewaffnete König, der Sieger über seine Feinde. Einer von ihnen ist abgestürzt, ein zweiter streckt sich im Todeskampf, einem dritten setzt Naramsin den Fuß auf die Brust. Von seinem Pfeil getroffen, sinkt ein weiterer Gegner nieder, während hinter ihm ein um Gnade Flehender beide Arme emporstreckt. Unter diesem, noch mit der Waffe, sehen wir einen Krieger in ähnlicher – niemals gleicher – Haltung der Übergabe, und noch ein Stockwerk tiefer findet sich eine weitere Variation dieses Themas. Alle Feinde aber starren wie gebannt auf den furchtbaren Kämpfer Naramsin, und zu ihm blicken auch die sechs mit Wurfspieß und Streitaxt bewaffneten akkadischen Krieger auf, die ihm in zügigem, siegessicherem Vorstürmen auf steilem Bergpfad folgen. Der geniale Künstler hat hier ebenso dem kriegerischen Elan wie der großen Führerpersönlichkeit Naramsins ein Denkmal gesetzt, er hat aber auch etwas vom Wesen des welterobernden Akkadertums selbst eingefangen, aus dessen Kraft heraus auch er schuf. Welch ein Fortschritt seit der in starrer Monumentalität verharrenden Geierstele Eannatums! Dennoch hat diese zu unserm Reliefbild Pate gestanden; wir besitzen ein – leider schlecht erhaltenes – einziges Sargonrelief, das die Verbindungslinie zwischen beiden Denkmälern zieht. Mit vollem Recht ist betont worden, daß die Kunstwerke der Akkadzeit hinter den berühmt gewordenen Schöpfungen des etwa gleichzeitigen ägyptischen „Alten Reiches" nicht zurückstehen.

Die starken Impulse, die die siegreiche akkadische Bevölkerungsschicht auf die Kunst ihrer Zeit ausgeübt hat, lassen sich mit gleicher Deutlichkeit an den *Rollsiegeln* ablesen, in deren Bildern die Verbindung der großen sumerischen Traditionen aus der Djemdet Nasr-Zeit mit der Darstellungskraft des Akkadertums wunderbare Frucht trägt. Da kämpfen Heroen mit Löwen oder Stieren, Löwen packen Büffel, thronende Götter empfangen ihre von der Schutzgottheit geleiteten Anbeter, Opferer bringen ihre Tiere, Fabelwesen ziehen den Streitwagen der Gottheit; Utu steigt, von Strahlenbüscheln umgeben, aus der Unterwelt empor und tritt aus den von seinen Dienern geöffneten Himmelstoren; Etana fährt gen Himmel, Dumuzi mißt sich mit dem Löwendämon, wobei ihm Inanna zur Hilfe kommt, und Bauern gehen hinter ihrem rindergezogenen Pfluge her. Daß sich unter den Siegelzylindern dieser Zeit auch ein in Tell Asmar am Dijala aufgetauchtes Importstück offensichtlich indischer Herkunft angefunden hat – es zeigt Elefant, Nashorn und Krokodil –, sei hier nur als Kuriosum berichtet. Die akkadischen Rollsiegel, die jetzt öfter als in der Ur-I-Zeit eine kurze Beschriftung, etwa den Namen des Inhabers oder einen Votivtext, tragen, bestechen sämtlich durch ihre prachtvolle Komposition, die Klarheit ihrer markant herausgehobenen Bilder und den lebendigen Reichtum ihres Ausdrucks – Vorzüge, die die Glyptik erst ein gutes Jahrtausend später, in der mittelassyrischen Zeit, wieder aufweisen kann.

Akkads *Architektur* ist uns – und das wird für diese Zeit der vergotteten Herrscher kein Zufall sein – fast nur aus Palastbauten bekannt. Zwar hören wir in Weihtexten und Jahresformeln, daß Sargon, Naramsin und Scharkalischarri sich um den Tempel- und Zikkurratbau bemühten, und die neue Gewohnheit, bei offiziellen Bauvorhaben mit dem gestempelten Namen des Erbauers versehene Ziegel zu verwenden, hat uns aus Nippur sogar einen solchen Ziegelstempel von etwa 11 cm Länge und Breite mit der in Monumentalschrift abgefaßten spiegelbildlichen Legende „Naramsin, Erbauer des Enliltempels" erbracht; ein sicher der Akkadzeit zuzuweisendes Heiligtum selbst aber wurde bisher nicht ergraben. Den Großherrschern wird die Errichtung von Palästen, die zugleich Verteidigungsbasen waren, in den bedeutenden Städten ihres Reiches nähergelegen haben, und wir hörten bereits, daß weit oben im Norden, in *Tell Brak*, die Überreste eines solchen riesigen Bauwerks Naramsins mit fünf Höfen und 10 m dicken Mauern wiederentdeckt worden sind. Über einem Tempel der Djemdet Nasr-Zeit errichtet, hat dieses mächtige Schloß wahrscheinlich auch eine Kapelle für den Kult des „Gottes" Naramsin besessen. Ein ähnlicher – natürlich weniger umfangreicher – Fürstensitz der Akkadzeit erhob sich in Eschnunna am Dijala, und wir wollen es uns nicht versagen, ihm wenigstens einen kurzen Besuch abzustatten.

Sein Eingang war – vermutlich aus Verteidigungsgründen – nur durch eine 15 m lange und knapp 3 m breite, von je zwei gegenüberliegenden Mauervorsprüngen und außerdem noch zweimal zu 1,50 m eingeengte Gasse zwischen den Mauern des Palastes und der des Nachbargrundstücks zu erreichen. Auch das Eingangsportal war wohl aus diesem Grunde nur 1,80 m breit, während die Dicke der Außenmauern 2 m beträgt. Wir durchschreiten den Eingang und befinden uns nun in einem langgestreckten Vorhof von 17:4 m. Zur Rechten liegt ein Bau mit etwa 10 Räumen – die Tür ist nur 1 m breit –, in dem Pförtner und Wache untergebracht gewesen sein dürften; auch stand gleich neben der Eingangstür ein Waschraum und ein Klosett für die Besucher zur Verfügung. In der Mitte der südlichen Längsmauer tat sich dann nach rechts ein 2 m breites, verschließbares Tor auf, durch das man einen großen, von Wirtschaftsräumen umgebenen Innenhof (10:12 m) betrat. Die an der gegenüberliegenden Wand befindlichen Zimmer, deren mittelstes 11:3,5 m mißt, werden als Empfangsräume anzusprechen sein; von ihnen aus gelangte man in einen von fünf Räumen umgebenen zweiten Hof (10:5 m). Küche mit Ofen (6,5:3 m) und Speisezimmer (7,7:3 m) mit Sickerschacht, über dem man sich nach dem Essen die Hände spülte, deuten darauf hin, daß hier die Aufenthalts- und Eßräume der Hofbeamten lagen. In den eigentlichen privaten Wohntrakt des Fürsten gelangte man von den Empfangsräumen aus nur durch zwei korridorähnliche, langgestreckte Räume, durchschritt ein großes, 9:4 m messendes Zimmer und war dann im letzten, 11:5 m großen Palasthof, um den sich noch weitere sieben, meist kleinere Räume lagerten. Hier waren der König und seine Familie endlich „unter sich", und wieder aufgefundene Herde, Töpfe und Geschirre – die Zeit besaß eine formschöne Keramik –, sonstiger Hausrat, auch Elfenbeinkämme und Schminkbüchsen beweisen, daß dieser Schloßteil vorwiegend das Reich der Frauen war. Übrigens lief unter der Gasse, die an der 72 m langen Ostmauer des Palastes entlangführte, ein – bei der Ausgrabung zu einem guten Teil unversehrt wiederaufgefundener – gewölbter Abwässerkanal, der eine Reihe von Abflüssen aus den in Frage kommenden Räumen aufnahm; der Hygiene war somit weitgehend Genüge getan. Um die Räume kühl zu halten, setzte man über Tag tönerne Gitter von quadratischer Form in die Fenster, die 45 cm Seitenlänge hatten und mit dreimal drei kreisrunden Öffnungen von 8,5 cm Durchmesser versehen waren.

Auch über das *Bürgerhaus* der Akkadzeit haben uns die Ruinen des alten Eschnunna hinreichend Aufklärung gegeben, und wir erhalten durch sie nur die Bestätigung unserer schon früher getroffenen Feststellung, daß die Wohnweise des alten Vorderasien keine umstürzenden Veränderungen kennt. Durch den Hausflur und vielleicht einen Pförtnerraum gelangt man in den Hof, um den die Wohn- und Arbeitsräume liegen und an dem auch das Klosett – gelegentlich wurde sogar ein asphaltüberzogener Sitz festgestellt! – nicht fehlte. Tönerne Sickerschächte nahmen das Schmutzwasser auf, Fenster lassen sich nachweisen.

Die seit der Jahrtausendmitte aufkommende Sitte, die Toten nicht auf Friedhöfen, sondern im Keller der Wohnhäuser beizusetzen – man richtete dort gelegentlich auch eine kleine Hauskapelle ein –, scheint weiter geübt zu werden. In die Akkadzeit gehörige Grabfunde aus Ur zeigen gegenüber der voraufgehenden Epoche in der *Bestattungsweise* keine Unterschiede. Man legte den Toten in einen Sarg aus Holz, Flechtwerk oder Ton, und wer als armer Mann starb, mußte sich oft mit nur einer Matte begnügen, in die man seinen entseelten Körper einwickelte. Gebrauchsgegenstände des Alltags und vielleicht etwas Schmuck wurden beigegeben; der Tote ruht in seitlicher Hocklage, die Arme in den Ellenbogengelenken nach oben gekrümmt und die Hände nahe am Munde – eine Haltung, die ihm wohl das Essen der Totenspeise erleichtern sollte.

Das Beispiel der Totenpflege zeigt uns, wie das Alte in die neue Zeit herübergenommen wurde: Die Vergangenheit war von der Gegenwart nicht durch einen scharfen Bruch getrennt. Auch in der so bewegten, glanzvollen und ganz neue Aspekte schaffenden Akkadzeit floß die Entwicklung kaum je wie ein reißender Strom, sondern meist im breiten, ruhigen

Bett. Die Macht der Tradition ist kaum irgendwo höher anzuschlagen als im Alten Orient, und wir werden sehen, daß auch die hundertjährige Fremdherrschaft der Gutäer nicht fähig war, sie zu brechen.

Votivschaf (Terrakotta)

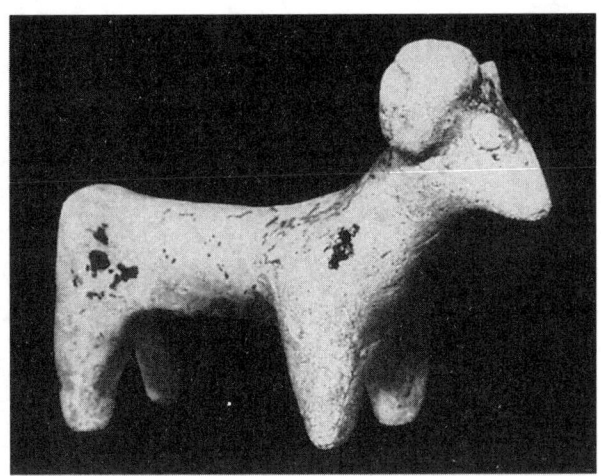

Kalksteinrelief vom Ninchursagtempel in el-Obed

Die sog. Mosaikstandarte von Ur

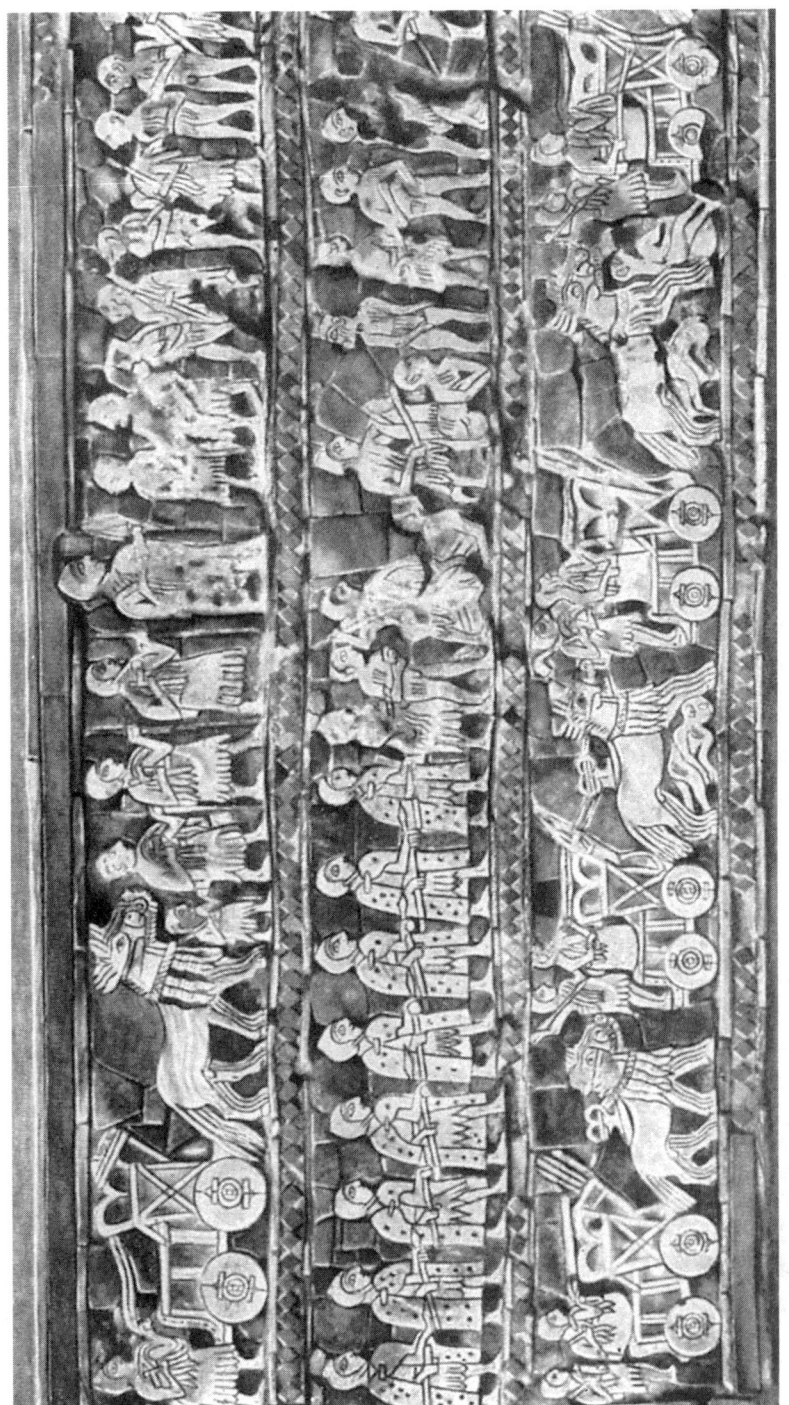

Die sog. Mosaikstandarte von Ur

Oben: Bronzestier; unten: Löwenadler mit Hirschen (Kupferrelief) aus el-Obed

VI
Sumerische Renaissance

„Als An und Enlil das Königtum über Ur Nanna übergeben hatten, da machte sich Urnammu, der Sohn, den Ninsun geboren, für seine geliebte Mutter, die ihm Leben geschenkt
hatte, ans Werk ..."
Der Vorleser hebt seine Stimme, Urnammus Taten klingen, eine nach der anderen aufge-
zählt, den Hörern ins Ohr:
„... Er tötete Namchani, den Statthalter von Lagasch, und führte durch die Kraft Nannas,
des königlichen Herrn seiner Stadt, Nannas Magan-Boot in den Grenzkanal zurück. So wurde er in Ur berühmt ... Damals richtete Urnammu, der Mächtige, der König von Ur, der
König von Sumer und Akkad, in der Macht Nannas, des königlichen Herrn seiner Stadt, das
Recht im Lande auf und rottete durch die Kraft der Waffen Böses und Gewalttat aus. Er
schaffte die (ungerechten) Steuern ab, beseitigte den ‚Groß-Reeder' und alle die, die Rinder,
Schafe und Esel beschlagnahmten, in Sumer und Akkad ... Die sieben Maßeinheiten regulier-
te er und setzte das Bronze-Sila, die Mine, den Silber- und den Stein-Sekel ... fest. Er sicherte
die Ufer des Tigris, die Ufer des Euphrat ... Er sorgte dafür, daß der Anmaßende seinen
Meister fand. Die Waise wurde nicht dem Reichen ausgeliefert noch die Witwe dem Mächtigen; wer nur einen Sekel besaß, den überantwortete man nicht dem, der eine ganze Mine sein
eigen nannte ..."
Die Preisrede geht zu Ende. Der Herold holt Atem und beginnt dann mit der Vorlesung
neu erlassener Gesetze. Da handelt es sich um die Entschädigung eines der Zauberei Angeklagten, den das Flußorakel als schuldlos erwiesen hat; da wird – und hier horchen die Skla-
venbesitzer auf – der Lohn für die Zurückbringung eines entlaufenen Sklaven neu festge-
legt:
„Wenn ein Mann einen geflohenen Sklaven im weiten Feld ergriffen hat, über die
Stadtgrenzen kommt und ihn zurückbringt, so soll der Eigentümer des Sklaven dem Bringer
zwei Sekel Silber zahlen."
Es folgen Ersatzleistungen bei körperlichen Schädigungen:
„Wenn ein Mann mit einer Waffe den Fuß eines anderen Mannes gebrochen hat, so soll er
ihm zehn Silbersekel zahlen.
Wenn ein Mann mit einer Waffe den ... Knochen eines anderen abgetrennt hat, so soll er
ihm eine Mine Silber zahlen.
Wenn ein Mann mit einem scharfen Instrument die Nase eines anderen abgeschnitten hat,
soll er ihm 2/3 Mine Silber zahlen."
Paragraph um Paragraph verliest der königliche Sprecher in klassischem Sumerisch von
der großen, eng beschriebenen Tafel das neue Gesetz, mit dem Urnammu sein bei der
Königsproklamation gegebenes Versprechen auf Rechtsreform heute einlöst und durch das
er die seit der Gutäerzeit in völlige Unordnung geratenen rechtlichen, wirtschaftlichen und
sozialen Verhältnisse Sumers und Akkads auf eine feste Grundlage zu stellen hofft. Die in
der Gerichtshalle des Palastes um den thronenden König Versammelten – die Prinzen, die
Priester aller wichtigen Tempel, Beamte, Offiziere, Notabeln, Großkaufleute, auch Gesandte
der verbündeten Länder – stehen unbeweglich und je nach Einstellung und Temperament mit
zustimmender oder verschlossener Miene; manche unter ihnen können eine gewisse ver-
ständnislose Langeweile während der langen Vorlesung nicht ganz unterdrücken: Sie sind
akkadischer Zunge und vermögen dem in der sumerischen Traditionssprache gehaltenen

Vortrag nur noch teilweise zu folgen. Indes fühlen alle, daß dies ein großer Tag in Urs Geschichte ist.

Urnammu hat dafür gesorgt, daß die Verkündigung des Reformgesetzes mit allem überkommenen Pomp gefeiert wird. In jedem der zahlreichen, zum großen Teil in den letzten Jahren neu errichteten Heiligtümer hat man feierliche Opfer, Hymnen und Gebete zelebriert; Nanna und Ningal, das beherrschende Götterpaar der von den Gutäern einst so schwer mitgenommenen, nun aber von Urnammu glanzvoll aufgebauten Stadt, haben in ihrem prächtig wiedererstandenen Tempel Ekischnugal herrliche Weihgaben erhalten, auch wurde vor ihnen eine Stele mit schönen Relifs in mehreren Bändern aufgestellt, die den König mit der Hacke auf der Schulter zur heiligen Bauarbeit ausziehend und sodann anbetend vor den thronenden Gottheiten zeigt. Das Volk feiert bei reichen Spenden aus den königlichen Magazinen sein Fest, bei dem Hofbeamte Urnammus neues Recht verkünden ... Nun, da der König Palast und Gerichtshalle unter dem Beifall des beeindruckenden Auditoriums verläßt und sich – angetan mit dem bis zu den Knöcheln reichenden Festgewand, mit langem, sorgfältig frisiertem Bart, auf dem Kopf die uns schon vom Bismaja-Haupt her bekannte Rundkappe mit Randwulst – auf der Freitreppe vorm Portal den Bürgern von Ur zeigt, klingen ihm die Ovationen seiner Untertanen entgegen.

Er kann so auch mit dem Propagandaerfolg seines Staatsaktes zufrieden sein, und stolz ruht sein Blick auf dem mächtigsten Werk, das er in seiner Hauptstadt schuf, auf der Nanna-Zikkurrat, die sich, in wettersicherer Brandziegelverkleidung und von einer doppelten Ziegelmauer umgeben, strahlend und mächtig mehr als 20 m über die Residenz erhebt.

Der baufreudige Fürst, dem auch Uruk, Eridu, Lagasch und Nippur die Wiederherstellung ihrer Tempeltürme verdanken, hat die Maße und die technischen Einzelheiten dieses ihm besonders am Herzen liegenden architektonischen Wunders im Kopf: Die Ummantelung aus quadratischen, in Asphalt verlegten Brandziegeln, die alle Urnammus Stempel tragen, ist in der untersten Stufe 2,5 m dick, der Umfang des Stufenturmes beträgt an der Basis 62 : 43 m. Die Wände sind hier im Abstand von 4,4 m durch Pfeiler aufgegliedert; jeder hat die Breite von 2,6 m und ragt 0,45 m vor. Witterungseinflüssen ist außer durch die Brandziegelschale durch eine sorgfältige Drainierung des Lehmkerns vorgebeugt; Abwässerungsschächte führen an der Nordost- und der Südwestseite etwaiges Regenwasser fort. Eine Mittel- und zwei Seitentreppen bilden den Aufgang zum ersten Stock des heiligen Baus, dessen Pflasterung 11 m über dem Terrassenboden liegt. Die zweite Stufe mißt 36 : 26 m und ist über 16 m hoch, die dritte überragt den Tempelhof mehr als 20 m und hat immer noch 20 : 11 m Umfang. Ganz oben aber glänzt in blauen Glasurziegeln Nannas und Ningals Hochzeitsgemach, ein in seiner betonten Schlichtheit wunderschöner Einraumtempel, dessen Leuchten Utu, der Sonnengott, weit über das Land Sumer trägt ...

Urnammu konnte mit Recht auf seine Taten als Begründer eines neuen sumerischen Reiches, als Gesetzgeber und Bauherr stolz sein. Die Befreiung von der gutäischen Fremdherrschaft freilich war nicht sein Werk, sondern das Verdienst des Patrioten *Utuchengal* von Uruk gewesen, als dessen Statthalter Urnammu zunächst in Ur wirkte: Ihm war es, offenbar mit Hilfe der Enlilpriesterschaft von Nippur, gelungen, die Spannungen zwischen Sumerern und Akkadern, auch wohl zwischen den einzelnen Städten zu überbrücken, die Kampfkraft des Landes noch einmal zu aktivieren und unter den Augen der bereits verweichlichten, lässig gewordenen gutäischen Herren – sie führen, übrigens jeweils nur kurzfristig amtierend, gelegentlich schon sumerische Namen und opfern den alten Göttern des Landes – ein Heer zusammenzubringen. „Gutium, den ‚Drachen des Gebirges', den Feind der Götter, der Sumers Königtum in die Berge verschleppt und Sumer mit Feindschaft angefüllt hatte, der den Gatten die Gattin, den Eltern die Kinder entriß und im Lande Haß und Feindschaft zeugte, bis auf den Namen zu vernichten, gab Enlil, der König des Landes, Auftrag an Utuchengal, den starken Helden, den König von Uruk, den König der vier Weltgegenden, dessen Wort ohnegleichen ist", so berichtet mit gewiß historisch echtem Material eine fingierte Königsinschrift aus der früh-nachsumerischen Zeit; und wir erfahren aus ihr weiter, daß auch die Gottheiten Inanna, Ischkur und Dumuzi ihm ihre Hilfe zugesagt hätten und daß Utuchengal nach Darbringung zahlreicher Opfer das Heer des Gutäerkönigs Tirigan besiegt und ihn selbst gefangen habe. So mußte der letzte Fürst von Gutium seinen Nacken unter den Fuß des sumerischen Siegers beugen.

Die Erinnerung an diesen für Sumer glorreichen Befreiungskampf scheint sich in einer hymnenartigen Drachenkampfmythe erhalten zu haben, nach der einst die kriegerische Inanna gegen den Rat ihres Vaters An wider den Gott Ebech, den Herrn eines heute *Djebel Hamrin* genannten Zagros-Teiles, anzukämpfen beschloß. Sie teilt ihr Vorhaben gegen Ebech, der auch in der Rolle des weiblichen Ur-Drachens *Kur* erscheint, An mit:

> „Die lange Lanze will ich auf sie schleudern,
> Das Wurfholz, meine Waffe, auf sie richten,
> Die Wälder rings um sie mit Feuer schlagen,
> Die Axt aus Bronze ... gegen sie erheben!
> Ich will dem reinigenden Feuer gleich
> All ihre Wasserläufe trockenlegen,
> Ich will die Furcht vor ihr vergehen lassen,
> So wie die Angst vorm Berg Aratta schwand!
> Wie eine Stadt, die An mit Fluch belegt,
> So soll sie niemals wieder auferstehn.
> Dem Orte gleich, den Enlil finster ansah,
> So wird sie niemals wieder hoch sich richten!"

Inanna öffnet voller Zorn und Wut das „Haus der Schlacht" und holt ihre Waffen und Helfer heraus, greift den Feind an und vernichtet ihn. Sich auf den Besiegten stellend, singt sie dann ein Preislied auf sich selbst: Vielleicht ist diese Hymne für die Siegesfeier Utuchengals im Tempel Eanna seiner Residenz Uruk, deren Herrin ja Inanna war, geschaffen worden.

Wie sich der Übergang der Macht von Uruk nach Ur, von Utuchengal auf *Urnammu* vollzog, wissen wir vorerst nicht, doch darf angenommen werden, daß eine vorzugsweise sumerisch ausgerichtete Herrschaft für das Land nicht mehr tragbar war und Urnammu daher beizeiten klug auf eine Verbindung des sumerischen und des akkadischen Elements hinzielte. Unter diese Parole konnte das Zweistromland zusammenfinden und einem langersehnten Zustand des Friedens und Wohlstandes zustreben, der ihm denn auch unter den Königen der sog. *3. Dynastie von Ur* für ein Jahrhundert zuteil geworden ist. Es mag Urnammu deshalb nicht allzu schwer gefallen sein, sein Reich zu gründen; er stellte es unter das Motto einer Wiederherstellung alter Größe und Herrlichkeit, aber auch alter Sitte und überlieferten Glaubens. In dem Maße, wie Ordnung, Ruhe und Sicherheit wieder im Lande einzogen, hob sich sein Wohlstand und ging es mit Wirtschaft und Handel aufwärts; eine anscheinend gemäßigte Steuerpolitik ließ dennoch reiche Mittel an den Hof von Ur strömen und setzte Urnammu in die Lage, sein größtes Anliegen, nämlich die Wiederherstellung der Tempel des Landes, in Angriff zu nehmen und durchzuführen. Überall an den Ausgrabungsstätten finden sich seine Gründungsurkunden und Tonnägel, überall im wiederfreigelegten Mauerwerk der Heiligtümer die Ziegelsteine mit seinem Namen, und häufig steckten dabei die bronzenen Gründungsfiguren von etwa 25 cm Länge, die Urnammu als Werkmann beim heiligen Tempelbau, mit beiden Händen den flachen Ziegelkorb auf dem Haupt haltend, darstellen.

„Nanna, dem vornehmsten Sohne Enlils, seinem König, hat Urnammu, der starke Held, der Herr von Uruk, der König von Ur, der König von Sumer und Akkad, sein geliebtes Haus gebaut, er hat es wiederhergestellt."

So oder ähnlich lauten die Gründungstexte für den Mondgott Nanna von Ur, für Inanna und An in Uruk, Utu in Larsa, Enlil und Ninlil in Nippur, Enki in Eridu, die sich an den genannten Orten und anderswo wiederfanden; und so kurz und gleichförmig sie auch sind, künden sie uns doch von einem ungeheuren Werk, das mit Trümmerbeseitigung, Planierung und Neuaufbau dem Wiedererstehen der alten Heiligtümer galt und dessen Spuren auch archäologisch allenthalben festgestellt werden konnten. Doch dürfen wir der Nachricht, daß Urnammu Ur und das etwa 15 km entfernte Eridu durch einen Kanal verbinden ließ, entnehmen, daß er über diesem seinem Lieblingswerk Wirtschaft und Handel nicht vergaß. Die Unzahl der Geschäftsurkunden und Wirtschaftstexte aus der Zeit der 3. Dynastie von Ur beweisen uns den Umfang und die Intensität des Geschäftslebens jener Epoche, die in ihrer übertriebenen Schreibfreudigkeit jeden, auch den simpelsten Abschluß auf einer Tontafel verzeichnete und die Urkunde in einem offiziellen Depot niederlegte.

Wie weit in den sicher gewordenen Landschaften Vorderasiens damals die Handelsunternehmungen gediehen, lehren uns die Inschriften eines anderen Fürsten, der als Zeitgenosse Urnammus und Schulgis und – nach Urnammus im Prolog seines Gesetzwerkes bezeugtem Sieg über Namchani – gewiß als deren Vasall in Lagasch regierte und offenbar eine nicht unerhebliche Selbständigkeit besaß. Wir meinen *Gudea*, in dem wir eine der liebenswertesten Gestalten Sumers und vielleicht überhaupt des Alten Orients kennenlernen. Auch sein Streben ging auf eine Restitution des Sumerertums und seines Glaubens, und vielleicht hat ihm der ideelle Gleichklang mit dem Oberherrn in Ur jene Freizügigkeit eingebracht, die uns erstaunt und die ihm anscheinend sogar einen maßgeblichen Einfluß in Uruk sicherte. Urnammus unangefochtene Herrschaft war es, die ihm, wie es in einer seiner zahllosen Inschriften heißt, „vom Oberen bis zum Unteren Meer die Wege öffnete" – wenn er diese Tatsache auch seinem Gotte Ningirsu und den von der Vollendung seines Tempels ausstrahlenden Segnungen zuschreibt. Als Herr der bedeutendsten Handelsmetropole zwischen dem mündungsnahen Unterlauf von Tigris und Euphrat konnte Gudea sich rühmen, über alle Güter und Kostbarkeiten der damaligen Kulturwelt zu verfügen, und immer wieder begegnen wir in den von ihm erhaltenen umfangreichen Texten auf großen Tonzylindern, Tontönnchen, Kegeln, Weihgaben, zahlreichen Stelen und Statuen den Berichten von diesen Handelsunternehmungen, die ihm die so begehrten Zedernstämme des syrischen Amanus, das Holz der Platanen von Ibla am mittleren Euphrat, das Gold des Landes Chachu, andere Hölzer aus Tilmun, Diorit aus Magan und vieles mehr einbrachten:

„In der Stadt Ursu, im Gebirge Ibla, holte er *zabalu*-Hölzer, große *aschuch*-Hölzer, Platanenholz, Gebirgsholz ... Aus dem Umanu, dem Gebirge von Menua, aus Basalla, dem Gebirge von Amurru, holte er große Steinblöcke ... Aus Tidanu, dem Gebirge von Amurru, brachte er Marmor in Blöcken ... In Kagalad, dem Gebirge von Kimasch, ließ er Kupfer graben ... aus dem Gebirge von Melochcha importierte er *uschu*-Holz ... Gold in Staubform holte er aus dem Gebirge Chachu ... aus Magda, dem Gebirge am Fluß ..., ließ er Asphalt kommen. Im Gebirge Barschib belud er große Kähne mit *nalua*-Steinen ..."

Gudea scheute bei diesen Expeditionen auch vor der Sprache der Waffen nicht zurück und meldet uns von Kampf und Sieg gegen das elamitische Anschan, jenes Gebiet, dessen Hauptstadt Susa war und aus dem anderthalb Jahrtausende später der Perser Cyrus kommen sollte. Als guter Landesvater – ein Hirte seines Volkes und in seinen Texten offenkundig bestrebt,

Vegetationsgöttin. Relief auf einer Kultvase Entemenas aus Lagasch

Kampfstele der Akkadzeit aus Lagasch

Kupferhaupt aus Ninive, wahrscheinlich Sargon von Akkad darstellend

sich dem sumerischen Idealbild eines frommen Herrschers anzugleichen – war Gudea um das Wohl seiner Untertanen bemüht, deren Zahl er einmal mit 216 000 angibt. Wir hören, daß er große Baumpflanzungen anlegte und die „bösen Zauberer, die sein Volk quälten", aus Lagasch vertrieb. Seine Hauptsorge aber galt der Pflege des Kultes und der Tempel, und sein Reichtum erlaubte ihm die Durchführung monumentaler kultischer Bauvorhaben, deren größtes die Errichtung des Ningirsutempels Eninnu („Haus der Fünfzig") werden sollte. Wie es zu ihm kam, wie ihm sein Gott im Traum den Wunsch nach einem neuen herrlichen Tempel mitteilte, wie Gudea sich bei der göttlichen Traumdeuterin Nansche mehrfach Auskunft über die Einzelheiten dieses Bauwerks zu holen versuchte, wie dann das Werk ausgeführt wurde und alle Untertanen nicht nur durch ihrer Hände Arbeit, sondern auch durch Frömmigkeit und menschliche Güte zur Gott wohlgefälligen Beendigung des Baus beitragen mußten – das alles hat Gudea in seiner großen, 1365 Fächer füllenden und auf zwei mächtigen Tonzylindern niedergeschriebenen „Bauhymne" aufzeichnen lassen.

Mit dieser Mammutdichtung, in die auch tiefempfundene Gebete eingestreut sind, schuf Gudea sich nicht nur ein einzigartiges literarisches Denkmal, sondern bewahrte uns auch ein Zeugnis seiner echten und tiefverwurzelten, dem althergebrachten Glauben seines Volkes vorbehaltlos ergebenen Frömmigkeit, das uns zudem wertvolle Aufschlüsse über die Gottesvorstellungen seiner Zeit gibt. Ist doch jetzt jener Stand erreicht, in dem das Pantheon eine Unzahl von Haupt- und Nebengöttern umfaßt. Die Sumerer selbst geben die runde Summe von 3600 für sie an, und es war gewiß eine theologische Wissenschaft für sich, alle diese großen und keinen, herrschenden und dienenden, unnahbaren oder hilfreichen Gottheiten nach Wesen und Wirken zu kennen. Über die Auffassung des späten Sumer von ihrem Aussehen geben uns Relief- und Rollsiegeldarstellungen einige Auskünfte, während Götterstatuen selbst bis auf einige unbedeutende Steinbilder fehlen – eine auch für die frühere und spätere Zeit geltende, bei näherem Hinsehen übrigens nicht verwunderliche Tatsache: Die großen, aus verschiedenstem kostbaren Material zusammengesetzten Statuen im Allerheiligsten der berühmten Tempel sind anscheinend sämtlich bei den Zerstörungen, denen die Städte im Lauf der Jahrhunderte immer wieder einmal anheimfielen, und der anschließenden Plünderung Beute der zügellosen Soldateska beziehungsweise habgieriger, skrupelloser Könige oder Generäle geworden.

Nach langer, mehr als dreißigjähriger Herrschaft – um die er seinen Gott so oft und mit Tönen echter Frömmigkeit gebeten hatte – starb dieser uns aus den porträthaften Kopfpartien seiner zahlreichen Statuen auch seinem Aussehen nach bekannte Fürst und hinterließ seinem Sohn und danach seinem Enkel die Herrschaft über Lagasch. Beide blieben Vasallen Urs und zahlten dorthin regelmäßig ihre Abgaben; die Quittungen mit den Stempeln der königlichen Kontrollbeamten sind uns erhalten. Das unterirdische Mausoleum dieser Nachkommen Gudeas konnte von den französischen Archäologen, die sich seit Generationen mit Erfolg um die Erschließung der alten reichen Handelsstadt bemüht haben, wieder freigelegt werden.

In Ur war auf Urnammu sein Sohn *Schulgi* (etwa 2046–1998) gefolgt, der als eifriger Restaurator und Tempelbauer in die Fußstapfen seines Vaters trat und das Reich von Ur III noch zu erweitern vermochte: Von Susa im Osten, von Alalach (heute *Tell Atchana)* in Nordsyrien und von der altassyrischen Handelskolonie Kanesch (heute *Kültepe)* in Kappadozien blickten die Völker auf Ur als ihren Mittelpunkt. Im Zagros konnte Schulgi Siege erringen, und so nahm er denn den Titel „König der vier Weltgegenden" wieder auf und entschloß sich auch, das Gottkönigtum der Akkadzeit neu zu beleben.

Sein Name trägt – zuweilen, nicht immer – das Gotteszeichen, man preist ihn in Hymnen als „Gott aller Länder" und vergleicht ihn mit dem Sonnengott. Aber er war durch Vollzug der Heiligen Hochzeit auch zu Inannas göttlichem Geliebten Dumuzi geworden, und als solcher ließ er auf dem altberühmten Königsfriedhof von Ur für seinen Vater Urnammu, seine Mutter und sich selbst 10 m unter der Erde aus Brandziegeln und mit Kraggewölben jenes außergewöhnliche Denkmal eines Totenhauses erbauen, das Sir L. Woolley gleichfalls, und diesmal in vollständiger Erhaltung, aufdecken konnte. Es zeigt einen rechteckigen Bau von 30 : 25 m und darüber oberirdisch noch die Mauerstümpfe eines Mausoleums, in das die vergotteten Toten vielleicht beim nächsten Neujahrsfest in symbolischer Auferstehung emporgeholt und umgebettet wurden – Akte des Totenkultes und der Inanna-Dumuzi-Mysterien, die sich als strenge Befolgung der aus der Zeit der 1. Dynastie von Ur um 2500 überkommenen Traditionen erweisen. Auch Schulgis Nachfolger haben ihnen gehuldigt und den unterirdischen Grabbau nach ihren Bedürfnissen erweitert, so daß alle vier in ihrer Hauptstadt gestorbenen Herrscher der 3. Dynastie von Ur in dieser riesigen Gruft zur Ruhe – oder, wie man glaubte, bis zur Wiederkunft – gebettet worden sind.

Eine bemerkenswert persönliche Note hat Schulgi durch den Befund der Tontafeln gewonnen, die in den zwanziger Jahren unseres Jahrhunderts auftauchten und alle aus Puzrisch-Dagan (heute *Drehem*, 10 km südöstlich von Nippur) stammen. Hielt man diesen Ort früher für eine Residenzgründung Schulgis, so hat sich inzwischen herausgestellt, daß hier eine königliche Domäne, eine Art von Tierzuchtstation, lag. Die keilschriftlich erhaltenen Bestandsaufnahmen, Zugangs- und Lieferungslisten geben uns Einblick in den umfangreichen Betrieb eines Zuchtgutes, das einmal für den Fleischbedarf der Hofküche mit ihrer großen Kostgängerzahl – Beamte, Ärzte, Trabanten, Leibwächter, Sänger und Sängerinnen, Musikanten und Musikantinnen, Haremsdamen und Dienerschaft – zu sorgen hatte, zum anderen aber offenbar den züchterischen und zoologischen Neigungen des Herrschers diente.

Sowohl Haus- als auch Wildtiere wurden hier gehalten und vermehrt, neben Rind, Esel, Ziege, Schaf und Schwein also auch Ur, Wisent, Edel- und Damhirsch – die Milch der Hirschkühe wurde den Göttern als Getränk dargebracht –, eine kleinere Mufflonart *(Ovis laristancia)*, Mähnenschaf *(Ammotragus)*, Steinbock, Bezoar- und Schraubenziege *(Capa falconeri)* und Wildschwein. Erstaunlich ist die häufige Nennung des Bären in seiner syrischen und kaukasischen Form, der gezähmt war und dessen Jungtiere regelmäßig an die Hofküche geliefert wurden: Auch die Spätsumerer teilten also Altmeister Brehms sachkundiges Urteil: „Das Wildbret des jungen Bären hat einen feinen Geschmack". Die erwachsenen Bären wurden übrigens zusammen mit Wildschweinen, ähnlich wie im mittelalterlichen Bern, auch zur Bewachung der Stadttore verwandt. Gazellen und Antilopen *(Gazella dorcas, marica, subgutturosa, Oryxantilope)* fehlten schließlich ebensowenig wie einige Affen und Strauße. Schulgis Liebhaberei gibt so den Zoologen und Tierliebhabern noch nach 4000 Jahren Einblick in die mannigfache Großtierfauna des alten Vorderasien.

Die Reichsschöpfung Urnammus und Schulgis hat auch unter dem Sohn des letzteren, *Bursin* (auch Amarsin gelesen, etwa 1997–1989) Bestand gehabt. Die Jahresformeln dieses Fürsten berichten von der Zerstörung Urbilums-Arbelas und weiteren kriegerischen Unternehmungen, von Hohenpriesterernennungen in Ur, Uruk und Eridu und anderen gottesdienstlichen Handlungen; die Geschäftsurkunden bezeugen anhaltende Blüte von Handel und Wirtschaft. Unter *Schusin* (etwa 1988–1980, der Name ist nun schon semitisch) freilich werden die Sturmzeichen einer Land und Volk bedrohenden Gefahr sichtbar. Um dem Vorstoß immer größerer Scharen semitischer Stämme aus dem Westen zu begegnen, sieht sich dieser König zu der bezeichnenden Defensivmaßnahme eines Limesbaues gezwungen, der am mittleren Euphrat errichtet wird und den Namen *Muriq Tidnim* („Der das Land Tidnum fernhält") empfängt. Diese als Ostkanaanäer oder Amoriter, besser als Westsemiten bezeichneten Beduinen der syrischen Wüste schockieren die Träger der verfeinerten, altgewordenen Landeskultur ebenso durch ihre Barbarei wie durch ihre Bedürfnislosigkeit. Wir kennen eine

Mythenerzählung von der Hochzeit einer Tochter des Gottes Numuschda von Kazallu im Osttigrisland mit dem westsemitischen Gotte Martu, die auf einen früheren Kontakt dieser Stadt mit den Eindringlingen hinweist; und in dieser Dichtung heißt es vom Gotte Martu – und damit naturgemäß von seinem Volk –, daß er das Fleisch ungekocht verzehre, sein ganzes Leben lang noch in keinem Haus gewohnt habe und, wenn er stürbe, unbestattet liegenbleibe.

Daß angesichts solcher Gefahr für die Gesittung Sumers und Akkads auf die Einhaltung der traditionellen, Schutz und Segen verleihenden religiösen Institutionen größter Wert gelegt wurde, ist verständlich. Die Göttlichkeit des Herrschers wird betont, man baut ihm eigene Tempel, und Siegelzylinder zeigen ihn, wie er als Gott thronend einen von einer Schutzgottheit hereingeleiteten Bittsteller empfängt. Die kultische „Heilige Hochzeit" wird sorgsam durchgeführt: In Uruk wiedergefundene beschriftete Perlenketten zweier *lukur*-Priesterinnen – die eine davon ist die Königin Dabbatum selbst – erweisen ihre Eigentümerinnen als „Gottesbräute" dieser Kulthandlung, und es blieb uns sogar die an den „Gott" Schusin gerichtete Liebeshymne einer augenscheinlich hochgestellten Priesterinnen aus dem Babatempel erhalten, deren Inhalt eine nicht nur liturgische, sondern auch gefühlsmäßige Anteilnahme an diesem Akt erweist und die wir hier fast vollständig zitieren können. Nach einem Preiswort auf die Königinmutter, die den „Reinen" (nämlich Schusin) geboren hat, auf die Königin Dabbatum und den König selbst heißt es da:

> „Da ich es sagte, es sagte, gab mir der Herr ein Geschenk,
> Da ich ‚Wohlan denn!' sagte, gab mir der Herr ein Geschenk,
> Gab mir ein golden Gehänge, ein Lapislazuli-Siegel,
> Gab mir der Herr einen Armreif aus Gold, einen Armreif aus Silber!
> Herr, Dein Geschenk ist so gütig, blicke doch weiter auf mich,
> Schusin, so schön ist die Gabe, blicke doch weiter auf mich …
> Möge die Stadt wie ein Krüppel, o Schusin, die Hand zu dir heben,
> Möge sie, Schulgis Sohn, wie ein Jungleu zu Füßen Dir liegen!
> Wisse, o Du mein Gott, daß süß schmeckt der Schenkin Rauschtrank,
> Süß wie ihr Rauschtrank ist auch ihr Schoß, wie ihr Rauschtrank so süß!
> Süß wie ihr Wort ist auch ihr Schoß, wie ihr Rauschtrank so süß …
> Schusin, der Du mich begnadet, wie warst Du so gnädig zu mir,
> Enlils Geliebter, mein Schusin, mein König, Du Gott Deines Landes!"

Auch der „Begnader" unserer Dichterin mußte sterben und wurde in der Gruft seiner Väter beigesetzt; seinem Sohn *Ibbisin* (1979–1955), dem letzten Herrscher von Ur und dem letzten Sumererkönig überhaupt, aber hatten die Götter ein anderes, schwereres Los bestimmt. Ein Vierteljahrhundert hat dieser offenbar nicht untüchtige Fürst versucht, sich einer unaufhaltsamen Entwicklung entgegenzustemmen und Sumer und Akkad vor den Westsemiten zu retten. Längst ist sein Volk nicht mehr sumerisch, längst ist das Sumerische als Umgangssprache tot, und sogar die Könige tragen seit drei Generationen akkadische Namen, aber es geht ihm um seine Lebensart, um die Tradition und nicht zuletzt natürlich um seinen Thron selbst. Noch reicht sein Einfluß ja bis nach Kleinasien, wo sich in Kültepe sein Siegel fand; sein Heer hatte im Osten, Norden und Westen Erfolge und konnte zunächst auch die anrückenden Semitenscharen in Schach halten, so daß die Jahresformeln melden, der „Glanz Enlils habe die Länder überwältigt".

Sorgsam erfüllte Ibbisin alle kultischen Pflichten seines Amtes und sparte an Zuwendungen für die Heiligtümer nicht, gewissenhaft betrieb er die Mauerbauten, die gegen die schweifenden Westsemitenverbände Schutz bieten sollten, und er besaß genügend politischen Weitblick, um einen Zweifrontenkrieg durch Friedensschluß mit Elam, dem alten Feinde im Osten, auszuschließen. Den Elamitern sind die neuen Eindringlinge, deren stärkste Gruppe unter dem Befehl eines gewissen Ischbierra von Mari steht, selbst nicht geheuer; so verbünden sie sich mit Ibbisin, der sogar noch weiter geht und selbst eine Westsemitenschar unter ihrem Führer Naplanum in seinen Sold nimmt. Aber er kann sich an Tüchtigkeit und Kampfkraft mit Ischbierra nicht messen: Jener gewinnt die Stadt Isin (heute *Ischān Bahrijat*, 28 km südlich von Nippur), besiegt Naplanum und die Elamiter 1967 und ein Jahr darauf auch Ibbisin selbst. Als er sich Nippurs bemächtigen kann, da zögern die Enlilpriester des Tempels Ekur nicht mehr, den neuen Machthaber zum Herrn von Sumer zu proklamieren. In diese Zeit größter Not gehört ein doch wohl echter, uns erhalten gebliebener Brief Ibbisins an seinen noch kampfkräftigen, aber angesichts der machtpolitischen Konstellation begreiflicherweise zögernden Vasallen jenseits des Tigris Puzurnumuschda von Karallu mit der Bitte, loszuschlagen – ein Schreiben, das der Siegeszuversicht und Standhaftigkeit des schon auf verlorenem Posten fechtenden König ein schönes Zeugnis ausstellt. Hilfe freilich gab es für ihn nicht mehr: Ur fiel 1955 und wurde zerstört, Ibbisin floh und scheint in Elam ein trauervolles Asyl gefunden zu haben. Ein wenn nicht zeitgenössisches, so doch tiefempfundenes sumerisches Klagelied auf den Sturz des letzten Herrschers von Ur besingt in herber Trauer das schicksalhafte Ereignis, das die Geschichte Sumers beschließt und in dem der Dichter erschüttert und trostlos das – wohl durch Mißernten und Hungersnöte mitverursachten – Ende seiner ihm vertrauten Welt, den Zusammenbruch aller überlieferten Ordnungen und Werte erkennt. Wir wollen wenigstens einigen seiner Verse zuhören:

> „Der böse Sturmwind hat, die Zeit zu wandeln,
> Und das Gesetz zu tilgen, ein Orkan, gewütet,
> Er stürzte Sumers alte, rechte Ordnung,
> Die Zeit der guten Herrscher ist dahin!
> In Trümmer liegen nun des Landes Städte,
> Und öde sind die Hürden, sind die Pferche ...
> Die Mutter heget keine Kinder mehr,
> Nicht ruft der Vater zärtlich nach der Gattin,
> Noch jauchzt die Liebste an des Mannes Brust ...
> An fremdem Platz steht nun der Königsthron –
> Wo mag man da gerechten Schiedsspruch finden! ...
> Weh, Sumers König schied von dem Palaste,
> Ins Elamiterland ging Ibbisin,
> In ferne Zone hin zu Anschans Grenze
> Und gleicht dem Vogel, dessen Nest man störte ...
> O Sumer, Land der Furcht, da Menschen zagen –
> Der König ging, und seine Kinder klagen!"

Die Trauer um die verlorene Dynastie war begreiflich, die Sorge um die Kultur des Landes aber erwies sich als unbegründet. Wir werden sehen, wie schnell sich die siegreichen, aber ohne festgefügte Überlieferungen kommenden Einwanderer den Sitten des Landes anpaßten und wie bald ihre Fürsten selbst zu Förderern des überkommenen Lebensstils in ihren neuen Besitzungen werden; es gibt nichts, was mehr für die eindrucksvolle Mächtigkeit und in langen Jahrhunderten erreichte Ausgeglichenheit der sumerisch-akkadischen Kultur um die Jahrtausendwende spräche. Geistig und religiös, aber auch wirtschaftlich und juristisch war hier ein Gebäude errichtet worden, das nicht so leicht erschüttert und kaum irgendwie ersetzt werden konnte.

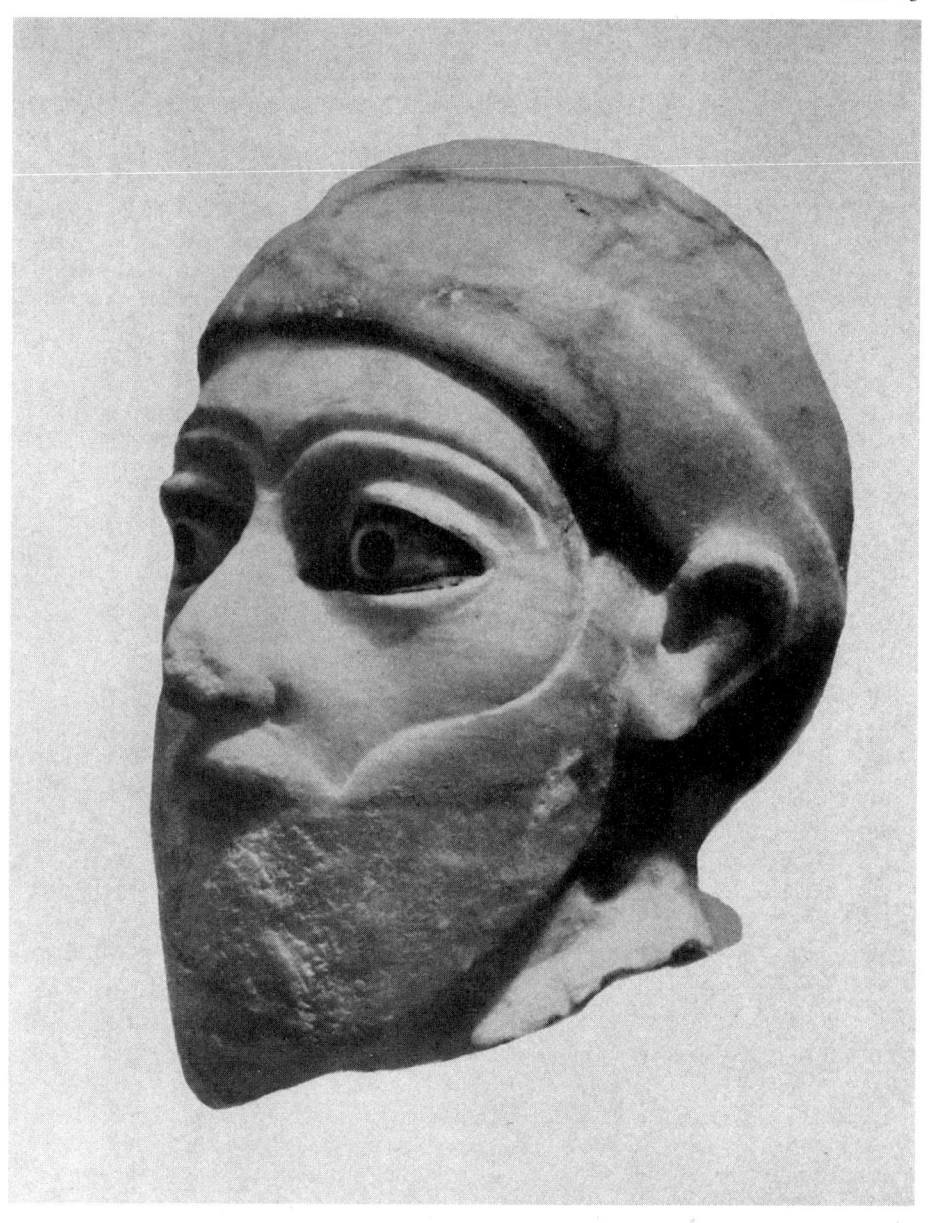

Fürst aus Adab, Akkadzeit

Kampfstele Naramsins von Akkad (Susa)

Bronzelöwe mit Gründungsinschrift eines frühchurritischen Kleinkönigs der Akkadzeit

Rollsiegelbilder der Akkadzeit
Oben: Dumuzi im Löwenkampf; unten: Etanas Himmelfahrt

Das gilt naturgemäß in erster Linie für das *Recht,* dem auch Urnammus Reformgesetze dienen sollten. In ihm war die Stellung jedes Standes und jeder Person fest umrissen. So räumt es dem Gatten und Vater eine außerordentlich hohe Gewalt über Frau und Kinder ein, wie wir das aus den nur in später Abschrift erhaltenen, aber vielleicht in unsere Zeit gehörenden „Sumerischen Familiengesetzen" erfahren; ebendort wird aber auch die Stellung der Mutter dem Sohn gegenüber gesichert:

„Wenn ein Sohn zu seiner Mutter ‚Du bist nicht meine Mutter' sagt, so soll man ihm als Sklavenzeichen seine Locke abschneiden, ihn in der Stadt herumführen und dann aus dem Hause jagen!"

Einspruch der Mutter hob ein Verlöbnis des Sohnes auf, ja, es stand unter gewissen Umständen der Mutter sogar zu, ihre Kinder als Sklaven zu verkaufen. Wie die Familie, so war auch die Stellung der Stände und das Gemeinwesen, das Recht des Freien und schließlich auch das der Sklaven geordnet. Letztere galten nicht als Sache, sondern gehörten der Personenklasse an; ihre Behandlung war natürlich unterschiedlich und dem Belieben ihres Herrn freigestellt. Mietsklaven wurden ihrer Arbeitskraft nach gewiß bis aufs letzte ausgebeutet. Entlaufene sicherte man, wenn sie wieder eingefangen wurden, durch Fußfesseln. Andererseits scheint der Sklave doch eine Art von Einspruchsrecht gegen seinen Herrn gehabt zu haben und konnte, wenn er einen geneigten neuen Besitzer fand und dieser zur Zahlung des Kaufpreises oder zum Tausch bereit war, in sein Haus übertreten. Es begegnet sogar der Fall, daß ein Sklave eine Freie zur Ehe nehmen kann; offenbar war ihm auch ein gewisser Eigenbesitz gestattet. Spiegelten so die Rechtsverhältnisse das Bild einer in Generationen fest gefügten Ordnung wider, so hatte Sumers Geisteskultur in organischem Wachstum seine Wurzeln womöglich noch tiefer im Boden verankert.

Ihr diente ein ausgebildetes *Schulwesen,* das für die leitenden Stände der Priester und Verwaltungsbeamten, der Schreiber, Richter und Ärzte geschaffen worden war. Zuerst durchweg an den Tempeln zentralisiert, wechselte es später wenigstens zum Teil in die Zuständigkeit des Palates hinüber. Die in den Schulen vermittelte Grundausbildung betraf naturgemäß zunächst Schreiben, Lesen und Rechnen. Gibt es doch schon seit der Djemdet Nasr-Zeit in Uruk, Nippur, der „Sintflutstadt" Schuruppak (heute *Fara,* halbwegs zwischen Uruk und Nippur) und anderswo zahlreiche „Schultexte", auf denen die ABC-Schützen der Keilschrift Abschreibeübungen machten, lange Listen von Göttern, Berufen oder Gebrauchsgegenständen anfertigten und was der bitteren Schulaufgaben mehr waren; im Unterrichtsraum standen in Reih und Glied die lehnenlosen Lehmbänke und neben dem Gang die Behälter für das Schreibmaterial. Die Klasse sah gewiß ganz genau so aus wie jene 300 Jahre jüngere Schulstube im Palast von Mari, die die französischen Ausgrabungen jüngst unversehrt freilegten. Mit den hier erworbenen ersten Kenntnissen kam das Selbstgefühl und der billig zu beanspruchende Respekt der „Ungebildeten" vor den „Söhnen des Tafelhauses", wie sich Sumers Schüler nannten. Ihre Schutzherrin war die in Umma beheimatete Göttin Nisaba, die Schwester und Gattin des Schara, die ursprünglich – wie fast alle weiblichen Gottheiten – Fruchtbarkeitsgöttin und danach Herrin der Bäcker war; Schulgi selbst bezeichnet sich einmal als „weisen Tafelschreiber der Nisaba". Sumerische Schulepen, in denen gelegentlich sogar der im Alten Orient so seltene – oder wenigstens so selten schriftlich eingefangene – Humor aufklingt, blieben erhalten und führen uns in das Leben und Leiden der Lernbeflissenen ein:

„Nun, Schüler, wohin gingst du all die Zeit?
‚Ins Tafelhaus!' ‚Was hast du da gemacht?'
‚Die Tafel las ich und mein Frühstück aß ich,
Die Tafel schrieb ich voll bis an den Rand!
Als Schulschluß war, bin ich nach Hause gegangen

Und sprach dem Vater das Gelernte vor,
Las auch die Tafel ihm – er war zufrieden,
Am Morgen mußt' ich wieder früh heraus,
Ich schaute nach der Mutter, sprach zu ihr:
‚Gib mir das Frühstück, denn ich muß zur Schule!'
Zwei Brote holte Mutter mir vom Ofen,
Saß auch dabei, derweil ich durstig trank.
‚Das Schulbrot noch!' Zur Schule lief ich schon.
Der, der die Aufsicht hatte, fahr mich an
Im Schulhaus: ‚Warum kommst du denn zu spät?'
Da ward mir angst, mein Herz fing an zu klopfen,
Ich ging zum Lehrer. ‚Marsch auf deinen Platz!'
Gleich sah mein Lehrer meine Tafel an,
Geriet in Zorn, und dann bekam ich Prügel …"

Aber schließlich trägt alle Mühe ihren Lohn, die Prüfung wird bestanden, und im Eltern-
haus wie bei dem mit einem Sonderhonorar bedachten Lehrer ist eitel Wonne:

„Der ‚Sohn des Tafelhauses' nahm den Lehrer
An seine Hand, er ging mit ihm zum Vater
Und zeigte nun dem Vater eifrig vor,
Was alles in der Schule er gelernt.
Da hub der Vater froh zum Lehrer an:
‚Du halfest meinem Sohn voran, du führtest
Ihn in die Wissenschaften ein und zeigtest
Die Künste ihm der Tafelschreiberei,
Man lehrte Rechnen ihn und Bücherführen,
Und alle schweren Fragen sind ihm klar!' …
Wie Wasser fast, so goß er gutes Öl
In seinen Ölbehälter, reichte ihm
Ein Kleid als Gabe, auch ein Geldgeschenk,
Und steckte einen Ring an seinen Finger."

Die Spezialausbildung fachlicher Art geschah wohl im engeren Kreis eines Lehrherrn und
seiner Adepten, und hier schieden sich dann die Geister. Der künftige Priester und die
Priesterschülerin siedelten ganz in den Tempel über, wo auch der angehende Arzt sich wei-
terbilden mußte; der Beamtenanwärter kam an den Hof oder an die Statthaltereien, um die
einzelnen Büros zu durchlaufen und so richterliche, finanzwissenschaftliche oder
verwaltungsrechtliche Sonderkenntnisse zu erwerben; und wer etwa gar Neigung zu so theo-
retischen Fächern wie Geschichtsschreibung, Chronologie oder Philologie hatte, suchte sich
seinen gelehrten Ausbilder.

Denn keine dieser Disziplinen fehlte in der hochentwickelten Zivilisation des
Jahrtausendendes, die alle Kennzeichen einer kulturellen Spätzeit aufweist. Der *Schreiber*
mußte nicht nur das komplizierte Dezimal- und Sexagesimalsystem mit seinen großen Zahlen und hohen Brüchen erlernen, das die Buchführung von Krone, Tempel und Privatwirt-
schaft verlangte, er mußte nicht nur die ausgebildete Keilschriftkursive so beherrschen, daß
er ihre Zeichen in eng untereinanderstehenden Zeilen von nur 3 mm Höhe auf Tafeln von oft
nur 2,5 : 3,5 cm Umfang flüssig und lesbar niederschreiben konnte; er hatte außerdem noch
die auf den offiziellen Staats- und Weihurkunden betont verwendete klassische Monumental-

schrift mit ihren oft noch bildähnlichen linear ausgezogenen Zeichen zu meistern, die auch auf den – meist recht konventionellen – Siegelzylindern der Zeit erscheint und durch deren Pflege und Beibehaltung man die ungebrochene Verbindung zur großen sumerischen Vergangenheit manifestieren wollte.

Die *Medizin* scheint in dieser Zeit keineswegs, wie man vielleicht glauben könnte, in jenem abergläubischen Milieu der Exorzismen, Beschwörungen und sonstigen magischen Praktiken befangen gewesen zu sein, für die die Heilkunde der späteren babylonischen („chaldäischen") und assyrischen Zeit so berüchtigt gewesen ist. Erst ganz neuerdings fand sich unter den vor etwa 50 Jahren von den Amerikanern ausgegrabenen Keilschrifttexten aus Nippur eine kleine, nur 5 : 10 cm große Tontafel, die ein sumerisch abgefaßtes medizinisches Handbuch aus der Zeit um 2100 v. Chr. darstellt. Die Anweisung nennt in sechs Spalten eine große Anzahl pflanzlicher und mineralischer Ingredienzen zu Heilzwecken und bestimmt die Art, wie der Patient diese gewiß oft recht bitteren Mixturen einzunehmen habe; meist soll er sie mit Bier vermischt trinken. Leider fehlt die Namhaftmachung der Krankheiten, für die die Medizinen gedacht sind; das Erstaunliche an diesem ärztlichen Manual ist aber, daß es keinerlei magische Sprüche oder Beschwörungen enthält: Sumers Medizin höheren Grades war ihnen offenbar durchaus nicht unterworfen. Der Arzt heißt *a-zu* oder *ia-zu*, d. i. „Wasserkundiger" oder „Ölkundiger", die Vokabel ging als Lehnwort ins Akkadische über, und es erscheint uns keineswegs ausgeschlossen, daß das griechische Wort für „heilen" *iáomai* hierher stammt. Der sumerische Arzt konnte die Spuren seines Wirkens verständlicherweise vor allem dann hinterlassen, wenn er als Koryphäe seines Fachs zum königlichen Leibarzt avancierte. Einem solchen begegnen wir in Urlugaledinna, der uns im besten Sinne des Wortes seine Visitenkarte hinterlassen hat. Er war der Hofmedikus jenes Fürsten Urningirsu von Lagasch (um 1990 v. Chr.), den wir als Sohn Gudeas und Erbauer eines wiederaufgedeckten unterirdischen Mausoleums kennenlernten; sein schönes Siegel zeigt einen bärtigen Heilgott mit hohem Turban, Bart und langem Gewand, dessen rechte Hand einen nicht genau zu erkennenden Gegenstand (vielleicht eine Medizin in Pillenform?) hochhält, weiter zwei an einem Baum aufgehängte Wundnadeln, zwei auf Stangenpodesten stehende Salbtöpfe und daneben die in Monumentalschrift abgefaßte Inschrift: „O Gott Edinmugi, Wesir des Gottes Gir, der da den werfenden Tiermüttern hilft! Urlugaledinna, der Arzt, ist dein Diener!"

Die gewiß hauptsächlich von gelehrten Priestern ausgeübte *Philologie* bemühte sich um die Erhaltung und das Verständnis des im Volke bereits verklungenen Sumerischen, das mehr und mehr auf die Bereiche der offiziellen Amts- und noch mehr der Kultsprache zurückgedrängt wurde; Wörterlisten und Syllabare, sumerisch-akkadische Vokabulare, Bilinguen und Übersetzungen lagen in ihrem Arbeitsbereich, der sich in den folgenden Jahrhunderten nach der Einwanderung der Westsemiten noch erweitern sollte. Die *Chronologie* bemühte sich um eine Fixierung des Zeitablaufs durch Aufstellung von offiziellen Nennformeln für die Regierungsjahre der Könige und Fürsten, indem sie sie mit einem besonderen Ereignis des betreffenden Zeitraums betitelte. Solche Jahresnamen begegneten uns schon in der Akkadzeit; sie wurden jetzt zu einer festen Institution und sind uns von Gudea, Urningirsu und Ugme aus Lagasch und von den fünf Herrschern der 3. Dynastie von Ur erhalten. Wir finden unter den sämtlich überlieferten 46 Jahresformeln Schulgis etwa folgende:

(Jahr 1) „Jahr, da Schulgi König wurde"
  (16) „Jahr, da die Bewohner von Ur als Bogenschützen ausgehoben wurden"
  (23) „Jahr, da Simurrum verheert wurde"
  (28) „Jahr, da der Ensi von Anschan die Tochter des Königs heiratete"
  (32) „Jahr, da der Tempel ... erbaut wurde"

Zu Listen dieser Art zusammengestellt, boten solche Verzeichnisse die Möglichkeit, größere Zeiträume der Vergangenheit zu überblicken und ihre Ereignisse zu fixieren. Eine Art von *Geschichtswissenschaft* schloß sich an. Sie hatte einmal die großen Königslisten abzufassen und die historischen Partien in den oft sehr umfangreichen Gründungs- und Weihtexten der zeitgenössischen Fürsten zu betreuen, machte zum anderen die bedeutenden historischen Persönlichkeiten Sumers – Männer wie Lugalannemundu, Lugalzaggesi, Sargon, Naramsin, Utuchengal – zum Objekt einer glorifizierenden Darstellung und schuf dazu die sogenannte *narû* – Literatur, jene mit Fluch- und Segenssprüchen versehenen fingierten Königsinschriften, die noch heute oft die einzigen Quellen über die genannten Herrscher sind. Die Fixierung dieser Texte erfolgte in der nachsumerischen sogenannten Isin-Larsa-Zeit (19./18. Jahrh. v. Chr.), die Ursprünge dieser Gattung aber dürften bereits in unserer Epoche liegen.

Neben solchen „profanen" pflegte man in den Tempeln naturgemäß mit besonderer Intensität die eigentlichen theologischen Wissenschaften. Und hier ragen nun aus der Lehre von der Omenschau, aus Orakelkunde, Beschwörungskunst, Astronomie, Astrologie oder den noch mehr der Praxis verhafteten Fächern wie Opferdienst, Rezitation, kultische Musik usw., die Bemühungen um die religiöse Dichtung, um Kosmogonie, Götter- und Weisheitslehre hervor, die entscheidend zur Schaffung einer sumerischen *Literatur* geführt haben. Die schon genannte umfangreiche „Bauhymne" Gudeas ist ihr erstes wichtiges Zeugnis, und man hat sie „eine der größten und aufschlußreichsten Dichtungen der Sumerer" genannt. Aber auch die zahlreichen literarischen Werke, die wir vor allem aus den Nippurtexten der Isin-Larsa-Zeit kennen und die man in Epen, Mythen, Hymnen, Klagelieder, Sprüche und „Weisheit" einteilen kann, müssen wir als in der Epoche von Ur III geformt ansehen, wenn auch gewiß viele ihrer Fixierungen und die meisten ihrer – lange mündlich überlieferten – Inhalte noch wesentlich älter sind.

Als eine kleine Probe aus der „Weisheitsliteratur" machten wir hier einige Stücke aus einer erst 1954 bekanntgewordenen sumerischen Dichtung zitieren, die als Vorklang zum biblischen Hiob unsere besondere Beachtung verdient. Wir hören in diesem (um 1700 v. Chr. niedergeschriebenen) Text von einem frommen und rechtschaffenen Manne, der in bitteres Elend gerät, aber, obwohl seinem Gefühl nach unschuldig, seinem Gott nicht flucht, sondern ihn durch demütiges Bitten rührt und so wieder erlöst wird – weiß er doch, daß „noch nie eine Mutter ein sündenloses Kind gebar". Hier einige Verse aus der ergreifenden Klage des Geschlagenen:

> „Mein Gott, der Du des Tages lichten Glanz
> Bringst übers Land – mir ist der Tag so dunkel,
> Mir sind nur Trauer, Klagen, Pein und Not!
> Das Leiden überwältigt mich wie einen,
> Für den allein die Tränen auserwählt ...
> O Du mein Gott, der Du mein Vater bist,
> Der mich erzeugte, hell mein Antlitz auf!
> Wie lange noch soll ich verlassen sein,
> Wie lange soll ich missen Deinen Schutz!"

Die bittere Klage des Unschuldigen und sein frommes Gebet erweichen das Herz der Gottheit:

> „So wandte er des Mannes Leid in Freude,
> Stellt' ihm den guten Geist als Wächter bei
> Und Schutzdämonen gütigen Gesichts:

Da ließ der Mann nicht ab, die Herrlichkeit
Zu rühmen seines Gottes immerdar,
Pries sie und tat sie allenthalben kund ..."

Unter allen Schöpfungen, die Glauben und Geistesleben des sumerischen 3. Jahrtausends eingefangen und erhalten haben, genießen durch ihre Wirkung auf die babylonische, biblische und danach auf die klassische Literatur wiederum Sumers *Mythen* den Vorrang, klingt doch in ihnen die früheste Menschheitslehre von der Entstehung der Welt und der Erschaffung der Götter und Menschen auf. Noch sind sie nicht in ein zusammenhängendes System gebracht, sondern stehen locker neben- oder gar gegeneinander, aber ihre Fülle wirkt überraschend, und die Anklänge an die Mythologeme Babylons, Syriens, Israels und Griechenlands sind oft so eng, daß wir in ihnen Auftakt und Vorbild jener ganzen reichen und üppig weitergewucherten Sagenwelt sehen müssen. Da sind die Ursprungsmythen, nach denen als erstes das Urmeer, in der Gestalt der Göttin Nammu personifiziert, vorhanden war; Nammu gebar ohne Zeugung aus sich An, den männlichen Himmelsgott, und Ki, die Erdgöttin; aus der Vereinigung dieser beiden Urgestalten geht der Luftgott Enlil hervor, der nun An und Ki voneinander trennt: An baut ihn den Himmel, Enlil die Erde als seine Feste. Um das Lapislazuli-Dunkel des Himmels zu erhellen, schafft Enlil den Mondgott Nanna, dieser wiederum den Sonnengott Utu, der heller leuchtet als sein Vater. Enlil vereinigt sich mit seiner Mutter Ki, und aus dieser Verbindung entsteht unter Mitwirkung Enkis – dessen mythische Herkunft bisher nicht klar wird – das pflanzliche und tierische Leben der Erde. Die Menschen schließlich sind eine Schöpfung Enkis, dem Nammu und Ninmach dabei zur Hand gehen, „aus dem Lehm über dem Urozean"; der gütige Gott lehrt sie auch die Künste der Zivilisation. Enlil „läßt den guten Tag wiederkommen, bringt aus der Erde die Saat hervor, erschafft Hacke und Pflug, bestimmt *Enten*, den Bauerngott, zu seinem „standhaften und vertrauenswürdigen Feldarbeiter" und sendet zusammen mit Enki Lahar, den Gott des Viehs, und Aschnan, die Göttin des Getreides, vom Himmel auf die Erde, um ihr die Wohltat der Herden und des Korns zu spenden.

Dann begegnen wir den großen Drachenkampfmythen, in denen Kur, das „Große Drunten", durch Enki oder Inanna oder den Kriegs-, Jagd- und Lichtgott Ninurta (den Nimrod der Bibel) besiegt wird; da ist weiter die Sage von der Liebe Enlils zu der schönen Ninlil – Vorklang zu den Liebesabenteuern des griechischen Zeus –, aus der der Mondgott Nanna und andere Gottheiten hervorgehen. Wir hören vom Chuluppu-Baum, den sich Inanna pflanzte, und von Gilgamesch, der ihn ihr vor den Dämonen rettete, und erfahren dabei von Enkidus Hinabstieg in die Unterwelt, aus der er erst nach langen Bitten seines untröstlichen Freundes Gilgamesch – und auch dann nur für kurze Frist – zurückkehren darf. Gilgamesch benutzt diese Zeit, um ihn fiebernd vor Angst und Grauen nach dem Leben der Abgeschiedenen auszufragen ... Schukallituda übertrifft den klugen Raben in der Anlage schöner Baumgruppen; Inanna schläft ermüdet in ihrem Schatten ein, Schukallituda wohnt der Schlafenden bei, flieht, und die Ergrimmte schickt eine Blutplage nach Art der in 2. Mose 7 berichteten übers Land, um sich zu rächen ... Enmerkar tritt auf, auch Urnammu erscheint bereits als mythische Gestalt, und immer wieder begegnen wir Inanna und ihrem Geliebten Dumuzi – auf der Steppe, wo er bei den Herden durch Bilulu den Tod erleidet und von Inanna beklagt wird, in der Unterwelt, wo er Ereschkigal dienen muß, und in Uruk, wo er auf seinem strahlenden Thron sitzt und Inanna erwartet; mit ihr aber erscheinen die sieben *galla*-Dämonen, die ihn unter Billigung der verräterischen Geliebten ins Totenreich hinabschleppen ...

Eine schier unerschöpfliche Fülle von Gestalten und Begebenheiten wird vor uns lebendig, sie bezaubern uns durch die fremdartige, aber doch wiederum auch irgendwie vertraute Art, mit der sie vor uns treten. Ehrfürchtig begreifen wir, daß sich hier das früheste Gemälde, das Menschen vom mythischen Zeitalter entwarfen, vor unseren Augen aufrollt, daß wir mit diesen Geschichten in eine Zone eintreten, da die Götter von der Menschenwelt noch nicht Abschied genommen hatten. Glauben, Dichtkunst und Philosophie – denn eine solche versteckt sich nicht selten hinter der mythischen Darstellungsform und begegnete uns ja fast unverkleidet in der sumerischen „Hiob-Dichtung" – haben sich hier zum ersten Male zusammengefunden und ein Werk geschaffen, von dem Jahrtausende zehren sollten. Wir verdanken seine Bewahrung der spätsumerischen Gelehrsamkeit und einer mit ihr verbundenen frommen Achtung vor den überkommenen Geistesgütern einer großen Vergangenheit.

Rollsiegelbilder der Ur III-Zeit
Oben: Gilgamesch und Enkidu im Kampf mit Wisent und Arni (Mari)
unten: „Einführungsszene"

Beschriftetes Sitzbild des Fürsten Gudea von Lagasch

Gudea; sog. Philadelphia-Kopf

Wasserspendende Gottheit von einer Kultwanne Gudeas (Lagasch)

VII

Der Aufstieg der Westsemiten

In der zweiten Hälfte des 18. Jahrhunderts v. Chr. schrieb König Schamschiadad von Assyrien, der erste seines Namens, an seinen Sohn Jasmachadad, Statthalter in Mari, eine große Zahl von Briefen, die mit rund 20 000 anderen Korrespondenzbelegen im Archiv von *Mari-Tell Hariri* erhalten blieben und uns seit 1935 wieder bekannt geworden sind. Hier sind Ausschnitte aus einigen von ihnen.

„Zu Jasmachadad sprich: So sagt Schamschiadad, Dein Vater. Betreffs der Söhne Wilanums, die sich bei Dir befinden, hatte ich Dich angewiesen, sie für den Fall eines späteren Bündnisabschlusses mit ihnen unter Aufsicht zu halten. Aus einem Bündnis mit Wilanum wird nichts; ich ordne daher an, sie zu verhaften. Laß alle Söhne des Wilanum, die bei Dir sind ..., in derselben Nacht töten! Ehrenwache, Preislied, Trauerzeit gibt es nicht! Man bereite ihre Gräber vor, sie sollen sterben und werden begraben ...“

„Zu Jasmachadad sprich: So sagt Schamschiadad, Dein Vater ... Du hast mir wegen des Raubzuges ins Land, den die ... unternommen haben, geschrieben ... Auch in Rapiqum haben sie das Land geplündert, sie sind tatsächlich unerträglich geworden ... Berate Dich mit Tarimschakim und La'um und teile Bachdi Euern Entschluß mit, damit Truppen in Marsch gesetzt und ihre Gebiete verwüstet werden. Dann, in der Erntezeit, wird ihr Verbündeter wie eine schwere Faust auf sie stürzen: Sie werden zum Euphratufer hinabsteigen und dann, wenn sie an den Buchten ihre Schafe tränken, soll eine große Strafexpedition gegen sie durchgeführt werden!“

„Du hast mir gemeldet, daß Du die Stadt Tillabnim eingenommen und die Einwohner nicht getötet, sondern geschont hast und gehen ließest. Dies Vorgehen, das Du gewählt hast, ist sehr gut und ein Talent Gold wert!“

„Betreffs meines Boten aus Tilmun hast Du mir geschrieben, er sei in das Haus eines Kaufmanns eingedrungen, habe einen Palmenstamm wegnehmen wollen und sei dabei niedergeschlagen worden, deshalb habest Du ihn mir bisher nicht senden können. Das hast Du mir mitgeteilt. Soll man ihn schlagen! Aber kann er nicht auf einem Esel reiten? Warum hast Du ihn mir bis heute nicht gesandt? Nach meiner Anweisung hattest du ihn mir vor zwanzig Tagen zu schicken – was sendest Du ihn nicht her? ... Was die Ausbeutung des Kupferminerals betrifft: In Ordnung! Die Lastträger werden das Kupfer zehn oder zwanzig Doppelstunden weit heranschaffen, und Du weise dann die Söhne der Großen und die Fachleute, die Du bei Dir hast, an, das Kupfermineral auszusammeln. Sie sollen Unreines und Schmutz sorgfältig entfernen ... und das gesäuberte Mineral nach der einwandfreien Reinigung mit Hilfe von Wasser ... Danach hat das Zerstoßen und Auflesen stattzufinden. Noch etwas anderes: Eine Esellast Sesam ist in Rückstand. Sie ist mir schleunigst zu liefern, damit ich davon gebrauchen kann!“

„Was die Kähne betrifft – laß 60 Kähne bauen. Ich würde Dir den Bootsbauer Silli-Ea umgehend zur Verfügung stellen, schreibe also nach Mari, daß man Dir Silli-Ea zusende, und laß in Tutul 60 Kähne bauen. Man soll bei diesen Kähnen nicht nachlässig sein!“

„Schreibe nach Tutul, man solle Dir einen Landwirt senden, der den Pflug zu handhaben und Furchen zu ziehen versteht. Schicke ihn nach Ischkurluti!"

„Der nächste Monat ist Adar, und am 16. soll das Neujahrsfest stattfinden. Dazu sind die Gesandten von Eschnunna anwesend. Deine Esel-Prachtgespann und Deine Pferde sind zum Neujahrsfest herzuschicken. Wagen und Kastenzubehör müssen erneuert sein! Nachdem sie während des Neujahrsfestes hier angespannt gewesen sind, kommen sie zu Dir zurück. An dem Tage, an dem Du diese meine Tafel liest, sollen Deine Esel nicht zögern und schleunigst zu mir überführt werden!"

„Ich habe die Köche inspiziert; es sind zu viele Köche für die Versorgung der *wedu* angesetzt. Nun hast Du ja Abdunawir und Sillimaïl bei Dir. Nach Empfang dieses Schreibens stellt eine starke Bewachungstruppe für sie auf, und ein vertrauenswürdiger Mann soll sie mit dem Überbringer dieser Tafel zu mir geleiten. Wenn Du mir diese Leute nicht schickst, laufen mir die letzten Küchenjungen auseinander!"

„Was Dich betrifft – wie lange noch sollen wir Dich immer gängeln? Bist Du klein, bist Du kein Mann, ist noch kein Flaum auf Deiner Wange? Wie lange noch kannst Du Deinem Hause nicht richtig vorstehen? Siehst Du nicht Deinen Bruder, der schon große Heeresteile befehligt? So steh auch Du wenigstens Deinem Palast, Deinem Hause richtig vor!"

„Dein Bruder hat hier einen Heerführer erschlagen, Du aber liegst dort zwischen den Weibern! Alsdann: Wenn Du mit dem Heer nach Qatna ziehst, sei ein Mann! So wie Dein Bruder sich bereits einen guten Namen gemacht hat, so mach auch Du Dir in Deinem Lande einen großen Namen!"

Um Politik und Strategie, Wirtschaft, Handel und Ackerbau, Repräsentation und Prinzenerziehung geht es in den Briefen Schamschiadads, die wir hier kennenlernen, und weitere Beschäftigung mit der umfangreichen Korrespondenz dieses Fürsten, aus der uns bis jetzt 129 Sendschreiben bekannt sind, belehrt uns, daß er sich tatsächlich um alles und jedes in seinem Staat gekümmert hat. Durch die Wiederauffindung des Archivs von Mari, das auch über 100 Briefe der beiden Söhne des Königs enthält – der Kronprinz Ischmedagan war Statthalter in Ekallatum (40 km südöstlich von Assur am Tigris), Jasmachadad Vizekönig in Mari –, ist Schamschiadad I. in die Reihe der bestbekannten Persönlichkeiten Altvorderasiens aufgerückt. In der Tat verdient dieser bedeutende Fürst unser ungeteiltes Interesse. Er stammte aus Terqa (von Mari 50 km euphrataufwärts), wo ein großer Dagantempel stand und sein Vater Ilakabkabu Stadtfürst war. Jachdunlim von Mari vertrieb ihn, dem jungen Schamschiadad aber gelang es auf abenteuerlichen Wegen, sich in Ekallatum festzusetzen und von da die Herrschaft über das durch innere Wirren erschütterte Assur zu gewinnen: „Schamschiadad, Sohn des Ilakabkabu, ging zur Zeit des Naramsin (von Assur) nach Karanduniasch (Babylonien) ... zog herauf, beseitigte den Irischum (von Assur) und setzte sich selbst auf den Thron."

Es ist dies das letzte Beispiel einer Herrschaftsübernahme durch westsemitische Usurpatoren, deren es seit den Tagen Ischbïerras von Isin und Naplanums von Larsa viele gegeben hatte. Hier in Assur verdrängte Schamschiadad übrigens bereits einen Stammesgenossen. Denn seit 200 Jahren bilden im Norden und Süden, in den syrischen Fürstentümern von Karkemisch, Aleppo, Charrän und Qatna ebenso wie in Isin, Larsa, Eschnunna und dem jetzt in die Geschichte eintretenden Babylon *Westsemiten* die maßgebliche Bevölkerungsschicht. Wie war es zu dieser Entwicklung gekommen?

Ischbïerras Sieg über Ibbisin im Jahre 1955 v. Chr. hatte das morsche Gebäude des Reiches von Ur III zum Einsturz gebracht, Nordmesopotamien, Akkad und Sumer zerfielen in zahlreiche Kleinstaaten, die, jeder für sich, leichte Beute der neuen Eroberer wurden. Ischbïerra selbst, „der keinen Rivalen kannte", vermochte zwar von seinem Sitz Isin aus seine Vormachtstellung aufrechtzuerhalten, aber schon in Larsa, 140 km südöstlich, saß eine Dynastie, die bald zu einem ernsthaften Rivalen Isins wurde. Durch zwei Jahrhunderte lag das politische Übergewicht des Südens bald bei dem einen, bald bei dem anderen Fürstensitz, weshalb man diese erste nachsumerische Periode als *Isin-Larsa-Zeit* bezeichnet.

Das Sumerertum ist, völkisch gesehen, tot, seine Sprache sucht in den Tempelhallen und Gelehrtenstuben Zuflucht, und neue Götter stellen die alten, ohne sie freilich zu verdrängen, in den Schatten. Da ist der syrische Gewitter- und Sturmgott Adad, da ist der altakkadische Herrschergott des Westens, Dagan, der Enlils Stellung gewinnen möchte, und der Westsemitengott Martu. Weiter finden wir den Sonnengott Schamasch, der an Utus Stelle, und den Mondgott Sin, der an Nannas Platz tritt; Ischtar übernimmt in stärker astralem Gewand und mit betont kriegerischen Zügen die Rolle der Inanna. Ischbïerra führt in der von ihm eroberten Stadt den Kult der Ninisinna, der „Herrin von Isin", ein, und ein neuer Gott, den die Wüstenwanderer in der ihnen so bedeutsamen Frühsonne angeschaut hatten, Marduk mit Namen, erhebt sich in Babylon und wird mit dem Aufstieg dieser Stadt, deren Namen „Gottestor" bedeutet, an die Spitze des Pantheons rücken.

Weiter aber führt die Semitisierung des Landes vorerst nicht, das Legitimitätsstreben der neuen Machthaber garantiert vielmehr der bodenständigen Kultur in vielem ihren Fortbestand. Ischbierra ist peinlich darauf bedacht, in die Tradition der von ihm beseitigten 3. Dynastie von Ur einzutreten, er nennt sich selbst „König von Ur", und seine neuerdings bekanntgewordenen 23 Jahresformeln unterscheiden sich ihrem Inhalt nach in nichts von denen der letzten Ur-Könige: Auch hier geht es um Hohepriesterbestallungen, Kultbauten nicht nur in Isin, sondern auch in anderen Städten und für Enlil, Ninlil, Ninurta und Inanna, oder um Feldzüge gegen die alten Landesfeinde in Ost und West. Seine Nachfolger sind „Könige von Sumer und Akkad", sie übernehmen alsbald die Vergöttlichung des Herrschers und feiern die „Heilige Hochzeit". Wir besitzen eine Hymne auf Iddindagan von Isin (um 1900 v. Chr.), aus der eindeutig hervorgeht, daß er am Neujahrsfest mit der Vertreterin der Inanna die Kulthochzeit vollzogen hat:

> „Man wäscht die Herrin für den heil'gen Schoß,
> Man badet sie für Iddindagans Schoß,
> Ein Bad bereitet man der heiligen Inanna,
> Besprengt mit duft'gem Zedernholz den Boden.
> Erhobnen Hauptes geht der König nun
> Zum heil'gen Schoß, zum Schoße der Inanna,
> Ama-uschumgal legt sich hin zu ihr,
> Der König koset ihren heil'gen Leib."

Sumerische Weihinschriften belegen diese westsemitischen Fürsten mit den überlieferten Ehrennamen der Heiligtümer: „Lipitischtar, der demütige Hirte von Nippur, der heilige Pflanzer von Ur, der unaufhörlich sorgt für Eridu, der Herr, der Uruk schmückt, der König von Isin, der König von Sumer und Akkad, der Günstling der Inanna ...", und es ist bezeichnend, daß der hier erscheinende, um 1870 v. Chr. regierende König sein vor einigen Jahren wiederentdecktes Reformgesetz sumerisch hat abfassen lassen. Auch als ein Usurpator mit dem wohl absichtlich sumerisch gehaltenen Namen Urninurta (um 1850 v. Chr.) der Dynastie Ischbïerras in Isin ein Ende macht, ändert sich diese Tendenz nicht, und unter seinem Urenkel hat man unbedenklich, diesmal freilich mit nicht erwartetem Ausgang, eine alte Kultsitte zelebriert: Wurden böse Vorzeichen für König und Staat entdeckt, so pflegte man für einen Tag einen „Ersatzkönig" auf den Thron zu setzen, der dann in der darauffolgenden Nacht sein Leben lassen mußte und so nach der geläufigen Auffassung das erwartete künftige Unheil mit sich und der Dynastie abnahm. So geschah es zur Zeit Erraïmittis; als nun aber dieser Fürst ausgerechnet am Tage der Erhöhung des Ersatzkönigs starb, vermochte sich jener auf dem Thron zu halten und regierte danach unangefochten 25 Jahre – ein Geschehnis, das ob seiner Absonderlichkeit in Sagenform über mehr als 1000 Jahre hinweg in die griechische Überlieferung eingehen sollte.

Ähnlich ist der Befund in Larsa, das sich seit etwa 1860 v. Chr. in den Vordergrund spielt: Der Begründer dieses Aufstiegs, Gungunum, nennt sich „König von Sumer und Akkad", Nuradad (um 1790 v. Chr.) stellt Enkis alte Kultstadt Eridu wieder her und setzt den dortigen Gottesdienst neu in Gang, und sein Sohn Siniddinam rühmt sich in seinen sumerischen Weihinschriften der Fürsorge für Utu, Dumuzi, Nanna und die Stadt Ur. Er ist es, der zuerst mit den westsemitischen Machthabern einer neugegründeten Euphratstadt 200 km nordwärts in der Nähe des alten Kisch, mit den Herren von Babylon, in Konflikt gerät. Hier hatte um 1830 Sumuabum eine Dynastie gegründet; der fünfte Nachfolger dieses Fürsten, Hammurabi, sollte vom Schicksal dazu ausersehen werden, in seinem Reich semitischem Wesen entscheidend zum Durchbruch zu verhelfen.

Das geschichtlich bedeutsame 19. Jahrhundert v. Chr. sieht aber den Aufstieg noch einer anderen Macht, und um ihr zu begegnen, müssen wir aus Sumer und Akkad an die 500 km tigrisaufwärts wandern. Hier lag das seit der Mitte des 3. Jahrtausends aufs stärkste von der Kultur des Südens beeinflußte, durch Sargon von Akkad und die Herrscher der 3. Dynastie von Ur auch unmittelbar beherrschte Assur (heute *Qual'at Scherqat*, 100 km von Mossul flußabwärts), und hier saß an Tigris und Großem Zab eine aus der Vermischung von – nichtsumerischen – Vorbewohnern und Semiten entstandene Bevölkerung, die zwar kulturell weniger produktiv, dafür aber zäh und kriegsgewohnt war. Ihr Land unterschied sich wesentlich von der dürren Steppe und dem hitzeglühenden Schwemmland des Südens: Hier wurde es im Winter schneidend kalt, und während Palmen kaum noch anzutreffen waren, gab es an den Berghängen Wälder von Platanen, Tamarisken, Maulbeerbäumen und Eichen und in den Tälern grüne Weiden und nie versiegende Bäche. Im Frühling bedeckten sich die Wiesen mit Blumen, aber bei klarem Wetter konnte man im Norden und Osten die hohen Berge Kurdistans sehen, deren Gipfel oft bis zum Juni ihre Schneehauben trugen.

Auch Assyrien hatte nach dem Zusammenbruch des Reiches von Ur III seine Freiheit wiedererlangt, und seine Wehrhaftigkeit bewahrte es davor, eine leichte Beute der westsemitischen Invasion zu werden. Vielmehr betonte Assur im Gegensatz zu den Eindringlingen – ähnlich wie im tiefsten Süden das „Meerland" an den Ufern des Persischen Golfes – die sumerisch-akkadische Tradition. Es übernahm nun von sich aus die bisher durch die Könige von Ur gewährleisteten Schutz jener von Assurs Kaufleuten gegründeten, weit vorgeschobenen Handelskolonien vor allem im kleinasiatischen Kanesch (heute *Kültepe*, 750 km in nordwestlicher Richtung von Assur entfernt), in dessen Ruinen zahlreiche Geschäftsurkunden erhalten bleiben sollten, und hatte damit Teil an den beträchtlichen Einnahmen, die der Handel mit Kleinasien erbrachte.

Erst um 1850 kommt auch Assur unter westsemitische Herrschaft. Iluschuma baut nicht nur Stadtmauern und einen Ischtartempel, sondern erringt auch so große Erfolge gegen die südlichen Machthaber, daß er eine Art Oberhoheit über sie gehabt haben muß und einer wiederaufgefundenen Urkunde zufolge sogar in Nippur und Ur „die Freiheit der Akkader festsetzen", d. h. Steuerermäßigungen diktieren konnte. Sein Sohn Irischum I., den die neu-

Langlockige wasserspendende Göttin aus Ur

Gründungsfigur und -inschrift Urnammus von Ur

Urnammu vor Nanna und Ningal

Rollsiegelbilder der Ur III-Zeit. Oben: Siegel eines Arztes; unten: Beter vor Gottkönig

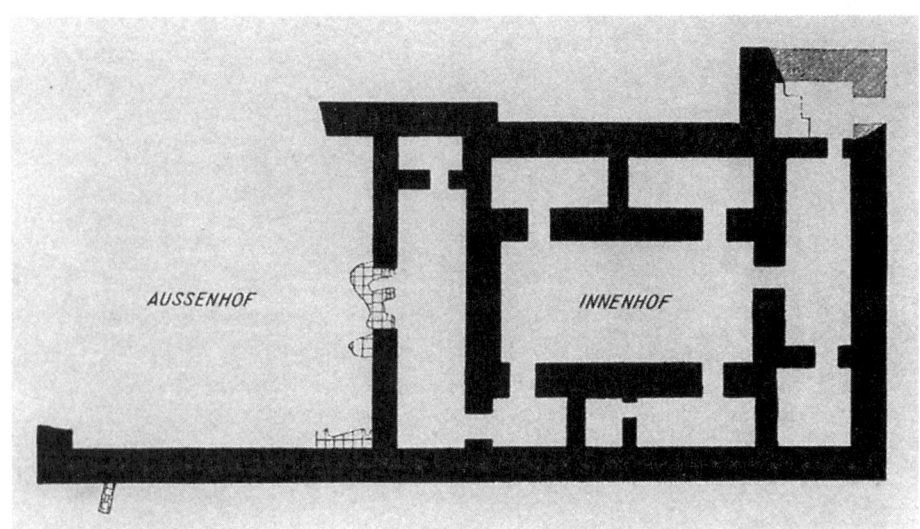

Oben: Ruine der Eanna-Zikkurrat in Uruk; unten: Plan eines altassyrischen Hauses

AUSSENHOF

INNENHOF

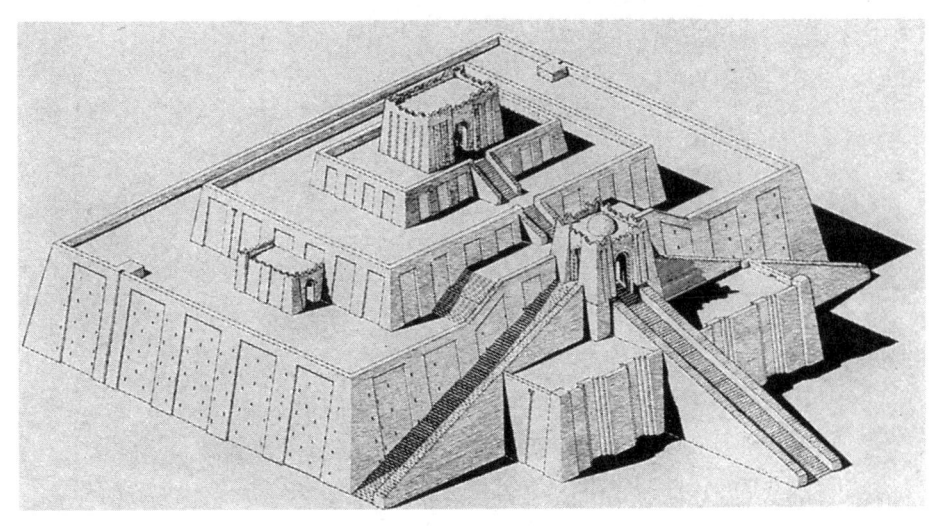

Ruine und Rekonstruktion der Nanna-Zikkurrat des Urnammu in Ur

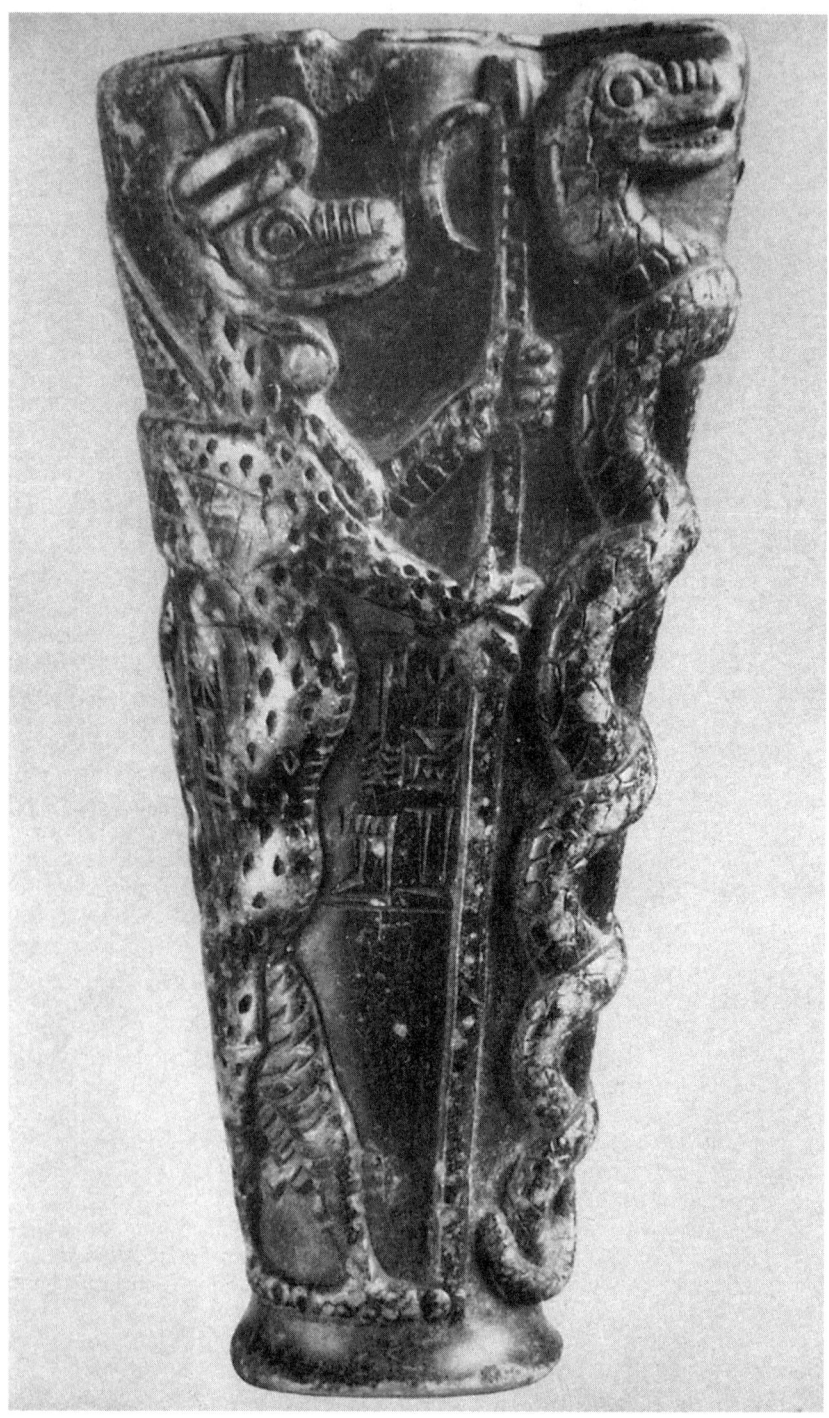

Kultvase Gudeas von Lagasch mit den Symbolen des Heilgottes Ningischzida

gefundene assyrische Königsliste als ersten Fürsten mit genauen Regierungsjahren aufführt, ist uns durch zahlreiche Bauinschriften bekannt, von denen sich eine Abschrift auch in jenem kleinasiatischen Kanesch wiederfand.

Diese enge handelspolitische Verbindung zum Nordwesten hielt noch unter dem Enkel Irischums, Sargon I. von Assur (um 1780), an, scheint aber bald nach seinem Tode durch die Auswirkungen des Hethitereinfalls nach Kleinasien unterbrochen worden zu sein. Die Schließung der Grenzen zu den nördlichen Absatzgebieten bedingte ein schlagartiges Absinken der Einkünfte aus dem Export- und Transithandel, was auch eine alsbaldige Verminderung des altassyrischen Machtpotentials zur Folge hatte. So konnte der energische Fürst von Eschnunna, Naramsin, dessen Palast in Tell Asmar freigelegt wurde, seine Herrschaft über den nordwestlichen assyrischen Nachbarn ausdehnen und sich selbst zum König von Assur aufwerfen. Die Königslisten nennen nach ihm den wohl durch eine nationale Reaktion auf den Thron gehobenen Irischum I. (um 750 v. Chr.), aber der war noch ein Kind und konnte dem nun auf den Plan tretenden großen Kämpen Schamschiadad keinen Widerstand leisten. Wir haben den wortkargen Bericht, der die Übernahme der Herrschaft durch den letzteren meldet, bereits kennengelernt.

Schamschiadad und sein kriegerischer Anhang begnügten sich mit dem verhältnismäßig kleinen Assyrien (das man damals noch Subartu nannte) nicht. Im Westen und Südwesten lockte das reiche Mari, dessen gleichnamige Hauptstadt durch seine Lage am Euphrat und an der ihn begleitenden Karawanenstraße der bedeutendste Umschlagplatz des Syrienhandels war und aus ihm ständig hohen Gewinn zog. Dort hatte ein gewisser Jaggidlim eine Dynastie gegründet und sein Sohn Jachdunlim so erfolgreich regiert, daß er schließlich das Gebiet von sieben Fürstentümern beherrschte. Im Verlauf dieser Expansionspolitik war es geschehen, daß Ilakabkabu hatte aus Terqa weichen müssen – und diese alte Rechnung gedachte sein Sohn Schamschiadad nun zu begleichen. Jachdunlim kam bei einer Palastrevolution ums Leben, die von Schamschiadad angezettelt worden sein dürfte; jedenfalls griff er sofort ein und machte sich zum Herrn der Stadt und des Landes. Während die Prinzessinnen in seine Hand fielen – er ließ sie später an seinem Hof zu Musikantinnen ausbilden – und die Prinzen, deren er habhaft werden konnte, getötet wurden, gelang es dem jungen Zimrilim, zu fliehen und im syrischen Aleppo Asyl zu finden.

Der Sieger machte seinen zweiten Sohn Jasmachadad zum Statthalter und bald auch zum Vizekönig des eroberten Staates, behielt aber, wie seine Briefe uns zeigten, ein stets wachsames Auge auf den wenig energischen Prinzen, der weder die militärischen noch die verwaltungstechnischen Fähigkeiten seines Bruders, des Kronprinzen Ischmedagan, besaß; vielmehr den Palast von Mari als eine Art Sanssouci betrachtet zu haben scheint. Denn für Schamschiadad war Mari mehr als ein zweitrangiger Außenposten und nutzbringender Handelsplatz: Von hier spannten sich die Fäden nach allen vier Himmelsrichtungen, hier öffnete sich das Tor zur Welt, und der kluge König verstand das zu nützen. Sein Ehrgeiz hatte sich ein hohes Ziel gesteckt: Da ihm die Nachbarn im Südosten und Süden – das nur locker abhängige Eschnunna und das selbständige Babylon – eine Expansion in dieser Richtung verwehrten, stand sein Sinn auf die Errichtung einer Herrschaft über den Westen und Nordwesten. Die bedeutenden – erst durch die Auffindung der Marikorrespondenz klarer in unser Blickfeld gerückten – Staaten am Belich, am mittleren Euphrat und in Nordsyrien, Charrān, Karkemisch, Aleppo, Chamat, Qatna und andere, wurden von ihm in ein engeres oder lockeres Bündnisnetz einbezogen; mit Ischchiadad, dem König von Qatna (heute *Mischrife* am Orontes) handelte er eine politische Heirat aus, durch die er seinen Sohn Jasmachadad mit einer Tochter dieses syrischen Fürsten verband.

Eine bei *Mardin*, 300 km nordwestlich von Assur wiederaufgefundene – bezeichnender-

weise im Stile Naramsins von Akkad gehaltene – Siegesstele beweist das assyrische Vorrük-
ken tigrisaufwärts, von wo nun der Tribut des „oberen Landes" einkam, und auch das „Land
Laban an der Küste des großen Meeres", doch wohl ein Teil Syriens, war Schamschiadad
untertan. Mit Babylon wurde ein Freundschaftspakt auf gegenseitige Hilfe und politischen
Nachrichtenaustausch abgeschlossen, demzufolge die assyrische Kanzlei etwa Kopien ein-
gegangener Briefe anderer Fürsten Hammurabi zur Einsicht schickt. Die Errichtung eines
großen Palastes und eines neuen mächtigen Enliltempels in Assur, weitere kultische Bautätigkeit für Dagan und den assyrischen Staatsgott Aschschur, die Ausformung der Titulatur,
schließlich und vor allem die Gründung seiner eigenen, *Schubat-Enlil* („Wohnung Enlils")
genannten Residenz abseits von Assur, wo er doch eben der Usurpator blieb, machen neben
zahlreichen Inschriften deutlich, daß Schamschiadad nichts weniger sein wollte als ein Duo-
dezfürst unter vielen seinesgleichen. Wie die Herrscher von Akkad nennt er sich „König der
Gesamtheit" und betont, daß „An und Enlil seinen Namen unter den Königen, die vorher
waren, zu Großem berufen haben"; er will also Großherrscher nach Art Sargons oder
Naramsins, ja ein in einmaliger Weise von Enlil, dem Herrn der Schicksalstafeln, Erwählter
sein.

Die Pläne dieses hochbegabten Fürsten, der brutal durchzugreifen, aber auch Maß zu
halten verstand, der ein ebenso guter Stratege wie Verwaltungsbeamter, ein Menschenkenner
und ein Vater seiner Soldaten war, sind ihm vom Schicksal selbst in tragischer Weise be-
schnitten worden. Denn gleichzeitig mit ihm lebten zwei Machthaber im verhältnismäßig
engen Raume Mesopotamiens, die ihm an Herrscherfähigkeiten gleichkamen und wohl gar
noch übertrafen: In Larsa hatte sich eine elamitische Fürstenfamilie festgesetzt, die mit Wa-
radsin und vor allem aber mit dessen Bruder und Nachfolger Rimsin (1758–1698) bedeutenden Einfluß gewann, und in Babylon stieg 1728 Hammurabi, der größte unter allen westsemitischen Herrschern, auf den Thron.

Aber es ist bezeichnend, daß, als Schamschiadad 1717 starb, sogar in Eschnunna ein Jahr
nach diesem Ereignis benannt wurde: Die Zeitgenossen nahmen es als ein Datum von
welthistorischer Bedeutung. In der Tat hat es sein Sohn und Nachfolger Ischmedagan, der
sich unter seines Vaters Leitung auf seinem Posten als Statthalter von Ekallatum gegen Eschnunna, die nördlichen Bergvölker und den babylonischen Süden durchaus bewährt hatte,
stets in engem Kontakt mit Jasmachadad von Mari stand und diesen auch nach seiner Thronbesteigung noch ähnlich beriet wie bisher der Vater, trotz aller seiner offenkundigen Tüchtigkeit nicht vermocht, das väterliche Reich zu halten. Er scheint durch Rimsin von Larsa
besiegt worden zu sein, und dieser wiederum mußte Hammurabi von Babylon weichen.
Noch viel weniger konnte sich Jasmachadad in Mari halten. Der im Exil lebende rechtmäßige
Thronfolger von Mari, Zimrilim, sah nun seine Stunde gekommen und gewann den väterli-
chen Besitz zurück. Ischmedagan ist – vielleicht als babylonischer Vasall, vielleicht auch
selbständig in einem gebirgigen Restteil seines Landes, den er zu halten vermochte – noch
Jahrzehnte, bis etwa 1677, König von Assyrien geblieben. Danach aber sank Schamschiadads
Gründung – wahrscheinlich unter den Auswirkungen der Churriterwanderung, die zunächst
mächtige Scharen barbarischer Bergvölker in Richtung auf Assyrien in Bewegung gesetzt
hatte – für 200 Jahre in die Geschichtslosigkeit zurück.

In einem eindrucksvollen Nebeneinander offenbart die erste nachsumerische Zeit zwei
gegensätzliche Phänomene, die sich im Grunde ausschließen sollten und doch ursächlich
miteinander verbunden sind: Den Sieg der Westsemiten und eine angestrengte geistige Be-
mühung, das Erbe der Vergangenheit zu wahren. Denn die aus dieser Epoche stammenden
Tempelarchive von Nippur, die die Amerikaner um die Jahrhundertwende ergruben, belehren
uns darüber, daß das dortige „Tafelhaus" – eine Art sumerischer Akademie – in einer bewun-

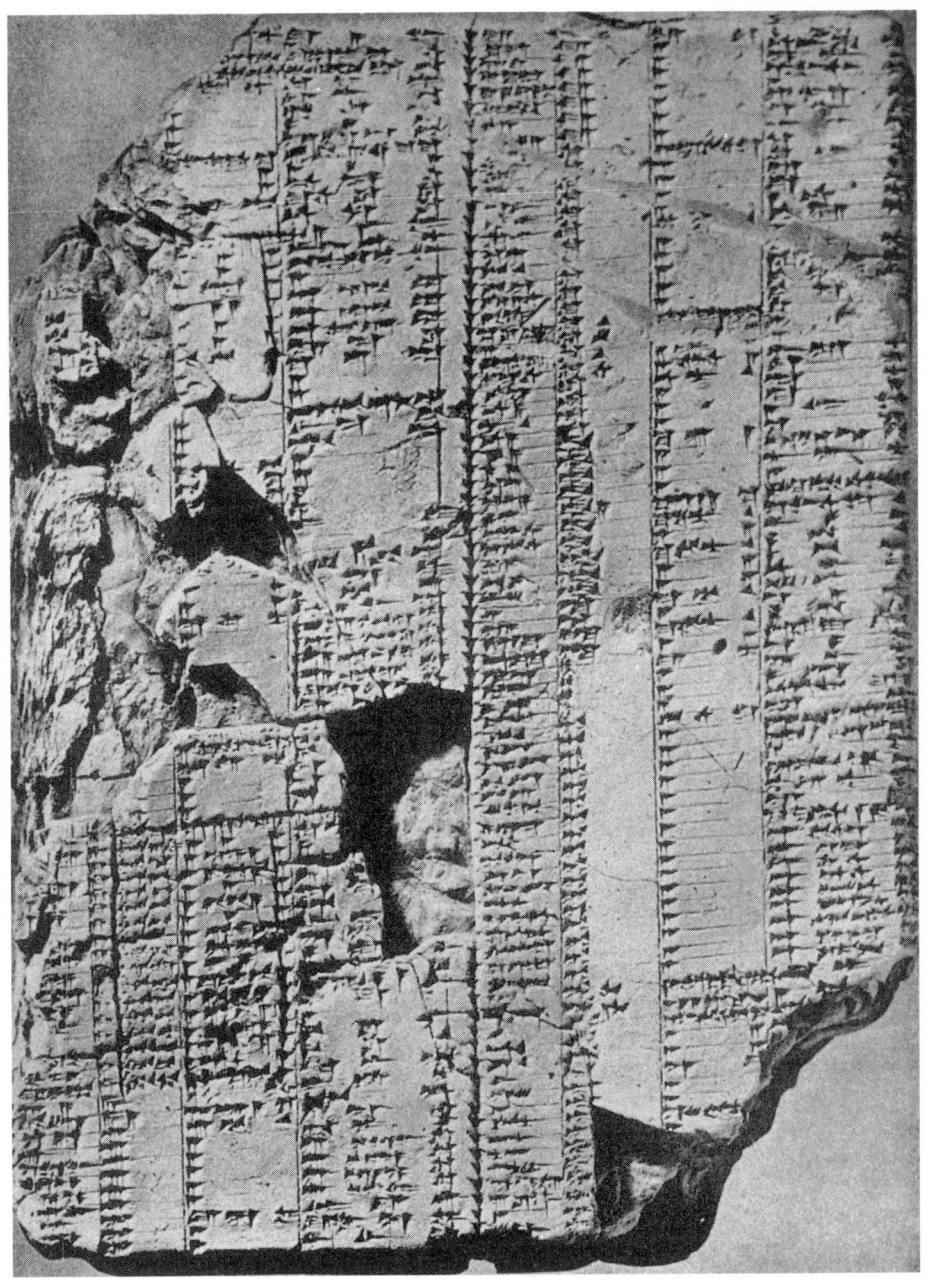

Philologischer Text der Isin-Larsa-Zeit aus Nippur

Luftbild und Plan des Palastes von Mari

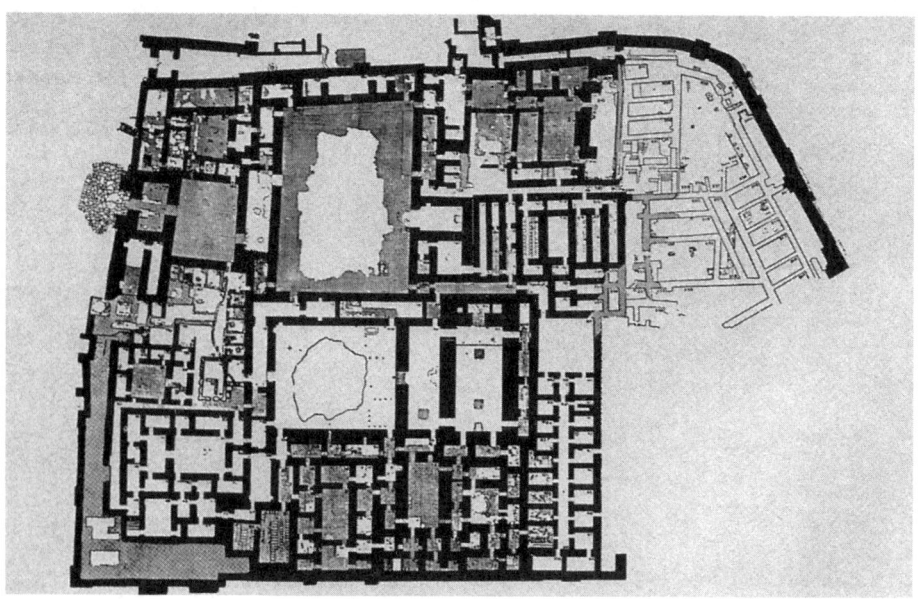

Thronsaal (oben) und Schule (unten) im Palast von Mari

Krieger aus Mari mit Helm und Kinnschutz

derungswürdigen, vielgleisigen Anstrengung Sumers Wissen, Dichten und Glauben für die Gegenwart und Zukunft zu sichern und fruchtbar zu halten sucht. Aus diesen Bestrebungen heraus entwickelt sich jetzt die *Wissenschaft* nach vielen Richtungen hin zu bemerkenswerter Blüte. Die aus vielen örtlichen Einzelüberlieferungen zusammengestellte und mit historischen Notizen versehene sumerische Königsliste, die in grauer Vorzeit mit Alulim von Eridu beginnt – „als das Königtum vom Himmel herabkam, war das Königtum in Eridu" – und über sagenhafte Urkönige, über Uruk und Kisch bis zum letzten König der Isindynastie Damiqilischu (um 1750) bzw. seinem Vorgänger Sinmagir hinabführt, ist ein beachtlicher Versuch zur Geschichtsschreibung, der mit seinen zahllosen Herrschernamen eines runden Jahrtausends Herr zu werden sucht; das Abschreiben der alten historischen Texte und die an ihnen gebildete Abfassung historisierender Königsinschriften, die Segen und Fluch in sie hineinkomponieren und die Lehren der Vergangenheit zu ziehen bestrebt sind, schaffen den Typ der Geschichtserzählung, mit dem die nüchternen oder gar nur schemenhaften Namen der verklungenen Jahrhunderte zu neuem, eigenwilligem Leben erweckt wurden. Man widmet sich der Pflege des im Volksmund verstummten Sumerischen, kommentiert die alten Texte lexikalisch, übersetzt sie, legt ganze Kataloge an, um die überkommenen Literaturdenkmäler nach praktischen Bedürfnissen zusammenzufassen, und leistet damit jene philologische Arbeit, die einmal die sumerische Literatur überhaupt erhielt, zum anderen aber auch nach dreieinhalbtausend Jahren die Deutung des sprachgeschichtlich völlig isolierten Sumerischen ermöglichen sollte.

Neben dem Schreiber steht der Rechner, der sich nicht nur der vier Grundrechnungsarten bedient, sondern auch Potenz, Wurzel, algebraische Mittel, Flächenberechnungen und Inhaltsbestimmungen beherrscht. Der neuerdings auf dem *Tell Harmal*, dem alten Schaduppum (an der Peripherie von Bagdad) gefundene, mit einer Zeichnung versehene sogenannte Problemtext beweist ferner, daß sich die Mathematik dieser Zeit z. B. mit dem Thema eines Euklid befaßte, ohne freilich zur Abstraktion von Beweis und Lehrsatz vorzudringen. Astronomie und Astrologie werden eifrig gepflegt – neben vielem anderen sind die heute noch verwendeten Tierkreiszeichen ein Erbe jener Bemühungen, von denen die nur hundert Jahre jüngeren einwandfreien Berechnungen der Venus-Aspekte aus der Zeit Ammisaduqas von Babylon besondere Aufmerksamkeit erregt haben. Wie hoch die ärztliche Kunst eingeschätzt wurde, können wir aus zwei Briefen des Mari-Archivs ablesen: Einmal bittet Jasmachadad aus Mari seinen Vater Schamschiadad im Interesse eines lebensgefährlich erkrankten Beamten um Überlassung des Arztes Meranum – wobei es sich um eine Reise über eine Entfernung von 240 km Luftlinie und durch von räuberischen Beduinen unsicher gemachtes Gebiet handelt; ein andermal schickt Ischmedagan, der assyrische Kronprinz und Statthalter von Ekallatum, einen ärztlichen Spezialisten zur Untersuchung erprobt wirksamer Heilkräuter nach Mari:

„Zu Jasmachadad sprich: So sagt Ischmedagan, Dein Bruder. Die Kräuter, mit denen Dein Arzt mich behandelt hat, sind ausgezeichnet. Wenn irgendeine Krankheit ausbricht, so heilt sie dieses Kraut. Jetzt schicke ich Dir hier den Arzt Schamschiadadtukulti. Er soll gleich dieses Kraut untersuchen! Danach sende ihn zurück!"

Unter den Künsten steht die *Musik* ebenso kultischen wie profanen Charakters in hohem Ansehen. Sie hat bereits eine lange Geschichte hinter sich und bedient sich eines reichen Vorrats an Instrumenten, von denen viele später auch nach dem Westen wandern sollten und dann in Griechenland wiederbegegnen. Rollsiegel und Weihplatten der Mesilimzeit (um 2600 v. Chr.), Funde aus den Königsgräbern von Ur I (2500) und Reliefdarstellungen Gudeas (200) belehren uns über das Vorhandensein von Harfen und Leiern verschiedenster Art und Größe, von Becken, Kessel- und Handpauken, Rahmentrommeln z.T. großen Umfangs, Flöten, Doppelpfeifen, Sistren usw. Ensemblemusik und Chorgesang werden gepflegt. Ob die Fünfer- oder die Siebener-Tonleiter für die altorientalische Musik bestimmend war, ist noch ungewiß; Quint-, Quart- und Sekund-Intervalle werden vorauszusetzen sein.

Der sakrale Zweig der Musik ist eng verknüpft mit einer umfangreichen *Hymnendichtung* zum Preise der Götter, ihrer Heiligtümer und der vergöttlichten Könige, aber auch zur Beklagung mancher vom Schicksal schwer heimgesuchter Städte. Diese nach Form und Inhalt natürlich weithin alten Vorbildern nacheifernde Kultpoesie – wir nannten als ihr größtes früheres Werk schon oben Gudeas Bauhymne – findet jetzt ihre klassische Gestalt. Auf uns wirkt sie in ihrer oft monotonen und zuweilen unermüdlich wiederholenden Art fremd, läßt aber doch die in Sumers Frömmigkeit wohnende Inbrunst ahnen und vermittelt einen Einblick in die Liturgie der ersten nachsumerischen Zeit. Gewiß ist hier vieles bereits reine Konvention, aber wir können dessen sicher sein, daß auch dann noch diese mächtigen Gesänge auf die Kultteilnehmer ihren Eindruck nicht verfehlt haben. Hören wir ein Lied auf Enlil, den Herrn der Welt, das deutlich im Wechselgesang einhergeht:

„Weiser, planender Herr, wer kennt Deinen Willen?
Mit Kraft bist Du, o Herr des Ekur, begabt,
Der im Gebirg Du geboren, Du Herr des Escharra!
Unwetter mächtiger Kraft, o Vater Enlil!
Dingirmach zog Dich auf, der zum Kampf heranbraust,
Hinstreut die Berge wie Mehl, wie gesichelte Gerste!
Gegen das Land der Empörung für Deinen Vater
Gingest Du an und nahtest vernichtend den Bergen,
Knickst das feindliche Land wie ein einzelnes Rohr.
Einem Sinn unterwirfst Du die Feindländer alle:
‚Aller Feindländer Mauer – ihr Siegel bin ich!‘
Mächtige zwingst Du und trittst an des Himmels Tor,
Faßt den Riegel des Himmels, reißt ab sein Schloß
Und entfernst der himmlischen Pforte Verschluß!
Wo ein Land sich nicht fügt, da wirfst Du's zu Haufen,
Feindliche Gaue läßt Du nicht wieder erstehen!
Herr, wie lange läßt Du nicht ab von dem Lande,
Das eines Sinns Du gemacht, wer mag Dich besänftigen?
Deines Mundes Befehl kann niemand je beugen,
Niemand wagt es und lehnt sich gegen ihn auf!
‚Ich bin der Herr, bin der Löwe des heiligen An,
Ja, ich bin der Held des sumerischen Landes!
Froh lass' ich sein die Fische des weiten Meeres,
Lass' die Vögel nicht fallen, bin auch der Bauer,
Der die Felder da pflügt, Enlil bin ich!‘
Wahrlich bist Du der Herr, der groß geworden,
Bist Deines Vaters Held, und nicht entgeht
Je Deiner Rechten ein Feind noch ein Böser der Linken.
Sprachst einem Feindland Du Urteil, ersteht es nicht wieder,
Sandtest Du Deinen Fluch dem Land der Empörung –
Herrscher des Ekur, weithin reicht Deine Kraft!
Du, der Du unter den Göttern der erste bist,
Oberster Du der Anunnaki-Götter,
Herr, der da führt den Pflug, bist, Enlil, Du –

Oberster Du der Anunnaki-Götter,
Herr, der da führt den Pflug, bist, Enlil, Du!"

Hier eine Klage Inannas um den dahingeschwundenen Dumuzi („Steppe" hat den Sinn von „Unterwelt"):

„Klagend, klagend zieht mein Herz zur Steppe!
Feindlandes Schrecken, die Herrin Eannas, bin ich,
Bin die Mutter des Herrn, Ninsuna genannt,
Geschtinanna auch, des Jünglings Mutter!
Klagend zieht mein Herz dahin zur Steppe,
Zu dem Orte, da Dumuzi weilt,
Geht zur Unterwelt, des Hirten Platz!
Klagend zieht mein Herz dahin zur Steppe,
Dorthin, wo der Jüngling ward gebunden,
Dorthin, wo Dumuzi ward gefesselt,
Dorthin, wo das Schaf sein Lamm mir gab!
Klagend zieht mein Herz dahin zur Steppe,
Wo die Ziege mir das Zicklein gab,
Zu den fernen Göttern dieses Ortes,
Da die Vogelfrau ihr Junges hegte.
Klagend zieht mein Herz dahin zur Steppe!"

Als dritte Probe sei hier noch der Anfang einer Hymne auf Iddindagan von Isin (um 1900 v. Chr.) zitiert:

„Iddindagan – An an seinem Kultplatz
Hat ein hohes Schicksal Dir bestimmt!
Ließ die Krone, die Dir rechtens zusteht,
Dir in hellem Strahlenglanze leuchten,
Hat zu Sumers Hirten Dich bestellt,
Ließ das Feindland Dir zu Füßen sinken!
Enlil schaute Dich in Treue an,
Hat zu Dir, O Iddindagan, ein
Unabänderliches Wort gesprochen:
Fest zu machen Sumers gute Führung,
Eintracht bei den Menschen aufzurichten,
Sumer unter Deinem Schirm und Akkad
Ruhn zu lassen und den Menschen reichlich
Speise, süßes Wasser auch, zu geben –
Dieses hat Dir Enlil aufgetragen.
Iddindagan, Hirt nach seinem Herzen,
Du, dem unabänderliches Wort
Enlil zugesichert, der bist Du!
Enlil hat Dir weiten Geist verliehen,
Iddindagan, Weisheit reinen Mundes!
Aller Länder Preis klingt stets vor Dir …"

Lieder dieser Art werden etwa bei der Thronbesteigungsfeier oder den Neujahrsfesten mit ihren Götterhochzeits-Zeremonien intoniert worden sein. Die Hymnen auf die Heiligtümer hatten ihren Platz in der Liturgie der Tempelfeste, Innanas Trauersänge um ihren Geliebten in den Klageriten jener herbstlichen Dumuzi-Tammuzfeiern, die uns Ezechiel (8,14) noch mehr als tausend Jahre später für den Jerusalemer Jahwetempel bezeugt. Sie erhielten sich durch endlose Jahrhunderte; hier aber ist die Zeit ihrer endgültigen Niederschrift, und wenn wir sie auch oft noch nicht völlig verstehen, so ermöglichen sie uns doch eine Vorstellung von der religiösen Lyrik der spätsumerischen Zeit. Angesichts des konservativen Grundcharakters aller altorientalischen Frömmigkeit dürfen wir von ihr getrost auf die älteren Gesänge in Sumers Tempeln zurückschließen.

Bewahrt die Religion auch unter den Aspekten neuer Götter ungebrochene Ehrfurcht vor dem Althergebrachten, so gibt sich das *Rechtsleben* im Hinblick auf zunehmende soziale Spannungen betont reformistisch, und immer wieder hören wir etwa bei den Isinkönigen, daß sie „das Recht in Sumer und Akkad wiederherstellten" – wobei wir den Begriff „Wiederherstellung" unbedenklich als Um- und Neuordnung deuten dürfen. Staatliches Richtertum, Prozeßordnung, Protokolle, Zeugenwesen, Berufungsinstanzen sind, wie wir aus zahllosen Rechtsurkunden wissen, bereits in der Ur III-Zeit längst festgelegte Größen, und wenn die älteste uns bekannte Rechtsordnung heute noch die Urnammus von Ur ist, so kann doch kaum ein Zweifel darüber bestehen, daß es schon weit früher Gesetzessammlungen gegeben hat.

Die Isin-Larsa-Zeit hat uns erst vor kurzem gleich zwei solche Codices geliefert: Auf dem Tell Harmal kamen bei den irakischen Grabungen der Jahre 1948/49 die akkadisch abgefaßten Reformgesetze von Eschnunna zutage, die in die Mitte des 19. vorchristlichen Jahrhunderts gehören und nach einem Prolog vorwiegend zivil- und sachrechtliche Paragraphen – eine Preisordnung für Grundwaren wie Getreide und Öl, Lohn- und Zinsbestimmungen, Sklavenrecht, Ersatzpflichten, Strafsätze bei Körperverletzungen – traktieren, und schon 1947 wurde der einige Jahrzehnte jüngere, sumerisch geschriebene Codex des Lipitischtar von Isin bekannt, dessen erhaltener Teil Gartenbau und Gartenfrevel, Haftungsbestimmungen, Sklavenhehlerei, Verlust des Eigentums an Grundstücken, Ehe- und Erbgesetze sowie die Haftpflicht bei der Vermietung von Kindern behandelt. Beide Gesetze bezugen die Einhaltung der überkommen Formen und Normen in der Rechtsfindung, bestechen durch ihre Milde und legen mehr auf Ersatz als auf Strafe, das heißt also in erster Linie auf Wiedergutmachung Wert.

Unter den Prozeßurkunden der Zeit verdient das Protokoll einer Mordverhandlung – erhalten auf einer in Nippur wiederaufgefundenen Tontafel – besondere Beachtung. Es stammt aus der Zeit Urninurtas von Isin (um 1850 v. Chr.) und berichtet uns folgendes: Ein Tempelangestellter war von drei Männern getötet worden, und diese berichteten der Frau des Ermordeten ihre Untat, ohne daß sie Anzeige erstattete. Die Sache wurde ruchbar und durch das königliche Gericht in Isin zur Verhandlung nach Nippur überwiesen. Gegen die drei Täter und die als Mitwisserin angeklagte Frau traten neun Zeugen auf und verlangten für alle vier Belasteten die Todesstrafe, während zwei andere Zeugen zugunsten der Frau mit folgenden Argumenten plädierten: Sie sei an dem Mord nicht beteiligt gewesen, zu Lebzeiten ihres Mannes von diesem immer schlecht behandelt und versorgt worden und gerate zudem nun durch seinen Tod in noch größere wirtschaftliche Not, sei also in jedem Falle hart genug bestraft. Die drei Mörder wurden daraufhin dazu verurteilt, vor dem Sitz ihres Opfers getötet zu werden, während die Frau in der Tat frei ausgegangen zu sein scheint.

Das Täfelchen aus gebranntem Ton, das uns diese Geschichte einer Schwurgerichtsverhandlung vor 3800 Jahren erzählt, ist nur 10 : 5 cm groß. Aber hinter der kleinen, unscheinbaren Urkunde, die man mit einer Hand leicht umschließen kann, erhebt sich unsichtbar die ganze würdige Größe des bis ins letzte geordneten sumerischen Rechtslebens und der strenge, unabänderliche Ernst richterlichen Wesens, das nach gewissenhafter Prüfung und Anhörung aller Zeugen unerbittlich den gerechten Spruch zu fällen wußte, wie das Gesetz es befahl.

VIII
Hammurabi und seine Zeit

Babylon, 1690 v. Chr.

Zu Anfang des Jahres 1902 fanden französische Ausgräber in den Ruinen des persischen Susa (heute *Schusch,* 200 km nördlich von Abadan) eine 2,25 m hohe Dioritstele, die aus Babylon stammte und vermutlich zu Anfang des 12. Jahrhunderts v. Chr. als Beute eines elamitischen Raubzuges über 300 km ostwärts dorthin verschleppt worden war. Sie stellte damals eine 500jährige, berühmte Trophäe dar, war doch auf ihr in schöner Monumentalschrift das Gesetzwerk Hammurabis, des großen Babylonierkönigs, eingraviert, den ein Reliefbild über dem Text vor dem Sonnengott Schamasch stehend darstellte. Der stolze Erbeuter des Prunkstückes, das einst gewiß zur öffentlichen Kundmachung des neuen Rechts an geeigneter Stelle – etwa im Vorhof des Schamaschtempels – aufgestellt gewesen war, hatte sich nicht gescheut, einen Teil der Paragraphen wegmeißeln zu lassen, um so Platz für eine eigene Triumphinschrift zu schaffen; zur Ausführung dieses Planes war es jedoch nicht gekommen. Ähnlich wie das Siegesdenkmal Naramsins von Akkad blieb uns so auch das große Rechtsedikt durch einen Eingriff der elamitischen Erbfeinde Babels erhalten; seine Wiederauffindung verschaffte *Hammurabi* (1728–1686 v. Chr.) in der modernen Wissenschaft für fünfzig Jahre den Ruhm eines ersten Gesetzgebers der Geschichte – in einem Maße, daß man lange Zeit diesen Fürsten und sein Gesetz stets in einem Atemzug nannte.

Erst seit kurzem wissen wir, daß Hammurabi mit seinem legislativen Unternehmen kein Neuland betrat, sondern in Urnammu von Ur, einem Fürsten von Eschnunna und Lipitischtar von Isin Vorgänger hatte, deren ältester drei Jahrhunderte früher wirkte. Indes ist Hammurabis Entthronung keine vollständige. Denn sein Codex bleibt mit etwa 300 Paragraphen, deren Anweisungen übrigens keineswegs überall durchdrangen, der umfangreichste und unterscheidet sich ferner inhaltlich insbesondere im Strafrecht so stark von seinen Vorläufern, daß mit ihm eine neue Epoche des Rechts beginnt. Sie ist, nach humanitären Kriterien beurteilt, durchaus nicht „fortschrittlich", wird sie doch von jenem Prinzip der *Talion* bestimmt, das die Bibel so treffend mit „Auge um Auge, Zahn um Zahn" beschreibt; wir erleben aber hier nicht mehr und nicht weniger als den Durchbruch semitischer Rechtsnormen, wie sie der zunehmenden „Entsumerisierung" dieses Zeitalters und der sich nun konstituierenden jungen semitischen Welt entsprachen.

Ähnlich wie im reichlich 500 Jahre jüngeren israelitischen „Bundesbuch" herrscht strafrechtlich noch das schnelle und harte Gesetz der Wüste. Über Geld- und Eigentumsstrafen steht die Auspeitschung, dann die Verstümmelung und schließlich die Hinrichtung des Schuldigen, die sich noch zu Pfählung, Verbrennen und Ertränken verschärfen läßt. Der Baumeister büßt für den Einsturz eines unsolide errichteten Hauses mit dem Tode, wenn ein Hausbewohner ums Leben kommt, und es gilt eine Art Sippenhaftung: Falls die Trümmer der zusammenbrechenden Wohnstätte den Sohn des Eigentümers begraben, so muß entsprechend der Sohn des Architekten sterben. Gleich harte Bestimmungen werden auf den Arzt angewandt, dem der Patient stirbt. Auch auf Ehebruch, schwere Verleumdung und Eigentumsvergehen steht der Tod: Die Schankwirtin etwa, die ihre Gäste gemein übervorteilt, wird ertränkt. Indes gibt es keine Willkür; eine Verurteilung darf erst dann erfolgen, wenn dem Angeklagten sein Vergehen einwandfrei nachgewiesen wird.

Weniger handgreiflich, aber doch erkennbar ist die veränderte Haltung des Hammurabi-Codex auch im Prozeß-, Handels- und bürgerlichen Recht. Im übrigen wird deutlich, daß Hammurabis Gesetze nicht das gesamte geltende Recht seines Staates wiedergeben, sondern

Die „Göttin von Mari"

Oberteil der Gesetzesstele Hammurabis: Der König vor dem thronenden Sonnengott (Susa)

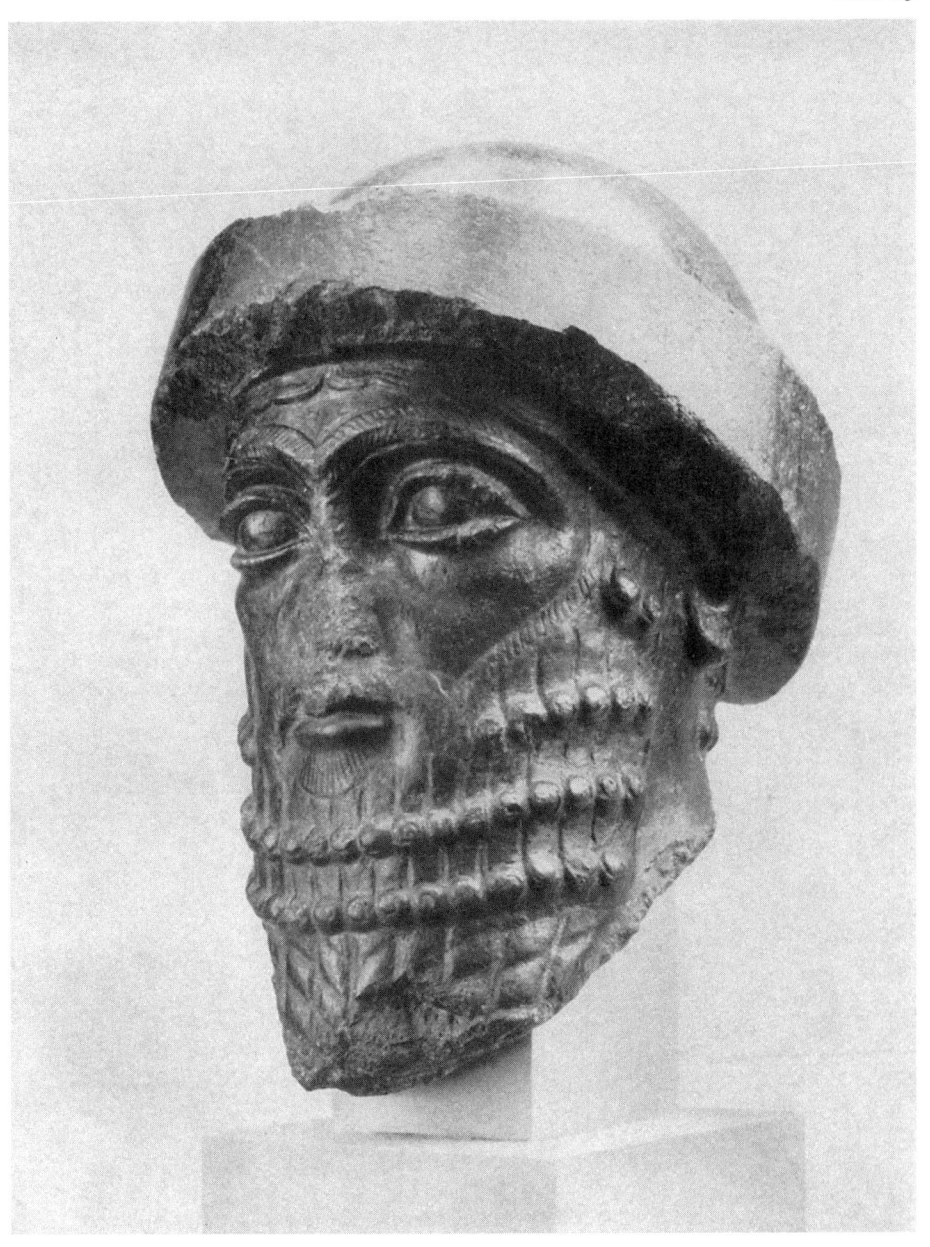

Königshaupt der altbabylonischen Zeit,
wahrscheinlich Hammurabi in seinen letzten Lebensjahren (Susa)

Bronzestatuette eines knienden Beters aus Larsa, für Hammurabi geweiht

nur den neugeordneten Teil enthalten. Darauf mag auch das Fehlen einer systematischen Ordnung zurückzuführen sein; jedenfalls vermissen wir eine solche durchaus, wie ein kurzer Überblick über den Inhalt des Corpus lehren mag. In ihm behandeln § 1–5: Prozeßrecht (ungerechte Anklage und Richter, Zeugen, Ordale), § 6–25: Eigentumsschutz (Diebstahl und Raub), § 26–41: Amtspflicht und Lehen, § 42– etwa § 88: Besitzverhältnisse anderer Grundeigentümer, [Lücke von etwa 10 Paragraphen], § 100–126: Geldgeschäfte (Schuld, Darlehen), § 127–177 (!): Familienrecht, § 178–184: Tempel- und Nebenfrauen, § 185–195: Adoption, § 196–227: Körperverletzung, § 228–240: Haus- und Schiffsbau, § 241–277: Miete, § 278–282: Sklavenwesen. Wir wollen es uns nicht versagen, wenigstens einige Paragraphen dieses klassischen Gesetzbuches Altvorderasiens, das in den folgenden Jahrhunderten immer wieder abgeschrieben und als Vorbild verwandt wurde, in ihrer prägnanten, klaren Diktion kennenzulernen:

§ 1 „Wenn ein Mann jemanden des Mordes beschuldigt, ohne es beweisen zu können, so soll der Ankläger getötet werden."

§ 21 „Wenn ein Mann in ein Haus einbricht, soll er vor der Einbruchsstelle getötet und eingescharrt werden."

§ 38 „Ein Gendarm, Jäger oder Abgabepflichtiger darf von seinem Feld, Garten oder Haus, auf dem seine Dienstpflicht beruht, seiner Frau oder Tochter keine Verschreibung machen und es auch für eine Schuldverpflichtung nicht hergeben."

§ 48 „Wenn auf einem Manne ein Darlehen liegt und Adad (der Wettergott) sein Feld überschwemmt oder eine Hochflut es wegreißt, oder wenn infolge Wassernot Getreide auf dem Felde nicht gewachsen ist, so soll er in diesem Jahr dem Besitzer des Darlehens kein Getreide abzuliefern haben; er soll seine Tafel anfeuchten (?) und die Zinsen des Getreides nicht geben."

§ 205 „Wenn ein Sklave die Backe des Sohnes eines Freien schlägt, soll man ihm sein Ohr abschneiden."

Die barbarische Härte mancher dieser Bestimmungen kann doch ihre Weisheit und die in ihnen enthaltene Fürsorge für Leben und Eigentum der Staatsbürger und für ein intaktes Rechtsleben überhaupt nicht verdecken, und von solchen landesväterlichen Bemühungen zeugen auch Prolog und Epilog des Gesetzbuches, nach denen Enlil den Hammurabi die „Schwarzköpfigen" (d. h. die Menschen) geschenkt und Marduk ihm das Amt des Hirten über sie verliehen habe. Die langen, weithin traditionellen Formulierungen, die die Betreuung aller Heiligtümer des Landes nach Art der Königshymnen melden, schließen kurz vor Beginn des eigentlichen Gesetzes mit den Worten: „Als Marduk mich, die Menschen zu leiten, dem Lande Heil zu bringen, entsandt hatte, da habe ich Recht und Gerechtigkeit im Lande hergestellt und das Wohlbefinden der Untertanen gefördert."

Wie ernst der große Herrscher es mit dieser von ihm als gottgegeben empfundenen Aufgabe nahm, ersehen wir aus etwa 150 brieflichen Anweisungen, die uns aus seiner Kanzlei erhalten geblieben sind und sich an zwei hohe Verwaltungsbeamte, den in Sippar residierenden Gouverneur Nordbabyloniens, Siniddinam, und den Statthalter Südbabyloniens, Schamaschchasir von Larsa, wenden, dazu noch aus Briefen des Ministers Awilninurta. Jenes persönliche Moment, das uns in den Sendschreiben Schamschiadads von Assur auffiel, tritt hier freilich ganz zurück; dafür finden wir in diesen Verfügungen, Erlassen und Entscheidungen eine Fülle von Material für Hammurabis wahrhaft großartiges Bemühen, überall im Lande Ordnung und Recht durchzusetzen. Jeder, der sich übervorteilt fühlte, konnte sich an ihn als letzte Instanz wenden oder sogar gegen die Krone klagen; Bestechung und Unterschlagung wurden erbarmungslos verfolgt; jedem Bürger wurde sein Feldbesitz garantiert, Beschlagnahme von Grundeigentum etwa bei Bewohnern neu unterworfener Städte fand selten Billigung und konnte als letzte Möglichkeit auf dem Gnadenwege rückgängig gemacht werden; möglichste Schonung der Einwohner bei Kriegsunternehmungen war Prinzip. Der König kümmerte sich um jeden Einzelfall, der ihm bekannt wurde – und es entging ihm kaum etwas –, er entschied dann auch in minderen Angelegenheiten rasch, knapp und endgültig:

„Zu Schamaschchasir sprich: So sagt Hammurabi. Igmilsin hat mir folgendes mitgeteilt. ‚Demgemäß, wie mein Herr mich beauftragte, habe ich die Gärten, die dem Aplijaum und Sinmagir anvertraut sind, inspiziert. In diesen Gärten sind Bäume gefällt worden, doch bewacht sie niemand.' Das hat er mir mitgeteilt. Wenn Du diesen Brief liest, so sollen ... die Gärten, die ihnen anvertraut sind, bewachen. Und was die gefällten Bäume betrifft: Haben sie die Gartenwächter abgeholzt oder sind sie von anderer Hand gefällt worden? Prüfe die Sache und sende mir vollständigen Bescheid!"

Kult und Rechtspflege, Finanz- und Steuerfragen, Verwaltung und Beamtentum, Militärwesen, öffentliche Arbeiten, Handel und Gewerbe, Ackerbau und Viehzucht werden von Hammurabi mit stets gleichem Nachdruck überwacht und gefördert, und wir werden kaum fehlgehen, wenn wir seinen Staat als den bestverwalteten seiner Zeit ansprechen.

Wer war dieser hervorragende Fürst, dessen Ruhm ein Jahrtausend überdauerte und den sich noch die Chaldäerkönige des 6. vorchristlichen Jahrhunderts zum Vorbild nahmen, und wie war er zu der Macht gelangt, die er zum Wohl seiner Untertanen so hervorragend anzuwenden verstand? Seine Familie saß bereits seit fünf Generationen auf dem Thron der Stadt, ohne weiter von sich reden gemacht zu haben. Ein Westsemit namens Sumuabum hatte um 1830 – vielleicht im Zusammenhang mit dem Zuge Iluschumas von Assur nach Südbabylonien – in Babylon (nahe bei *Hille*, 60 km südlich von Bagdad) eine kleine Herrschaft gründen können; sein Nachfolger Sumulaïlu sicherte die neue Residenz durch Mauern und vermochte das benachbarte und dem neuen Machthaber natürlich feindlich gesinnte Kisch zu zerstören, dazu Sippar im Nordwesten und Kazallu jenseits des Tigris zu unterwerfen. Sein Sohn Sabum erbaute dem Stadtgott Marduk den nachmals zu so großer Berühmtheit aufsteigenden Tempel Esangila. Von dem Enkel dieses Fürsten wird in den Jahresformeln berichtet, daß er sich als Bündnispartner Rimsins von Larsa an der Eroberung Isins beteiligt und auch mit Ur gekämpft habe. Er stand danach gewiß in einem lockeren Abhängigkeitsverhältnis zu dem mächtigen, von Elam gestützten Larsa, indes bot ihm der Aufstieg Schamschiadads I. in Assur die Möglichkeit eines diplomatischen Spiels zwischen den beiden Machtzentren im Norden und Süden. Wir können nicht mehr feststellen, wie weit er sie ausgenutzt hat, aber wir wissen, daß sein Sohn und Nachfolger Hammurabi sich keinen Augenblick auch nur die geringste Chance dieser Art hat entgehen lassen.

Denn mit gesetzgeberischen und landesväterlichen Fähigkeiten vereinigte dieser Größte unter den westsemitischen Herrschern die Umsicht, Zähigkeit und Geduld eines blendenden Politikers. Gerade diese Gaben waren in einem Zeitalter der Kleinstaaterei und des aus ihr resultierenden Föderationszwanges für einen Fürsten unumgänglich notwendig und setzten ihn in die Lage, auch von zunächst minderer Position aus ins diplomatische Geschehen einzugreifen. Erst die Korrespondenz von Mari vermochte uns darüber zu belehren, wie geschickt Hammurabi das verstanden hat. Dabei mußte er – und das war bisher nicht bekannt – ganz klein anfangen: Im ersten Jahrzehnt seiner Regierung stand er im Nordwesten der geballten Macht des altassyrischen Reiches gegenüber, im Norden grenzte das politisch unfreundliche, von Elam gestützte Eschnunna an, während der ganze Osten und Südosten in der Hand des fähigen Rimsin von Larsa war. Die diplomatischen Beziehungen nicht nur zwischen diesen Staaten, sondern auch nach den gleichfalls von Westsemiten beherrschten Ländern Obermesopotamiens und Syriens waren eng; überall an den Höfen saßen die fremden Gesandten und Agenten, die ebenso jene Mächte in Babylon vertraten; die diplomatische Korrespondenz war rege und die Spionage allenthalben tätig. In ewigem Wechsel schlossen sich je nach der augenblicklichen politischen Konstellation die einzelnen Dynastien zu Bündnissen zusammen: Wir besitzen in einem Maribrief aus den letzten Jahren Rimsins eine Lageschilderung, nach der je zehn oder fünfzehn Könige es mit Rimsin von Larsa, mit Ibalpel von Eschnunna, mit Hammurabi von Babylon und Amutpiel von Qatna hielten, während sich Jarimlim von Jamchad (Aleppo) gar auf zwanzig Fürsten stützen konnte.

Hammurabi lernte es, auf der Klaviatur der wechselseitigen Gegensätze und Machtansprüche meisterhaft zu spielen; nach fünf Jahren war er so weit, daß er sein Einflußgebiet vorsichtig nach Norden und Süden vorschieben konnte. Es war ohne Zweifel sein Glück, daß 1717 Schamschiadad von Assur starb, worauf Zimrilim aus Aleppo zurückkehrte und Jasmachadad, den schwachen Sohn des großen Königs, aus Mari vertrieb: Statt mit *einem* mächtigen nördlichen Nachbarn hatte Babylon es nun mit zwei einander feindlichen und geschwächten Staatsgebilden zu tun. Hammurabi beeilte sich, mit dem neuen Herrn von Mari ein Bündnis zu schließen und sich dabei Nordbabylonien und gewisse Gebiete nach der assyrischen Grenze hin zu sichern. Es folgen anderthalb Jahrzehnte eines Dreibundes Larsa-Mari-Babylon, in denen nur kleinere Auseinandersetzungen dieser Machtgruppe mit Eschnunna im Norden und Elam im Osten stattfanden; die verhältnismäßig ruhige Zeit hat Hammurabi offenbar zur Festigung seiner Position und zur Ausbildung seiner Streitmacht benutzt, ohne daß trotz aller nachweisbaren Tätigkeit der Geheimagenten – wir kennen ihre Berichte an Zimrilim aus dem Archiv von Mari – seine Vertragspartner über seine letzten Ziele orientiert waren.

Um 1700 – Rimsin von Larsa war damals nach bereits 58 Regierungsjahren ein hochbetagter Greis – hielt Hammurabi seine Zeit für gekommen. Nacheinander besiegte er Elam, die nördlichen Bergvölker, Eschnunna und Assyrien, Rimsin von Larsa, noch einmal Eschnunna und Assur, und nun ließ er auch seinen alten Partner Zimrilim von Mari unbedenklich fallen. Dieser wird 1697 angegriffen und geschlagen, als Vasall zunächst auf seinem Thron belassen, aber nach einem Aufstand zwei Jahre später gleichfalls beseitigt. Eine babylonische Besatzung kam nach Mari, die Mauer wurde geschleift. Ob die Stadt schon damals oder erst 150 Jahre später beim großen Hethiterzug nach Babylon zerstört worden ist, läßt sich heute noch nicht entscheiden; nach der Art von Hammurabis Vorgehen ist aber wahrscheinlich, daß er auch hier Milde walten ließ, und in der Tat hören wir im Prolog seines Gesetzes, daß er „die Leute von Mari und Tutul schonte". Er stand nun am Ziel seiner Wünsche: Ganz Babylon war unter seinem Zepter vereinigt, er hatte „die vier Weltgegenden zum Gehorsam gebracht", seine Macht reichte vom Persischen Golf bis weit nach Mesopotamien hinein.

Vielleicht war es sein Glück, daß ein Vordringen über diese Grenzen hinaus nach Westen, wie es Sargon, Naramsin oder die Könige von Ur III betrieben hatten, durch das Auftreten einer neuen Macht in Obermesopotamien verhindert wurde: Die *Churriter*, die seit dem Ende des 3. Jahrtausends im nordwestlichen Iran auftreten, rücken jetzt massiert nach Ostkleinasien und in die Gebiete zwischen Chabur und Belich ein, gründen bald unter der Führung indoiranischer (arischer) Dynastien überall Kleinstaaten und stoßen bis nach Südpalästina vor. Rassisch unbekannt, sprachlich mit den späteren Urartäern in Armenien und einigen

Kaukasusstämmen verwandt, prägen sie mit ihrer ritterlichen Verfassung, mit ihren Göttern und ihrer Kunst dem westlichen Vorderasien ganz neue Züge auf, sich selbst dabei freilich nach wenigen hundert Jahren völlig erschöpfend.

Hammurabis kluger Verzicht, sich mit den Churritern zu messen – Zimrilim von Mari hatte schon die Klingen mit dem neuen Volk zu kreuzen –, brachte ihm gegen Ende seiner Regierung das Glück ein, sein Land noch eine Reihe von Jahren in Frieden und Wohlstand regieren zu können. Und diese Regierung war nun bewußt keine sumerische mehr. Ebenso wie der König betont einen kanaanäischen Namen trug – seine Vorgänger benannten sich zum Teil bereits akkadisch, seine Nachfolger aber haben bis zum Schluß der Dynastie Hammurabis Beispiel nachgeahmt –, so verstand er es, das Wesen seines Stammes für das Land verbindlich zu machen. Auch amtlich setzte sich die semitische Sprache vollkommen durch, von der Königsvergöttlichung und den Riten der Heiligen Hochzeit wurde Abstand genommen, an die Stelle der Willkürlichkeit im Charakterbild der alten Götter tritt die Idee des Rechtes als bestimmende Komponente, und das Pantheon selbst erfährt eine entscheidende Veränderung: Marduk, Babels Herr, wird zum König der Götter und dank seines menschenfreundlichen Wesens offenbar bald allenthalben als solcher anerkannt.

Hammurabi verkündet im Prolog seines Gesetzes, daß Anu und Enlil ihre Herrschaft auf Marduk übertragen hätten; und das jetzt – ohne sumerische Vorlage – geschaffene Weltschöpfungsepos schildert, wie Marduk, und nicht Anu, Enlil oder Enki-Ea, es war, der die Chaosmacht Thiamat besiegte, als alle anderen Götter verzweifelten, wie diese ihn daraufhin zu ihrem Herrn ausriefen und als Dank für ihre Errettung in einjähriger Arbeit den Tempel Esangila in Babylon für ihn erbauten – denn „Marduk fürwahr ist der Gott, der alles schuf". Die Forderungen aber, die Marduk, der Gütige, zu dem die Irdischen mit ihren Bitten ohne Furcht kommen dürfen, und Schamasch, der alles durchleuchtende Sonnengott und Garant des Rechts, an die Menschen und vorab an die Herrscher stellt, sind nun sittlicher Art: Prolog und Epilog des Gesetzes, seine Paragraphen selbst und Hammurabis Briefe beweisen, daß der große König sie zu erfüllen bestrebt war. Er ließ dabei die traditionelle Fürsorge für den Kult und die Tempel aller in seinem Lande verehrten Gottheiten – unter ihnen erscheinen jetzt öfter janusköpfige oder gar viergesichtige Gestalten, die wahrscheinlich Götterboten darstellen – nicht außer acht, sondern zählt im Prolog gewissenhaft und der Reihe nach die vielfältigen Maßnahmen zu ihrer Befriedigung auf.

Einer archäologischen Nachprüfung dieser Berichte hat sich Babylon durch das Ansteigen des Grundwasserspiegels, das ein Vordringen bis in die tiefsten Schichten verhindert, entzogen. So wissen wir weder, wie Hammurabis Heiligtümer ausgesehen haben, noch kennen wir seine Stadt, ihre Befestigungen, Wohnviertel und den Palast. Nach dem Zeugnis des gleichzeitigen, wiederaufgedeckten *Ischtschali* am Dijala waren die Wohnquartiere dieser Zeit ein enges, unübersichtliches Gewimmel von Straßen und Gassen, das mit dem Raume aufs äußerste geizte und nur den Tempeln, Palästen und Verwaltungsgebäuden eine gewisse Weiträumigkeit zugestand.

Auch von der *bildenden Kunst* dieser Epoche sind uns aus dem eigentlichen Babylonien nur wenige Stücke bekannt, darunter eine Kopfplastik und – neben der Gesetzesstele – ein weiteres Relief, die beide vielleicht Hammurabi selbst darstellen, einige Bronzebilder viergesichtiger Gottheiten, formschöne Weihestatuetten aus Larsa und eine entzückende kleine Alabasterplastik eines hockenden Affen.

Das junge Babylon konnte sich an Ausdehnung und Pracht seiner Kunstschätze gewiß ebensowenig wie das Assur Schamschiadads mit der alten reichen Königs- und Handelsstadt Mari messen, und so müssen wir es als einen besonders glücklichen Umstand werten, daß die Ausgrabungen A. Parrots diese bedeutende Kulturmetropole für die Zeit um 1700 v. Chr. aufs beste erhellt haben. Dort wie hier herrschen Westsemiten; Zimrilims Beamte und Krie-

Bronzestatuette eines viergesichtigen Gottes, altbabylonisch (Ischtschali)

Kassitische Belehnungssteine (Kudurru)

Alabasterfigürchen eines hockenden Affen, altbabylonisch (Ischtschali)

ger werden sich kaum von denen Hammurabis unterschieden haben; die Ischtar von Mari mit Hörnerkrone, Halsschmuck, auf die Schulter wallenden Locken und dem Lebenswasser-Gefäß entsprach als Vertreterin der Götter Maris, von denen einmal 26 genannt sind, gewiß weithin der babylonischen Vorstellung von dem Aussehen der Gottheiten, und die Inthronisationsszene auf einem der im Palast Zimrilims wiedergefundenen, in leuchtenden Farben erhaltenen Fresko-Wandgemälde wird auch als Illustration ähnlicher Festakte in Hammurabis Residenz gelten dürfen.

Was aber Babylon nicht aufzuweisen hatte und überhaupt in Vorderasien als einmalig galt, das war der *Palast von Mari*, dessen Ruf bis zu den – gewiß nicht armen – syrischen Handelsstädten drang: Der mit Hammurabi von Babylon gleichnamige König von Aleppo, der sich übrigens hinter dem Amraphel bei der biblischen Geschichte von 1. Mose 14 verbergen dürfte, mußte sich auf Drängen des Königs von Ugarit *(Ras Schamra* an der syrischen Küste, 10 km nördlich von Lattakije) einmal brieflich an Zimrilim von Mari wenden, um seinem ugaritischen Kollegen eine Besichtigung dieses – schon in der Luftlinie über 500 km entfernten – Weltwunders zu erwirken!

Der bis zu fünf Sechsteln freigelegte Palast, dessen Wände zum Teil über die halbe Höhe hinaus bis zu 5 m anstehen – die Decken sind leider in keinem Falle erhalten, wohl aber einige Türwölbungen –, bildete ein ungefähres Rechteck von 200 : 125 m Umfang und muß mehr als 300 Räume enthalten haben. Er war augenscheinlich nur durch ein einziges monumentales Portal zugänglich und besaß neben kleineren Plätzen einen riesigen Haupthof von etwa 50 : 33 m, auf dem also größere Versammlungen abgehalten werden konnten. Neben einem kleineren Hof von 29 : 26 m, dessen Wände mit Freskomalereien geschmückt waren, lag der große Thronsaal mit Podium und Tribüne. Die Privatzimmer des Königs, zu denen übrigens auch eine Kapelle gehörte, sind ebenso bekannt wie die Schule für den Beamtennachwuchs, die Dienerwohnungen und das Wachlokal. Aufgedeckt wurden ferner eine Küche, ein Bad, drei Archive, von denen zwei die Briefkorrespondenz, eines die Urkunden enthielt, Keller, in denen die großen Tonkrüge noch an ihrem Platz standen, und anderes mehr.

Die Tatsache, daß Mari nach seiner Zerstörung im 17. oder 16. Jahrhundert v. Chr. nie wieder aufgebaut wurde, ließ die großartige Anlage 3½ Jahrtausende fast unberührt überdauern und vermittelt uns so noch heute einen überwältigenden Eindruck von der Mächtigkeit und Pracht altorientalischer Herrschersitze zur Zeit des großen Königs Hammurabi von Babylon.

Wie dieser und Schamschiadad mit seinen Söhnen, so hat auch Zimrilim, der Herr des Palastes von Mari, eine große Anzahl eigener oder an ihn gerichteter Briefe hinterlassen, die unser Bild von den Machthabern um 1700 v. Chr. auch nach der persönlichen Seite hin erfreulich abrunden. Der Fürst von Mari – der uns übrigens unter den unruhigen Nomadenstämmen seines Gebiets die Benjaminiten nennt (ihre Reste sollten 500 Jahre später im Volk Israel aufgehen) und ihren Führer mit dem Namen *davidum* bezeichnet, offenbar dem Vorbild für den Königsnamen jenes *Ben Isai,* den wir als David, König von Israel, kennen – scheint ein Liebhaber des Waidwerkes und vor allem der Löwenjagd gewesen zu sein, weshalb er sich wohl die Erlegung des königlichen Raubwildes vorbehalten hatte. Durch diesen Erlaß konnte gelegentlich ein Dorfschulze in böse Ungelegenheiten kommen, wie aus folgendem Brief an Zimrilim ersichtlich wird:

„Zu meinem Herrn sprich: So sagt Akkimadad, Dein Diener. Kürzlich hatte ich meinem Herrn folgende Meldung gemacht: ,Auf dem Dache eines Hauses von Akkaka wurde ein Löwe gefangen. Wenn dieser Löwe bis zum Eintreffen meines Herrn auf dem Dache bleiben soll, möge mein Herr mir schreiben, und wenn ich ihn zu meinem Herrn bringen lassen soll, möge mein Herr mir das mitteilen.' Nun hat sich die Antwort meines Herrn verzögert, und der Löwe sitzt schon fünf Tage auf dem Dache. Man hat ihm einen Hund und ein Schwein vorgeworfen, aber er will nicht fressen. Daraufhin sagte ich mir: ,Dieser Löwe könnte eine Panik hervorrufen!' So bekam ich Furcht, ließ diesen Löwen in einen Holzkäfig sperren, verlud ihn auf ein Schiff und ließ ihn zu meinem Herrn schaffen."

Noch privater ist ein Brief an den auf Reisen befindlichen König von einer Frau, in der wir vielleicht seine „treue Schaffnerin" oder auch eine fürsorgliche Geliebte begrüßen können: „Zu meinem Herrn sprich: So sagt Schibtu, Deine Dienerin. Möge man mir doch das Wohlergehen meines Herrn umgehend melden! Ferner: Ein *raqqatum*-Kleid von feinstem Stoff, ein *umlu*-Kleid von feinstem Stoff, einen Mantel von feinstem Stoff, zwei ..., drei Krüge schicke ich an meinen Herrn ab!"

Aus der Betrachtung von Amtspflichten und Verwaltungssorgen, gesetzgeberischen Maßnahmen, Wohnweise und privaten Neigungen der Fürsten rundet sich uns das Bild einer Zeit und ihrer Menschen, die – vielleicht ohne daß ihnen dies immer bewußt war – unter dem Eindruck eines großen Umbruchs standen. Neue Völker, neue Sitten, neue Götter – was Wunder, daß auch in der kultischen Praxis jetzt manches erscheint, was vorher wenig oder gar nicht in Übung war. Auch hier vermitteln uns die Mari-Briefe vieles Bemerkenswerte. So legt man nun den größten Wert auf die frühzeitige und genaue Erforschung des Gotteswillens, wodurch die Vorzeichenschau aller Richtungen stark an Bedeutung gewinnt.

Aber es erscheint jetzt noch ein anderer Weg, göttliche Meinungsäußerungen zu erhalten. Er ist uns von den alttestamentlichen Propheten her vertraut, und wir begegnen ihm nun hier, fast 1000 Jahre vorher, auch in Mari: Die westsemitische Frömmigkeit kannte die Erscheinung des Ekstatikers, eines an den Heiligtümern auftretenden *Prophetenstandes*, der die Worte der Götter zu hören glaubte und sie in Menschensprache wiederzugeben sich vermaß. Das geschieht in religiös-kultischen, aber auch in durchaus profanen Angelegenheiten, und Zimrilims Statthalter sehen diese Prophetensprüche für so wichtig an, daß sie nicht säumen, sie dem Könige umgehend zu melden. In den uns erhaltenen Belegen ist mehrfach der Gott Dagan, einmal auch Adad von Kalassu der Inspirator solcher Aussprüche. Es geht da um den Wunsch Dagans, über den Ausgang einer Fehde zwischen Zimrilim und den Benjaminiten angemessen unterrichtet zu werden, wonach er dem Könige vollständigen Sieg verleihen wolle, ein anderes Mal um den gottgeforderten Bau eines Stadttors oder den Vollzug eines bestimmten Tieropfers. Dann wieder erinnert der Gott Adad, der sich die glückliche Rückführung Zimrilims auf den Thron seiner Väter zuschreibt, den König an seine Dankespflicht und verlangt dafür offenbar die Überschreibung einer bestimmten Ortschaft in den Besitz seines Tempels. Schließlich hören wir von einem Totenopfer:
„Zu meinem Herrn sprich: So sagt Kihridagan, Dein Diener. Dagan und Ikrubel (einem weiteren Gott von Mari) geht es gut, der Stadt Terqa und dem Bezirk geht es gut! Ferner: Am Tage, als ich diesen Brief an meinen Herrn abschicken wollte, kam der *muchchum*-Priester Dagans zu mir und sagte mir dies: ,Der Gott hat mich gesandt! Schreibe dem König eilends, daß man dem Totengeist des Jachdunlim (des Vaters Zimrilims) Totenopfer darbringen möge!' Das hat jener muchchum-Priester zu mir gesagt, und ich schreibe es meinem Herrn. Mein Herr möge, was ihm gut scheint, tun!"

So seltsam uns diese Dokumente außerbiblischer Gotteswort-Verkündigung unter den Texten des Mari-Archivs aus der Hammurabizeit anmuten – gewiß ist, daß wir hier unversehens auf die Vorläufer der israelitischen Propheten – eines Nathan, Ahia, Elia, Elisa, Amos, Hosea, Jesaja oder Jeremia – gestoßen sind.

Hammurabi, der Friedensbringer und „Hirte der Schwarzköpfigen", als den ihn sein Volk feierte, teile das tragische Geschick so vieler wahrhaft großer Herrscher, daß seine Erben das in zähem Bemühen errichtete Werk nicht zu wahren vermochten. Wir können nicht bezweifeln, daß Hammurabi dem Thronfolger eine gediegene und umfassende Ausbildung hatte zuteil werden lassen, und dürfen ein uns neuerdings bekanntes poetisches Zwiegespräch zwischen ihm und einem Mädchen dahin deuten, daß der alternde König seinem Sohn sogar die Braut geworben hatte, deren Jawort ihm außerordentlich am Herzen lag.

Allen Vorkehrungen zum Trotz wurde sein Tod dennoch ein einziges Signal zu Aufständen allenthalben im Lande: Im elamitischen Grenzgebiet mußte von seinem Nachfolger Samsuiluna ein falscher Rimsin in schweren Kämpfen niedergerungen werden, nachdem er Ur und Uruk erobert hatte; der immer noch stark sumerisch empfindende Süden fiel ab und konnte sich auf die Dauer behaupten, so daß sich hier eine eigene, 200 Jahre regierende „Dynastie des Meerlandes" konstituierte; im Norden machten sich erste Gruppen des Bergvolkes der Kassiten bemerkbar, und im Westen stieg die Macht der Churriter. 26 Empörerkönige will Samsuiluna geschlagen haben; nichtsdestoweniger sank das Land unter ihm und seinen Nachfolgern wieder zu einem Kleinstaat herab, dem die Geschichte aber in diesem bescheidenen Rahmen ein vergleichsweise friedliches Leben gestattete. Von Ammiditana (1619–1583) besitzen wir nicht weniger als 37 Jahresformeln und hören, daß er – offenbar einem überhandnehmenden kultischen Brauch folgend – sieben goldene Standbilder in den Tempeln der Landesgötter, also im Mardukheiligtum Esangila, im Schamaschtempel Ebabbar, im Enamtila des Gottes Enlil usw., aufstellen ließ, ein Hinweis immerhin auf den nicht geringen Wohlstand, den Babylon wohl vorwiegend aus seinen bedeutenden Handelsbeziehungen zog. Im wechselvollen Ringen mit dem Meerland war unter Ammisaduqa das Glück auf Babels Seite, denn es gelang, an der Euphratmündung eine Festung zu gründen.

Unerwartet und über Nacht kam dann das Ende: Der unternehmungslustige und abenteuerliche Hethiterkönig Mursili I. unternahm 1531 v. Chr. von Nordsyrien aus einen Zug ins sagenhaft reiche Zweistromland, und seinem Heere vermochte niemand Einhalt zu gebieten. Sein Ziel war das berühmte Babylon, das gebrandschatzt und ausgeplündert wurde. Der letzte Sproß der Hammurabidynastie, Samsuditana, kam dabei wohl ums Leben. Mit reicher Beute zog der Hethiter ab; in den machtpolitisch leeren Raum aber stießen die schon lange auf eine solche Gelegenheit wartenden kriegerischen Kassiten vor, bemächtigten sich Babels und begannen sich im neuen Lande einzurichten.

IX

Die Kassiten

Durkurigalzu, um 1320

Als die babylonischen Hofchronologen das 9. Regierungsjahr Samsuilunas, des Sohnes Hammurabis, nach einem ersten Zusammenstoß mit den „Scharen der Kassiten" benannten, ahnten sie gewiß nicht, daß diese barbarischen Horden anderthalb Jahrhunderte später zu Herren des Landes werden würden. Die Kassiten selbst, einst vom Kaukasus hergekommen, ohne Schrift und eine nirgends verstandene Sprache sprechend, mochten, nachdem sie die Rolle von Sklaven und Erntearbeitern mit der von Kämpfern und Eroberern unter eigenen Königen vertauscht hatten, damals an alles eher denken als an die Möglichkeit, daß einer der Ihren als König Babyloniens sich einmal beharrlich um die verfallenen Tempel der Landesgötter bemühen oder gar eine eigene Residenz mit Heiligtümern dieser Gottheiten erbauen könnte. Und doch ist das alles geschehen. Es scheint so, als habe der gewaltige Aufbruch der Churriter, der zu einer zielbewußten Invasion in Richtung Nordmesopotamien und Syrien führt, an seiner Ostflanke schließlich auch die Kassiten in Bewegung gesetzt, die nun in einem eher zähe fließenden als stürmisch dahinbrausenden Strom aus den Bergen herabsteigen und sich schließlich, als die politische Rolle der Hammurabidynastie durch den Hethiterzug Mursilis 1531 beendet wird, zwischen Babylons geborstenen Mauern festsetzen.

Das geschah unter *Agum II.*, der sich auch Agukakrime nennt; die von einer babylonischen Königsliste aufgezählten acht früheren Kassitenfürsten dürften in die vorangehende Zeit des Schweifens und der Begründung peripherer Kleinherrschaften in den Randgebieten des Zagros gehören. Damals kamen die Kassiten auch mit jenen arischen (indoiranischen) Dynasten in Berührung, die sich vom großen Indogermanenzug zum Pendjab lösten und seit dem 16. Jahrhundert die Führung der Churriter übernahmen. Doch ließen sich diese mit den offenbar schwerfälligeren Kassiten nicht näher ein: Nur der fünfte in der Reihe jener ersten Kassitenfürsten trägt um 1600 v. Chr. den arischen Namen *Abiratta,* und sonst verweisen ausschließlich die uns als altindisch bekannten Götternamen Surija, Marut und Burija (Boreas?) auf einen Zusammenhang zwischen Kassiten und „churritischen" Ariern.

Die neuen, traditionslosen Herren Babyloniens widerstanden der überlegenen Kultur des Landes nicht, und schon jener erste Kassitenkönig Babels, Agum II., der sich in seiner Titulatur als „König der Kassiten und Akkader, König des weiten Landes Babylon, König von Padan und Alwan, König des Landes Gutium" bezeichnet, hat nichts Dringlicheres zu tun, als die wohl von den Hethitern weggeschleppten und in dem euphrataufwärts gelegenen Chana stehengelassenen Statuen Marduks und seiner Gemahlin Sarpanitu im Handelsaustausch zurückzuholen und mit vollem Götterornat in dem neuhergerichteten Tempel Esangila wiederaufzustellen.

Das Schwergewicht der damaligen Weltpolitik hatte sich in der Mitte des 2. Jahrtausends nach Nordmesopotamien, Ägypten und Kleinasien verlagert, und die Geschehnisse während der knapp vierhundertjährigen Kassitenherrschaft (ca. 1530–1160 v. Chr.) über Babylon – oder, wie man jetzt kassitisch sagte, Karanduniasch – gehen daher über provinzielle Maßstäbe selten hinaus. Sie sind charakterisiert durch Fehden mit Assyrien im Norden und Elam im Osten, von denen die selten ruhende Auseinandersetzung mit Assur einiges Interesse beanspruchen darf und uns bei unserer Betrachtung des mittelassyrischen Staatswesens wiederbegegnen wird. Die straffe Regierung eines Hammurabi war einer schlaffen Handhabung der Staatsgewalt gewichen; die kassitische Kriegerkaste verwandelte sich in einen selbstherrli-

Ausschnitt aus dem Wandsockel-Fries
vom Inannatempel des Karaïndasch in Uruk, wiederhergestellt

Tafel 72

Amarna-Tafel

chen und satten Landadel mit abgabefreiem Grundbesitz, der immer reichere Belehnungen, immer höhere Steuererlasse und Moratorien erstrebte und erhielt, während das Königtum entsprechend absank und auch durch die Führung der hochtrabenden, aus der Vergangenheit übernommenen Titel wie „König von Sumer und Akkad" oder gar „König der Gesamtheit" über seine geringe Bedeutung nicht hinwegtäuschen konnte.

Andererseits stellte diese relativ dünne kassitische Oberschicht zweifellos tüchtige Soldaten, und so konnte ein energischer Fürst wie *Ulamburiasch* (um 1450) der Selbständigkeit des „Meerlandes", wo sich unter Hammurabis Nachfolger eine eigene Dynastie installiert hatte, ein Ende machen. Sein Nachfolger *Karaïndasch* setzt sich zum Zweck einer festen Grenzregelung mit Assur, das damals ein Vasall der Churriterfürsten von Mitanni (zwischen Chabur und Belich) war, auseinander, und sein Ansehen war immerhin so groß, daß das ägyptische Außenamt Amenophis' III. als Beweis freundschaftlicher Gesinnung eine Tochter des Kassitenkönigs für seinen Harem anforderte und erhielt und einen wohl in Gold erstatteten Brautpreis an Karaïndasch zahlte. Einen Teil des Geldes mag dieser für den Bau jenes Ischtartempels aufgewandt haben, der in Uruk wiederaufgedeckt wurde und nach Grundriß und Fassade eine eigene Note aufweist.

Die Anerkennung durch das damals noch auf einem Höhepunkt seiner Macht befindliche Ägypten, dessen Pharao sich herabließ, den Kassitenkönig als „Bruder" zu titulieren und es auch ertrug, von ihm so angeredet zu werden, war natürlich für den Herrn von Babylon sehr schmeichelhaft. Aber jenes Briefarchiv von *Amarna* in Ägypten (280 km südlich von Kairo am Nil), das die Keilschrift-Korrespondenz der Pharaonen Amenophis III. und IV. (1413–1358) mit den Königen Syriens, Kleinasiens und Mesopotamiens bewahrte, 1887 wiederaufgefunden wurde und auch den Schriftverkehr zwischen dem ägyptischen Theben und Babylon enthält, läßt uns über die tatsächliche, bescheidene Rolle der Kassitenkönige nicht im Zweifel. Ja, Karaïndaschs Sohn Kadaschmancharbe I. entwürdigt sich so weit, nicht nur ständig um Gold zu betteln, sondern sogar ein kleines Betrugsmanöver mit irgendeiner hübschen jungen Ägypterin vorzuschlagen, die ihm der Pharao an Stelle einer erbetenen, aber natürlich brüsk abgelehnten Tochter des Pharao als angebliche ägyptische Prinzessin senden möge:

„Siehe, wenn Du, mein Bruder, demgemäß, daß Du mir Deine Tochter zu heiraten nicht gestattest, mir schriebst: ‚Seit alters ist eine ägyptische Königstochter an niemanden weggegeben worden!' – warum sprichst Du so? Du bist doch der König und kannst tun, was Du willst! Als man mir Deine Worte mitteilte, schrieb ich an meinen Bruder: Erwachsene Töchter gibt es und schöne Frauen gibt es auch! Übersende mir irgendeine schöne Frau nach Deiner Wahl! Wer kann dann (hier) sagen: ‚Das ist keine Königstochter'!"

Auch dieses Ansinnen ist von Amenophis vermutlich abgelehnt worden. Die Beziehungen zwischen den beiden Höfen blieben dennoch weiter gut, und unter dem folgenden Kassitenkönig konnte der Pharao die Erfolge dieser klugen Politik einheimsen: *Kurigalzu I.* hatte für die Aufforderung eines kanaanäischen Städtebundes in Syrien, sich an einem Krieg gegen Ägypten zu beteiligen, nur eine glatte Absage.

Dieser Kurigalzu, der sich „König der Gesamtheit" und „Berufener des Götterherrn" nennt, scheint überhaupt ein tüchtiger Fürst gewesen zu sein; er eroberte Susa, wo er den dortigen Palast der Göttin Ninlil „für sein Leben" weihte, und erbaute als Grenzsicherung gegen den mit Mißtrauen beobachteten assyrischen Nachbarn im Norden eine befestigte Stadt, die er Durkurigalzu („Kurigalzu-Stadt") nannte. Sie ließ sich mit dem Trümmerhügel *Aqarquf*, 15 km westlich von Bagdad, der durch seine hoch über der einsamen Steppe aufragende Tempelruine schon immer aufgefallen war, identifizieren, und hier fanden sich kürzlich bei irakischen Grabungen die Fragmente einer Kolossalstatue des genannten Königs mit einer in – sehr schlechtem – Sumerisch abgefaßten Inschrift. Aus ihr geht Kurigalzus Fürsorge für die Tempel des Landes, die weithin verfallen waren, und seine Bemühungen um die Neubelebung der alten Kulte hervor – ein Unternehmen, durch das er „die alten Tage" zurückzuführen hoffte und dem eine anderenorts bezeugte kultische Bautätigkeit in Uruk, Ur und Eridu entspricht. In jener Inschrift nennt er Ischtar seine erhabene Herrin, die ihm zu seiten schreite, sein Heer erhalte, seine Untertanen hüte und seine Feinde niederwerfe. Seine neue Stadt Durkurigalzu sollte fünfzig Jahre später noch einmal zu einer gewissen Bedeutung aufsteigen.

Wir befinden uns jetzt, um die Mitte des 14. Jahrhunderts, in jener berühmten „Amarnazeit", der die schon genannten keilschriftlich, also in der Diplomatensprache und -schrift des alten Vorderasien, abgefaßten politischen Dokumente der 18. ägyptischen Dynastie ihren Namen gegeben haben. Damals stand das kleinasiatische Hethiterreich unter seinem größten Herrscher Suppiluliuma auf der Höhe seiner Macht, und die politische Konstellation sicherte dem gewandten Kassitenfürsten *Burnaburiasch II.* eine nicht unerhebliche Bedeutung im politischen Kräftespiel. Bedurfte er selbst gegenüber der bis weit nach Syrien vorgeschobenen Hethitermacht eines Rückhaltes an Chattis ägyptischem Rivalen, so mußten andererseits die Pharaonen – am Nil hat der „Ketzerkönig" Amenophis IV.-Echnaton den Thron bestiegen – größten Wert auf den babylonischen Verbündeten legen, um so mehr, als Ägyptens bisheriger Alliierter, das churritische Mitannireich in Obermesopotamien, den Zenit seiner Macht überschritten hatte. Die außenpolitische Interessenlosigkeit des nur auf religiöse Reformen bedachten Pharaos Echnaton hatte den Wert des ägyptischen Vertragspartners freilich stark herabgemindert, und Burnaburiasch war das gewiß nicht verborgen geblieben; so kann er in seinen – uns in Amarna erhalten gebliebenen – Briefen an den „Bruder" am Nil bisweilen einen Ton anschlagen, dessen Anmaßung uns erstaunt. Einmal beschwert er sich über das Ausbleiben angemessener Genesungswünsche anläßlich einer Erkrankung:

„Als mein Körper sich nicht wohl befand und mein Bruder ..., da ließ ich meinem Zorn über meinen Bruder freien Lauf: ‚Daß ich krank bin, sollte mein Bruder nicht gehört haben?' Warum hat er mein Haupt nicht erhoben? Warum hat er nicht seinen Gesandten geschickt und nicht nach mir sehen lassen?"

Ein andermal klagt er über Zusendung minderwertigen Goldes oder die Ausraubung einer babylonischen Handelskarawane im unsicheren, aber offiziell der ägyptischen Oberhoheit unterstehenden Palästina; und als der Pharao nach altem Brauch eine Kassitenprinzessin für seinen Harem wünscht, da sagt er nur unter der Bedingung standesgemäßer Einholung zu und läßt sich einen geradezu wucherischen Brautpreis zahlen. Der Kassitenkönig ist – und das verwundert in dem immer stärker rein kommerziell eingestellten Babylonien nicht – auch in der Politik ein kalter Rechner, und er hat das Echnaton gegenüber einmal mit entwaffnender Nüchternheit ausgesprochen:

„Bruderschaft, Freundschaft, Bündnis und ein gutes Verhältnis zwischen Königen besteht nur so lange, wie Edelsteine, Silber und Gold (der Geschenksendungen) gewichtig sind!"

Diesem Standpunkt entspricht sein Verhalten gegenüber Assyrien, über dessen Aufnahme unter die Bündnispartner Ägyptens er sich zwar mit der Behauptung, Assur sei sein Vasall, beim Pharao beschwert, das er aber doch gleichzeitig durch eine politische Heirat – er gibt seinem Sohn eine assyrische Prinzessin zur Frau – eng an sich bindet. Kluger Diplomat, aber auch Erbauer eines großen Schamaschtempels in Larsa, den noch 800 Jahre später der letzte König Babylons, Nabonid, zu rühmen weiß, vermag Burnaburiasch sein Land in Frieden durch die nicht geringen Wirren der Zeit zu steuern. Seine geschickte Assyrienpolitik zumal trug noch nach seinem Tode Frucht: Als sein Enkel später einer Revolte zum Opfer fiel, da war es der Assyrerkönig, der seiner Dynastie den Thron rettete und einem jüngeren Sohn des Burnaburiasch zur Herrschaft verhalf.

Es ist *Kurigalzu II.*, und dieser war es, der das inzwischen verfallene Durkurigalzu wiederaufbaute. Hier hat damals wohl in der Tat der – gegenüber Babylon nach Norden vorgeschobene – eigentliche Mittelpunkt der kassitischen Macht gelegen; er war gegen das zielstrebig seinen Einfluß vergrößernde Assur ausgerichtet, mit dem es nach dem Ableben des Königs Assuruballit bereits wieder Schwierigkeiten gegeben hatte. Es kam bis zu Kriegshandlungen, deren Ausgang uns freilich nicht klar ist: Eine synchronistische, die Ereignisse in beiden Ländern nennende, aber assyrisch eingestellte Geschichtsdarstellung schreibt den Sieg dem Assyrerkönig zu, während die probabylonische sogenannte Chronik P behauptet, Kurigalzu habe seinem nördlichen Rivalen eine Niederlage beibringen können. Eine neue Grenzregelung stellte den Frieden an der assyrischen Front wieder her. Das war nötig, denn auch Elam wollte die Konsolidierung der Kassitenmacht um Babylon und Durkurigalzu nicht unbesehen hinnehmen. Die kassitischen Truppen mußten daher nach Osten marschieren, um die bis Babylon und Borsippa vorgedrungenen Elamiter aufzuhalten, was nach schweren Kämpfen in der Tat gelang.

In der Folgezeit lebte freilich auch der Bruderkrieg zwischen den beiden durch gemeinsame Kultur eng verbundenen Staaten wieder auf. *Nazimaruttasch* von Babylon (um 1300 v. Chr.), ein friedliebender und literarisch interessierter Fürst, mußte eine Niederlage einstecken, seine beiden Nachfolger wiederum gewannen die Oberhand, als der Hethiterkönig Chattusili III. sich mit ihnen gegen Assur verbündete. Die wiederaufgefundenen Briefe des Hethiters zeigen freilich, wie anmaßend er sich gegen seinen „Bruder" in Babylon benahm, aber auch, wie es der kassitische Minister Ittimardukbalatu verstand, ihn diplomatisch zu überspielen. Erst als sich in Assyrien der große Tukultininurta I. zu radikalem Durchgreifen gegenüber dem ewigen Unruheherd im Süden entschloß, kam Babylon zu Fall. Kaschtiliasch IV. (1241–1234) konnte dem inzwischen in vielen Kriegen ertüchtigten Assyrerheer nicht standhalten und fiel selbst in die Hand seines unerbittlichen Gegners.

Tukultininurta meldet: „In dieser Schlacht fing ich Kaschtiliasch, den König der Kassiten, mit eigener Hand, auf seinen königlichen Nacken trat ich mit meinem Fuß wie auf einen Schemel, gefangen und gefesselt brachte ich ihn vor Aschschur, meinen Herrn." Ein Aufstand war die Folge dieses gänzlich ungewohnten, brutalen Vorgehens, aber Tukultininurta kehrte zurück, ließ Babels Mauern schleifen und viele Kassiten deportieren. Die Stadt wurde geplündert, die riesigen Schätze der Heiligtümer weggeschleppt und der Staatskult außer Kraft gesetzt, indem der Sieger die Statue Marduks nach Assur entführte. Tukultininurta nannte sich jetzt auch „König von Babylon" und ließ die altberühmte Metropole durch einen Statthalter regieren. Die babylonischen Chronisten haben nicht versäumt, das Schicksal des grausamen Feindes, gegen den später in seinem eigenen Lande ein großer Aufstand ausbrach und der schließlich von einem seiner Söhne ermordet wurde, als Marduks Strafe für die ungeheuerliche Tat darzustellen.

Denn der Assyrer erreichte sein Ziel nicht. Schon nach sieben Jahren wurde sein Gouverneur verjagt, nachdem es den Babyloniern gelungen war, einen elamitischen Einfall abzuwehren; im Bunde mit der gegen Tukultininurta aufstehenden Partei in Assur selbst konnte ein Sohn des weggeführten Königs Kaschtiliasch den Thron Babels wieder einnehmen. Eine neue Statue Marduks wurde aufgestellt – die alte kehrte erst hundert Jahre später zurück – und der Kult wieder in Gang gebracht. Das Schicksal selbst gab den so schmählich Behandelten seine Genugtuung: Im Zusammenhang mit den assyrischen Wirren und dem wirtschaftlichen Abstieg Assurs nach dem Zusammenbruch des Hethiterreichs um 1200, der den einträglichen Westhandel lähmte, errang Babylonien ein überraschendes Übergewicht. Der Wiederhersteller der kassitischen Macht, Adadschumnasir, war imstande, die schwachen Nachfolger Tukultininurtas in Abhängigkeit zu bringen; in einem uns erhalten gebliebenen Briefe nennt er sich ihren Herrn und König und geht so weit, sie als „König der Gesamtheit" wie niedrige Untergebene abzukanzeln.

Auch das war freilich nur ein Zwischenspiel, nach dem sich das Gleichgewicht der Kräfte in Mesopotamien wieder ausbalancierte. Nach einer Schlacht, in der die Könige beider Staaten die Waffen kreuzten und – vielleicht im Zweikampf – fielen, setzten friedlichere Jahrzehnte ein, während derer der Kassitenfürst *Melischipak* (1183–1169) sein Leben als reicher Grundherr führen konnte. Aber nun war das Ende der Dynastie nicht mehr fern. Es kam nicht von Assur, sondern von Elam her: Der König dieses Landes, Schutruknachchunte, besiegte die Babylonier, drang bis nach Sippar (50 km nordwestlich von Babylon) vor und machte seinen Sohn zum König des Landes. Damals wurden unter der Beute auch Naramsins Siegesdenkmal und die Gesetzesstele Hammurabis nach Susa entführt, und die elamitischen Steinmetzen mußten auf die Naramsin-Stele eine Weihinschrift für den Gott Inschuschinak eingravieren.

Noch einmal erfolgte ein Gegenschlag Babylons, der zum letzten Male für fünf Jahre einen Kassiten auf den Thron brachte. Als die Elamiter auch ihn beseitigten, sammelten sich die nationalen Kräfte mit ausgesprochen babylonischer Tradition um einen Führer namens Mardukschapikzêri, der dem kassitischen Herrscherhaus nicht angehörte, und gewannen entscheidenden Einfluß. Es gelang, die Elamiter zu vertreiben; die neubegründete Dynastie nannte sich betont nicht nach Babylon, sondern nach der alten Schamaschstadt Isin. Das kassitische Bevölkerungselement, ohnedies weithin assimiliert, wurde zwar nicht vertrieben oder unterdrückt, lieferte vielmehr weiterhin gute Soldaten, seine politische Rolle aber ist mit dem Jahr 1160 v. Chr. ausgespielt.

In der Gestalt Hammurabis und in seinem Werk hatte das Westsemitentum gegenüber dem zunächst bereitwillig übernommenen sumerischen Erbe den Sieg davongetragen. Die kassitischen Barbaren, die unter einem Gandasch, Agum oder Kaschtiliasch in den Tagen Samsuilunas und Abïeschuchs von den Nordbergen herabstiegen, haben es dagegen nicht vermocht, der Kultur des eroberten Landes ihren Stempel aufzudrücken, sind vielmehr ihre willigen Diener geworden. Ihre Diener, nicht mehr: Träger der Gesittung blieb das westsemitische Element, das man nun gut tut, als „babylonisch" zu bezeichnen. Nur selten – im Tempelbau des Karamdasch, in der Gestaltung der Belehnungssteine, die man *kudurru* nennt, in der Ornamentik der Siegelzylinder – sind von den Kassiten neue Impulse ausgegangen; im Vergleich mit der umwälzenden Rolle des Churritischen in gewissen Gebieten der Kunst und im Militärwesen bleiben sie indes dürftig.

Betrachtet man weiter die Auswirkungen des churritischen Wesens auf Assur, die dort einer völkischen Umgestaltung und Neuwerdung gleichkommen und das militante Assyrertum als geschichtliches Phänomen überhaupt erst schaffen, so fällt demgegenüber die historische und kulturelle Bedeutung der Kassiten ganz ab. In der Tat ist auch die wirtschaftliche Entwicklung Babylons in ihrer Zeit zunächst eine rückläufige, die ursprünglich vorhandene militärische Begabung versandet und läßt kaum eine Tat von echter Größe und Bedeutung erkennen; die Geistesblüte Babylons in der zweiten Hälfte des 2. Jahrtausends aber ist alles andere als kassitisch: Sie stellt ebenso eine Besinnung des Babyloniertums auf sein eigenes Wesen und Erbe dar, wie die Literatur der Isin-Larsa-Zeit dem Bemühen um Erhaltung der geistigen Weite Sumers im Gegensatz zur neuen Welt der Westsemiten gegolten hatte.

So scheint, wie man gesagt hat, das Leben zur Kassitenzeit nur zähe dahinzufließen; Babylonien wird jetzt zu jenem phäakischen Lande der Händler, als das es die Bibel sieht. Hier

Tonprisma Tiglatpilesers I. aus Assur

Oben: Rollsiegelbild - Zikkurratbau (Babylon)
unten: Symbolsockel Tukultininurtas I. (Assur)

Der Anu-Adad-Tempel in Assur. Rekonstruktion des Baus Tiglatpilesers I. (oben)
und des Hofes zur Zeit Salmanassars III. (unten)

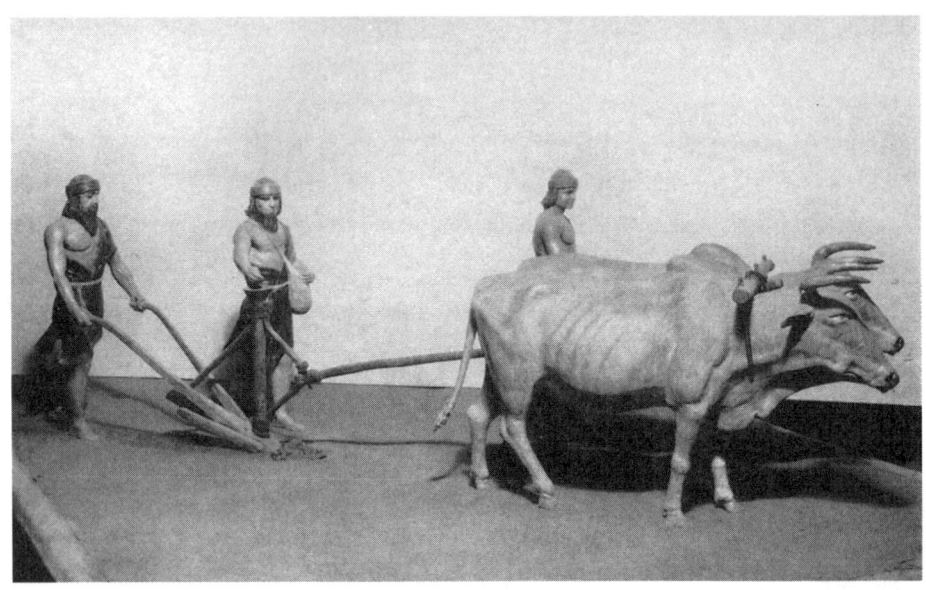

Oben: Pflügende Bauern, Modell; unten: Mittelassyrisches Rollsiegelbild - Heros und Strauß

zeigt sich freilich – je länger je mehr – ein waches Interesse und eine erstaunliche Begabung, die an die großen kommerziellen Traditionen der Ur III-Zeit und Hammurabi-Epoche anknüpft. Der *Handel* ist unerhört weit gespannt und gewiß entsprechend einträglich. Man sichert die Karawanenwege und läßt Übergriffen gegen die Kaufmannszüge handfeste diplomatische Demarchen folgen; neben Korn, Öl, Flachs, Wolle, Vieh und Industrieprodukten wie etwa Kleidung oder Rollsiegel sind es vor allem so begehrte Artikel wie Lapislazuli, Erzeugnisse der Edelstein- und Edelmetallverarbeitung und der Juwelierkunst, Pferde – es gibt sie nach der Äußerung eines Hethiterkönigs in Babylonien „mehr als Stroh" – und Wagen, die exportiert werden, wobei man als Bezahlung am liebsten „gutes Gold" nimmt.

Die Karawanen folgen den Gesandtschaften, die in diesem Zeitalter einer entwickelten *Diplomatie* ständig von Hof zu Hof und von Staat zu Staat unterwegs sind. Das hunderttorige Theben in Oberägypten, Echnatons Residenz Amarna, die Hethiterhauptstadt Chattusa in Anatolien, Mitannis Metropole Waschukkanni irgendwo am oberen Chabur, die syrischen Städte, Assur und Babylon sind die großen Märkte dieses politischen Handelns, bei dem es um Bündnisse und Subventionen, Hilfstruppen und politische Heiraten geht und bei dem zuweilen heilkräftige Gottheiten wie die Ischtar von Ninive mit ins Spiel kommen, um als freundschaftliche Hilfe unter Königen gar so weite Wege wie vom nördlichen Zweistromland nach Oberägypten zurückzulegen.

Denn mesopotamische *Heilgötter und Ärzte* stehen weiterhin in höchstem Ansehen: Der Kassitenkönig Kadaschman-Enlil II. (um 1270) mußte seinem Bündnispartner, dem Hethiter Chattusili III., auf dessen Ansuchen einen bewährten Arzt zusenden, der am Hofe des fernen Chattusa offenbar so glänzende Erfolge hatte, daß er dort Jahre verblieb. Sein Herr hat sich brieflich um seine Rücksendung bemüht – wobei uns unbekannt bleibt, ob der so hoch geschätzte Spezialist die Rückreise von einigen 1300 km tatsächlich antreten durfte und überstanden hat. An den Hof berufen, hatten die Heilkundigen oft einen schweren Stand: Der Zufall bewahrte uns die ärztlichen Bulletins auf, die ein Leibmedicus seinem kassitischen Herrn über Wohlbefinden und Gesundheitsstand der Sänger und (besonders) der Sängerinnen aus der königlichen Musikschule täglich vorzulegen hatte. Eines der Mädchen litt an Augenschmerzen, und so hören wir:

„Der Arzt Chusalu hat sie vorgenommen, untersucht und sich nach dem Stand ihrer Erkrankung erkundigt, dann hat er die Binde, die man schon abgenommen hatte, wieder umbinden lassen."

Eine gleichfalls in der Musikakademie befindliche Prinzessin hatte Fieber bekommen; dieses aber, so heißt es, habe sich infolge Verband und Medizintrank wieder beruhigt. Einmal gibt der Arzt Mukallim einen zusammengefaßten Bericht:

„Den Sängern und Sängerinnen und dem Hause meines Herrn geht es gut. Die Etirtu hat diese Krankheit bekommen. Der Tochter des Kuri und der Tochter des Achuni geht es wieder besser. Wenn mein Herr schreibt, können sie (das Krankenzimmer) verlassen und wieder am Unterricht teilnehmen. Die Fiebererscheinungen der Tochter des Muschtalu haben sich gebessert; während sie früher hustete, hustet sie jetzt nicht mehr …"

Hatte dieser Fürst offenbar eine Vorliebe fürs Ballett, so mancher andere für Pferdezucht und Wagenlenkkunst, die seit dem Auftreten der Churriter und ihrer arischen Fürsten zu hoher Blüte gelangen. Aber das Gold, das die Kassitenkönige den Pharaonen immer wieder abzuringen verstanden, diente auch erhabeneren Zwecken, wie etwa dem *Tempelbau,* um den sich die Kassiten getreu nach dem Vorbilde so vieler früherer Dynastien eifrig bemühten. Wir finden Bauinschriften der bedeutenderen Kassitenkönige – eines Karaïndasch, Burnaburiasch, Kurigalzu – fast an allen babylonischen Fundstätten wieder, und es scheint hier zur Herausbildung einer originellen Architektur gekommen zu sein, als deren Beispiel der schon genannte kleine Ischtartempel des Karaïndasch in Uruk von 15 : 12 m Umfang mit einem an beiden Seiten von kleineren Gemächern eingefaßten Langraum einer vorgelagerten Halle und einer Fassade in Ziegelrelief dienen mag.

Angesichts der Tatsache, daß uns kassitische Vollplastik kaum erhalten geblieben ist, handelt es sich bei dem letztgenannten Beleg um einen hochbedeutsamen Fund, da dieser die Mitte zwischen Plastik und *Reliefkunst* hält. Er besteht in einem aus jeweils gleichen Ziegelformen hergestellten und aus fünfzehn Schichten bestehenden Wandsockelfries, bei dem sich immer die gleichen, in einer Nische stehenden Gestalten eines bärtigen Berggottes und einer Flußgöttin, beide ein überquellendes Gefäß vor der Brust tragend, abwechseln; die vorspringende Wand zwischen den Figuren zeigt einen stilisierten Wasserstrahl. Das eigenwillige und tatsächlich wohl echt kassitische Kunstwerk wurde im Berliner Vorderasiatischen Museum rekonstruiert.

Die etwas barbarisch anmutende Reliefbildnerei der Kassitenzeit im engeren Sinne hat sich ausschließlich auf den für diese Zeit typischen sogenannten Kudurrus, d. h. den als Verleihungsurkunden gedachten und in Tempelhöfen oder auf den verliehenen Feldern aufgestellten Grenzsteinen, erhalten, die in großer Zahl auf uns gekommen sind. Über Schenkungs- und Königsbildern – der Fürst trägt einen Turban oder eine hohe Tiara auf dem Haupt und ist mit langem plissierten und quergefalteten Gewand bekleidet –, religiösen Szenen und Feldgrundrissen zeigen sie die Embleme der als Eidzeugen genannten Gottheiten, den achtstrahligen Ischtarstern, die Mondsichel Sins, die Sonnenscheibe des Schamasch, den Skorpion der Ischchara, die Lampe des Nusku u.a.m.

Wir begegnen ihnen auf den durch ihre betonte Raumfüllung auffallenden *Rollsiegeln* wieder, und auch hier haben wir ein Feld, auf dem sich vielleicht charakteristisch Kassitisches aufspüren läßt. Das Siegelbild wird oben und unten oft von einer kräftigen Randleiste abgeschlossen und zeigt eine gegen früher stark erweiterte Legende, die zuweilen ein vollständiges Gebet enthält. Der Bildteil bringt noch oft die in der Hammurabizeit so gern dargestellte Einführungsszene oder die Anbetung – den Adoranten dabei zuweilen in kniender Haltung –, aber ebenso Tier- und Jagddarstellungen. Neben und über Text und Bildern findet sich die Fülle der Embleme, die die Götter vertreten und damit einem offenbaren Drang nach Abstraktion entsprechen. Da begegnen die verschiedensten Formen des Kreuzes, die man jetzt übrigens auch bei Schmuckstücken und Anhängern aus Bronze, Silber und Gold oft antrifft und unter denen das Malteserkreuz uns besonders vertraut anmutet; es finden sich Rosetten und Rauten, aber ebenso konkrete Motive wie die Darstellung von Biene, Heuschrecke oder Hund – eine Blütenlese aus dem üppigen Symbolschatz, mit dem die Bergvölker die Kunst Altvorderasiens bereichert haben und die die Glyptik der Kassiten so anziehend macht.

Über diesen sinnfälligen, wenn auch nicht immer deutbaren Bereich hinaus freilich können wir etwaige kassitische Einflüsse auf Babylons *Glaubens*- und *Geistesleben* kaum erkennen. Die alten Gottheiten dieses Volkes – der Mondgott Schipak, der kriegerische Berggott Schuqamuna oder seine Zwillingsschwester Schumalia, die „Herrin der lichten Berge" – verblassen schnell vor den Göttern des Kulturlandes, in deren erster Reihe unangetastet Marduk, Schamasch und Inanna-Ischtar stehen. Man erwies ihnen die schuldige Reverenz, bemühte sich aber wohl nur selten – wie wir das einmal bei Kurigalzu I. beobachten konnten – um engeren Kontakt mit der durch sie bestimmten Frömmigkeit und Glaubenslehre. Sie blieb die Domäne des Babyloniertums und insbesondere seiner aus vielen Klassen und Rangordnungen bestehenden *Priesterschaft,* und es ist vielleicht, ehe wir uns mit ihrem geistlichen Werk zur Kassitenzeit beschäftigen, hier der Ort zu einem kurzen Blick auf diese zahlenmäßig gewiß recht bedeutende Gruppe der babylonischen Bevölkerung selbst.

Wahrer alter Tradition und gewiß in vielem noch ihren sumerischen Ahnherren gleich, bildet die Geistlichkeit einen Staat im Staate, der nur infolge der verschiedenen, oft gegeneinanderlaufenden Interessen und Intrigen nicht zur ersten Macht im Lande wird. Alle Tempel – und jede Stadt besaß ihrer ein halbes Dutzend oder mehr – hatten ihre Oberpriester, ihre reichlichen „Hausbetreuer" – es werden Zahlen von 10, 19, auch 72 genannt –, ihre „Leutepriester" (?), Beschwörer, Seher, Klage-, Wasch- und Salbenpriester, und die für die Musik oder für die Schreibstube verantwortlichen Kleriker fehlten nicht. Alle kleiden sich in weißes Linnen, das bei Sühnezeremonien mit Überwurf und Untergewand in der Schreckfarbe Rot vertauscht wird; als Kopfbedeckung dienen Fez-ähnliche oder auch schmale kegelförmige, oben abgeschnittene Mützen. Unter dem niedrigen Klerus insbesondere der Ischtartempel fehlten offenbar männliche Prostituierte nicht.

Die Dienerinnen der Gottheit unterstehen einer Oberpriesterin, die oft dem Königshause entstammt; auch sie kennen verschiedene Ränge und Aufgabengebiete, unter denen Opferdienst, rituelle Waschungen, Wahrsage- und Beschwörungspraxis und Musik an erster Stelle stehen. Natürlich spielt bei ihnen die sakrale Prostitution im Tempelbordell – in der Öffentlichkeit war Zurückhaltung Pflicht – eine wichtige Rolle, die besonders bei den Kultfesten der Ischtar, aber auch anderswo in den Vordergrund tritt. Diese in den Darstellungen stets wohlgelockten Hierodulen – sie hatten die Pflicht der Kinderlosigkeit, was zu bemerkenswerten Folgerungen zwang – waren keineswegs mißachtet und fanden später als „gute Partien" nicht selten einen Ehemann; dann durften sie wie die Bürgerfrauen mit weniger bewegter Vergangenheit den Schleier tragen. Auch angesichts wiederaufgefundener obszöner Bleiplaketten aus den jüngeren Ischtartempeln in Assur wäre es sicher falsch, über diese Seite des altorientalischen Kultbetriebes nach abendländisch-christlichen, aus der asketischen Haltung des Paulus erwachsenen Kriterien zu urteilen; auch das vielgerühmte Hellas hatte seine kultische Prostitution.

Kehren wir nach dieser Abschweifung zu der vorher berührten Frage nach der *Priesterlehre* der Kassitenzeit zurück. Sie ist mit Bedacht gestellt. Denn hier, in den theologisch und literarisch gebildeten Kreisen des Klerus aller „Konfessionen", wächst nun freilich eine geistige Schöpfung von unschätzbarer Bedeutung empor: So wie im Gegensatz zum Westsemitentum in der altbabylonischen Zeit die sumerische Literatur aufgezeichnet, gesichtet und endgültig gestaltet wurde, so drängt das fremde, zunächst barbarische und jedenfalls ungeistige kassitische Wesen die frommen und gelehrten Theologen mit alter Tradition zur Beschäftigung mit dem religiös-geistigen Besitz Babylons als dem Bleibenden und Unverweslichen und zu einer Sinngebung des in den Jahrhunderten seit der Semitisierung des Landes angesammelten dichterischen Gutes.

Einer verfeinerten Frömmigkeit sind nun Anthropomorphismen unerträglich und göttliche Willkürakte Blasphemie; man geht mit moralischem, dogmatischem, philosophischem Rüstzeug an die ererbten Texte – und an die Probleme selbst – heran. Man ordnet, scheidet aus, deutet um und schafft so schließlich eine Art Kanon, dessen Bestandteile nach Eliminierung aller menschlichen Züge im Bild der Götter und mit ethischer Deutung nun dem Glauben als angemessener Ausdruck seiner Grundanschauungen erscheinen.

Das mächtige Mardukepos von der Weltschöpfung *Enuma elisch* („Als droben ..."), von dem wir schon kurz sprachen, steht hier natürlich voran, aber ebenso wie dieses erhalten jetzt auch die anderen großen Dichtungen Babylons ihre klassische Form. Da ist jener andere siegreiche Götterkampf, den Lugalbanda oder gar Marduk selbst mit dem Sturmvogel *Zû* ausficht – hatte doch dieser Dämon in Vogelgestalt im unbewachten Augenblick der Morgentoilette Enlils diesem die beiseite gelegten Schicksalstafeln geraubt, um so die Herrschaft über Himmel und Erde zu erlangen; da begegnen wir – übrigens in einer ägyptischen Abschrift des 14. Jahrhunderts! – der semitischen Umformung des sumerischen Motivs von

Ischtars Höllenfahrt in Gestalt der Geschichte von Nergals Aufstieg zum Herrn der Unterwelt: Nergal – ein ursprünglicher Sonnen-, auch Hirten- und Ackergott, der dann insbesondere die bösen Aspekte der heißen orientalischen Sonne, Pest, Krieg, Verwüstung und Überschwemmung vertritt – hatte als einziger den Boten der Totenherrin Ereschkigal geringschätzig behandelt, sie kämpft mit ihm, wird aber besiegt und übergibt ihm, schließlich versöhnt und sein Weib geworden, die „Königsherrschaft in der Unterwelt". Der Erra-Mythus schildert die Qualen des Landes unter der Herrschaft von sieben furchtbaren, durch Erra in Anus Namen angeführten Dämonen, die die Sündhaftigkeit des Menschengeschlechtes strafen sollen: Nippur wird zerstört, Uruk verwüstet und sogar das fehllose Babel vernichtet. Schließlich aber verrinne Erras Zorn, die Welt erholt sich, Babylon wird wiederhergestellt und erhält die Herrschaft über die ganze Welt.

Andere Epen handeln von berühmten Heroen: Die Geschichte von Adapa – auch sie im 14. Jahrhundert als babylonisches Lesebuch von den Schülern Ägyptens benutzt und teils von dort, teils aus Assurbanipals ninivitischer Bibliothek erhalten – erzählt von diesem Urmenschen und Ea-Sohn, der zwar die Weisheit, nicht aber die Unsterblichkeit der Götter besaß und als Priester Eas in Eridu diesem Brot und Trank, Wildbret und Fisch zu reichen hatte. Wegen einer Missetat vor den obersten Gott Anu zitiert, erhält er von seinem Vater Ea eine Reihe guter Ratschläge zu seinem Schutz; in ihrer Befolgung verweigert er den Genuß von Lebenswasser und Lebensbrot, die ihm der umgestimmte Anu bietet, und geht damit endgültig des so heiß ersehnten ewigen Lebens verlustig.

Tragisch endet auch Etana, der auf der Suche nach einem helfenden Kraut für seine in Geburtswehen liegende Frau dem Adler aus selbstverschuldeter Not hilft. Von ihm erhält er das Versprechen, ihn, wieder gekräftigt, zum Himmel der Ischtar emporzutragen und dort zum Kraut des Gebärens zu verhelfen. Der Adler führt ihn hoch in die Lüfte, so daß er tief auf Land und Meer hinabsehen muß: Das Meer erscheint so klein wie der Graben eines Gärtners. So kommen sie zu Anus Himmel, aber dort ist die gesuchte Heilpflanze nicht; darum fliegen sie weiter empor zu Ischtars Himmel. Da werden Land und Meer so klein wie Brotfladen im Korbe, nach einer weiteren Doppelstunde sind sie gar ganz verschwunden, und nun packt Etana das Entsetzen, er beschwört den Adler, umzukehren, und beide stürzen schließlich hinab in die Tiefe ...

Auch die gewaltigste Dichtung des Alten Orients, das Gilgameschepos, wird jetzt aus den sumerischen Teilsagen und unter Einschluß der – später fast wörtlich in die israelitische Literatur aufgenommenen – Sintflutgeschichte unter dem Thema der Lebenssuche kompiliert und zu einem geschlossenen, eindrucksvollen Werk gestaltet, wobei zudem die anerkannte Größe der Dichtung diesmal tiefere Eingriffe in den Text verbot. So blieb uns diese altorientalische Heraklessage, dieser „erste große Roman der Weltliteratur", in ursprünglicher, weniger abgefeilter und daher um so eindrucksvollerer Form erhalten.

Mindestens eine Dichtung – sie liegt in der Mitte zwischen Hymne und Epos – ist in dieser Zeit selbst ganz neu entstanden, nämlich die sumerisch abgefaßte Erzählung von „Ischtars Erhöhung", die neben einem Preislied auf die Göttin erzählt, wie Ischtar auf Bitten der Götter von einer Dienerin zur legitimen Gemahlin Anus aufsteigen durfte und göttliche Gewänder, herrlichen Schmuck, Königsstab und Göttermütze, schließlich ihr Heiligtum Eanna von An zum Geschenk erhielt.

Babels Theologen haben sich mit ähnlichem liebenden Eifer auch der anderen Gattungen des religiösen Schrifttums – „profane" Literatur ist unbekannt – angenommen, Altes bewahrt und Neues geschaffen. Davon legen die Spruchsammlungen und die dem Problem der Theodicee nachgehenden „Hiobdichtungen", die Individualpsalmen, Bußgebete und die in den Beschwörungssammlungen eingebetteten, von echtem ethischen Empfinden diktierten Sündenkataloge Zeugnis ab. Die schier unerschöpfliche Fülle dieses ganzen großen Werkes babylonischer Besinnung kann im Rahmen unserer Betrachtung nur angedeutet werden. Doch wollen wir wenigstens einer Mardukhymne Raum geben, die gewiß oft in Babylons Haupttempel Esangila erklungen ist.

> „Du Überstarker, Herrlicher, Du Herr von Eridu,
> Du hoher Fürst und Erstlingssohn des Nudimmud,
> Gewaltiger Kämpfer Marduk, dem E'engurra jauchzt,
> O Herr Esangilas, o Babels Zuversicht,
> Betreuer Ezidas, der da das Leben schenkt.
> Fürst von Emachtila, der das Gedeihen gibt,
> Des Landes Schirmherr, der verzeiht der weiten Menschheit,
> O du alleiniger Herrscher aller hohen Sitze –
> Dein Name ist im Munde aller Menschen gut!
> O Marduk, großer Herr, Gott der Barmherzigkeit,
> Dein hocherhaben Wort verleihe Leben mir,
> Gesundheit auch, auf daß ich Deine Gottheit rühme –
> Wie ich es wünschen mag, so möge ich's erreichen!
> O laß in meinem Munde Wahrheit nur sich finden,
> Laß gutes Denken stets in meinem Herzen sein,
> Nur gute Worte mögen immer von mir sagen
> Der Mann bei Hofe und der Wächter am Portal!
> Mein Schutzgott möge sich zu meiner Rechten stellen
> Und meine Göttin an die linke Seite treten,
> Der Gott, der mich gesund hält, soll stets bei mir sein!
> Schenk rechtes Beten mir, Erhörung und Gewähren,
> Dem Worte, das ich spreche, mög' Erfüllung werden!
> O Marduk, großer Herr, beschenk' mich mit Gedeihen,
> Ja, gib Befehl, daß meine Seele Leben habe!
> Laß sättigen mich am steten frohen Weg von Dir!
> Es freu' sich Ellil, Ea jauchze über Dich,
> Der Allheit Götter mögen Dir den Segen geben,
> Die großen Götter Dir das Herz mit Freude füllen!"

Daß in der Religiosität der Zeit neben den Zügen einer verinnerlichten und vergeistigten Frömmigkeit auch ein massiver Aberglaube erscheint, kann nicht wundernehmen. Die Mantik gedeiht, und eine umfangreiche Literatur, die natürlich schon ihre Vorläufer hat, beginnt sich über die Themen der Astrologie, Vorzeichendeutung, Leberschau und Lekanomantie (Ölschau in der Schale) zu entwickeln.

Zur Veranschaulichung hier nur ein kleiner mantischer Text:

„Wenn ein Schaf eine Gazelle (das heißt doch wohl: ein gazellenähnliches Lamm) wirft, so werden die Tage des Fürsten mit den Göttern vollkommen sein, oder der Fürst wird tapfere Krieger haben. Wenn ein Schaf einen Hirsch wirft, so wird der Sohn des Königs den Thron seines Vaters ergreifen, oder: Angriff des Landes Subartu (Assyrien), der das Land (Babylonien) binden wird."

Die Dämonenlehre gewinnt immer mehr an Boden, galten doch Marduk und sein Vater Ea als die Herren der Beschwörungskunst. Die Bekämpfung von Bann und Hexerei in Gegenzauber und Exorzismen schlägt sich in zahllosen Anweisungen und Lehrbüchern nieder, auf die wir in einem späteren Abschnitt noch zurückkommen werden. Babylons Beschwörungspriester, die alle Schliche der Dämonenabwehr und alle Praktiken der Zauberer und Hexen kennen, sind bereits jetzt so berühmt, daß der Hethiterkönig Muwatalli um 1300 seinen kassitischen Kollegen um einen solchen bittet; und wirklich ist ein geistlicher Experte dieser Geheimwissenschaft von Babylon an den Hof von Chattusa gereist und dort zu aller Zufriedenheit tätig gewesen.

Stark tritt auch die geheime Kunst der sog. Tagwählerei, der Vorausbestimmung „guter" oder „böser" Termine, in den Vordergrund. Gerade das Erbe dieser mehr oder weniger grotesken Abirrungen des menschlichen Geistes, zu denen das Eindringen der Bergvölker nach Mesopotamien ganz offenkundig beigetragen hat – man denke nur an die bizarren Fabelwesen der charritischen Kunst –, sollte über tausend Jahre hin nicht vergehen und in der so berüchtigten „chaldäischen Magie" ihre finsterste Ausprägung finden.

Mittelassyrische Rollsiegelbilder: oben Damhirsch, unten Flügelpferd und Löwe

Apotropäische Glocke aus Assur

Der böse Dämon Pazuzu, der „Packer"

Reliefdarstellung zweier Dämonen

Siegesstele Tukultininurtas II. aus Terqa

Stele Assurnasirpals II. aus Kalach

Menschenhäuptiger, geflügelter Torlöwe vom Palast Assurnasirpals II. in Kalach

X

Die mittelassyrische Zeit

300 Jahre sind vergangen, seit das Assyrertum unter dem König Eribaadad und Assuruballit nach einer fast ebenso langen Zeit völliger Lethargie zu neuem Leben erwacht war. Die churritische Invasion hatte Assurs Volkstum und soziales Gefüge stark verändert, die Fürsten von Mitanni hielten das Land am oberen Tigris lange in Abhängigkeit, und erst nach dem Zusammenbruch dieses Staates war der Weg für Assur wieder frei geworden. Die Geschichte dieses Aufstiegs bis hin zum Großreich Tiglatpilesers I. ist wechselvoll, und wir müssen sie, wenn wir ihr auch bei der Betrachtung der Kassitenzeit schon gelegentlich begegneten, uns hier wenigstens in aller Kürze vor Augen führen.

Es war wohl Assurs schwärzeste Stunde, als nach einem Aufstand gegen den Mitannikönig Schauschschatar um 1450 v. Chr. Assur geplündert wurde und seine Schätze in die Residenz des Siegers wanderten. Aber schon gegen Ende des Jahrhunderts betreiben die assyrischen Vasallenfürsten aufs neue die Befestigung ihrer Stadt und können in Grenzfehden mit den Kassiten Vorteile erringen. Innere Wirren in Mitanni vor der Thronbesteigung Tuschrattas geben Assur bereits eine gewisse Freiheit; Ägypten beginnt sich für das Land an der Südostflanke des hethitischen Einflußgebietes zu interessieren, und um 1380 hat Amenophis III. zwanzig Talente Gold – schätzungsweise 2,5 Millionen Mark – als Subsidien nach Assur geschickt. Nannten sich die Assyrerfürsten bis dahin bescheiden „Ensi des Aschschur", so taucht nun der Name „Statthalter Enlils" und auch gar schon der Königstitel wieder auf, und nach dem Tode des energischen Tuschratta (um 1360) bekommen die Assyrer Gelegenheit, sich an ihren Unterdrückern zu rächen: Im Bunde mit einem benachbarten Stamme verwüsten sie Mitanni, gewinnen ihre Schätze und Trophäen zurück, und politisches Intrigenspiel der verrotteten churritischen Herrscherclique liefert ihnen sogar die adligen Anhänger Tuschrattas aus, die gepfählt werden.

Das Eingreifen der Hethiter beendet diesen ersten Vorstoß des neuerwachten Assyrertums, das dann in *Assuruballit I.* (um 1340) einen Fürsten von Format erhält. Er nimmt Beziehungen zu Pharao Echnaton auf und verbündet sich durch eine politische Heirat mit dem südlichen kassitischen Nachbarn, so daß Höflinge ihn mit dem seit Schamschiadad I. in Assur unerhörten Titel „König der Gesamtheit" anzureden wagen. Sein Enkel Arikdēnilu kämpft in den Bergen tigrisaufwärts und gegen frühe Aramäergruppen; er ist es, der uns als erster nach hethitischem Vorbild einen – leider nur in Fragmenten erhaltenen – Bericht über seine Feldzüge hinterlassen hat, damit die später zu so stattlichen und bedeutsamen Urkunden anschwellende assyrische Annalistik beginnend. Der ihm in der Herrschaft folgende *Adadnarari I.* (ca. 1297–1266) ist durch seinen Krieg gegen den unter hethitischer Oberhoheit stehenden Nachfolgestaat Mitannis, Chanigalbat, berühmt geworden. Er konnte sich dieses Gebiet zwischen Chabur und Belich, das noch damals unter einem Fürsten mit arischem Namen stand, tributär machen und einen späteren Aufstand erfolgreich niederschlagen, ohne daß der Hethiterkönig Muwatalli sich einzugreifen getraute; ganz offiziell führt er nun die anspruchsvollen Titel eines Großherrschers und dokumentiert seine Macht auch in Palast-, Mauer- und Tempelbauten zur Ausschmückung Assurs.

Salmanassar I. (ca. 1265–1234) führt das Werk seines Vaters fort, gliedert nach einem weiteren Aufstandsversuch ganz Chanigalbat seinem Staate ein, deportiert 14 000 seiner Bewohner und vermag es vor allem, ein sich in Armenien bildendes Staatswesen spätchurritischer Prägung namens Uruatri (Urartu) zu überwinden: 51 Städte, so meldet er, seien erobert und ausgeplündert worden, die Prinzen habe er zur Erziehung und als Geiseln an seinen Hof bringen lassen. Das assyrische Heer beginnt seinen Ruf als grausames, aber auch unerhört leistungsfähiges Instrument in der Hand seiner Herren zu begründen: Jener Schattuara von Chanigalbat hatte sein durch Hethiter und Aramäer verstärktes Heer strategisch klug an Tränkstellen und Flußübergängen postiert und damit die angreifenden Assyrer in höchste Bedrängnis gebracht; der Todesmut der von Durst und Hitze geplagten Truppen Salmanassars wandelt die verzweifelte Lage in einen entscheidenden Sieg. Ein Blitzkrieg mit einem rasch zusammengerafften Drittel der Streitwagentruppe macht einem Aufstand in den östlich von Assur gelegenen Gebieten des alten Gutium ein Ende. Von allen Seiten strömt reiche Beute nach Assur, wo Salmanassar den uralten, durch eine Feuersbrunst zerstörten Aschschurtempel Echursangkurkurra neu aufbaut, während in Ninive (heute *Kujundjik,* dicht bei Mossul am östlichen Tigrisufer) ein weiteres Heiligtum für Ischtar entsteht. Offenbar zur Sicherung des Tigrislaufs baut Salmanassar außerdem etwa in der Mitte zwischen Assur und Ninive an strategisch günstigem Platz jene Feste Kalach (heute *Nimrud),* die 400 Jahre später die Residenz Assurnasirpals werden sollte und bei ihrer Ausgrabung durch englische Archäologen der Nachwelt so herrliche Kunstschätze übermittelt hat.

Assurs Aufstieg erreicht einen ersten Höhepunkt unter *Tukultininurta I.* (1235–1198), jener rätselhaften Herrschergestalt, von der – unter dem Namen Ninos – noch die griechische Sage berichtet und deren tragisches Geschick mit den uns zur Verfügung stehenden Mitteln wohl nie ganz zu ergründen sein wird. Dieser König versteht es innerhalb seiner ersten beiden Regierungsjahre, dem ihm von Salmanassar übergebenen Staatswesen durch einen wahren Siegesflug eine Festigkeit und eine Ausweitung zu geben, wie sie Assur bis dahin noch nie erlebt hatte: Die unruhige Westgrenze wird durch eine großangelegte Umsiedlung von 28 800 „Chattileuten von jenseits des Euphrat" gesichert, die Quti (Gutäer) im Nordosten neu unterworfen und zu großen Holzlieferungen gezwungen; assyrische Pioniere bauen feste Heerstraßen in die Gegend des Van- und Urmiasees, so daß das Heer das nun in viele kleinere „Naïri-Länder" zerfallene Uruatri Salmanassars befrieden und 43 Häuptlinge dieser Gebiete nach Assur abführen kann – sie werden nach Ablegung des Vasalleneides wieder entlassen. Unter Bruch aller Traditionen macht Tukultininurta schließlich den anhaltenden Quertreibereien und Aufsässigkeiten Babels ein Ende, wie wir das schon bei der Geschichte des Kassitenkönigs Kaschtiliasch IV. hörten. Vom syrischen Karkemisch *(Djerablus,* I 00 km nordöstlich von Aleppo am Euphrat) über Armenien und Gutium (zwischen Kleinem Zab und Dijala) bis nach Babylonien, der Insel Bahrein und den Randgebieten des Persischen Golfes hört ganz Vorderasien auf seine Stimme.

Man sollte erwarten, daß der Triumphator, der sich auf einem Symbolsockel als kniender und stehender Beter vor Nusku, dem Vezier Aschschurs, hat darstellen lassen, die begeisterte Verehrung seiner assyrischen Landsleute geerntet hätte, aber eher das Gegenteil scheint der Fall gewesen zu sein. Unter dem Eindruck der beherrschenden geistigen und religiösen Kultur Babylons, deren Sprache man dem dialektmäßig verschiedenen Assyrisch vorzog und dessen mildem Gott Marduk man sich auch hier im Norden gern mit seinen Bitten nahte, gab es in Assyrien seit langem eine probabylonische Partei, auf deren Einfluß die bisher stets maßvolle Babylonienpolitik Assurs zurückgehen wird. Tukultininurta hat, gestützt auf Heer und Militärpartei, durch die Eroberung Babylons, Absetzung des Königs und Wegführung des Mardukbildes, schließlich durch den Staatsakt, mit dem er sich selbst zum König Babels machte, dieser Richtung ins Gesicht geschlagen, und die Folge davon ist offenbar eine immer stärker werdende Verfemung des Königs gewesen, zu der die gewiß überall aktive Propaganda der Mardukpriesterschaft wohl entscheidend beitrug.

Zorn und Enttäuschung haben sehr schnell das Gemüt des großen Soldaten, aber schlechten Politikers verfinstert, er führt nicht mehr Krieg, was ihn alsbald auch seinen Offizieren entfremdet, und es nützt ihm gar nichts, daß die Hofpoeten auf sein Geheiß eine große propagandistische Dichtung verfassen, die seine Heldentaten, seinen löwenmäßigen Mut und den fanatischen Kampfgeist seiner Krieger preist und die Kassiten Babylons als Aggressoren und ewige Friedensfeinde anprangert. Sein Entschluß, sich 3 km nördlich von Assur am jenseitigen Tigrisufer eine eigene Residenz zu erbauen, läßt ihn die letzten Sympathien der Hauptstadt verlieren. Wenn er auch Assur durch großartige Bauten schmückt – ein neuer Palast entsteht, Aschschur- und Ischtartempel werden glänzend restauriert –, so gibt doch die Ausgestaltung der Königsstadt Kartukultininurta (heute *Tulul al-Aqr*) durch ein Aschschurheiligtum, eine Zikkurat, weitere Tempel und einen prächtigen Palast, ihre Versorgung mit Wasser durch Verbreiterung eines schon früher vorhandenen Kanals, ihre Befestigung mit Mauern und Türmen neuen Stoff zur Hetze. Die zunächst selbstgewählte Absonderung artet über Jahr und Tag geradezu in eine Belagerung Kartukultininurtas aus, und schließlich ist der Haß der Gegner des vereinsamten und verbitterten Fürsten, aus dessen letzten Jahren ein uns erhaltenes verzweifeltes Gebet an Aschschur, seinen Herrn, bewahrt blieb, so weit gestiegen, daß sich eine Verschwörung gegen sein Leben bildet und der Kronprinz Assurnadinapli selbst den Vater ermordet. Seine Stadt wird verlassen, der großartige Palast mit seinen Wandmalereien verfällt – die babylonischen Chronikschreiber hatten durchaus recht, wenn sie den Sturz des großen Eroberers, des Zerstörers Babylons mit ingrimmiger Genugtuung auf den Fluch des beleidigten Marduk zurückführten.

Aber es fiel mehr als nur ein König oder eine Stadt. Der kronprinzliche Vatermörder erwies sich als unfähig, die auswärtigen Besitzungen gingen der Reihe nach verloren, und der energische Kassitenkönig Adadschumnasir war, wie wir hörten, in der Lage, mit den gleichfalls untüchtigen weiteren Nachfolgern Tukultininurtas auf das schimpflichste umzuspringen, deren letzter im Kampf gegen die Kassiten auf dem Schlachtfelde den Tod fand. Eine Seitenlinie der assyrischen Dynastie gelangte auf den Thron, aber ihre Vertreter sind kaum mehr in der Lage, den Königstitel zu bewahren, und es ist wie ein Symbol, wenn Assurdân I. (ca. 1169–1124) den verfallenen Anu-Adad-Tempel in Assur in der Absicht, ihn zu restaurieren, zwar einreißen läßt, aber weder die Kraft noch die Mittel hat, ihn wiederaufzubauen. Die Macht im Zweistromland ist auf den Süden übergegangen, wo die tüchtigen Fürsten der sog. 2. Dynastie von Isin eine Renaissance des Babyloniertums betreiben und einmal selbst einen babelhörigen König auf den Thron Assurs setzen.

Nebukadnezar I. von Babylon (ca. 1128–1105), von dem wir leider nur in seinen Belehnungsurkunden hören, bringt die nördlichen Bergvölker zur Ruhe und kann – in der Gluthitze des Monats Juli – am Flusse Ulai-Choaspes einen bemerkenswerten Sieg über die Elamiter erringen. In Assyrien trifft er freilich auf eine erste nationale Besinnung nach dem schweren Zusammenbruch, zu dem die Ermordung Tukultininurtas geführt hatte: Hier ist unter Assurreschischi wieder Ordnung und Wohlstand eingekehrt, die Werkleute haben an Palast und Tempel zu tun und erbauen – ein Zeichen neuerwachender außenpolitischer Aktivität – auch die als Ausfallstor gegen Westen gedachte Festung Apku. Assurs Auseinandersetzung mit Nebukadnezar I. bedeutet offenbar den Versuch, die babylonische Oberhoheit abzuschütteln; wie der Streit ausgegangen ist, läßt sich auf Grund der einseitig proassyrischen Darstellung in der sogenannten „Synchronistischen Geschichte" nicht sicher erkennen. Jedoch werden wir Fähigkeiten und Bedeutung Assurreschischis, des Wegbereiters seines großen Sohnes und Nachfolgers, nicht unterschätzen dürfen.

Denn nun stehen wir dicht vor dem Gipfel mittelassyrischer Machtentfaltung. Durch sein Feldherrngenie und die Kriegstüchtigkeit seiner Truppen hat es *Tiglatpileser I.* (1116–1078) vermocht, Assur zur ersten Macht des Vorderen Orients zu machen. Zum ersten Male sah Syrien ein Assyrerheer; das schwache Ägypten der letzten Ramessiden, das der Spaltung zwischen Theben und Tanis zutrieb, war zu kraftlosem Zusehen verurteilt und schickte dem Triumphator, der ein Tiernarr war, als absonderliches Ehrengeschenk ein lebendes Krokodil; Kleinasien ist nach dem Sturz des Hethiterreiches durch die Phryger ohne jede politische Bedeutung; die Naïri-Länder – churritische Rückzugsgebiete in Südarmenien – sind gedemütigt, und Babylon hat das Ansehen, das ihm sein glänzender König Nebukadnezar I. schaffen konnte, schnell wieder eingebüßt.

Große Palast- und Tempelbauten, insbesondere die prächtige Vollendung des mit zwei Tempeltürmen geschmückten Doppelheiligtums für Anu und Adad in Assur, sind der äußere Ausdruck einer Machtfülle, wie sie dem assyrischen Staatswesen bisher noch nie beschieden gewesen war. Einer neuen, noch von den Hethitern übernommenen Sitte folgend, hat uns Tiglatpileser wenigstens für die ersten fünf entscheidenden Jahre seines Wirkens auf 50 cm hohen, achtkolumnigen Tonprismen, die er in die Ecken des Anu-Adad-Tempels einsetzen ließ, einen Bericht seiner Taten hinterlassen, der für seine spätere Regierungszeit durch zahlreiche weitere Inschriften ergänzt wird. Aus ihnen erkennen wir seine Grundüberzeugung, daß seinem Gott Aschschur die Weltherrschaft zustehe, daß jeder Widerstand gegen seine Heere somit eine schwere Versündigung gegen die Ordnung der Welt bedeute und mit äußerster Härte in gottesdienstlichem Waffengang zu ahnden sei. Hier liegt für uns der Schlüssel zum Verständnis sowohl des jetzt zum ersten Male offen erscheinenden assyrischen Imperialismus und Militarismus als auch der grausamen Art, Krieg zu führen: Hinter all diesem steht eine Weltanschauung, es handelt sich *mutatis mutandis* um Religionskriege, bei denen die Exekution der Opfer „Gott wohlgefällig" war. Das Blut der Erschlagenen floß, wie Tiglatpileser sich rühmt, „in Strömen zu Tal", und die abgeschnittenen Köpfe der Feinde türmten sich auf der Walstatt „wie Getreidehaufen".

Die Zeit der neuassyrischen Könige hat hier ihr Vorbild gesucht und gefunden: Grausigster Terror ist eins der durchschlagendsten Kampfmittel schon in dieser Epoche; der Schrekken vor Assurs Regimentern geht ihnen voraus und lähmt den Feind bereits, ehe die Schlacht beginnt. Und was sind das für Truppen, die Tiglatpileser im Namen des gnadenlosen Aschschur, des wütenden Ninurta, des wild dahinstürmenden Adad und die blutgierigen assyrischen Ischtar zum Kampf führen kann! Eine alte Tradition, härteste Disziplin und furchtbare Strapazen haben sie gestählt; sie kennen auch in den rauhesten Gebirgen keine Wegschwierigkeiten, sie brechen mit Sturmleitern und Rammböcken die höchsten Mauern und festesten Tore, durchqueren auf der Verfolgung der stets ausweichenden Aramäerhorden in pausenlosem Durstmarsch die Wüste, und ihre Streitwagengeschwader überwinden in Rekordfahrten ungeahnte Entfernungen bis hin zur Oase von Tadmor-Palmyra.

Mit einem solchen Instrument der Kriegführung kann Tiglatpileser gleich nach Regierungsantritt einem von fünf Königen angeführten gefährlichen Einfall von 20 000 thrako-phrygischen Muschki an der Nordwestgrenze begegnen, indem er in Eilmärschen das Kaschiarigebirge *(Tur Abdin)* durchquert: Bis in die kleinasiatische Kommagene stößt er vor, die zahllosen Gefangenen werden zur Ansiedlung nach Assyrien geschickt. Er überrennt hethitische Nachfolgestaaten im östlichsten Winkel Kleinasiens, durchzieht sechzehn nördliche Gebirgslandschaften zu Wagen oder zu Fuß, wobei die Pioniere, wenn es not tut, mit ihren Hacken einen Weg schlagen müssen, und besiegt zahllose – einmal sind es 60 – Häuptlinge der Naïri-Länder Südarmeniens hin bis zum Van-See:

„Tiglatpileser, der mächtige König, der König der Gesamtheit, König von Assur, König aller vier Weltgegenden, der mit Hilfe Aschschurs und Ninurtas, der großen Götter, seiner Herren, einherzog und seine Feinde niederwarf ... Auf den Befehl Aschschurs, meines Herrn, eroberte ich das Gebiet von jenseits des Unteren Zab bis zum Oberen Meer im Un-

tergang der Sonne. Dreimal zog ich zu den Naïri-Ländern, die weiten Naïri-Länder ... eroberte ich. Dreißig Könige der Naïri-Länder warf ich nieder vor meine Füße, empfing ihre Geiseln, ihre ans Joch gewöhnten Pferde nahm ich als ihre Abgabe in Empfang. Tribut und Abgabe legte ich ihnen auf ..."

Syrien, wo insbesondere der Libanon mit seinen kostbaren Zedernwäldern lockte, ist das nächste Ziel des Königs, und die phönizischen Städte Byblos, Sidon und Arwad beeilen sich, Tribut zu zahlen und eine Triumphfahrt über See von Arwad *(Ruad)* nach Simurrum *(Simyra)* mit eingelegter Walfisch- oder Robbenjagd zu inszenieren.

Um die Verbindung zum Westen aufrechtzuerhalten, muß freilich ein ständiger Kleinkrieg gegen die jetzt beginnende neue semitische Wanderwelle der Aramäer, die das Land weithin unsicher machen, geführt werden; 28 mal, so berichtet Tiglatpileser, ist er gegen sie zu Felde gezogen. Die Demütigung Babylons krönt das Werk: Die seit Tukultininurta peinlich innegehaltene Neutralität wird vermutlich durch assyrische Grenzverletzungen im Aramäerkrieg gestört, der babylonische König Marduknadinachche hat nach Anfangserfolgen keine Aussichten mehr, als Tiglatpileser nun selbst an die Bereinigung des Südens geht. „Durkurigalzu, Sippar des Schamasch, Sippar der Anunitu, Babylon und Upi, die großen Städte Babyloniens, eroberte ich samt ihren Befestigungen. Ein großes Blutbad richtete ich in ihnen an, ihre zahllose Beute führte ich fort. Marduknadinachches, des Babylonierkönigs, Paläste in Babel nahm ich ein und verbrannte sie mit Feuer, die Schätze seiner Paläste führte ich fort. Zweimal lieferte ich dem Marduknadinachche, dem König von Babylon, eine Wagenschlacht und tötete ihn." Aber der Sieger weiß, belehrt durch die hundert Jahre zurückliegende Geschichte seines Ahnen Tukultininurta, wie weit er hier im Süden gehen darf: Die Tempel bleiben unangetastet und der Thron frei für den babylonischen Prätendenten, der nun – gewiß als assyrischer Vasall – die Herrschaft übernimmt.

Das ist der überwältigende, aber auch beklemmende Bericht von den Siegen dieses bisher größten Kriegers unter Assurs Königen, dem ein zeitgenössisches Preislied von seinem Kampf gegen die „Esel des Gebirges" – gemeint ist eine Stadt im Norden namens Murattasch – ein homogenes Denkmal gesetzt hat. Wir lesen da:

„Einen Weg von drei Tagen marschierte er vor.
Vor Aufgang der Sonne war Glut ihre Erde,
Zerfetzte er der Schwangeren Bäuche,
Durchbohrte er der Schwachen Leib.
Den Mächtigen schnitt er die Hälse ab,
Im Rauch ihres Landes starben die Mannen –
Ein Trümmerhaufen, wer sündigt an Aschschur!
Laßt singen mich von Aschschurs Sieg,
Des Mächtigen, der da zieht zum Kampf,
In aller Welt den Sieg erringt ..."

Verharren wir auf diesem Höhepunkt assyrischer Macht gegen Ende des 2. Jahrtausends, dem durch die Untüchtigkeit der Nachfolger des großen Herrschers nur zu schnell ein neuer Abstieg folgen sollte, um einen Blick auf die uns zugänglichen Äußerungen zu Zivilisation und Kultur des soeben kurz umrissenen Zeitraums zu werfen!

Tiglatpileser I. selbst, der zwar ein fanatischer und grausamer Krieger seines Gottes Aschschur, aber daneben auch ein weitschauender Regent seines assyrischen Landes war, hat uns hierüber einiges mitgeteilt. Wir erfahren, daß er sich um eine vermehrte Herstellung von – vermutlich auch technisch verbesserten – Pflügen „in ganz Assyrien" bemüht hat, und erkennen darin eine Maßnahme zur Förderung des Ackerbaus, an dem der Staatsführung angesichts einer wachsenden Bevölkerung viel gelegen sein mußte. Herodot preist noch um 450 v. Chr. aus eigener Anschauung den Hochstand der babylonischen *Landwirtschaft,* die, wie er meint, zweihundertfältige und zuweilen noch höhere Frucht trug und die schon nach Sumers Glauben unter dem Segen Enlils und Enkis, des Bauerngottes Enten und der Getreidegöttin Aschnan stand. Das Jahr des Ackerbauers begann hier mit der Saat im November, der in Babylonien schon im Februar das erste Grün und im März/April der Schnitt folgt, während das rauhere Assyrien erst im Monat Tammuz Juni/Juli) ernten kann. Dann kommt das große, im Dahinschwinden des Tammuz symbolisierte Sterben über die Natur, da „der saftige Pflanzenwuchs vertrocknet" und die Hitze bis zu 50 Grad im Schatten steigt; nur ständiges Bewässern der Felder und Gärten kann hier helfen. Die Datteln reifen und werden im Monat Arachsamna (Oktober/November) gepflückt; es ist derweil im Elulu (September) kühler geworden, und nun beginnt der Kreislauf des Jahres aufs neue.

Nur eine ständige staatliche Beaufsichtigung des Bewässerungssystems sicherte die Erhaltung der an den Flüssen und Kanälen gelegenen Anbauflächen, deren Erweiterung und völlige Ausnutzung – etwa durch besseres Pflügen – stets eine der Hauptsorgen aller umsichtigen Fürsten ausmachte. Das Land war vornehmlich im Besitze der Tempel, der Krone oder des Adels und wurde von Hörigen oder Pächtern bewirtschaftet. Der Umfang der Güter oder Felder wechselte zwischen gelegentlichem Großgrundbesitz bis zu 1300 Morgen (bei Manischtusu von Akkad) und kleinen Bauerngütchen von 25 Morgen (Hammurabizeit), die später mit der steigenden Bevölkerung noch weiter geteilt werden. Die Landwirte gerieten durch Mißernten oft in Schulden und konnten dann ihre Pacht, die in Naturalien zu liefern war, nicht bezahlen, so sehr sie sich auch das ganze Jahr hindurch mit Pflügen, Säen, Hacken, Jäten, Kampf gegen Wanderheuschrecken, Bewässern und Ernten mühten; um so größer war der Dank an ihre Götter – unter denen Ningirsu, später Ninurta in den Vordergrund tritt –, wenn Gerste, Weizen und der als Festtagsspeise geltende, im Anbau günstigere Emmer (eine Weizenart), Mohnhirse, die Ölfrucht Sesam und die Hülsenfrüchte guten Gewinn abgaben.

Dem Landmann nächstverwandt war der Gärtner, der sich neben dem Gemüsebau in Babylonien vor allem der Dattelpalmenzucht widmete – Assyrien war für diese so allseitig verwendbare Frucht bereits zu kalt. Roh gegessen, als Honig und – wie der Emmer – zur Bereitung des Rauschtranks spielte die Dattel eine maßgebliche Rolle in der menschlichen Ernährung, während der Weinbau als Luxus galt und fast nur den Reichen zugute kam. Granatapfel, Pistazie, Birne, Mandel- und Johannisbrotbaum, schließlich die Gewürzkräuter bezeichnen die übrigen Kulturpflanzen des Zweistromlandes, dem der „Wald" (aus Fruchtbäumen) mit seinem Duft und Schatten stets als eine Art Paradies erschienen ist: Die Anpflanzung von Bäumen ist daher ein rühmenswertes Tun, und auch von ihm hat uns Tiglatpileser I. berichtet.

Die Sicherung der Ernte, insbesondere an Getreide für die Ernährung der Bevölkerung und nicht zuletzt des Heeres, mußte ein weiteres Anliegen jedes Fürsten sein; Tiglatpilesers Inschriften melden uns die Anlage großer Kornvorräte. Die Städte vergrößerten sich, und mit dem Anwachsen des Handwerker-, Soldaten- und Kaufmannsstandes, mit einer immer stärker differenzierten Zivilisation veränderte sich das Bild der *Bevölkerung.* Unter den herrschenden Schichten des Königshauses, der Offiziere, der Beamtenschaft und der Priester standen die Freien, denen sich die Halbfreien und schließlich die Sklaven unterordneten. Die letzteren ergänzten sich stets neu aus den Kriegsgefangenen, soweit solche im Verlauf der grausamen assyrischen Kriegführung gemacht wurden; doch führten die weitgespannten militärischen Unternehmungen mit ihrem Massenanfall von Unterworfenen auch zu einer neuen Praxis: Um die – meist alsbald nach Abzug des Heeres ausbrechenden – Aufstände der fernergelegenen neuen Eroberungen zu unterbinden, griffen die mittelassyrischen Dynasten zum erstenmal in der Geschichte zu dem seither in dunklen Stunden des Völkerlebens immer wieder geübten Mittel der Massendeportation. Ganze Stämme und Städte, Zehntausende von Menschen, werden umgesiedelt und die leeren Räume mit Assyrern oder anderen Zwangsverschleppten aus entgegengesetzten Bezirken aufgefüllt. So zerstört man den völkischen Zusammenhang und bricht das Nationalgefühl, so gewinnt man neue Bürger für junge Stadtgründungen und kann nach Belieben über endlose Kolonnen von Handwerkern und Bauleuten verfügen. Aber man vernichtet damit auch die gewachsene Struktur der Bevölkerung im eigenen Lande, die Ausgewogenheit des wirtschaftlichen Systems und das ererbte Heimatgefühl – Folgen, die sich im neuassyrischen Reich offenbar destruktiv ausgewirkt haben.

Überhaupt birgt diese Epoche viele Keime der künftigen Entwicklung. So werden in ihr die Grundlagen jenes Militärstaates gelegt, der in der Zeit der Sargoniden seine schärfste Ausprägung finden sollte. *Das Kriegswesen* wird jetzt, offenbar befruchtet von der straffen soldatischen Zucht des expansiven Churritertums, zu hohem Stande entwickelt. Sturm, Durchbruch und Verfolgung ist Sache der Wagenkämpfer, die über ein reiches und wohldressiertes Pferdematerial verfügen; uns sind die – im einzelnen leider sehr schwer verständlichen – Reste einer Anleitung zu Pflege und Abrichtung von Streitrossen erhalten, die ins 13. Jahrhundert gehört und wohl auf das berühmte, im hethitischen Chattusa wiedergefundene Pferdezuchtbuch des Churriters Kikkuli zurückgreift. Neben der Streitwagentruppe – Reiterei wird zum ersten Male bei Nebukadnezar I. erwähnt und spielt erst seit Assurnasirpal II., um 850, eine Rolle – steht die Infanterie, die den Gegner im Einzelkampf zu erledigen und das gewonnene Gebiet zu sichern hat; zur Bewältigung der Befestigungswerke, zu Straßenbau und Erschließung des Gebirgsgeländes stehen die Pioniere bereit, die insbesondere die Belagerungswerkzeuge wesentlich verbessert haben. Helme, Panzer, Schilde und Tartschen (Setzschilde) schützen den Kämpfer, seine Waffen sind Pfeil und Bogen, Speer, Wurflanze und Schleuder, Axt, Doppelbeil, Streitkolben und Schwert. Mit dem 12. Jahrhundert beginnt das Eisen in der Waffenherstellung die Bronze zu verdrängen; seine Bearbeitung war das ängstlich behütete Geheimnis der Hethiter, der Besitzer des Eisenvorkommens in Kleinasien, gewesen, und erst nach dem Sturz ihrer Macht um 1200 v. Chr. erobert sich, gefördert durch die zielbewußte Umsiedlung eisenkundiger Schmiede, das neue, ungleich härtere Metall schnell ganz Vorderasien. Tiglatpileser I., so hören wir, erlegte seine Auerochsen mit eisernem Speer.

Denn gleich neben dem Waffenhandwerk des Krieges stand als königliche Beschäftigung die *Jagd* – auch sie als Kampf gegen reißendes Raubtier oder gefährliches und den Landmann schädigendes Großwild –, eine von Aschschur und anderen Göttern, insbesondere Schamasch und Ninurta (Nimrod!), dem frommen Herrscher erteilte Aufgabe. Tiglatpileser I. hat uns einen Bericht von seinem Waidwerk hinterlassen:

„Auf Befehl Ninurtas, meines Gönners, erlegte ich vier starke, riesige Wildstiere in der Steppe Mitannis und der Stadt Araziq, die vor dem Hethiterlande liegt, mit meinem mächtigen Bogen, dem eisernen Speer und meinen spitzen Pfeilen. Ihre Felle und Hörner brachte ich nach meiner Hauptstadt Assur. Zehn gewaltige Elefantenbullen erlegte ich in Charrān und an den Ufern des Chabur, vier Elefanten fing ich lebend. Ihre Häute und Zähne brachte ich zusammen mit den lebendigen Elefanten nach meiner Hauptstadt Assur. Auf Befehl Ninurtas, meines Gönners, tötete ich 120 Löwen tapferen Herzens in heldenhaftem Fußkampf, 800 Löwen von meinem Streitwagen aus. Allerlei Feld- und Flugwild machte ich zu meiner Jagdbeute."

Wir hören, daß der große Waidmann zum Ruhme seines Namens und zur Erheiterung der hauptstädtischen Bevölkerung seine lebende Jagdbeute in einem Tierpark sammelte; hier fanden auch die ihm durch den Pharao übersandten Exemplare der Tierwelt Ägyptens Auf-

91

nahme. Übrigens ist sich die Forschung über das Vorkommen der hier und auch gelegentlich von ägyptischen Königen bezeugten syrischen Elefanten noch nicht recht im klaren; sie scheinen sich nur in dem verhältnismäßig kleinen – und vielleicht schon damals als „Elefantenreservat" fürstlichen Jagden vorbehaltenen – Bezirk der Frischwassersümpfe des *Ghab* östlich des mittleren Orontes zu finden, und es wird angenommen, daß es sich dabei um Zwergelefanten handelt. Tiglatpilesers Jagdfahrten wurden so berühmt, daß noch sein Enkel Assurbelkala auf dem sogenannten „Zerbrochenen Obelisken" von ihnen erzählt.

Wir würden Tiglatpileser Unrecht tun, wollten wir nur seinen Kriegs- und Jagdruhm und seine Maßnahmen auf dem landwirtschaftlichen Sektor nennen. Tatsächlich hat dieser vielseitige Fürst auch dem Geistesleben seiner Zeit Beachtung geschenkt, vielleicht als erster Assyrer in seinem Palast eine Bibliothek einrichten lassen und *Kunst, Wissenschaft* und *Literatur* gefördert. Assur hat zwar seit langem eine eigene, sehr klare und von den babylonischen Formen abweichende Art der Keilschrift ausgebildet, deren Kalligraphie überragend schöne Schriftdenkmäler schuf, in der Sprache aber bevorzugt man seit Salmanassar I. das Babylonische, und noch mehr ist gerade Tiglatpileser bemüht, die von Babel gepflegten klassischen Literaturwerke in Assur heimisch zu machen, so daß sich hier nun eine eigene Schulüberlieferung entwickelt.

Daß das Assyrertum auch in der *Dichtung* schöpferisch sein konnte, zeigt das Beispiel des schon genannten Preisliedes auf Tiglatpileser und des gleichfalls bereits zitierten Tukultininurta-Epos. Es schildert den kriegerischen Mut des Königs, malt aus, wie Aschschur ein verzehrendes Feuer über die Feinde wirft, Anu den assyrischen Truppen vorangeht und seine schonungslose Waffe gegen die Übeltäter wendet, wie der strahlende Sin sie lähmt, wie Schamasch ihre Augen verdunkelt, Ninurta ihre Waffen zerbricht und Ischtar die Trommel schlägt, um sie zu betäuben. So geraten die assyrischen Krieger in einen Taumel kämpferischer Raserei:

„Ungestüm sind sie, voll Wut, wie der Sturmgott verwandelt,
Sie stürzen ins Kampfgewirr ohne Obergewand,
Sie prüfen die Bänder, sie rissen die Kleider vom Leibe,
Sie banden das Haar, ließen tanzen im Kreise die Schwerter.
Es sprangen, es hielten die scharfen Waffen in Händen
Die wilden Kämpfer, die kriegsgewaltigen Männer,
Sie stürmten heran, als wenn die Löwen sich packen ..."

Wie die Dichtung das Heldenepos der assyrischen Kriege schreibt, so notiert eine *historische Wissenschaft* getreulich die sich oft überstürzenden Ereignisse ihrer Zeit. Königslisten werden ausgearbeitet; nach dem in Assur neu ausgebildeten Brauch, die Regierungsjahre der Herrscher nicht mehr nach Ereignissen, sondern das erste Jahr nach dem König und die folgenden jeweils nach einem hohen Beamten zu benennen, legt man *limu-*(Eponymen-)Listen an; eine synchronistische Geschichtsschreibung, die sich an den babylonischen Chroniken bildet, beschreibt die wechselvollen Beziehungen zwischen Assur und Babylon, und die Historiographen stehen bereit, um den Königen ihre Feldzugs-, Jahres- und Bauberichte zu schreiben: Die Geburtsstunde der Annalistik hat geschlagen.

Auch die *Rechtsgelehrten* sind am Werk. Wir besitzen eine Sammlung mittelassyrischer Gesetze, die ein Handbuch für den praktischen Gebrauch des Richters darstellen und im sogenannten „Gerichtstor" von Assur wiederaufgefunden wurden. Und hier erschrecken wir ebenso vor der barbarischen Härte der Strafen wie vor der niedrigen Stellung, die der Frau im assyrischen Lebenskreis angewiesen wird: Eine Frau, die aus dem Hause ihres kran-

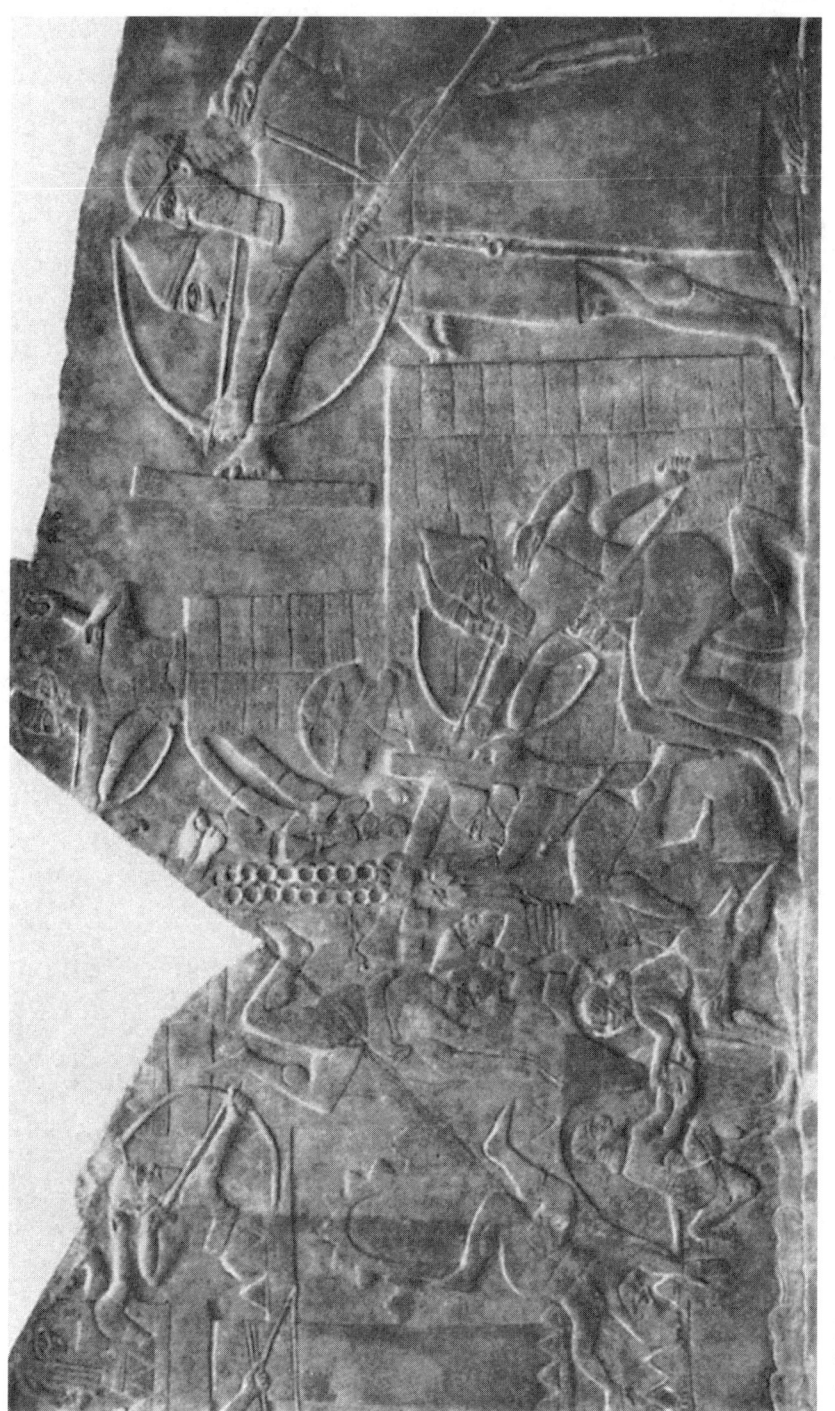

Reliefbild Assurnasirpals II. aus Kalach

Reliefbild Tiglatpilesers III. aus Kalach

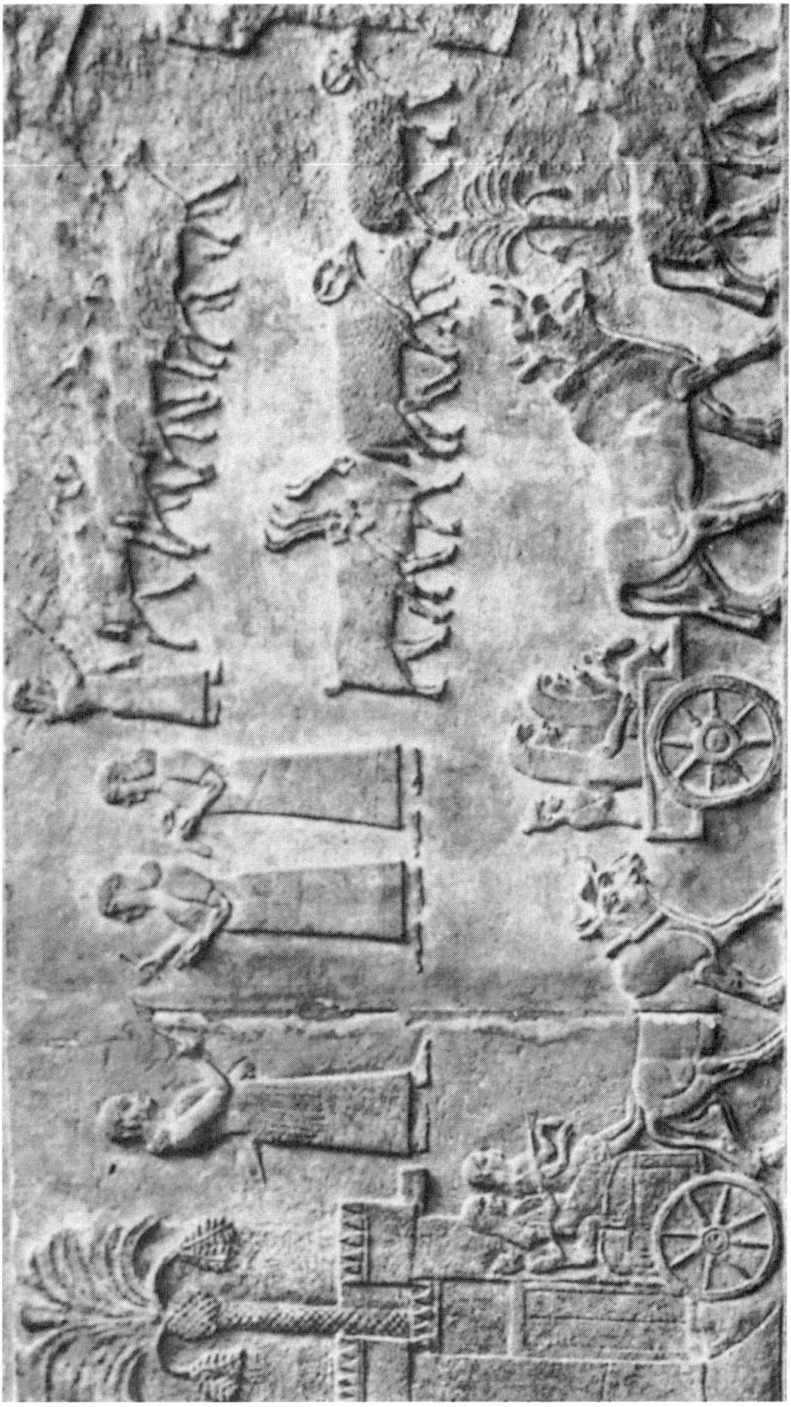

Reliefbild Tiglatpilesers III. aus Kalach

Assyrischer Großer im Gebet vor Aschschur, Schmelzziegelgemälde aus Assur

Neuassyrische Tongefäße mit Schmelzfarbenmalerei aus Assur

Der „Schwarze Obelisk" Salmanassars III. aus Kalach

Schamschiadad V. (Kalach)

Reliefs vom Bronzetor Salmanassars III. aus Balawat

ken oder toten Mannes etwas weggibt, gilt als Diebin und wird samt dem Empfänger getötet; hat sie einem Sklaven oder einer Sklavin etwas hingegeben, werden den Beteiligten die Nasen abgeschnitten. Bei Ehescheidung, d. h. dem Fall, daß der Mann seine Frau entlassen will, ist er nicht verpflichtet, ihr irgend etwas herauszugeben. Wird der Mann im Kriege vermißt, so muß die Frau fünf Jahre auf ihn warten, auch wenn sie wirtschaftlich nicht gesichert ist. Andererseits muß vermerkt werden, daß für die Witwe durch die sogenannte Leviratspflicht (Schwagerehe) gesorgt wird. Ehebruch zieht für beide Teile die Todesstrafe nach sich; vergewaltigt ein Mann eine Frau, wird er getötet. Unter den grausamen Körperstrafen erscheinen das Durchbohren der Ohren, das Abschneiden der Unterlippe, Ohren oder Finger, die Zerstörung des Gesichtes, etwa durch Übergießen mit heißem Asphalt, und die Kastration. Diese wenigen Beispiele genügen uns, um die Gesamthaltung der mittelassyrischen Gesetze zu erkennen: Sie wirken gegenüber der sumerisch bestimmten Jurisdiktion von Eschnunna oder Isin und sogar gegen den Codex Hammurabi unerhört rückständig, zeigen aber mit aller Deutlichkeit die unerbittliche Härte des assyrischen Staatslebens, über das die eiserne Disziplin des Heeres seinen Schatten warf. Natürlich war sie zugleich Assurs Stärke.

Brutale Kriegführung, mitleidlose Verschleppungen, blutgierige Götter – wir verstehen jetzt, warum der gütige Marduk auch in Assur so zahlreiche Verehrer hatte –, dazu ein grausames Recht: War hier nicht wahrhaft ein „Reich der Dämonen" aufgerichtet? Man ist versucht, diesem Gedanken nachzugeben, um so mehr, als die Menschen jener Zeit selbst sich in Wahrheit ständig vor bösen Geistern fürchten zu müssen glaubten. Denn ganz offenbar nimmt die „schwarze Magie", nehmen *Zauberwesen und Hexerei* in dieser dem chorritischen Wesen noch nahen Epoche einen einmaligen Aufschwung. Werfen wir deshalb schon hier einen Blick auf jene schreckenerregende Fabelwelt, die in den magischen Texten der Assurbanipal-Bibliothek und in einigen Bildwerken vor allem der neuassyrischen Zeit so eindringlich und erregend vor uns wiedererstanden ist!

Unglück und Krankheit waren das Werk böser Geister oder die Tat von Zauberern und Hexen, die die Dämonen in ihren Dienst zwangen und mit kleinen Ersatzfiguren des Betroffenen grausige Manipulationen vornahmen. Zwar gibt es auch gute Geister, die den Menschen helfen, doch überwiegen die bösen, von denen Himmel, Erde und Unterwelt voll sind – Kinder des obersten, menschenfeindlichen Gottes An, Ausgeburten der Hölle oder Totengeister, die selbst den großen Göttern Schaden tun können, nachts aus Erdklüften, Ruinen, Gräbern oder von der Wüste kommen und überall ihr Unwesen treiben, da sie durch die engste Ritze in der Wand schlüpfen und die höchste Mauer übersteigen. Sie heißen „Gespenst", „Lauerer", „Todesschicksal", „Drache", „Nachtmännchen", „Nachtweibchen" oder *Pazuzu* („Packer"), der „den Leib des Menschen gelb, sein Gesicht gelb und schwarz und sogar seine Zungenwurzel schwarz machte, oder sie tragen die gefürchteten Namen der Lamaschtu, die die kleinen Kinder frißt, oder der Lilîtu, die später in der talmudischen Überlieferung zu Adams erster Frau gemacht wird und als solche noch in der Walpurgisnachtszene von Goethes „Faust" auftritt. Allein, zu dreien oder als „böse Sieben" quälen und ängstigen die Dämonen Mensch und Tier, und die Furcht vor ihnen und den Magiern, die ihnen gebieten konnten, lag wie ein ewiger Alpdruck auf den Menschen jener Zeit. Denn weder die Todesstrafe für Zauberer und Hexen noch die Kunst der Beschwörungspriester, die „weiße Magie", brachten sichere Abhilfe.

Dennoch entsteht nun eine riesige Literatur von Beschwörungstexten, die den genauen Wortlaut und die richtige Weitergabe der – meist mit bestimmten Handlungen verbundenen – Formeln gewährleisten sollte. In diesen Beschwörungen wird zunächst der zu bekämpfende Dämon genannt – und damit auch der richtige getroffen wird, entstehen hier ganze Geisterlisten –, dann folgt die Aufforderung, den Gequälten zu verlassen, und der Name des

Beschwörenden. Ea und Marduk haben den Menschen diese Kunst gebracht, darum klagt einleitend der Betroffene Marduk sein Leid; dieser geht dann zu seinem Vater Ea, fragt um Rat und erhält die nötigen Weisungen. Hunderte solcher Texte, bei denen es sich verständlicherweise meist um Erkrankungen dreht, sind in großen Serien erhalten; sie heißen *Utukki limnuti* („Böse Geister"), „Schlimme Asakke-Dämonen", „Tauschbild", „Mundwaschung", „Zauber zu lösen", „Mit Mehlwasser Böses zu lösen", „Kopfkrankheit", „Eine Schwangere, die gebunden ist", „Einen bösen Traum gut zu machen"; und zwei berühmte Werke über die Hexen, wovon eines einen umfangreichen Sündenkatalog enthält, nennen sich *Schurpu* („Verbrennung") und *Maqlu* („Verzehrung").

Als Probe einer Dämonenaustreibung geben wir die Beschreibung eines Exorzismus, der zur Anwendung kam, wenn der Priester die Dämonin Labartu als Schuldige an einer Erkrankung festgestellt hatte: Dann fertigte man eine Tonfigur dieses bösen weiblichen Geistes an, setzte sie neben den Kranken und versuchte nun, durch schöne Bekleidung der Puppe, durch daneben gestellte gute Speisen, Öle und Salben die Dämonin aus dem Leib des Kranken in die Tonfigur zu locken. Blieb – nach Maßgabe des Krankheitsverlaufs – der Erfolg aus, so steckte man als besonderen Leckerbissen das Herz eines Ferkels in den Mund der Figur. Einer solchen Lockung konnte selbst der abgefeimteste Geist nicht widerstehen: Nach drei Tagen durfte man die Übersiedlung als vollzogen ansehen, und jetzt wurde die Puppe „getötet". Man schnitt den Hals ab, vergrub sie, band sie an Dornen und Disteln der Wüste fest oder setzte sie als sicherstes Mittel mit zwei schwarzen und zwei weißen Hundefigürchen in ein kleines Schiff, das durch Beschwörungen aufs Meer hinausgeschickt wurde ... Und hier noch ein Beschwörungstext im Wortlaut:

„Beschwörung. Zauberin, Mörderin, Alp ...
Beschwörerin und Zauberpriesterin,
Beschwörerin der Schlange, Dirne,
Hierodule, der Ischtar geweiht,
Die da fängt in der Nacht, den ganzen Tag jagt,
Die den Himmel beschmutzt und antastet die Erde,
Zu binden vermag der Götter Mund,
Und fesseln kann der Göttinnen Knie,
Die da tötet die Männer, die Frauen nicht schont,
Vernichterin ist und böser Geist,
Und niemand besteht ihr Zaubertum –
Jetzt sahen dich, jetzt packten dich,
Jetzt griffen dich an, jetzt ließen dich wanken
Ea und Marduk, sie übergaben
Dem Feuergott Girra, dem Helden, dich!
Es löse Girra, der Held, deine Knoten –
Und leiden sollst du Hexe, was du uns geboten!"

In einem seltsamen, aber unter den neuassyrischen Herrschern wiedererscheinenden Gegensatz zu diesen dunklen Aspekten steht die Tatsache, daß Assur schon jetzt in den Bezirken der *Kunst* Schöpfungen von erstaunlicher Schönheit hervorgebracht hat. Die Architektur bezeugt in dem monumentalen Doppelheiligtum für Anu und Adad, dessen Rekonstruktion uns seine Größe und Pracht ahnen läßt, und anderen Heiligtümern, in den Befestigungsanlagen und den mit farbenfrohen Schmelzziegelgemälden ausgeschmückten Königspalästen ein hohes Können. Die Relief- und Vollplastik versucht nach Ausweis der wenigen erhaltenen Belege, etwa Tukultininurtas Symbolsockel, einer nur in Bruchstücken erhaltenen

Reliefscheibe oder dem Torso eines nackten weiblichen Körpers aus Ninive neue Wege zu gehen.

Vor allem aber ist es das Rollsiegelbild, das mit großer Liebe bearbeitet wird und in Themenstellung, Komposition und Ausführung jetzt wunderbare kleine Werke geschaffen hat. Man vermeint zu fühlen, daß die Künstler vor der grausamen Härte ihrer Zeit und der Finsternis ihrer Dämonenangst zu ihnen ihre Zuflucht nahmen, wenn sie die überlieferten Einführungs- und Anbetungsszenen, die Tierkämpfe oder Lebensbaummotive ausformten, noch mehr aber, wenn sie die seit der Djemdet Nasr-Zeit um 2800 fast vergessene naturnahe Tierdarstellung – Hirsche im Wald, Jagdszenen, den Strauß der Steppe, den Tiglatpilesers Wüstenzüge bekannt gemacht hatten, das nun auch in die mythische Welt aufgenommene, oft geflügelt dargestellte Pferd – pflegen oder etwa den pflügenden Bauern verewigen. Ebenso lebendig und plastisch erscheint nun aber auch das Mischwesen churritischer Provenienz, der geflügelte Kentaur oder der Skorpionenmensch, im Rollsiegelbild, und die eifrige Bautätigkeit der Könige spiegelt sich in der Abbildung einer Tempelfassade oder eines Zikkurat-Baues wider. Es ist ein tröstlicher Gedanke, daß das Licht der Kunst, und sei es nur in den bescheidenen Bildern der Glyptik, auch in diese dunkle Zeit geschienen hat und die harten Herrscher des mittleren Assur sich vor ihm verneigten.

XI

Das neuassyrische Reich

Ninive, 635 v. Chr.

Die Keilschriftwissenschaft, der wir die Wiedererschließung der Kultur Altvorderasiens verdanken, hat nur durch zwei seltene Glücksumstände ihre Aufgabe so überraschend lösen können: Durch die literarische Sammlerleidenschaft des letzten großen Assyrerkönigs und durch die Auffindung der von ihm angelegten Bibliothek gleich in den Anfangsjahren assyrischer Forschung, die dem in englischen Diensten stehenden Iraker Hormuzd Rassam 1854 gelang. Zwar ist die Reihe der Archivfunde in den hundert Jahren seither nicht abgerissen und hat mit den Entdeckungen in Tello (seit 1877), Amarna (1887), Nippur (seit 1889), Boghazköi (1906/08), Ras Schamra (seit 1929), Mari (seit 1933) und Sultantepe (seit 1951) und an vielen anderen Orten den Bestand an Keilschrifttexten auf etwa eine Viertelmillion Urkunden – allerdings zu neun Zehnteln geschäftlichen Inhalts – anschwellen lassen; Assurbanipals Tafelsammlung in seinem Palast in Ninive überragt indes alle diese Funde an Bedeutung durch ihren Charakter. Denn sie war keine zufällige oder auf bestimmte, etwa wirtschaftliche, politische oder religiöse Bereiche eingeschränkte Aufhäufung von Texten, sondern von vorn vornherein als „Büchermuseum" gedacht, in dem ihr Schöpfer alle wichtigen Schriftdenkmäler und Literaturwerke der sumerisch-akkadischen Welt in sauberen Abschriften sammeln wollte.

Assurbanipal berichtet es uns selbst, wie er „die in geordneten Keilschriftzeichen niedergelegte Weisheit des (Schreibergottes) Nebo" auf die Tafeln geschrieben, den Text geprüft und verglichen und die Dokumente dann in seinem Palast deponiert habe, damit er sie „ansehen und immer wieder lesen" könne. Wenn seine Bibliothek auch bei der Zerstörung Ninives 612 stark in Mitleidenschaft gezogen wurde – die Soldaten zerschlugen die Mehrzahl der Tafeln in kleine Teile –, so war doch der wiederaufgefundene Rest von etwa 20 000 Stücken bedeutsam genug, um der assyriologischen Forschung nach 2500 Jahren eine sichere Grundlage zu geben und mit einem Schlage die Literatur und mit ihr die Geschichte und Kultur Assur-Babylons wieder bekannt zu machen.

Die archäologischen und literaturgeschichtlichen Neigungen des Königs *Assurbanipal*, der von 668–626 (?) regierte, verwundern weniger, wenn wir seinen Werdegang kennenlernen. Er hat ihn uns in lebhafter Weise selbst geschildert. Ursprünglich zur Übernahme einer hohen Priesterstelle bestimmt, wurde er nach dem frühen Tode des Kronprinzen bei einem assyrischen Reichstag des Jahres 672, vermutlich auf Betreiben der Militärpartei und sicher auch des Klerus, von seinem Vater Asarhaddon zum Nachfolger auf dem Thron Assurs bestimmt, während man seinen an sich wohl vor ihm berechtigten Bruder als König von Babylon vorsah. Als Priester hatte Assurbanipal sich naturgemäß ausgiebig mit der Gelehrsamkeit seiner Zeit zu befassen: „Ich erwarb den geheimen Schatz der ganzen Tafelschreiberkunst, verstehe die Vorzeichen am Himmel und auf der Erde, diskutiere im Gelehrtenkreise ... kann schwierige, undurchsichtige Divisions- und Multiplikationsexempel lösen, las immer (wieder) die kunstvoll geschriebenen Texte im schwierigen Sumerisch und mit Mühe entzifferbaren Akkadisch, nahm Einblick in die ganz unverständlichen Schriftsteine aus der Zeit vor der Sintflut ... verstehe mich auf den Beruf aller Gelehrten ..." Doch vergaß der junge Prinz Sport- und Waffenausbildung nicht, so daß die maßgebenden Regierungskreise – und nicht zuletzt seine energische Großmutter, Sanheribs Witwe Naqia – früh auf diesen vielseitigen und offenbar hochbegabten, freilich anscheinend auch sehr eitlen Königssohn aufmerksam geworden sind.

Er hat als Herrscher ihre Erwartungen nicht enttäuscht. Seine gelehrten Neigungen verbanden sich mit Energie und Umsicht, so daß die etwa 40 Jahre seiner Regierung – ihr Ende ist uns nicht bekannt – eine letzte Blütezeit des neuassyrischen Reiches bedeuten. Wie seine Vorgänger Assurnasirpal II., Tiglatpileser III., Sargon II. und Sanherib förderte er die in hoher Blüte stehende Reliefkunst, mit deren Werken er die Wände seines großen Palastes in Ninive schmückte; ihre Kriegs-, Jagd- und Lagerszenen, vor allem aber die herrlichen Tierdarstellungen sind von unerhörter Lebendigkeit und zuweilen einzigartiger Schönheit.

Seinen kultischen Pflichten unterzog sich Assurbanipal gewissenhaft, ließ sich nach altem Brauch als Ziegelkorbträger für Babels Tempelbauten darstellen und vermerkte es sehr übel, als sein Bruder Schamaschschumukin (griechisch *Saosduchin*) ihn an dem Vollzug der Opfer in den babylonischen Heiligtümern hindern wollte. Die Landwirtschaft förderte er anscheinend besonders, jedenfalls rühmt er sich, daß in seiner Zeit das Getreide 2 m hoch stand, daß Wald und Rohr üppig emporwuchsen und der Viehbestand sich reichlich vermehre; und wenn wir hören, daß er mit dem Fürsten der phönizischen Inselstadt Arwed die Anlage eines assyrischen Freihafens mit eigenen Kaibauten abmachte, so dürfen wir daraus auf sein Interesse an der Steigerung des Handelsverkehrs schließen.

Seine Politik wußte sich den Gegebenheiten anzupassen, und es spricht eher für seinen Weitblick, daß er auf dem Festhalten an der von Asarhaddon und ihm selbst in seinen ersten Regierungsjahren errichteten Herrschaft über das ferne Ägypten nicht bestand, als die Opfer dafür zu hoch wurden. Immerhin blieb ihm der Triumph, daß seine Truppen das oberägyptische Theben erobert und ausgeplündert hatten. Seine ganze Energie setzte er statt dessen für näherliegende Aufgaben ein: Er besiegte die wilden Araberstämme und ließ diese Kriegshandlungen in seinen Reliefs darstellen; Sklaven und Kamele – die bis dahin im Kulturland fast unbekannten Reittiere der Wüstenleute – kamen so zahlreich nach Assyrien, daß sie, wie es heißt, zum alltäglichen Zahlungsmittel wurden. Als die von Asarhaddon getroffene Regelung, nach der Schamaschschumukin unter Assurs Oberhoheit den Thron Babylons bestiegen hatte, schließlich an der Aufsässigkeit des letzteren scheiterte, griff Assurbanipal mit aller Härte durch. Jener hatte nach anfänglich loyaler Haltung mit Assurs Feinden – Elam, Gutium, den in ganz Mesopotamien seßhaft gewordenen Aramäerstämmen, Arabern und Ägyptern – Verbindung angeknüpft, und es kam im Jahre 652 zu einem großen Aufstand, der die Existenz des Reiches gefährdete. In einem vierjährigen mörderischen Bürgerkrieg setzte sich Assurbanipal durch und eroberte nach zweijähriger Belagerung und Besiegung eines arabischen Entsatzheeres 648 das durch Hunger und Seuchen geschwächte Babylon, in dessen brennendem Palast der „verräterische Bruder" ums Leben kam, ließ aber nach anfänglich furchtbarem Wüten seiner Soldaten schließlich Milde walten und setzte einen ihm sicher erscheinenden Prätendenten auf den Mardukthron.

Seinen größten Sieg aber, den er auf vielen Reliefbildern darstellen ließ, errang Assurbanipal gegen Elam, den alten Ränkeschmied im Osten. Er durfte sich hier auf die kräftige Unterstützung des ihm befreundeten, uns aus mehreren Briefen bekannten Statthalters Belibni, der das Meerland verwaltete, verlassen; nach jahrelangem Hin und Her vermochte die assyrische Streitmacht zu Lande und zu Wasser in den Lagunen des Persischen Golfes die Oberhand zu gewinnen, konnte unter Verwüstungen tief in Feindesland eindringen und Susa zerstören, Elam hat damals den Todesstoß erhalten und verschwindet seitdem aus der Geschichte.

Über die Folgezeit seit etwa 639 wissen wir nichts, dürfen aber annehmen, daß nun Assurbanipal die Früchte seiner Siege genießen und sich in verhältnismäßiger Ruhe der Regierung des Landes, aber auch seinen künstlerischen und literarischen Neigungen widmen konnte. Wie so viele seiner Ahnen ein großer Jagdliebhaber, hatte er eine besondere Freude am Waidwerk auf Löwen, die – damals offenbar schon selten geworden – durch seinen Förster

eingefangen und für die Hofjagden wieder freigelassen wurden. Anderes begehrtes Wild waren Hirsch, Antilopen und Wildesel; auf vielen Reliefbildern sind uns die Einzelheiten solcher Jagdfeste in einer für den König sehr schmeichelhaften Darstellung erhalten geblieben.
Noch einmal zeigt sich so Assurs Macht und sein Königtum in strahlendem Glanz, in der Fülle seiner sorgfältig gehegten Traditionen, seiner Kunst und Literatur, aber auch in aller seiner Härte – wir hören, daß Assurbanipal im Notfalle vor grausamen Exempeln nicht zurückschreckte, Aufrührern einen Strick in den durchbohrten Kiefer knoten ließ und sie im Triumphzug mitschleppte, die Körper abtrünniger Bürger auf Stangen zu spießen und um die eroberte Ortschaft aufzustellen befahl oder die Söhne eines Empörers zwang, vor dem Stadttor von Ninive „die Gebeine ihres Vaters zu zerklopfen". Assur steht an der letzten Wende seines Schicksals, das sich kaum zwei Jahrzehnte nach Assurbanipals Tode erbarmungslos vollziehen sollte. In den historischen Urkunden unter den Texten seiner Bibliothek, soweit sie das Inferno der Zerstörung überstanden, enthüllt sich uns das Bild eines zweihundertjährigen Aufstiegs, der zu diesem Gipfelpunkt führte. Wir können diesen Weg, auf dem uns so viel Grausamkeit und skrupellose Menschenverachtung, aber auch bewunderungswürdige Zielstrebigkeit begegnet, hier nur ganz umrißhaft wieder erstehen lassen.

Das Großreich Tiglatpilesers I., dessen Bestand nur auf der überragenden Herrscherfähigkeit des Königs und der Schärfe der assyrischen Waffen beruhte, war schnell zerfallen, als seine Nachfolger nicht die gleiche brutale Energie zu seiner Erhaltung einsetzten. Assurbelkala (1076–1058), dessen Grab und schwarzer Kalksteinsarkophag wiedergefunden wurden, hatte schwere Kämpfe mit Urartu und den Aramäern zu bestehen – letztere dringen schon so weit vor, daß einmal ein Häuptling dieses Stammes sich auf den Thron Babels schwingen und seine Tochter dem Assyrerkönig zur Ehe geben kann –, baute an den Palästen in Assur und Ninive und hinterließ einen Obelisken mit einem Bericht seines Wirkens, in den eine Aufzählung der Taten seines Großvaters eingeflochten ist.
Assurnasirpal I. (1052–1033), ein kranker Mann, überrascht uns durch die Erkenntnis seiner Sündhaftigkeit, die in seinen erhalten gebliebenen, um Heilung flehenden Bittgebeten an Ischtar erscheint; derlei Anschauungen waren damals verbreitet, wie wir aus der etwa gleichzeitigen Strafpredigt des israelitischen Propheten Nathan an König David (2. Buch Samuelis K. 12) ersehen. Wir hören, daß Ischtar ihn zum Aufbau zerstörter Tempel, zur Wiedererrichtung gestürzter Götterbilder und zum Ersatz verbrannter Statuen aufgefordert habe, und können uns daraus ein Bild vom Zustand Assyriens und Babyloniens in seiner Zeit machen, in der die unbesiegbaren, weil nie zu fassenden Aramäergruppen zu den eigentlichen Herren des Landes wurden. Um 1000 v. Chr. gingen die assyrischen Siedlungen am mittleren Euphrat unmittelbar an die Aramäer verloren – an jenes merkwürdige Volk, das zwar eine eigene Kultur zu schaffen nicht in der Lage gewesen ist, aber seine Sprache und Buchstabenschrift im 1. Jahrtausend zum beherrschenden Verständigungsmittel Vorderasiens machen sollte.
Nach langem Schweigen setzen gegen Ende des 10. Jahrhunderts unter *Assurdān II.* die assyrischen Annalen wieder ein, und wenn dieser Fürst sich auch in der Hauptsache auf reine Verteidigungskämpfe beschränken mußte, so beginnt er doch mit der wirtschaftlichen, organisatorischen und militärischen Erneuerung seines Staatswesens. Und sofort begegnen wir auch wieder der grausamen Härte assyrischer Maßnahmen: Der König des nördlich gelegenen Katmuchi wird als „Empörer gegen Aschschar" gefangen und lebendig geschunden. Assurdān nannte seinen Sohn nach seinem ruhmvollen Ahnen Adadnirari; der zweite Träger dieses Namens, mit dem die Eponymliste der Assurbanipal-Bibliothek ihre neue Aufzählung beginnt und den sie wohl als eigentlichen Begründer der neuassyrischen Macht bezeichnet, hat in der Tat seinem großen Vorgänger nachgeeifert, erfolgreich in Ostkleinasien und

Armenien gekämpft, Babylon zur Anerkennung seiner Suprematie gezwungen und vor allem in sieben Feldzügen das jetzt völlig aramäisierte Chanigalbat mit seiner Hauptstadt Nisibis *(Nesibin,* 125 km südöstlich von Diarbekir) unterworfen: Zur Niederzwingung der Stadt wurde diese völlig von einem neun Ellen breiten, durch eine Mauer gesicherten und von sieben Bollwerken geschützten Graben umgeben! Mit Babylonien wird ein Übereinkommen erzielt, wonach beide Fürsten eine Tochter ihres Partners zur Frau nehmen und nun „die Leute von Assyrien und Akkad wie vertraute Brüder miteinander lebten".

Noch aber droht weiter die aramäische Gefahr; das Verdienst ihrer Behebung gebührt *Assurnasirpal II.* (884–859 v. Chr.), dem Sohne jenes jung gestorbenen Tukultininurta II., der durch einen großangelegten, bewaffneten Aufklärungsmarsch durch ganz Assyrien und Mittelmesopotamien berühmt geworden ist. Jahr um Jahr zu Felde ziehend und nicht eher rastend, bis die vollständige Unterwerfung des Gegners erreicht ist, hat dieser wohl grausamste aller Assyrerkönige die Grenzen des Reiches wieder auf den Stand Tiglatpilesers I. gebracht; ihn begleiten alle apokalyptischen Greuel. Seine Henker pfählen und schinden, spannen die abgezogenen Menschenhäute auf Gerüsten vor dem Tor der bekämpften Stadt aus, schneiden ihren Opfern die Gliedmaßen einzeln ab – und was derlei menschenfreundliche Methoden mehr sind. So erstickt er weit und breit jeden Widerstand. Zum ersten Male in der Geschichte verwendet er in größerem Umfange die neue Waffengattung der Reiterei; Heere von Deportierten wandern ins Ungewisse; das Gesicht der Bevölkerung wandelt sich weiter.

Ebenso zielsicher ist Assurnasirpal in der Verwaltung, für die ein fähiger Beamtenstand ausgebildet wird und der sein Minister Gabbiilanieresch vorsteht. Hatte sein Vater sich gern in Ninive aufgehalten, so macht Assurnasirpal Kalach zu seiner Residenz. Es war die Gründung Salmanassars I., und dieser König scheint sein Vorbild gewesen zu sein, nach dem er danach auch seinen Erbsohn benannt. Hier, über einer mit Deportierten, vorwiegend Handwerkern, Beamten und Soldaten, besiedelten Stadt entsteht nun ein riesiger Palast, dessen Tore von mächtigen Stieren, Löwen und Fabelwesen bewacht werden und dessen Säle an allen Wänden mächtigen Reliefschmuck – traditionelle religiöse Darstellungen, Bilder des Königs, Kriegs- und Jagdszenen – aufweisen. Denn dieser so unmenschlich erscheinende Herrscher ist ein großer Mäzen, der seine Bildhauer und seine aus Phönizien herangeholten Elfenbeinschnitzer zu unermüdlichem, durch rohe Gewalt gewiß nicht erzwingbarem Schaffen zu begeistern vermag.

Die nach dem 2. Weltkrieg in *Nimrud,* der Stätte des alten Kalach, wiederaufgenommenen englischen Grabungen erbrachten 1951 überraschend eine schöne, fast quadratische, 1,26 m hohe Sandsteinstele mit langer Inschrift und einem Bild des Königs. Unter den Emblemen seiner Götter – Aschschurs Flügelsonne, Sins Mondsichel, Ischtars Stern usw. – steht Assurnasirpal mit Tiara, Zepter und Herrscherstab, gekleidet in den mehrfach gefalteten Fransenmantel; der Text, etwa aus dem Jahre 879, meldet von Feldzügen, Jagden und der Einbringung lebender Tiere, Kanalbau und Landkultivierung, nennt die Bemühungen um die Tempel zahlreicher Götter und um den Wiederaufbau verfallener Städte und weiß über die Einrichtung von Magazinen und die Aufstellung einer lebensgroßen Goldstatue des Königs vor Ninurta zu berichten. In behaglicher Ausführlichkeit erzählt Assurnasirpal dann von dem Fest, das er anläßlich der Einweihung seines neuen Palastes in Kalach gab: 5000 auswärtige Ehrengäste, 65 000 Werkleute, Beamte und Honoratioren beiderlei Geschlechts waren eingeladen; die Angaben über die ungeheure Menge der für die Massenspeisung benötigten Lebensmittel, Gewürze und Getränke fehlen nicht, und es vermittelt eine Vorstellung von den der Hofverwaltung zur Verfügung stehenden Mitteln, wenn wir erfahren, daß damals unter anderem über 2000 Rinder, 16 000 Schafe und 10 000 Schläuche Wein verbraucht wurden.

Zum Ruhme des Königs muß gesagt werden, daß neben seiner Kunstfreudigkeit auch andere geistige Interessen stehen. Kalach soll nach seinem Willen ein neues Kulturzentrum werden, und es scheint, daß eine Sternwarte und die mit ihr verbundene astrologische Forschung seine besondere Förderung genossen hat. Nach seinem Tode hat ihm sein Sohn *Salmanassar III.* (859–824 v. Chr.) in der lange vorbereiteten Gruft des „Alten Palastes" in Assur die letzte Ruhestätte bereitet, die die deutschen Ausgräber wiederfinden konnten und in der noch die gänzlich zertrümmerten Reste des für Assurnasirpal bestimmten 4 : 2 : 2 m messenden Basaltsarkophages lagen.

Der neue König setzt das Werk seines Vaters zäh fort, indem er – mit Babylonien Frieden haltend – die assyrische Oberhoheit über Syrien-Palästina in schweren Kämpfen festigt. Die aramäische Metropole Damaskus selbst zu gewinnen mißlingt freilich trotz unerhörter Anstrengungen. Siegesstelen bezeichnen die Endpunkte seiner Expeditionen; sein berühmter „Schwarzer Obelisk", auf dessen Reliefs auch Jehu von Israel als Tributär erscheint, und das 7 m hohe Bronzetor von *Balawat* (Imgurellil südöstlich von Ninive) haben uns die Bildberichte seiner Taten bewahrt. Gegen Ende seiner Regierung bedroht eine Krise den Bestand des Reiches, da 27 Städte sich zu einem großen Aufstand zusammentun. Salmanassar ist ihrer nicht mehr Herr geworden, und auch sein Sohn Schamschiadad V. kann sich nur mit Hilfe Babylons gegen seinen abtrünnigen Bruder durchsetzen. Das bringt Babylons König Mardukzakirschum eine gewisse Überlegenheit ein, und da sich die in die Gegend des Urmiasees neu eingewanderten Meder hartnäckig behaupten, ist ein Machtschwund Assurs deutlich erkennbar. Erst gegen Ende seiner Regierung hat Schamschiadad durch Kämpfe im Osttigrisland Babel entmachten und auch die jungen Aramäerstaaten am Persischen Golf zum Tribut zwingen können; es sind das Ereignisse, von denen uns die schon gelegentlich erwähnte „Synchronistische Geschichte" berichtet.

Wie er in noch verhältnismäßig jungen Jahren stirbt – sein Grab wurde wie das seiner Väter in Assur wiedergefunden –, übernimmt seine aus Babylonien stammende Frau Schammuramat (Semiramis) für den noch minderjährigen Thronfolger zielbewußt die Regierung und führt sie innen- und außenpolitisch so erfolgreich, daß sogar die griechische Sage die Erinnerung an diese erste und einzige Herrscherin auf Assurs Thron, die sich auch eine eigene, auffallend hohe Stele setzen läßt, bewahrte: Sie habe die „Hängenden Gärten" geschaffen und sei ebenso gegen Abessinien wie gegen Indien zu Felde gezogen. Historisch gesehen ist zu ihrer Zeit das obermesopotamische Guzana *(Tell Halaf;* ein aramäisches Macht- und Kulturzentrum) einverleibt worden.

Im 5. Jahre übernimmt dann *Adadnirari III.* (810–782 v. Chr.) die Herrschaft, um Assurs Truppen gegen Elamiter, Meder und nach Palästina zu führen: Amurru, Tyrus, Sidon, Israel, Edom, Philistäa und sogar Damaskus zahlen Tribut. Nur der Norden, wo ein starkes Urartu wiedererstanden ist, entzieht sich Assurs Einfluß, während Babylonien sich vollkommen unterordnet. Hier hat der Kult Nebos, des Stadtgottes von Borsippa *(Birs Nimrud,* Babylons Schwesterstadt), große Bedeutung gewonnen, und wohl unter dem Einfluß seiner Mutter widmet sich Adadnirari seinem Dienst in so ausschließlichem Maße, daß wir in seinen Inschriften den Satz lesen: „Nur Nebo vertraue, einem anderen Gott vertraue nicht!"

Die immer stärker werdende Selbstherrlichkeit der über riesige Gebiete gesetzten assyrischen Statthalter, unter denen Assurs tüchtiger General Schamschiilu, Gouverneur von Til Barsib (am Euphrat südlich von Karkemisch) hervorragt, ferner der Machtanstieg des armenischen Urartu mit seiner Hauptstadt Tuschpa *(Van)* am gleichnamigen See, schließlich der Ausbruch langanhaltender, furchtbarer und die Bevölkerung der Stammlande dezimierender Seuchen führen noch einmal zu einem Niedergang der assyrischen Macht, der erst mit dem Regierungsantritt *Tiglatpilesers III.* (745–727 v. Chr.) sein Ende findet.

Sargon II. von Assur (Durscharrukin)

Tafel 94

Oben: Assur mit Kulttor zum Tigriskai; unten: Quaderbastion Sanheribs in Assur

Durscharrukin (Sargonsburg): Fassade des Sin-Tempels und Gesamtübersicht, Rekonstruktionen

Menschenhäuptiger Flügelstier und Genius vom Palast Sargons II. in Durscharrukin

Siegesstele Asarhaddons aus Sendjirli

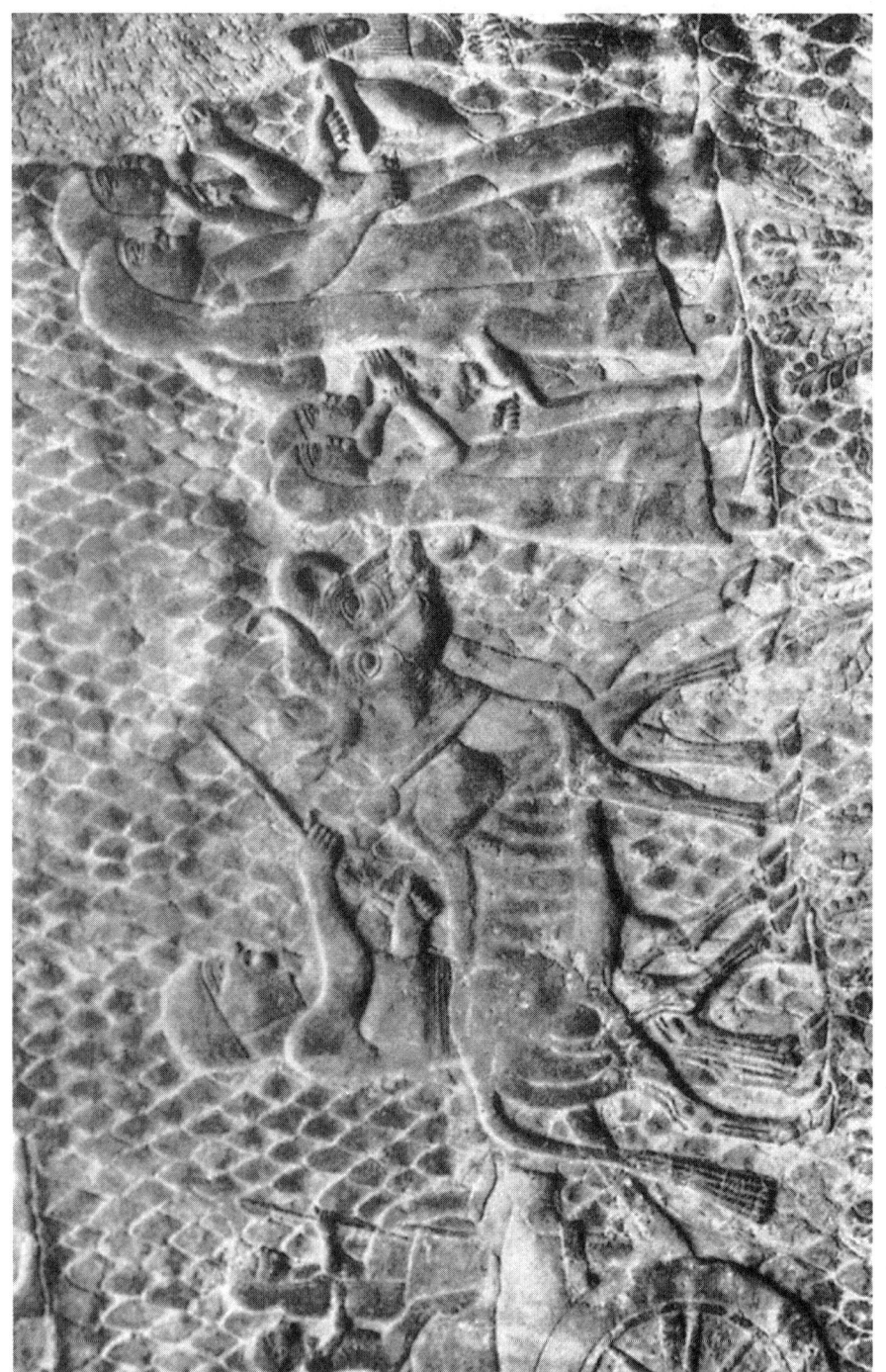

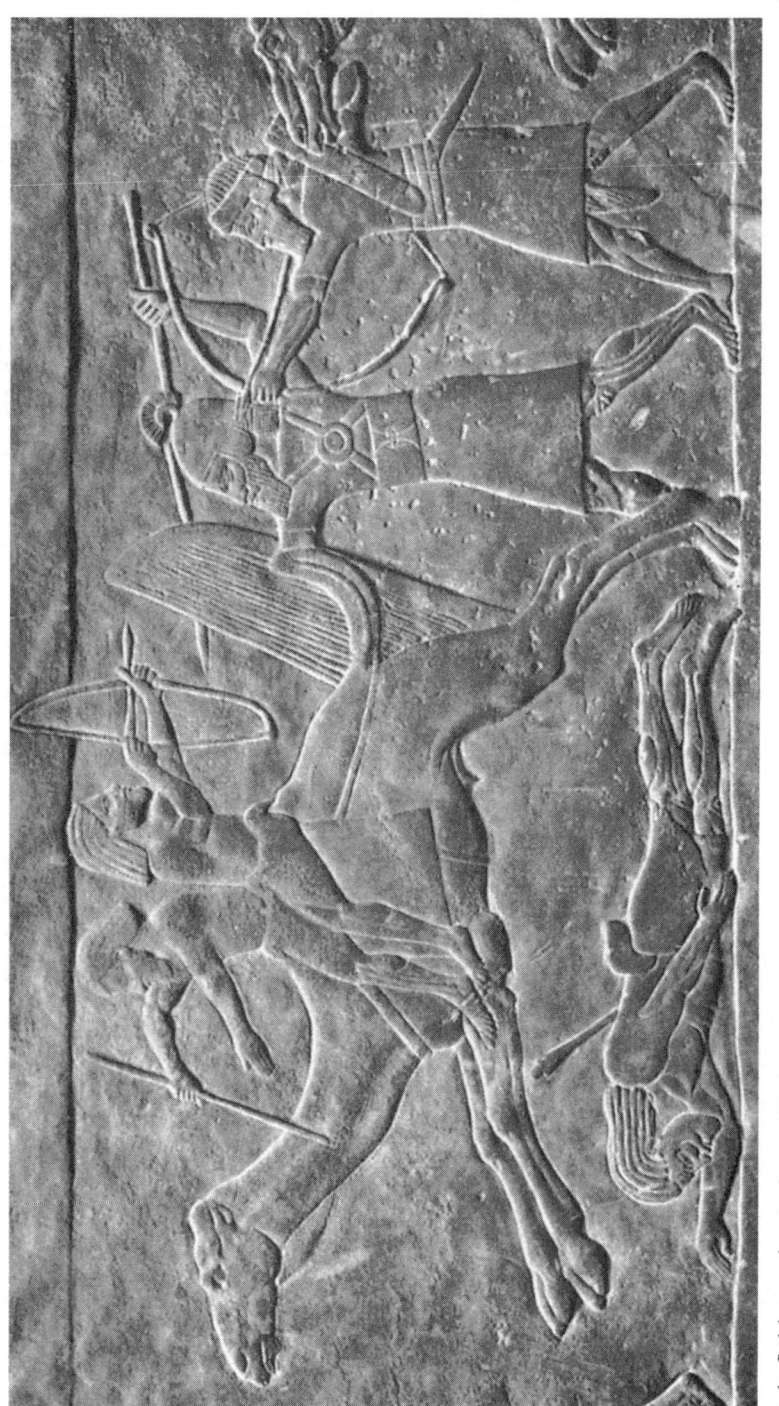

Reliefbild Assurbanipals aus Ninive

Elfenbeinkopf aus Durscharrukin

Nach dem Tode jenes Generals Schamschiilu, dessen Geschöpf der dritte in der Reihe der Nachfolger Adadniraris III., Assurnirari V., gewesen war, wird dieser energische Fürst durch eine Militärrevolte an die Herrschaft gebracht, ohne daß wir wissen, ob er überhaupt der königlichen Familie angehörte. In ihm begegnen wir dem eigendlichen Begründer des neuassyrischen Großreiches, der die Macht der Statthalter durch eine Umgestaltung der Provinzeinteilung brach und so die Regierungsgewalt zentralisierte, die Steuerpolitik neu ordnete, indem er die Privilegien der Großstädte wie Assur oder Charrān aufhob, der das Heer mit stärkeren Streitwagen und Belagerungsmaschinen neu ausrüstete und den Bauernstand förderte. Er kämpfte in Medien, Zilizien, Syrien und Palästina, konnte schließlich nach schwerem Ringen Assurs mächtigen Rivalen im Norden, Sardur II. von Urartu, besiegen – damals drangen assyrische Truppen unter dem General Asurdanninanni bis zum *Demawend*-Gebirge in Nordiran nahe dem Kaspischen Meer vor – und hielt 740 v. Chr. im eroberten Arpad (zwischen Aleppo und Karkemisch) eine große Vasallenschau ab, bei der sich alle mesopotamischen, syrischen und palästinischen Fürsten, die Tiglatpileser bei rechtzeitiger Unterwerfung auf ihrem Thron beließ, zu Huldigung und Tributleistung einfanden. Die Bibel hat uns im 2. Buch der Könige K. 16 den Bericht von seinem Einschreiten zugunsten des jungen Ahas von Juda, der ihn gegen Israel und Damaskus zur Hilfe gerufen hatte, aufbewahrt.

Stärker noch als seine Vorgänger griff er zum Mittel der Zwangsumsiedlung, um sein Reich „eines Mundes" zu machen; unter anderem wurden damals 30 000 Kleinasiaten vom Golf von Issus in die eroberte armenische Grenzprovinz deportiert, während Urartäer dafür nach Zilizien wanderten. Man rechnet insgesamt mit einer Verpflanzung von Hunderttausenden, und es bildete sich mehr und mehr eine Mischbevölkerung, deren Umgangssprache das Idiom der stärksten Volksgruppe, das Aramäische, wurde und der naturgemäß jedes Nationalgefühl abging.

Aramäer waren es auch, die Tiglatpileser in Babylonien zu schaffen machten. Hier kam es zu schweren Unruhen, über die der schwache König Nabunasir von Babylon nicht Herr werden konnte; Tiglatpileser beendete nach Niederwerfung der Aufstände das Dilemma damit, daß er sich unter dem Namen *Pulu* selbst auf Babels Thron setzte und von nun an regelmäßig den damit übernommenen Kultverpflichtungen beim Neujahrsfest Marduks nachkam. Seine Residenz war wieder Kalach, wo er sich Salmanassars III. Palast großartig ausbaute und mit – uns leider nur in Resten überkommenen – Reliefdarstellungen ausschmückte: Sie illustrieren insbesondere seine Kriegstaten, die ihn als vielleicht bedeutendsten Herrscher Assurs erscheinen lassen.

Bestrebt, die Politik des Vaters unverändert fortzusetzen, ließ auch *Salmanassar V.* sich unter einem eigenen Namen in Babylon krönen. Die syrisch-palästinischen Unruhen hielten ihn aber anscheinend lange von Assyrien fern, so daß die Gegenpartei – Anhänger der von Tiglatpileser gestürzten legitimen Dynastie sowie Priester und Städte, die sich durch Tiglatpilesers vereinheitlichende Steuerpolitik geschädigt sahen – ihre Umtriebe ungestört durchführen konnte. Gerade mit der Belagerung der israelitischen Hauptstadt Samaria beschäftigt, fiel er einem Mordanschlag zum Opfer; Aschschur, so heißt es, habe ihn, der ihn nicht fürchtete, gestürzt.

Der Exponent der Gegenpartei nannte sich nach dem großen Herrscher von Akkad – und wie jener den Wortsinn programmatisch ausdeutend – *Sargon* („rechter Herrscher"); als zweiter seines Namens in Assyrien regierte er von 722–705. Mit ihm beginnt als letzte Epoche des Assyrertums die Ära der Sargoniden, die uns durch zahlreiche Briefe und Urkunden aller Art recht gut bekannt ist. Sargon hatte es eilig, seiner Anhängerschaft den schuldigen Tribut zu zahlen, indem er die abgeschafften Privilegien assyrischer und babylonischer Städte, insbesondere die Befreiung vom Frondienst und das Selbstverwaltungsrecht, wieder einführte und die Wünsche der Priesterschaft befriedigte. Besonnen stellte er die Auseinandersetzung mit den Aramäern Südbabyloniens unter ihrem chaldeischen Führer Mardukapalid-din (biblisch Merodachbaladan) nach einer Niederlage zurück, um zunächst den Westen zu sichern. Hier eroberte er das immer noch hethitische Traditionen bewahrende, freilich auch bereits stark aramäisierte Karkemisch, weiter Samaria, von wo fast 30 000 Israeliten deportiert wurden, schlug ein ägyptisches Heer bei Raphia in Südpalästina, wandte sich danach gegen Urartu, das hart mitgenommen wurde und bald danach den indogermanischen Kimmeriern anheimfiel, bekämpfte erfolgreich die Meder und konnte nun endlich auch in Babylonien Ordnung schaffen. Babel wurde erobert, Merodachbaladan entfloh. Sargon nahm in vorsichtiger Zurückhaltung nicht den Königstitel an, er nannte sich nur „Statthalter" und rühmte sich der Förderung babylonischer Tempel und Priesterschaften, wie denn auch die von ihm bevorzugte Götterdreiheit neben Aschschur aus den beiden babylonischen Gottheiten Marduk und Nebo besteht.

Indes wurde der Sieger, dessen umfangreiche Annalen uns in gewähltem Ton Bericht erstatten, seines Lebens nicht recht froh. Zwar sicherten Zwangsverschleppungen und gelegentliches grausames Durchgreifen den Bestand seines Reiches; eine umfangreiche Spionagetätigkeit und eine betont sachlich angeforderte Berichterstattung verschafften ihm einen steten Überblick über die Lage, doch hatte er zu seinem genialen, aber selbstherrlichen und maßlosen Sohn Sanherib kein gutes Verhältnis – in der Tat nennt sich letzterer entgegen aller Pietät nie Sargans Sohn –, und als Anstifter oder wenigstens als Mitwisser des Mordes an Salmanassar V. scheint er mehr und mehr für sein eigenes Leben gefürchtet zu haben.

Auch die Ausführung seines Lieblingsplanes gab ihm seine Zufriedenheit nicht zurück, sich zu seiner Sicherheit eine prächtige Residenz, eine Art privater Weihestätte, zu schaffen. Sie entstand am Platze des heutigen *Chorsabad*, etwa 20 km östlich von Ninive in quellenreichem Hügelgeländе und erhielt den Namen *Durscharrukin* („Sargonsburg"). Monumental angelegt, mit einer mächtigen Doppelmauer umgeben und ein Gebiet von ca. 3 km^2 umfassend, hatte sie als Mittelpunkt den Königspalast, der zugleich die Tempel umfaßte und nach herkömmlicher Art mit zahlreichen Stierkolossen und Kalksteinreliefs, aber auch mit farbenprächtigen Gemälden und Ornamenten in Ziegelglasur geschmückt war. Hier begegnen wir in der sog. Gerichtshalle den grausigen Bildern jener furchtbaren, aber durchaus feierlichen Staatsakte, bei denen der König in vollem Ornat abtrünnigen Vasallen als Vertreter des beleidigten Gottes Aschschur eigenhändig die Augen ausstach oder sie lebendig schinden ließ. Die riesige Anlage ist wohl nie beendet worden; der einsame und mißtrauische König fiel bei einem wagemutigen Kriegsunternehmen in den Bergen des westlichen Iran, und es war nicht einmal möglich, seine Leiche zu bergen. Von seiner Familie angeordnete priesterliche Untersuchungen über den Grund dieses schmählichen Endes fern von Assur scheinen die Gründung von Durscharrukin als Anlaß des Zornes der Götter bezeichnet zu haben. Jedenfalls verfiel die großartige, weithin wieder ausgegrabene Stadtanlage alsbald, denn der mit dem Vater entzweite Thronfolger gab sie von einem Tag zum anderen auf und verlegte die Residenz nach Assur zurück, um dann endgültig Ninive zu seiner neuen Hauptstadt zu bestimmen.

In *Sanherib* (705–681 v. Chr.) begegnen wir wohl der interessantesten Erscheinung unter Assurs Königen. Vielseitig interessiert, hochbegabt und voll genialer Einfälle, ist er ein weitplanender, wenn auch nicht sehr erfolgreicher Stratege, ein kühner Baumeister und technischer Erfinder, der den Bronzeguß verbessert, neue Wasserhebewerke konstruiert und ganze Flüsse umleitet, ein eifriger Landwirt, der als erster die Baumwollkultur in Assyrien einführt, ein leidenschaftlicher Gärtner, Jäger und Tierliebhaber. Neben solche positiven Züge aber tritt ein hybrides Selbstbewußtsein, das ihn Babylons alte Rechte hochfahrend verachten heißt, eine durch nichts gehemmte Maßlosigkeit und ein schrankenloser Despotismus. Sein

102

Wille, Ninive zur ersten Stadt des Reiches zu machen, entfacht eine alles Bisherige übersteigende Bautätigkeit unter Einsatz riesiger, meist aus Kriegsgefangenen rekrutierter Zwangsarbeiterheere. 25 m hoch wird eine Doppelmauer mit fünfzehn Toren um die Stadt geführt, eine Prachtallee mit einer erstmalig konstruierten Steinbrücke entsteht, zur reichlicheren Wasserversorgung wird ein 50 km langer Kanal geschaffen und auf einem 280 m langen und 22 m breiten Aquädukt, dessen Reste heute noch sichtbar sind, sogar über eine Talsenke geführt. Der König läßt Parks mit exotischen Fruchtbäumen und Tiergehegen einrichten, die Kanäle regulieren, große Flächen trockenlegen. Dann endlich entsteht sein neuer Palast, von dem er wünscht, daß er auf der Welt einmalig sein solle: Die kostbarsten Materialien aus allen Teilen des Reiches werden zu seiner Errichtung und Ausschmückung verwendet, unter schonungslosem Einsatz von Arbeitskräften und Menschenleben schleppt man die roh vorbereiteten, riesigen, bis zu 30 Tonnen schweren Stierkolosse aus den Steinbrüchen zum Tigris, verlädt sie dort auf Lastkähne und schafft sie dann vom Kai in Ninive zum Bauplatz. Es ist eine technische Leistung, deren bildlich festgehaltene Meisterung uns nur Bewunderung abringen kann. Hunderte prachtvoller Reliefs schmücken Hallen und Säle des Schlosses. Eine andere Anlage, die wie der Königssitz „ihresgleichen nicht hatte", war das *Bit akiti*, das „Neujahrsfesthaus" außerhalb der Stadtmauern von Assur mit seinen Gärten, deren Bäume in künstlich aus dem sterilen Felsboden ausgehauenen und dann mit Muttererde gefüllten Gruben wuchsen.

Wie im Bauen, so greift Sanherib auch in der Kriegführung zu bisher ungeahnten Mitteln: Um in seiner Auseinandersetzung mit Babylon das diesem verbündete Elam strafen zu können, läßt er Phönizier und Griechen als Matrosen anwerben, in Til Barsib am Euphrat und in Ninive Kriegs- und Transportschiffe bauen, sie die Flüsse hinab in den Persischen Golf bringen und liefert den Elamitern nun seine Seeschlachten; die darauf folgenden Landungsmanöver enden freilich mit einem Fiasko des bald eingeschlossenen Heeres, das sich mühsam durchschlagen und dann gegen die derweil längst nach Babylonien vorgestoßenen Feinde wenden muß. Auch die mit größtem Aufwand im Jahre 701 in Szene gesetzte Belagerung Jerusalems, von der uns das Alte Testament (2. Kön. 18, 13 ff., Jes. 36 f.) berichtet, führt nicht zum Erfolg; eine Pest bedroht den Bestand des Heeres, Sanherib muß sich mit dem Tribut Hiskias von Juda begnügen und vermochte, wie es Jesaja geweissagt hatte, Jahwes Stadt nicht anzutasten.

Maßlos ist schließlich die Rache des Königs am Ende des lange Jahre verlustreich und mit wechselndem Erfolg geführten Kampfes gegen Babylon: Als er 689 endlich fällt, wird die ehrwürdige Stadt völlig ausgeplündert und verwüstet, der rasende Sieger läßt den Euphrat anzapfen und setzt ganze Stadtteile unter Wasser, die Tempel werden zerstört und die Götterstatuen nach Ninive entführt. Marduk, so läßt der König durch eine eigens dazu geschaffene Mythendichtung verkünden, habe sich versündigt und sei deshalb von den Göttern gefangengenommen und vor Gericht gestellt worden; auf Sanheribs Veranlassung hin wird im Weltschöpfungsepos und in der Liturgie des Neujahrsfestes Marduks Name durch den Aschschurs ersetzt. Härte, Verschwendung und Maßlosigkeit, nicht zuletzt auch die brutale Behandlung Babylons und der Frevel an Marduk, haben Sanheribs Stellung am Hofe und beim Volk schließlich untergraben. „Im Monat Tebetu (Dezember/Januar), am 20. Tage, tötete Sanherib, den König von Assyrien, sein Sohn in einem Aufstand", so berichtet die Babylonische Chronik, und die Bibel meldet in 2. Kön. 19, 36 f. (= Jes. 37, 37f.): „Als er nun einmal im Tempel seines Gottes ‚Nisroch' betete, erschlugen ihn seine Söhne Adrammelech und Sarezer mit dem Schwert."

Sanherib hatte im Hinblick auf die Ereignisse früherer Thronwechsel alles getan, um die Nachfolge zu sichern; zur Herrschaft war vermutlich auf Betreiben seiner palästinischen Gattin Naqia auf einem Reichstag *Asarhaddon* bestimmt worden, und es scheint heute so, als habe dieser Prinz, der sich auf die babylonische Partei stützte, aus Furcht, Sanherib könnte dem Drängen der nationalassyrischen Richtung nachgeben und dieses Edikt ändern, selbst seine Ermordung veranlaßt. Wieder wird das Steuer der assyrischen Politik herumgerissen. Nach Niederschlagung eines Aufstandes der in der Thronfolge benachteiligten Brüder befiehlt der neue Herrscher den glanzvollen Wiederaufbau Babylons und führt ihn in langjähriger Arbeit auch durch, wobei er sich aber selbst wie sein Großvater mit dem Statthaltertitel begnügt. Der Marduktempel und sein Stufenturm werden erneuert, Stadtmauern und Straßen wiederhergestellt und der einträgliche babylonische Handel wieder in Gang gebracht, Asarhaddon ist bestrebt, „ihre Straßen nach den vier Windrichtungen zu öffnen, damit die Babylonier ihr Trachten (?) darauf richten sollen, mit allen Ländern zu verkehren".

Außergewöhnlich tüchtige Generäle, von denen uns Schanabuschu namentlich bekannt ist, gestatten dem an sich wohl kaum sehr energischen und befähigten König die Durchführung großer militärischer Unternehmungen. Sie richten sich gegen die von ihm stets mit ausgesprochener Furcht betrachteten Kimmerier, deren Zurückdrängung nach Kleinasien gelingt und vor denen sich Asarhaddon nach Orakeleinholung sodann durch die Verheiratung seiner Tochter an den barbarischen Skythenkönig Bartatua *(Protothyas)*, einen erbitterten Feind der Kimmerier, sichert gegen die Mederfürsten Irans, wobei assyrische Truppen bis in die Gegend des heutigen Teheran und in die Salzwüsten von *Descht-Kevir* vorrücken, gegen Sidon und Tyrus, vor allem aber gegen Ägypten, wo nun der assyrische Imperialismus ein lange erstrebtes Ziel erreicht: Durch ein in Charrän empfangenes Orakel ermutigt und durch Opferung eines „Ersatzkönigs" von den etwaigen bösen Folgen dreier hintereinander auftretender Mondfinsternisse befreit, startet der durch den Tod seiner Gattin vereinsamte Herrscher nach mißlungenen früheren Operationen 671 den endgültigen Angriff auf das Nilland. Die rückwärtigen Verbindungen auf dem mindestens 1300 km langen Anmarschwege werden durch einleitende Operationen gesichert, das trotz vorheriger Verträge abtrünnig gewordene Tyrus kann man durch einen Belagerungsring ausschalten, und nun führt Schanubuschu das durch die Kontingente der Vasallen und die seit Sanherib immer zahlreicher werdenden Söldnertruppen verstärkte Assyrerheer unaufhaltsam südwärts. Der „nubische" Pharao Taharka, den die keilschriftliche Berichterstattung Tarqu und die Bibel Thirhaqa nennt, verliert drei Schlachten und muß fliehen. Memphis, die Hauptstadt Unterägyptens, fällt, und der ganze Hofstaat wandert mit allen Schätzen des dortigen Palastes nach Ninive. Die Verwaltung der eroberten Territorien geht – nach dem Prinzip des *„Divide et impera"* – auf zweiundzwanzig durch assyrische Stadthalter kontrollierte ägyptische Gaufürsten über. Siegesstelen werden aus Anlaß dieses größten Triumphes assyrischer Macht geschaffen und an mehreren Orten Syriens und Obermesopotamiens aufgestellt. Sie zeigen Asarhaddon, wie er, überlebensgroß, den überwundenen und nun mit flehend erhobenen Armen vor ihm stehenden oder knienden syrischen und ägyptischen Feind am Nasenseil hält; ferner wird ein Siegesbericht am *Nahr-el-Kelb* (unweit von Beirut an der syrischen Küste) in den Fels gemeißelt.

Die sich in so weiter Ferne abspielenden und naturgemäß dem assyrischen Kernland ungeheure Kosten und Anstrengungen abringenden Unternehmungen finden freilich in der Heimat keineswegs den erwarteten Beifall. Das durch die Politik der Umsiedlungen aus dem Gleichgewicht gebrachte, offenbar in wirtschaftlichem Niedergang befindliche und ausgeblutete Land scheint am Rand einer Empörung gestanden zu haben, jedenfalls hören wir, daß Asarhaddon viele Adlige hinrichten ließ. Vielleicht hat zur Unzufriedenheit auch die von Asarhaddon vorsorglich getroffene Thronfolgeregelung, bei der seine immer noch energische Mutter Naqia ein letztes Mal eingriff, beigetragen. Dennoch entschließt sich der alt gewordene und schon lange schwer leidende König – wir kennen die Bulletins seines Leibarztes Aradnanna – zur persönlichen Führung des Feldzuges, als ein in Ägypten ausgebrochener Aufstand eine neue Expedition notwendig macht. Doch vergönnt ihm das Schicksal nicht,

das gedemütigte Land der Pharaonen zu betreten. Den unentwegt eingeholten, stets nur das Beste voraussagenden Orakeln zum Trotz muß Asarhaddon seine Reise in Charrān unterbrechen und stirbt dort im Oktober 669. Unter seinem Sohn Assurbanipal ist, wie wir hörten, der ägyptische Feldzug erfolgreich zu Ende geführt worden. Ein im Herbst 1954 zufällig aufgefundener Palast Assurbanipals barg Pharaonenstatuen, die damals mit der Siegesbeute nach Ninive überführt worden sind.

Die immer ausführlicher und anschaulicher werdenden Annalen und Prunkinschriften der neuassyrischen Könige und die Fülle der Reliefbilder vermitteln uns vorwiegend die Kenntnis ihrer militärischen Unternehmungen, während reichlich wiederaufgefundene Briefe der Sargonidenzeit in Verwaltung und Wirtschaft hineinleuchten, aber gelegentlich auch einen Blick in das *bürgerliche Leben* dieser Epoche gestatten. Versuchen wir, einen Eindruck von einer assyrischen Großstadt des 7. Jahrhunderts zu gewinnen, begleiten wir etwa den Besucher Assurs bei einem Gang durch die Straßen der Metropole, wie ihn Andrae aus seiner vollendeten Sachkenntnis heraus einmal beschrieben hat! ...

Von der nördlichen steinigen Hochebene her erblickt der Reisende schon Stunden vorher im Süden die hochragende, vieltürmige Silhouette der sich auf einer Sandsteinplatte erhebenden Stadt hoch über dem breiten Tigrislauf, die sich beim Näherkommen in mehrere übereinanderliegende Mauerzüge und Tempelbauten auflöst. Wie ein vorspringendes Kap ragt an der Ostecke der breitgelagerte, flachdachige Bau des Aschschurheiligtums in der Talebene vor und wird zur Rechten von Assurs höchstem Bauwerk, der Zikkurrat des Staatsgottes, überragt, die sich in hohen Etagen übereinandertürmt. An sie schließt sich die kompakte, von einigen Türmen bekrönte Mauer des „Alten Palastes" an, des früheren Königsschlosses, das freilich jetzt fast ausschließlich als eine Art königliches Mausoleum dient – nur zu bestimmten Terminen herrscht in seinem am großen „Völkerplatz" gelegenen Torbau noch Leben, da dann der König oder, wie jetzt, wo Assur nicht mehr Residenz ist, meistens sein Vertreter im „Gerichtstor" Recht spricht. Vom „Alten Palast" aus steigt die Umrißlinie wieder empor: Die Westseite der Nordfront ist beherrscht von den zwei Tempeltürmen des Doppelheiligtums für den Himmelsherrn Anu und den Wettergott Adad, deren Kulträume zwischen diesen beiden Hochbauten liegen. Wohnquartiere schließen sich an, die Westecke endlich ist bestimmt durch die von starken Mauern bewehrte Anlage des Hauptores.

Wir lassen näher kommend die künstlerische Park- und Kultanlage des Neujahrsfesthauses zur Seite liegen und überschreiten nun den steil abfallenden Festungsgraben auf einer ansteigenden Steinrampe, um die ungeheuer dicken, an den Zinnen farbig emaillierten Lehmziegelmauern durch die von zwei breitgelagerten Räumen zwischen drei Portalen gebildete Toranlage zu passieren. Die Stadtwache in knielangem, derbem Soldatenmantel, mit Brustpanzer und spitzem Bronzehelm, Schwert und Speer läßt uns ein, und wir werfen einen Blick auf zwei Königsstatuen aus Basalt und Kalkstein, die im Tor aufgestellt sind. Es gilt nun noch eine zweite, ebenso unregelmäßig wie die erste verlaufende Stadtmauer zu durchschreiten; die Toranlage besitzt einen mauergeschützten Vorhof, von wo ein anderes befestigtes Tor zu einem Tigrisarm hinabführt. Nach Verlassen des Torwegs nimmt uns ein freier Platz auf, wie wir ihn ähnlich am Süd- und Westtor wiederfinden würden. Assur leistet sich auch im Südteil der Altstadt und der ihr vorgelagerten Neustadt den Luxus freier Plätze, während das übrige Mauerrund von den Tempeln, Palästen, den Häusern der Reichen und dem engen Gassengewimmel der Bürger- und Armenquartiere enggedrängt angefüllt ist. Hier auf den Plätzen spielen sich Begegnung, Markt und Handel ab, wo nach den uralten, noch immer gültigen Maßeinheiten – dem Sekel von 8,4 g, der in 60 Sekel eingeteilten Mine von 0,5 kg, dem aus 60 Minen bestehenden Talent von 30 kg und dem Hohlmaß des Sila von 0,4 l – gewogen und gekauft wird. Hier sitzen die Schreiber, die den Abschluß der Geschäfte festlegen, promenieren in der Abendkühle die jungen Männer, lungern die wachfreien Soldaten herum und plärren die Bettler; die Straßen dagegen sind eng und schmutzig, mit den fensterlosen Mauern der Grundstücke freudlos, tagsüber glühend heiß und dienen nur dem regen Verkehr der Lastträger, der schwerbepackten Esel und Maultiere, die dürres Holz für die Küchenöfen, Lebensmittel und Handelswaren transportieren und sich eng an die Nischen der Häuser pressen müssen, wenn ein schwerer zweirädriger, von Ochsen gezogener Karren einherschwankt, ein pferdebespannter Streitwagen vorbeirasselt oder ein berittener Offizier Platz fordert. Die Luft in dieser Gasse ist stickig, und es riecht übel – die Anlieger pflegen Schmutzwasser und Abfälle einfach aus dem Haustor zu schütten, denn nur die Grundstücke der Besitzenden haben Kanalisation.

Noch gibt es nicht die Einrichtung der Basare, in denen die Handwerker berufsweise an bestimmten Gassen zusammenhausen, noch fehlt auch die Auslage: Der Handwerker arbeitet in seinen Räumen nach der Bestellung seines Kunden, der ihn hierzu aufsucht, oder aber er dient dem Palast, der seine Kunst – Herstellung von Alabastergefäßen etwa oder Elfenbeinschnitzerei, Gravierung der Steinplatten, Beschriftung und Konservierung der großen Tontafeln – monopolisiert. Nur die Bauarbeiter und Steinmetzen arbeiten natürlich in voller Öffentlichkeit; der Besucher hört den Klang ihrer Meißel und die Rufe der Vorarbeiter schon von weitem und gelangt über eine Straßenkreuzung, an Reihen einhertrottender Kriegsgefangener mit Ziegelkörben, an kleinen Karawanen von Eseln, die Asphalttonnen schleppen, an Karren mit Holzpfosten und Reliefplatten vorbei zum Bauplatz am großen Aschschartempel, wo Renovierungen im Gange sind. Die Architekten geben ihre Anweisungen und vergleichen ihre auf großen Tontafeln eingeritzten Pläne, die Peitschen der Antreiber klatschen über nackte Sklavenrücken ...

Über Lärm und ameisenhafter Betriebsamkeit aber erhebt sich das zinnengekrönte vielnischige Mauerwerk des Heiligtums mit seinem von zwei Türmen flankierten Portal und dem alles überragenden Tempelturm. Seine Treppen, Pfeiler und Pilaster streben in eindrucksvoller Architektur aufwärts und finden ihre Krönung durch die in leuchtenden Glasurfarben erstrahlende Kapelle auf der obersten Terrasse. Aus dem alles beherrschenden Gelbbraun der Lehmziegel hebt sich das Weiß, Blau und Rot der Ziegelemaille ab, deren Ornamente Bänder und Firste schmücken. Ist man zum Eintritt in die inneren Tempelräume hinter dem weiten, mit Brunnen und Wasserbecken versehenen Vorhof berechtigt und darf man gar zu den oberen Galerien des Tempelturmes emporsteigen, so hat man von hier einen herrlichen Blick auf den tief unten vorbeifließenden, von Lastkähnen, Barken und Fischerbooten belebten Tigris mit seinem Nebenarm, auf die weite Ebene und zur Linken und rückwärts auf die Stadt, auf die sie beschützenden Mauerzüge, die flachen Dächer der Wohnhäuser und Paläste und auf die Zwillingstürme des Anu-Adad-Tempels, die, um einiges niedriger als die Aschschurzikkurrat, einträchtig in den blauen assyrischen Himmel aufragen.

Genau unter dem Stufenturm, an der Tigrisfront, kann man auf einen Vorbau des Tempels hinabsehen, der unmittelbar bis zum Wasser führt: Hier legen die heiligen Barken an, wenn beim Neujahrsfest die Götterstatuen die Stadt verlassen und in feierlichem Zuge zum Neujahrsfesthaus vor den Mauern gebracht werden. Man hat dazu eine Prozessionsstraße gebaut, die von allen Heiligtümern her zum Tigris führt; von hier oben ist ihr Lauf gut zu verfolgen. So kommen wir zum „Völkerplatz", an dem nicht nur der „Alte Palast", sondern auch der Anu-Adad- und Ischtartempel liegen. Letzterer ist ein jetzt etwas verfallener, großer Einraumbau von jenem „Herdhaustyp", bei dem Altar und Kultstatue an einer der Schmalseiten liegen, während der Eingang sich am entferntesten Ende der Längsseite befindet.

Wir steigen, an schweigenden Priestern in langen weißen Gewändern vorbei, wieder zum Tempelhof hinab, in dem uns der Duft des Räucherwerks entgegenschlägt, hören die Hymnenmelodie, die die Gesangpriester soeben intonieren, aus dem Allerheiligsten, betrachten im Vorbeigehen an den Wänden der Höfe und Wandelgänge die Reliefs und Schmelzziegelgemälde von Königen, gütigen Geistern, Kultakten und Kriegstaten, die z.T. noch aus der Zeit Tiglatpilesers I. stammen, und wenden uns, nachdem wir dem kassierenden Priester am Tor unseren Obolus überreicht haben, nach rechts, um über den „Völkerplatz" zur Altstadt zu kommen.

Der Vorhof des Ischtartempels ist unbelebt, und die Türen sind geschlossen – es ist früh am Tage, die Tempelfrauen rühren sich noch nicht in ihren Kammern, und auch der Verkaufsstand für die etwas anrüchigen Symbole und Andenken der vielbesuchten Göttin wird erst gegen Abend geöffnet werden. Unser Ziel ist ein anderes: Wir wollen noch die berühmte Stelenreihe besuchen, die sich auf einem Platz im Süden der Altstadt befindet und, ein Denkmal assyrischer Geschichte, doch auch an die Vergänglichkeit alles Irdischen gemahnt: Hier haben sich seit Eribaadad (um 1370) die Könige Assurs als Eponymen (Namensgeber) jeweils des ersten Jahres der Regierung ihre steinernen, zuweilen 3½ m hohen Monumente gesetzt und ihre Namen in kleine Rechtecke am Oberteil der menhirartigen Steine einmeißeln lassen. Es entstand so mit der Zeit eine lange, in Ost-West-Richtung angelegte Reihe verschieden geformter Denkmäler; in ihr bleibt der Blick auf der großartigen Kalksteinstele der einzigen hier vertretenen Frau, der Schammuramat, haften. Parallel verläuft eine zweite, mindere Galerie solcher Steinpfeiler, in der sich die mächtigsten und reichsten unter den Eponymen der späteren Regierungsjahre des jeweiligen Herrschers, meist hohe Beamte, verewigt haben; das Ganze ist eine Art steinernen Staatskalenders, auf den von den Spitzen der Tempeltürme Assurs Götter gnädig herabschauen ...

Den Besucher, der pflichteifrig die Sehenswürdigkeiten bestaunt hat, wird nun ein gastfreundliches Bürgerhaus der Stadt aufnehmen, und hier erschließt sich ihm das Interieur assyrischen Lebens. Der Hausherr empfängt uns im Tagesraum, den wir durch Haustor und Vorhof mit Brunnen und Dienerkammern erreichen; dieser liegt am Innenhof und enthält in Wandnischen auch die Hausaltäre – Alabasterplatten mit flacher Vertiefung in der Mitte – für die kleinen, meist aus Ton gebrannten Schutz- und Familiengötter, denen man Räucherwerk und Trankspende opfert. Lehnstühle mit Kissen, steif und für unseren Geschmack nicht eben bequem, Hocker und Liegen stehen bereit; die in Braun, Rot und Weiß gehaltenen Mauern sind von Wandteppichen verhängt, z.T. auch bemalt, der Steinfußboden, den man zur Kühlung gern mit Wasser übergießt, ist mit geflochtenen Matten belegt. Sklaven bringen Erfrischungen – die Frau des Hauses zeigt sich nicht, sondern verbleibt mit den Kindern im hinteren Hausteil jenseits des Innenhofes – und reichen wohl Obst und Fladenbrot, Käse, Milch oder honiggesüßten Weizenbrei; später gibt es vielleicht einen Hammel- oder Rinderbraten, Geflügel und Gemüse, dazu Bier oder ein anderes Rauschgetränk, bei besonderer Wohlhabenheit vielleicht auch einen Becher Wein. Die Nachtkühle genießt man auf dem flachen Hausdach, während man im Winter die Türen sorgfältig schließt, einen Schafpelz anzieht und sich um das wärmende Kohlenbecken versammelt. Stehen wir unserem Gastgeber nahe, so dürfen wir vielleicht seinen Vorfahren unsere Hochachtung bezeigen und steigen dazu durch einen Schacht auf einigen steilen Stufen in die Kellergruft hinab: Die in einer Nische der Stirnwand abgesetzte Öllampe beleuchtet die Tonsärge oder offenen Abteilungen, in denen die Abgeschiedenen ruhen. Schmuck, Waffen, Ölkrüglein und Alabasterfläschchen umgeben den Leichnam, dessen Rechte an einem Eßnapf auf der Brust ruht, während die Linke ausgestreckt auf dem Unterleib liegt. Denn die Toten gehören zum Hause, und das Haus bleibt das ihre; gab es keine Familie mehr, so wurde die Heimstatt vermauert und blieb nun als bescheidenes Mausoleum noch eine Zeitlang bestehen ...

So oder ähnlich mögen die Eindrücke gewesen sein, die den Beobachter in den Städten Assyriens erwarteten und die wir hier nur andeuten können. Die Gesetze, die das Alltagsleben dieser Zeit regelten, sind uns nicht bekannt; wir dürfen aber annehmen, daß sie sich gegenüber der vorhergehenden Epoche etwas gemildert haben. Hochgestellte Frauen wie Schammuramat oder Naqia hatten ein eigenes Siegel, eigenen Schriftverkehr und erheblichen Einfluß; sie warfen wohl viele der überlieferten Bindungen ab. Die uns so despotisch erscheinenden Assyrerkönige vertragen, ja verlangen oft geradezu die freimütige Meinungsäußerung ihrer Berater. Die Begegnung mit den fremden Welten der Meder, Urartäer, Kleinasiaten, Syrer, Palästinenser und Ägypter weitete gewiß den Blick der Einsichtigen und lockerte ein wenig die Härte des assyrischen Lebens. Die Vermischung der Bevölkerung durch Deportationen und Umsiedlungen führte zu einer Nivellierung der Anschauungen und Gewohnheiten.

Die Gelehrten aller Disziplinen bleiben, vorab natürlich in Babylon, am Werke und schaffen ausgesprochene Kompendien ihrer Wissensgebiete mit philologischem, historischem, mantischem und magischem Inhalt. So ist zur Zeit Sargons II. die große assyrische Königsliste abgeschlossen worden, die von den Tagen der Vorzeit, da Assurs Fürsten noch „in Zelten wohnten", bis Salmanassar V. reicht und 1932/33 von den Amerikanern in Durscharrukin gefunden wurde – Ende 1953 kam ein fast gleichlautender Paralleltext unter abenteuerlichen Umständen zum Vorschein. Die Schreiber verwenden nun neben den Tontafeln gern auch die wachsbezogene Elfenbein- oder Holzscheibe, von denen man mehrere mit Riemen zu kleinen „Büchern" vereinigen konnte; in einem 23 m tiefen Brunnen von Kalach fanden Anfang 1954 die Engländer eine Reihe solcher Tafeln aus der Zeit Sargons II., deren eine als „Umschlag" für ein großes astronomisches Werk bestimmt war. Die Mediziner verfassen unter anderem umfangreiche Rezeptsammlungen, in denen es dann etwa heißt:

„Süßholzwurzel / als Heilmittel gegen Husten / zerstoßen und mit Öl und Rauschtrank trinken … Sonnenblumenwurzel / als Heilmittel gegen Zahnschmerz / auf den Zahn legen."

Der mathematischen Praxis dienen Multiplikations- und Divisionstabellen oder Tafeln mit Quadrat- und Kubikzahlen und -wurzeln, z. B.

Quadratwurzel von 1 = 1	Kubikwurzel von 1 = 1
Quadratwurzel von 4 = 2	Kubikwurzel von 8 = 2
Quadratwurzel von 9 = 3	Kubikwurzel von 27 = 3
	Kubikwurzel von 64 = 4 usw.

Die Landmesser und Städtebauer zeichneten ihre Pläne so genau, daß diese mit dem modernen Ausgrabungsbefund überraschend zusammenstimmten.

Im Reich der Kunst bemüht sich die Architektur in erster Linie um den Palast- und Städtebau und erst danach um die Heiligtümer; das Bildschaffen widmet sich insbesondere der Reliefdarstellung, die in deutlich verfolgbarer Entwicklung von Assurnasirpal II. über Tiglatpileser III., Sargon und Sanherib bis zu Assurbanipal immer weitere Stil- und Ausdrucksmöglichkeiten erschließt und ihre wohl schönsten Schöpfungen im Genre- und Tierbild erreicht; die Glyptik und die aus Syrien importierte Elfenbeinschnitzerei hat uns reizende Werke hinterlassen. Die Kunst macht sich jetzt von der religiösen Motivierung weithin frei, wenn sie auch im König den begnadeten Vertreter der großen Götter und insbesondere des Reichsgottes Aschschur sieht und darstellt.

Wie steht es in diesen letzten Jahrhunderten des Assyrerreiches überhaupt um *Glauben und religiöse Übung*? Die Texte und Bilder geben uns natürlich meist nur die offizielle Seite von Kult und Frömmigkeit, und wir begegnen so an Tigris und Euphrat weiter den alten Göttern, deren unübersehbarer Reihe auch die zunehmende Aramäisierung des Landes keine neuen Gestalten einfügt. Aber ihre Beliebtheit wechselt, und viele einst hochgeehrte Gottheiten sehen ihre Tempel verfallen und veröden. Der meist unterirdische, zuweilen aber auch mit politischen Mitteln und zu politischen Zwecken geführte Rivalitätskampf zwischen Aschschur und Marduk hat zu schweren Niederlagen des Herrn von Babylon, letztlich aber doch zu seinem Siege geführt. Er gewinnt auch im Norden immer mehr Anhänger, und viele Assyrerkönige nennen ihn neben dem göttlichen Herrn ihres Staates.

Neben diesen beiden Göttern obersten Ranges tritt im Lauf der Jahrhunderte bald diese, bald jene Gestalt des himmlischen Heeres, das man mit den Sternbildern identifiziert, in den Vordergrund. Assurnasirpal I. weiß sich von Ischtar erwählt und naht ihr mit Gebet und Beichte; Adadnirari III. vertraut in einer fast monotheistisch anmutenden Haltung allein dem Gotte der Schreibkunst, Weisheit und Fruchtbarkeit, dem Marduksohn Nebo (bab. *Nabu*). Sargon nennt Aschschur, Nebo und Marduk nebeneinander. Einmal, noch in mittel-assyrischer Zeit, belehrt uns der Zufallsfund eines kleinen privaten Briefarchivs über damals gerade bei Hofe beliebte Modegottheiten, zu denen neben dem Mondgott Sin die Ischtar von Arbela, die „Ischtar des Himmels", die Muttergöttin und gelegentlich als Marduks Gemahlin bezeichnete Scherua, die Heilgöttin Gula und andere gehören. Im übrigen führt die Gewohn-heit der Theologen, die Namen und Kräfte verschiedener Götter zum erhöhten Ruhm der gerade von ihnen gepriesenen Gottheit mit in diese hineinzudeuten, zu einer weitgehenden Gleichmacherei:

> „Nergal ist der Marduk des Kampfes,
> Zababa ist der Marduk der Schlacht,
> Enlil der Marduk der Herrschaft, des Rates ..."

Die einfachen Leute wagten sich gewiß an diese erste Garnitur der himmlischen Hierar-chie nicht heran, sondern wandten sich lieber an Götter minderen Ranges, deren es unzählige gab und zu denen ihr Verhältnis persönlicher sein konnte. Dem Gläubigen standen fest for-mulierte Gebete zur Verfügung, in die er den gewünschten Gottesnamen nach Belieben ein-fügen konnte. Solche „Beschwörung" genannte Bitte hatte dann etwa folgenden Wortlaut:

> „O Gott, ich weiß es nicht, wie groß wohl Deine Strafe!
> Leichtfertig sprach ich aus oft Deinen hehren Namen, -
> Mißachtete wohl auch die Satzung, die Du gabst ...
> Ich tat der Sünden viel, weiß nicht, wo überall!
> Mein Gott, ach löse, tilge, besänft'ge Deinen Zorn
> Und achte meine Frevel gering, nimm an mein Flehn!
> Was ich gefehlt, das wende, o Gott, zum Guten um!
> Denn Deine Hand ist schwer, ich kenne Deine Strafe.
> Wer seinen Gott nicht ehrt, mißachtet seine Göttin,
> Der möge sich an mir ein warnend Beispiel nehmen!
> Mein Gott, versöhne Dich, laß Dich begütigen, Göttin,
> Und neigt Euch meinem Flehn und Handerheben zu!
> Beruhigt Euer Herz, das gegen mich ergrimmt ..."

In der Frömmigkeit des offiziellen wie des privaten Bereiches spielt neben der Magie die Mantik – Vorzeichen- und Orakelwesen – eine maßgebliche Rolle. Die ominöse Bedeutung irdischer Vorgänge finden wir in dem riesigen, ursprünglich vielleicht 100 Tafeln umfassen-den Keilschriftwerk „Wenn eine Stadt auf der Höhe liegt" gesammelt, es gab ein Lehrbuch über den Vorzeichensinn merkwürdiger Geburten bei Mensch und Tier, andere über die künstlich herbeigeführten Omina aller Richtungen. In dem – von uns nur geahnten – Emp-finden, auf schwankendem Boden zu stehen, in einer unausgesprochenen Angst vor den

Erfordernissen eines ins Riesenhafte gewachsenen Staates, vor unbekannten Feinden und schrecklichen Verwicklungen scheint mehr als ein assyrischer König, den die Bürde seines Amtes drückte – am stärksten Asarhaddon – ständig Zuflucht zur Zukunftserforschung jeder Art genommen zu haben. Die Orakelpriester, Omendeuter, Leberbeschauer, Astrologen, Öl-, Feuer- und Vogelflugkundigen hatten dann die schwierige Aufgabe, den Verlauf einer Seuche, die Chance eines Feldzuges oder eines Belagerungsunternehmens, die Möglichkeit eines feindlichen Überfalls – oft in sehr spezieller Situation! – oder auch die Aussichten einer Stadtgründung, eines Tempelbaues, eines Bündnisses oder eines politischen Eheabschlusses geschickt und mit möglichst hoher Treffsicherheit zu beantworten. Daß eine solche Haltung nur zu oft lähmend auf politische und strategische Entschlüsse wirken mußte und eine klare politische Linie kaum noch zuließ, liegt auf der Hand.

Aber die letzten assyrischen Machthaber hatten im Grunde recht mit ihren Befürchtungen. Die Kraft ihres Staates war verbraucht und vertan, junge Völker und Stämme schickten sich an, die Burgen des verhaßten Zwingherrn zu stürmen. Nach Assurbanipals Tode geht es mit Riesenschritten dem Ende zu. Seine beiden schwachen Nachfolger verlieren den Westen des Reiches durch den großen Skytheneinfall, Babylonien durch die Proklamierung der chaldäischen Aramäer-Dynastie Nabopolassars. Letzterer verbündet sich mit Kyaxares, der die medische Macht begründet hat. Und wenn auch die Truppen *Sinscharischkuns* (620–612 v. Chr.) zunächst noch einige Erfolge erringen können, wenn auch die Skythen als Feinde Mediens und, in Erkennung der veränderten Weltlage, sogar der Saïtenpharao Psammetich I. Hilfsheere entsenden, gelingt es doch den vereinigten medisch-chaldäischen Kontingenten, 614 Assur und 612 auch das sich tapfer verteidigende Ninive zu erobern. Sinscharischkun kommt in den Flammen seines Palastes um; ein General wohl prinzlichen Geblütes rafft die letzten assyrischen Regimenter zusammen und verschanzt sich in Charrān, dessen Fall dann 608 v. Chr. die assyrische Geschichte beendet.

Die Rache der so lange Geknechteten war furchtbar: Keine Stadt Assyriens blieb unzerstört, grausame Gemetzel rotteten die Bewohner aus, so daß das Land sich in eine Wüste verwandelte. So hat es noch 200 Jahre später Xenophon vorgefunden und in seiner „Anabasis" beschrieben.

Gefangene Leierspieler Sanheribs aus Ninive

Szene von den Jagden Assurbanipals aus Ninive

Szene von den Jagden Assurbanipals aus Ninive

Löwenjagdreliefs Assurbanipals aus Ninive

Assyrischer Gott über einem Fabeltier (Assur)

Assurbanipal auf dem Prunkwagen (Ninive)

Assyrische Soldaten aus Ninive

Fußbodenrelief aus dem Palast Assurbanipals in Ninive

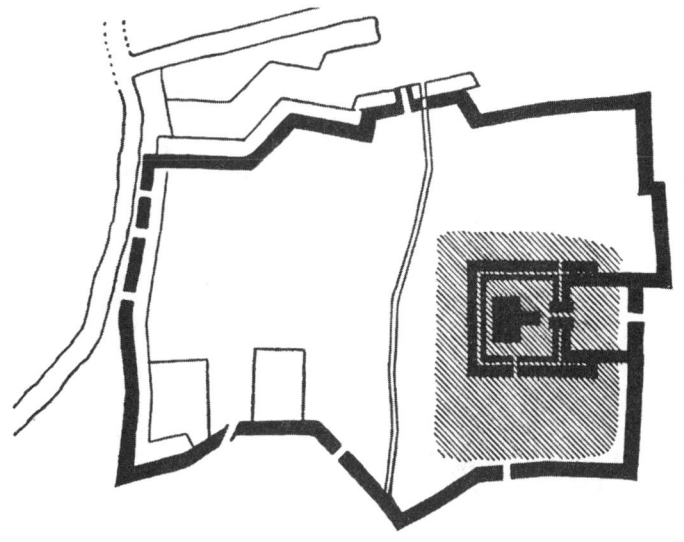

Ausgrabungsbefund und keilschriftlicher Stadtplan von Nippur

Assyrisches Interieur: Brunnenhäuschen und Wohnraum

XII

Die Chaldäerkönige und Nabonid

Babylon, 570 v. Chr.

Betreten wir den Schauplatz des letzten Aktes sumerisch-akkadischer Geschichte, als der noch einmal Babylon erscheint, so müssen wir uns daran erinnern, daß Sanherib im Jahre 689 diesen Ort einer nun 1200jährigen Tradition bis auf den Grund zerstört hatte. Der Wiederaufbau war das Werk der Architekten und Werkmeister Asarhaddons, und die Planung nahm dabei natürlich auf die frühere Anlage und vor allem auf die heiligen Standorte der alten Tempel peinlichst Rücksicht. Nach seiner eigenen Angabe ließ der babylonische Fürst damals zweihundert Götterstatuen in das neue Babel zurückbringen. Die Ausgrabungen, die hier 1899–1914 von der Deutschen Orientgesellschaft unternommen wurden, ermöglichen in Verbindung mit der keilschriftlichen und klassischen Beschreibung heute eine weitgehende Rekonstruktion der chaldäischen Residenz.

Das Babylon Nebukadnezars II., am Euphrat und zwei großen Kanälen gelegen, bildete mit gut 8 km Umfang ein oblonges, schräggestelltes Viereck von 2,6 : 1,5 km Seitenlänge, dessen eines Drittel als Neustadt westlich des Flusses lag und durch eine – noch von Herodot bewunderte – Brücke mit der Altstadt verbunden war. Es wurde von doppelter Stadtmauer und Wallgraben geschützt; die innere und höhere Hauptmauer hieß *Imgurenlil* („Enlil hat erhört"), die äußere *Nemettienlil* („Sitz Enlils"). Nebukadnezar II. ließ im weiteren Umfange von etwa 18 km von Nordost bis Süd noch eine weitere Befestigungsmauer aufführen, hinter der die Landbevölkerung in Notzeiten Schutz suchen konnte und die die seinen neuerbauten „Sommerpalast" und den Neujahrsfesttempel im Norden sichern sollte. Acht große Tore führten in die Stadt, deren Heiligkeit sich schon in ihren Namen ausdrückte: Sie alle hießen ebenso wie die zu ihnen führenden, sich rechtwinklig schneidenden Straßen nach den großen Göttern des Landes.

Da war in der Mitte der Nordmauer Nebukadnezars Prachtwerk, das im strahlenden Blau der glasierten Ziegel schimmernde und mit den farbigen Großreliefs von Stier, Löwe und Schlangengreif geschmückte Ischtartor, unweit davon das Tor des Sin, in der Ostmauer das von Marduk und Zababa, im Süden das Enlil-, Urasch- und Schamaschportal und in der die Neustadt abschließenden Westmauer endlich die dem Adad geweihte Toranlage.

In der Stadtmitte, am östlichen Euphratufer, erhob sich das Zentralheiligtum des Landes mit dem sumerischen Namen Esangila („Haus der Haupterhebung") und seinem Stufenturm Etemenanki („Haus der Gründung Himmels und der Erde") mit der „Heiligen Pforte", die auf der Marduk-Nergalstraße von Osten her Eintritt zum Vorhof der Zikkurrat gewährte. Esangila besaß als Kern – in einem Umfang von 80 : 80 m – zwei Terrassen und sechs um einen zentralen Hof gelagerte Kapellen; die östlichste davon war das Allerheiligste, die westlichste enthielt Marduks Thron und goldenes Bett, während die übrigen für dem göttlichen Hausherrn besonders nahestehenden Gottheiten, wie etwa seinen Sohn Nebo und dessen Gemahlin Taschmetu, bestimmt waren. Zwei weitere Platzterrassen mit Kapellen für Ischtar, Zababa usw. schlossen sich an diesen inneren Komplex an. Nebenan, nach Norden zu, ragte hinter einer von mehreren Portalen durchbrochenen, gut 400 m langen Mauer in einem riesigen Hof Etemenanki, der sagenberühmte „Turm zu Babel" empor – ein Wunder seiner Zeit, das wir durch keilschriftliche und klassische Beschreibungen wenigstens den Maßen nach recht gut kennen. Er bestand aus fünf quadratischen Stockwerken von jeweils 90, 78, 60, 51 und 42 m Seitenlänge; die dazugehörigen Höhenmaße beliefen sich auf 33, 18, 6, 6 und noch einmal 6 m, so daß die eigentliche Zikkurrat bis zu 69 m emporstieg. Auf ihrer obersten

Plattform erhob sich ein zweistöckiger, mit blauen Glanzziegeln verkleideter Kultbau, das „Hochzeitsgemach" Marduks und Sarpanitus, das im Unterbau bei 6 m Höhe 33 : 33 m maß, während das Obergemach 24 : 21 m Umfang hatte und noch einmal 15 m aufragte. Die etwa das Maß der Pyramiden erreichende Gesamthöhe des Bauwerks betrug somit 90 m bei einer Grundfläche von gleicher Seitenlänge. Auf einer gewaltigen Freitreppe stieg man von Südosten her bis zu seiner Spitze empor, während die einzelnen Stockwerke durch an ihren Wänden angelehnte Einzeltreppen verbunden waren.

Ringsum in der heiligen Stadt erhoben sich weiter die Tempel der „Großgötter", die die babylonische Stadtbeschreibung auf 53 beziffert und die alle in quadratnaher Rechteckform nach dem Prinzip der um einen oder mehrere Höfe geordneten Raumgruppen gebaut waren; überall standen an Straßenecken oder Plätzen die Zellen, in denen man bei den Prozessionen die Götterbilder abstellte – 55 für Marduk, insgesamt 300 für die *Igigi*, die Himmelsgötter, und 600 für die *Anunnaki*, die Unterweltsgottheiten –, und zahllos waren in den Tempelhöfen, aber auch sonst allenthalben in der Stadt verstreut, die Altäre, an denen die Gläubigen bequem und jederzeit opfern und beten konnten. Allein 180 von ihnen werden für Ischtar und ebenso viele zusammen für Adad und Nergal genannt!

Gleichfalls am Euphrat, durch den *Banitu*-Kanal von den Bürgerquartieren getrennt und in unmittelbarer Nähe von Prozessionsstraße und Ischtartor, erhob sich das riesige befestigte Stadtschloß der Chaldäerkönige mit seinen zahllosen Sälen, Hallen, Gängen und Kammern und dazu jenem „Museum", in dem Nebukadnezar und seine Nachfolger nach der Mode der Zeit eine Menge von Denkmälern der Vergangenheit, von den Tagen Schulgis von Ur an, gesammelt hatten und das den Babyloniern zur Besichtigung freigegeben war. Die Nordburg ragte über den Zug der Stadtmauer bis zu einer Euphratkrümmung hinaus. Nebukadnezar ließ sich weitere 3 km nördlich außerhalb der Stadt noch einen Sommerpalast bauen, dessen Ruinen heute den Namen *Babil* tragen. Aber nicht nur der König, auch die Bevölkerung drängte über die Ummauerung hinaus: Zahlreiche Vororte schlossen sich im Umkreis an die Kernstadt an.

Das war Babylon, das „Tor Gottes", nach der Erdkarte der Babylonier der Nabel der Welt und seit einem Jahrtausend der Vorort ihres Glaubens, und in seinen Mauern lief auch jetzt noch das Leben des Alltags Jahr um Jahr in den althergebrachten, sich kaum wandelnden Formen ab.

Wenn der Tag begann, trank man einen Schluck kühles Wasser aus dem Tonkrug, der in der Zugluft aufgehängt war, die Familienmitglieder küßten sich, und man frühstückte seinen Mehlbrei oder sein Fladenbrot und Obst; die Amme gab dem Säugling die Brust, der vielleicht schon seine tönerne Klapper schütteln konnte – die wohlhabende Frau stillte ihr Kind nicht selbst, sondern gab sich nach dem Waschen von Hand und Gesicht den uralten fraulichen Tätigkeiten der Hautpflege, des Frisierens und des Schminkens hin –, die größeren Kinder mußten zur Schule oder widmeten sich, wenn sie frei hatten, im Hof und auf den Plätzen, am Kai oder im Garten ihren Spielen oder dem Sport, von dem Laufen, Ringen, Boxen und Scheibenschießen genannt werden; die Stilleren saßen beim Brettspiel, zu dem sich an Regentagen auch die unruhigen Geister bequemen mußten. Die Haussklaven reinigten Zimmer und Hof, holten Wasser und drehten die Kornmühle, und der Tag der einfacheren Frau war mit Waschen, Weben, Nähen, Einkauf und Kochen ausgefüllt, während der reichen Dame ihre Dienerinnen diese Arbeiten abnahmen und sie selbst lieber Besuche machte oder etwa neuen Schmuck aussuchen ging. Die Mahlzeiten waren reichlich, aber einfach; Mehlspeisen, Gurken und Zwiebeln spielten neben Käse und Obst eine große Rolle, während es Fleisch meist nur an den Festtagen, fünf- oder sechsmal im Jahre, gab. Der Hausherr ging nach dem Opfer für die Hausgötter in der Kultnische oder, wenn es an der Zeit war, für die

„großen" Götter an den Straßenaltären oder gar im Tempel selbst seinen Geschäften und Pflichten als Kaufmann, Handwerker, Schreiber, Beamter, Baumeister oder Landwirt nach, traf sich mit seinen Geschäftspartnern bei den Schreibern auf den Plätzen oder im Tempelhof, mußte wohl auch zum Gerichtsort, um dort als Zeuge zu fungieren. Im Verkehr befleißigte man sich großer Höflichkeit, begrüßte sich, indem man die Hand an die Stirn legte, sich verbeugte und nach dem Befinden fragte, während vor Fürsten Fußfall und Fußkuß üblich war.

Die jungen Leute hatten ihre Liebschaften im Kopf, und in einer stillen Hausecke treffen wir einen Jüngling – Besuch von außerhalb –, der einen Brief an das Mädchen seines Herzens abgefaßt hat:

„Ich schreibe, um nach Deinem Ergehen zu fragen. Teile mir doch mit, wie es Dir geht! Ich bin nach Babylon gekommen, aber ich habe Dich nicht getroffen, darüber wurde ich sehr traurig! Schreibe mir den Grund, weshalb du fortgegangen bist, damit ich wieder froh werde!"

Die Ehe war in der Regel monogam, doch erwiesen sich die jungen Sklavinnen dem Hausherrn wohl oder übel zu kleinen Gefälligkeiten gern bereit, und wenn die Herrin des Hauses kinderlos blieb oder aus Krankheitsgründen ihren ehelichen Pflichten nicht nachkommen konnte, fand sie sich mit einer Nebenfrau als selbstverständlich ab. Ging der Tag zur Neige, konnte es – besonders zur Frühlingszeit und im Garten am Fluß oder Kanal – recht lustig werden: Die Männer setzten sich zu einem handfesten Trunk zusammen, wobei das Zuprosten fleißig geübt wurde; die Jugend tanzte und sang, hieß es doch: „Tag und Nacht tanze und spiele!" oder „Singen ist süßer als Honig und Wein!" Die Stimmung stieg, und bald „tanzten die Alten, und die Jungen sangen". Gelegentlich blieb so der Katzenjammer nicht aus, und dann wurde der Hausarzt zitiert; wir kennen den Anfang einer medizinischen Anweisung für solche Fälle, in der es heißt:

„Wenn ein Mann zu viel starken Wein getrunken hat, sein Kopf wirr ist, er seine Worte vergißt und seine Aussprache undeutlich wird, wenn seine Gedanken wandern und sein Auge glasig ist, dann ist folgende Kur vorzunehmen ..."

Der Arme freilich, mochte er nun Halbfreier oder Sklave sein, konnte sich das Glück des Rausches wohl selten leisten, aber an den großen Festen wartete auch seiner die Fröhlichkeit, und sehr zum Ärger seiner Frau mochte es dann geschehen, daß er wie die *Jeunesse dorée* oder – in der Dämmerung – die Herren Patrizier mit seinen Ersparnissen den Weg zum nächsten Ischtartempel wählte, um zu Ehren der Göttin einige Silbermünzen dort gegen mehr oder weniger ausgesuchte Künste der Liebe einzutauschen ...

Auch damals aber war der Menschen höchstes Glück der Friede, und dankbar gedachte man des Herrschers, der ihn zu bewahren verstand, und der Götter, die ihn gnädig schenkten. Ihres besonderen Wohlwollens durfte Babylon sicher sein.

Indes war Babel nicht nur die „heilige Stadt". Es war durch den Fleiß seiner Bürger zu einer immer wieder unerhörte Reichtümer sammelnden Wirtschaftsmetropole geworden, war die „Händlerstadt im Krämerland", wie der judäische Prophet und Zwangsverschleppte Ezechiel sie nennt. Denn mehr noch als der Hof und vielleicht sogar als der Klerus spielt hier seit Jahrhunderten die *Kaufmannschaft* im „Geben und Nehmen", wie man den Handel nannte, eine entscheidende Rolle, über die uns neubabylonische Geschäftsurkunden ausreichend unterrichten. Klein- und Großhandel, Getreide-, Vieh- und Sklavenverkauf, Immobiliengeschäfte und ein lebhafter Leihverkehr, insbesondere auf dem Getreide- und Geldmarkt, der durchschnittlich 20 Prozent Zinsen bei Gold, 30 Prozent bei Getreide vorsah, trugen hohen, durch Urkunden, Zeugen, Bürgschaft und Gesetz sichergestellten Gewinn ein, der sich als Hacksilber, silbernes Ringgeld oder gestempelte „Münze", zuweilen auch als Gold nach den

Gewichtseinheiten von Sekel, Mine und Talent in den Schatzkammern stapelte. Der Getreidehandel nach Persien blühte, und gerade seit der Chaldäerzeit haben sich hier ausgesprochen kapitalistische Formen gebildet. Wie in Nippur die Firma *Muraschu, so* entsteht in Babylon das Bankhaus „*Egibi Söhne*" das noch in der ersten Perserzeit gedieh und über ein großes Vermögen und weitläufige Beziehungen verfügen konnte.

Mit solchem merkantilen Aufstieg hat die *Kunst* dieses Zeitalters nicht Schritt gehalten: Die Stiere, Löwen und die Marduk besonders heiligen Schlangengreifen („Drachen") auf den Ziegelreliefs der Prozessionsstraße und des Ischtartors wirken bei aller Beherrschung der Glasurziegel-Technik recht eintönig, die Siegelzylinder haben selten den Schwung ihrer neuassyrischen Parallelstücke, und die Baukunst beeindruckt mehr durch ihre monumentalen Maße als durch den ihr innewohnenden Geist. Das Land und sein Herrscherhaus ist aramäisch geworden, auch im offiziellen Schriftverkehr verdrängt das Aramäische immer mehr die Keilschrift und die akkadische Sprache: Nach einem neuerdings gefundenen Papyrus schreibt um 600 sogar der Fürst des südpalästinischen Askalon seinen Bittbrief an den Pharao um Hilfe gegen Nebukadnezars Vordringen aramäisch! Diesem neuen Volkstum aber wohnt keine künstlerische Schöpferkraft inne. Dichtung und Wissenschaften scheinen wie gebannt von der jahrtausendealten Vergangenheit, als deren Erben sich ihre Träger trotz des in ihnen pulsenden fremden Blutes fühlen, und ein großes Streben nach Bewahrung des von so weit her Überkommenen erfüllt die späten Nachfahren. Mit dieser Verpflichtung freilich nimmt man es ernst, und es ist bezeichnend, wenn wir hören, daß Nebukadnezar bei seinen Bauten nach den uralten Tempelgründungsurkunden suchen läßt und die Auffindung einer solchen Naramsins von Akkad ausdrücklich zitiert, wenn Nabonid ähnliches meldet oder etwa seine Tochter nach altheiliger Sitte zur „Gottesbraut" des Nanna-Sin weihen läßt.

Ein Weltalter geht zu Ende, aber wir müssen achtungsvoll anerkennen, daß ein Nabopolassar, Nebukadnezar II. und auch der geheimnisvolle Nabonid – gerade weil sie glaubten, noch einmal neu beginnen zu können – die letzten Schritte ihrer Epoche in hoher menschlicher Würde gewandelt sind. Sie wollen keine Weltherrscher, nicht einmal mehr Eroberer sein, sondern nur das ihnen durch den Ablauf der Geschichte zugefallene babylonische Reich halten und bewahren, und es ist Hammurabis großes Herrscherideal eines „Hirten der Völker", dem sie in offenkundig ehrlicher Frömmigkeit noch einmal nachzustreben sich bemühen. Diese Tatsache gibt der zweieinhalbtausendjährigen sumerisch-akkadischen Geschichte – anders als der Assurs – einen versöhnlichen Ausklang; er kommt auch äußerlich darin zum Ausdruck, daß Marduks Stadt Babylon von den neuen persischen Herren mit schonender Achtung behandelt worden ist.

Schon mehrfach hatte im Ablauf des 7. Jahrhunderts der in Südbabylonien seßhaft und bestimmend gewordene aramäische Stamm der *Chaldäer* die Hand nach der Macht über Babel ausgestreckt. Sein befähigtester Kopf ist um 630 ein gewisser *Nabopolassar,* der sich zwar in offenbar betontem Gegensatz zu den morbiden, traditionsüberladenen Herrscherfamilien in Ninive und Babylon gern den „Sohn eines Niemand, den Marduk unter dem Volk nicht ansah", nennt, aber doch wohl der chaldäischen Häuptlingssippe entstammt. Nichtsdestoweniger fühlt er sich als guter Babylonier, der seine Heimat liebt und für eine Wiederaufrichtung ihrer alten Herrlichkeit zu opfern und zu kämpfen bereit ist. Marduk und sein Sohn Nebo, dessen Hauptheiligtum Ezida in Borsippa steht, mahnen ihn zum Kampf gegen Assur. Nabopolassar folgt diesem Ruf als Heerführer, so schwach es auch mit den soldatischen Fähigkeiten der Babylonier und Aramäer bestellt sein mag, noch mehr aber als Politiker, der sich in Kyaxares von Medien den richtigen Bundesgenossen gegen die immer noch furchtbaren Divisionen Ninives aussucht.

Wir kennen die nun folgenden Ereignisse dank der – durch ganz neue Entdeckungen des Jahres 1954 noch ergänzten – Wiederauffindung der sogenannten Nabopolassar-Chronik vor einigen 30 Jahren sehr genau; sie rollen in einer für Babylon unerhört günstigen Weise ab. Kyaxares will den Norden und Assyrien bis Charrān; die Chaldäer können sich mit dem verbleibenden Teil Vorderasiens, nämlich Babylonien und Syrien, wohl zufriedengeben. Den verbündeten Truppen gelingt trotz anfänglicher Erfolge Sinschariskuns die Niederwerfung des Zwingherrn; daß wenigstens den chaldäischen Truppen von ihrem Anführer die Antastung der Heiligtümer untersagt worden war, wie das Nabonid mitteilt, brauchen wir im Hinblick auf Nabopolassars Gesinnung nicht zu bezweifeln. Die Entsendung seines Sohnes Nebukadnezar mit dem Hauptteil des Heeres nach Syrien zeugt für seinen politischen Weitblick: Es galt, die nun herrenlos gewordenen assyrischen Westprovinzen gegen Ägypten zu halten, und hier entschied die Schlacht bei Karkemisch 605 zu Babels Gunsten. Mit dem Rückzug des Pharao Necho war das „neubabylonische" Reich gesichert.

Im eigenen Lande hat Nabopolassar von den ersten Tagen seiner Macht an dem großen Werk der Restaurierung alle seine Kräfte gewidmet. Vier uns erhaltene Bauinschriften erzählen, wie er durch eine Euphratregulierung die verfallene Schamaschstadt Sippar neu belebte, in Babylon eine Steinbrücke über den Fluß schlagen ließ, selbst mit seinen beiden Söhnen Nebukadnezar und Nabuschumlischir nach altem Brauch beim Tempelbau mithalf und die Wiedererrichtung des Mardukheiligtums begann. Seine Bautexte schließen gern mit einem Gebet, dessen Innigkeit uns anrührt:

„O mein Herr Marduk, sieh freudig an meine Taten,
auf daß nach Deinem erhabenen, unabänderlichen Befehl
das Werk meiner Hände alle Zeiten sichtbar überdaure!
So, wie Etemenankis Ziegel für die Dauer geschaffen sind,
so festige das Fundament meines Thrones
für ewige Zeiten!"

Die Götter hegen ihre eigenen Gedanken, und Nabopolassar hat die Früchte des Sieges von Karkemisch nicht mehr genießen können. Aber sein Sohn *Nebukadnezar* (605–562 v. Chr.), den man nach der biblischen Umformung des babylonischen Namens *Natu-kudurri-ussur* besser Nebukadrezar nennen sollte, tritt das Erbe ganz im Geiste seines Vaters an und hat seine Ideen in einer langen, gesegneten Regierung von vier Jahrzehnten verwirklicht. Der ihm von Nabopolassar gegebene Name sollte ihn an Babels Erneuerung nach der Kassitenherrschaft gemahnen, und der Appell ist nicht ungehört verhallt. Wie jener Babylonierkönig vor 500 Jahren, so hat uns auch der größte Chaldäerfürst keine Kriegsberichte hinterlassen und offenkundig diese Art blutigen Selbstruhmes verachtet. Seine Leidenschaft ist nicht der Krieg, sondern das Bauen, und so sind denn die umfangreichen von ihm erhalten gebliebenen Inschriften fast ausschließlich Berichte über sein Werk an Babyloniens Heiligtümern.

Nur eine immer wiederkehrende Standardformel meldet dabei von Feldzügen „in ferne Lande und entlegene Gebirge, vom Oberen bis zum Unteren Meer", um den Bestand des Reiches zu wahren, und auch die wohl 586 entstandene Doppelinschrift vom *Wadi Brisa* im Libanon spricht nur allgemein von den syrischen Kämpfen. Die uns von Josephus überlieferte Niederringung von Tyrus durch eine dreizehnjährige Belagerung und die aus dem biblischen Bericht bekannte Kassierung Judas und Zerstörung Jerusalems im Jahre 587, der eine erste Maßregelung und Teildeportation der Bevölkerung 598 voranging – das Datum ist jetzt durch einen 1954 gemachten Museumsfund in London gesichert –, beweist Nebukadnezars tatkräftiges Durchgreifen in Syrien und an der fernen ägyptischen Grenze.

Um so mehr hören wir über seine Restaurationstätigkeit an allen Tempeln des Landes, vor allem aber in Babylon selbst, den Wiederaufbau von Esangila und Etemenanki, von der Herstellung der Mauern und Kanäle, der Anlegung der Prozessionsstraße und ihrer Krönung durch das herrliche Ischtartor. Aber nicht nur das äußere Bild der Metropole und der Städte des Landes wandelte sich schnell, auch das Land, sein Ackerbau, sein Handel und seine Wirtschaft blühte unter den Händen dieses Friedensfürsten neu auf, und die Anlage der sogenannten medischen Mauer, eines mächtigen *Limes,* der zwischen Euphrat und Tigris nördlich von Babylon von Sippar bis Akschak entstand, gibt der Bevölkerung das Gefühl der Sicherheit. Sie feierte Nebukadnezar als den Wiederbringer glücklicher Zeiten und gerechter Herrscher, und sein Ansehen in der damaligen Welt war so groß, daß er im medisch-lydischen Streit die unangefochtene Mittlerrolle übernehmen und Frieden stiften konnte. Noch einmal erstrahlt der Glanz Babylons und der Ruhm seiner großen Götter, denen der fromme Herrscher in seinen riesigen Bauten ein ewiges Denkmal gesetzt zu haben glaubte: „Alle meine Werke, die ich auf die Tafel geschrieben habe, sollen die Weisen lesen und der Herrlichkeit der großen Götter gedenken!"

Mit dem Tode Nebukadnezars II. im Jahre 562 wendet sich das Blatt. Die Kraft seiner Familie hat sich in Vater und Sohn augenscheinlich erschöpft; Amēlmarduk, der Sohn des großen Herrschers (561–560 v. Chr.) – uns nur aus der babylonischen Königsliste und der biblischen Mitteilung, daß er den 598 deportierten König Jojachin von Juda begnadigt habe, bekannt – kann sich gegenüber seinem ehrgeizigen Schwager *Nergalscharussur* (Neriglissar, 559–556) nicht halten und wird mit Unterstützung des Mardukklerus von diesem verdrängt. In seiner Zeit scheinen sich die Gegensätze zwischen den einzelnen Priesterschaften außerordentlich verschärft zu haben; die hauptsächlich aus Babyloniern bestehende Geistlichkeit von Esangila, aufs engste mit der chaldäischen Schicht verbündet, steht in Opposition zu den Priestern des Sin und Schamasch, deren Hauptheiligtümer sich in Ur, Larsa, Sippar und dem syrischen Charrān erheben und die offenbar mit den nichtchaldäischen Aramäergruppen sympathisieren.

Jedenfalls schaltet sich die Sin-Schamasch-Partei beim frühzeitigen Tode Neriglissars ins politische Intrigenspiel ein, beseitigt den unmündigen Sohn des Königs und kann einen der Ihren, den Priester *Nabonid* (Nabuna'id, 555–539 v. Chr.) auf Babels Thron setzen. Diesen Staatsstreich muß die Mardukpartei anscheinend zunächst ohne Gegenwehr hinnehmen; sie entschließt sich aber wohl bereits jetzt zu dem folgenschweren Schritt, Beziehungen zu dem neuen Machthaber im Osten, dem gleichzeitig mit Neriglissar zur Herrschaft gekommenen Perser Kurasch (Cyrus) von Anschan, aufzunehmen. Die Grenzen des neubabylonischen Reiches sind derweil überall brüchig geworden, und der neue Herr von Babylon, der aus Charrān stammt und vielleicht ein Nachkomme der assyrischen Königsfamilie ist, sieht eine fast unlösbare Aufgabe vor sich. Doch scheint ihm das Glück hold: Cyrus, dessen gelungenen Aufstand gegen den medischen Oberherrn Nabonid unterstützt hatte und der nach seinem Siege über Astyages bereits den Kampf gegen Krösus von Lydien vorbereitet, läßt sich ein neutrales Babylonien zunächst etwas kosten und tritt Nabonid das bisher medische Charrān, die Heimatstadt des Königs, ab.

Dennoch scheint Nabonid die über kurz oder lang auch ihm von den Persern her drohende Gefahr richtig erkannt zu haben. Seine Bevorzugung jener nördlichen Metropole, wo der Sintempel mit allen verfügbaren Mitteln prächtig wiederhergestellt wird, sein sonst ganz unerklärlicher achtjähriger Aufenthalt in der arabischen Wüstenstadt Tema (*Teima,* 1000 km Karawanenweg durch die große Nefudwüste von Babylon entfernt) und seine offene Kampfansage an die Mardukpriesterschaft – er läßt das uralte heilige Neujahrsfest in Babel jahrelang ausfallen und unterstützt die Sin- und Schamaschtempel im Lande auf das großzügigste –

deuten darauf hin, daß Nabonid seinen Staat auf ganz neue Grundlagen zu stellen versucht hat. Ihm scheint die Errichtung einer auf Charrān und Tema gestützten aramäisch-arabischen Verteidigungsbasis gegen die unaufhaltsam wachsende Persermacht vorgeschwebt zu haben; der auch bei den Araberstämmen weitverbreitete Mondkult und die aramäischen Volksteile Babyloniens und Syriens waren wohl weitere Bausteine in einem zwar genialen, die politischen Realitäten aber unterschätzenden Plan, der auf die Ablösung der bisher tragenden, als korrupt und vaterlandslos erkannten Schicht des Reiches hinauslief.

Wie dem auch sei – Nabonids Politik ist gescheitert; er selbst hat das offenbar erkennen müssen und sich dazu entschlossen, nach Babylon zurückzukehren, wo nun das Neujahrsfest 539 mit großem Prunk vorbereitet wurde. Hier freilich muß er mit eisiger Ablehnung und Verachtung empfangen worden sein: Man ist in der Stadt der Priester und Kaufherrn derweil seine eigenen politischen Wege gegangen. Die Abmachungen mit Cyrus sind getroffen; der Statthalter des Persien benachbarten Osttigrislandes, ein Iranier namens Gobryas, schließt sich Cyrus an, und dies bedeutet das Signal zum Angriff auf Babylonien, mit dessen Einverleibung der Perserkönig nun sein Reich abrunden will.

Auch in dieser verzweifelten Lage gibt sich Nabonid noch nicht geschlagen. Er erläßt die freilich nur teilweise befolgte Anweisung, alle Götterstatuen in die Hauptstadt zu bringen – eine Maßnahme, durch die er offenbar das Nationalgefühl im Lande anzusprechen sucht; sein Sohn Belscharussur (Belsazar) übernimmt den Befehl über das Heer, während er selbst in Babylon bleibt. Das Schicksal entscheidet sich schnell. In einem Treffen bei Sippar siegen die Perser, die babylonischen Soldaten fliehen, die Städte öffnen ihre Tore, und auch Babylon ergibt sich sofort. Belsazar ist umgekommen, Nabonid wird gefangen, doch kommt es weder zu Plünderungen noch sonstigen Ausschreitungen. Am 29. Oktober 539 hält Cyrus, König der Perser, seinen triumphalen Einzug in Babylonien und wird von den Mardukpriestern als Befreier begrüßt. Er verheißt ihrem Gott und ihrer Stadt seine Gunst und hält sein Versprechen. Babylon bleibt unangetastet, der Kult für Marduk und die anderen Götter kann ohne Beanstandung fortgesetzt werden, und der Sieger, Bekenner des lichten, gnädigen Gottes Ahura Mazda, der auch die deportierten Juden heimkehren läßt, behandelt sogar den seines Thrones beraubten letzten Babylonierkönig mit Milde: Offenbar ist ihm eine kleine Herrschaft im östlichen Iran übertragen worden.

Das Leben in Stadt und Land geht an den nun persisch gewordenen Strömen zunächst unverändert weiter. Auf die Eitelkeit der Babylonier Rücksicht nehmend, nennt sich Cyrus zusätzlich zu seiner übrigen Titulatur nun auch „König von Babylon, König von Sumer und Akkad" und „Erbauer von Esangila und Ezida". Erst Xerxes hat nach mehreren Aufständen babylonischer Nationalisten diese Titel abgelegt, etwa im Jahre 478 Etemenanki und die Mardukstatue zerstören lassen und damit dem babylonischen Königtum ein Ende bereitet. Alexander des Großen Plan, Babylon zur Hauptstadt seines neuen Reiches zu machen, verging mit seinem frühen Tode. An einer anderen altheiligen Stätte, in Uruk, ist es im 3. Jahrhundert v. Chr. noch einmal zu einer Spätrenaissance des Babyloniertums gekommen, als die Seleuciden hier für Anu und seine Gemahlin Antu – die sie mit Zeus und Hera identifizieren – mächtige Tempel errichteten und sogar Keilschrift und sumerische Sprache wiederbeleben wollten.

Aber die Kraft Altvorderasiens war verströmt. Jahrhundert um Jahrhundert war durch zahllose Kanäle materielle Kultur und geistige Schöpfung der Sumerer und Akkader der abendländischen Menschheit zugeflossen. Wir begegnen diesem schier unerschöpflichen Erbe in so alltäglichen Dingen wie Maß, Gewicht, Zahlungsmittel und Kalender, in technischen Errungenschaften wie Gewölbebau, Drainage, Kanalisation, Wasserhebewerken oder Bronzeguß, aber ebenso in Pferdezucht, Kriegs- und Belagerungskunst, Systematik des Bibliothekswesens oder Musik. Aber auch in den geistigen Bezirken der Wissenschaft – Annalistik, Mathematik, Astronomie, Philologie, Medizin –, in Gesetzgebung, Handels- und Wirtschaftsrecht; Diplomatie und Kultus, in den Bereichen der Kunst – Architektur, Plastik und Freskomalerei – bis hin zur Welt der religiösen Dichtung, deren Schöpfungsmythen, Göttersagen, Heldenerzählungen, Weisheitssprüche und philosophische Texte noch lange nachklangen, gibt es kaum einen Bezirk des Menschenlebens noch unserer Tage, in dem wir nicht auf die Nachwirkungen der altorientalischen Gesittung stoßen. Sie war weltoffen, schloß sich nicht wie in Ägypten vor der Fremde ab; über Hethiter, Phönizier, Kreta und die Bibel, über Griechenland, Rom, Araber und Byzanz gelangte die Leistung des Alten Orients in die neue europäische Welt.

Das Haus selbst freilich, in dem sie geschaffen worden war, ließ sich nicht mehr stützen. Mit den indogermanischen Persern schon war ein anderer Geist ins Land gekommen, der mit den überalterten und erstarrten Formen keine dauerhafte und vor allem fruchtbare Verbindung mehr eingehen konnte. Berossus, ursprünglich ein Mardukpriester, der später in Kos lehrte und um 340 v. Chr. in griechischer Sprache drei Bücher einer babylonischen Geschichte schrieb – er widmete sie dem Seuleuciden Antiochus I. –, berichtet von einer in Wahrheit längst vergangenen Welt, mochte man auch hier und da in den Tempeln noch eine sumerische Vokabel hören oder Keilschriftzeichen nachmalen. Dann schwanden auch diese letzten Erinnerungen, die Römer kamen und die Parther, die Araber, und nach ihnen erschienen die Mongolen, die die Einwohner des Landes in furchtbaren Gemetzeln dezimierten und eine Wüstenei hinterließen.

Im Jahre 1165 n. Chr. zog der aus dem spanischen Navarra stammende Pilger Benjamin von Tudela am Ort des alten Babylon vorbei und berichtet vom zerstörten Palast Nebukadnezars, den aus Furcht vor Schlangen und Skorpionen kein Mensch betrete, und um 1400 besucht der kriegsgefangene bayrische Ritter Schiltberger die Ruinenstätte und erzählt uns, was er dort gesehen und erfahren hatte: „In dem Königreich Babylon bin ich auch gewesen … die Mauer ist 200 Ellen hoch und 50 Ellen dick. Das Wasser des Euphrat rinnet mitten durch die Stadt, sie ist aber nun alle zerstört und ist keine Wohnung mehr da …" Denn längst waren die Kanäle ausgetrocknet, waren die ragenden Tempeltürme in sich zusammengesunken und Schicht um Schicht abgetragen, da man sie durch Generationen als Steinbrüche benutzte. Der Sand, der tausend Jahre unablässig und nun von keines Menschen Gegenwehr mehr behindert aus den Wüsten des Südens heraufwehte, deckte sich über die verfallenen und verödeten Städte, bis sie zu stummen, flachen Hügeln hier und da im weiten Meer der Steppe wurden. Unter ihnen gingen die Zeugnisse eines großen Zeitalters zur Ruhe, um erst seit hundert Jahren wieder ans Licht zu steigen und nun der staunenden Nachwelt Kunde von dem frühesten Abschnitt menschlicher Geschichte und Kultur zu bringen.

Neuassyrische Rollsiegelbilder

Chaldäische
Rollsiegelbilder

Mardukheiligtum und Ischtartor in Babylon zur Zeit Nebukadnezars II. Modelle

Blick auf Babylon zur Chaldäerzeit

Schmelzziegel-Wandgemälde aus dem Palast Nebukadnezars II. in Babylon

Basaltlöwe in Babylon

Zeittafel

(mit den Namen bedeutender Fürsten)

Die Daten beruhen auf der sog. „Kurzen Chronologie" (Albright-Cornelius); sie können sich im 2. Jahrtausend möglicherweise um etwa 50 Jahre nach oben verschieben.

		v. Chr.
Uruk-Zeit		ca. 3000–2800
Djemdet Nasr-Zeit		ca. 2800–2700
Mesilim-Zeit		ca. 2600
Lugalannemundu von Adab?		

Ur I-Zeit .... ca. 2500–2360

Lagasch	*Ur*
Urnansche	Mesannepadda
Eannatum	Aannepadda
Entemena	
Lugalanda	
Urukagina	Lugalzaggesi
	von Uruk ca. 2360

Akkad-Zeit .... ca. 2350–2150

Sargon
Rimusch
Manischtusu
Naramsin
Scharkalischarri

Gutäerzeit .... ca. 2150–2070

Utuchengal von Uruk .... ca. 2070

Ur III-Zeit .... ca. 2065–1955

Urnammu	
Schulgi	Gudea von Lagasch
Bursin	
Schusin	
Ibbisin	Ischbïerra von Isin

Isin-Larsa-Zeit .... ca. 1955–1700

Lipitischtar von Isin	ca. 1875–1865
Sargon I. von Assur	ca. 1780
Rimsin von Larsa	ca. 1757–1698
Schamschiadad von Assur	1748–1716

Hammurabi-Dynastie .... ca. 1830–1530

(6. König) Hammurabi	1728–1686
Samsuiluna	1685–1648
Abieschuch	1647–1620

Namen- und Sachwortregister

(in alphabetischer Folge)

128

Erläuterungen und Quellennachweise der Tafeln

Autor und Verleger sind für Rat, Auskünfte und freundlichst gewährte Hilfe bei der Beschaffung der Bildunterlagen folgenden Gelehrten zu großem Dank verpflichtet: W. Andrae (Berlin), A. Dupont-Sommer (Paris), O. Eißfeldt (Halle), A. Falkenstein (Heidelberg), E. Gjerstad (Lund), A. Haller (Berlin), S. N. Kramer (Philadelphia), H. Lenzen (Berlin), M. E. L. Mallo-wan (London), A. Moortgat (Berlin), J. Nougayrol (Paris), A. Parrot (Paris), A. Pohl (Rom), C. Preußer (Rendsburg), H. Seyrig (Beyrouth), W. Freiherr von Soden (Wien), E. Weidner (Graz), Sir L. Woolley (Shaftesbury).

Folgende Museen und Institute stellten Fotos zur Verfügung: Britisches Museum (London), Louvre (Paris), Musée National Syrien d'Alep, Oriental Institute Chicago, University Museum Philadelphia, Vorderasiatisches Museum (Berlin).

T. 1   Nippur. (Zikkurrat) Aufnahme Dr. S. Kroll, München. Titelbild.

T. 2   Der sog. Tempel D in Uruk um 2900, Rekonstruktionsversuch von Hellmuth Schubert Northeim und Grundriß. Die Rekonstruktion vermittelt einen Eindruck von der verblüffenden Wirkung der Nischenarchitektur. – Grundriß nach Lenzen, Zeitschr. f. Assyriologie, NF. 15, 1950, T. 1 bei S. 8.

T. 3   Hochtempel auf der Terrasse des An-Heiligtums in Uruk, sog. Weißer Tempel (um 2800), Aufgang und Inneres mit Altar. Die Mauern standen noch übermannshoch an. – Nach Achter vorläufiger Bericht über die von der Deutschen Forschungsgemeinschaft in Uruk-Warka vorgenommenen Ausgrabungen (UVB 8), T. 40b und 41a.

T. 4   Archaische Schrifttafel der Urukzeit (Liste der Tempelwirtschaft) mit noch bild-
oben   ähnlichen Schriftzeichen, 4 : 6 cm. Vorderasiatisches Museum Berlin. – Nach Falkenstein, Archaische Texte aus Uruk, T. 27 Nr. 323.

unten   Rollsiegelbild der Urukzeit: Schafherde mit zwei nackten Hirten, die Peitsche und Hirtenstab tragen. Siegelzylinder aus gelbem Kalkstein von 5,7 cm Höhe und 5 cm Dicke. Früher im Besitz der Staatlichen Museen Berlin. – Nach Moortgat, Vorderasiatische Rollsiegel, T. 1 Nr. 4.

T. 5   Reliefierter Elfenbeingriff eines Feuersteinmessers mit Motiven der Djemdet Nasr-Zeit. Links: Dumuzi mit zwei Löwen; Hunde, Wildschafe, Steinbock; Löwe, ein Rind anspringend; Hirte mit angeleintem Hund hinter Rind. Rechts: Kampfszenen zu Land; geschmückte Kähne; Kampf zu Wasser. Gefunden am Djebel-el-Arak südlich von Abydos in Oberägypten; mit anderen Belegen Beweis sumerischen Kultureinflusses auf Ägypten in der Frühzeit. 9,3 cm hoch, Louvre. – Nach Zeitschr. f. Ägyptologie 71, 1935, Heft 1 T. 1.

T. 6   Nachzeichnung eines Rollsiegelabdrucks der Djemdet Nasr-Zeit: Vor dem mit
oben   Stirnbinde und knielangem Gewand bekleideten, bärtigen Priesterfürsten, der sich auf den umgedrehten Speer stützt, erscheint ein nacker darbietender (?) Priester, der drei mit Armfesseln gebundene, hockende Gefangene vorführt. Hinter letzteren zwei gleichfalls nackte Wächter mit Keulen. – Nach Lenzen, Zeitschr. für Assyriologie NF. 15 S. 9 T. 3 Abb. 5.

unten   Ausschnitt aus der sog. Jagdstele von Uruk: Der König, gegürtet und mit Stirnbinde, Haarschopf und Bart, schießt seinen Pfeil auf einen anspringenden Löwen ab. Höhe der ganzen Stele etwa 80 cm. Iraq Museum Bagdad. – Nach UVB 5 T. 12c.

T. 7   Rollsiegelbilder der Uruk- und Djemdet Nasr-Zeit. Oben: „Jagd im Gebirge". Siegelzylinder aus Kalkstein von 5 cm Höhe und 4,4 cm Dicke. Unten: „Schiffsprozession". In einem von zwei Bootsleuten bedienten und an den Steven mit Blüten geschmückten Kahn steht mit gefalteten Händen ein Priester in Stirnbinde und „Netzrock", hinter ihm ein Kultgestell, vor ihm ein auf dem Rücken einer Stierfigur befestigter Stufenaltar, der mit zwei Schilfringbündeln, dem Emblem der Inanna, versehen ist. Siegelzylinder aus Lapislazuli von 4,3 cm Höhe und 3,5 cm Dicke. Früher in den Staatlichen Museen Berlin. – Nach Moortgat, Rollsiegel T. 1 Nr. 1 und T. 6 Nr. 30.

T. 8   Kleinplastiken der Djemdet Nasr-Zeit. Oben: Ruhendes Stierkalb mit geflecker Haut, die durch kleeblattförmige Lapislazuli-Einlagen wiedergegeben ist. Muschelmasse, Länge 5,8 cm. Vorderasiatisches Museum Berlin. – Nach UVB 7 T. 23f. Unten: Ruhender Widder als Kultständer mit eingelegtem Silberstab, wohl zum Halten eines Göttersymbols. Augen ursprünglich eingelegt. Schwarzer Stein, 10 cm hoch. Vorderasiatisches Museum Berlin. – Nach Heinrich, Kleinfunde aus den archaischen Tempelschichten von Uruk, T. 8.

T. 9   Libationskanne der Djemdet Nasr-Zeit aus gelblichem Kalksandstein mit Löwenfiguren am Ausguß und Darstellungen von Löwen und Stieren im Hochrelief. Die Tierköpfe sind besonders lebensecht gestaltet und treten fast vollplastisch aus der Bildfläche heraus. Höhe 20 cm. Iraq Museum Bagdad. – Nach Heinrich, Kleinfunde, T. 22.

T. 10   Reliefschmuck der „Kultvase von Uruk", Abrollung. Alabaster, Höhe der ganzen Vase 1 m, Höhe der Abrollung etwa 74 cm. Iraq Museum Bagdad. – Nach Heinrich, Kleinfunde, T. 38.

T. 11   Lebensgroßes Frauenhaupt der Djemdet Nasr-Zeit aus Uruk. Augen und Brauen ursprünglich eingelegt, Nase weggebrochen; über dem Haar vielleicht eine Goldperücke nach Art des Meskalamdug-„Helmes" (T. 30) zu denken. Da die Plastik nur den Vorderteil des Kopfes darstellt, dürfte es sich um das Teilstück einer Statue aus verschiedenartigem Material handeln. Durchscheinender Marmor, 22 cm hoch. Iraq Museum Bagdad. – Nach Zeitschr. f. Assyriologie NF 11, 1939, T. 8.

T. 12   Rollsiegelbilder der Djemdet Nasr-Zeit. Oben: Der „gute Hirte". Dumuzi mit Stirnbinde, Nackenschopf, Bart und knielangem Rock hält in jeder Hand einen Zweig mit achtblättrigen, rosettenartigen Blüten zwei sich aufrichtenden, langmähnigen Widdern als Futter hin. Schilfringbündel und (links) Kultgefäße nach Art der Urukvase von T. 10, darüber ein Lamm. Siegelzylinder aus Marmor von 5,4 cm Höhe und 4,5 cm Dicke. Früher in den Staatlichen Museen Berlin. – Nach Moortgat, Rollsiegel T. 5 Nr. 29b. – Unten: Darstellung zweier Ziegen im ornamentalen Stil, Kugelbohrertechnik. Gerade und geschwungene Schmucklinien, dazwischen „Auge mit Braue". Siegelzylinder aus grauem Marmor von 5,8 cm Höhe und 2,7 cm Dicke. Standort wie oben. – Nach Moortgat, Rollsiegel T. 11 Nr. 67.

T. 13   Rollsiegel der Mesilimzeit. Oben: „Figurenband", eine ineinander verschlungene Reihe schemenhafter, aufgerichteter Stiermenschen, Rinder, Löwen und Heroen. Im unteren Teil dreimal ein Kurzschwert. Siegelzylinder aus grauem Kalkstein von 3,1 cm Höhe und 2,4 cm Dicke. Früher in den Staatlichen Museen Berlin. Unten: Gespann und zweirädriger Wagen mit bezopftem Lenker im Zottenrock, wahrscheinlich ältester Beleg des Bildmotivs „Pferd und Wagen". Ausführung im „entnaturalisierten Stil" der Mesilimzeit. Siegelzylinder aus Muschelmasse von 1,7 cm Höhe und 0,9 cm Dicke. Früher in den Staatlichen Museen Berlin. – Nach Moortgat, Rollsiegel T. 11 Nr. 67 und einem von Prof. Dr. A. Moortgat freundlichst zur Verfügung gestellten Foto.

T. 14   Spuren der Stadtmauer von Uruk, wie sie infolge ausnahmsweise günstiger Boden-

oben	feuchtigkeit bei den deutschen Grabungen 1934/35 sichtbar wurden. Nach UVB 7 T. 35b.
unten	Eingangstor zum Tempeloval von Chafadji, von NW gesehen. – Nach Delougaz, The Temple Oval at Khafajah, Fig. 4, mit frdl. Genehmigung des Oriental Institute, University of Chicago.
T. 15 oben	Luftaufnahme des Ausgrabungsfeldes von Chafadji mit dem Tempeloval, nach der Kampagne 1932/33 der amerikanischen Ausgräber aufgenommen. – Nach Delougaz a.a.O. Fig. 4.
unten	Tempelovel von Chafadji, Rekonstruktion. – Nach Delougaz a.a.O.
T. 16	Teilrekonstruktion und Grundriß des sog. Palastes „A" in Kisch, Mesilimzeit. Der Plan zeigt oben den älteren Teil der Anlage von etwa 40:73 m Umfang mit der in einen Breitraum führenden und von zwei Türmen flankierten Toranlage im Osten (rechte Bildseite), dem Wohntrakt und – im Westteil – den um einen Hof gelagerten Magazinen; das Ganze umgeben von einer starken Mauer, die an zwei Seiten schwach vorspringende Pfeiler aufweist und innerhalb derer der eigentliche Palast ein gut zu verteidigendes, in sich geschlossenes Rechteck bildet. Südlich ist ein jüngerer Anbau vorgelagert, in dem die beiden Räume ganz links auffallen: Die westlichste Halle scheint Wandschmuck gehabt zu haben, der gleich große, daneben liegende Saal (21,7:7,6 m) besaß auf der Mittelachse 4 Säulen von 1,5 m Durchmesser zum Tragen des Daches. – Nach Mackay, A. Sumerian Palace etc., Chicago 1929, T. 34: Christian, Altertumskunde, T. 151, 2.
T. 17 oben	Kupferquadriga aus Tell Agrab, Darstellung eines zweirädrigen, mit vier Eseln bespannten Wagens. Augen des Fahrers und der Tiere waren eingelegt, Muschelfüllung bei einem der Esel noch erhalten. Älteste plastische Ausführung des Bildmotivs „Pferd und Wagen". 7,2 cm hoch. Iraq Museum Bagdad. – Foto des Oriental Institute, University of Chicago.
unten	Tonmodelle eines zweirädrigen und eines vierrädrigen Wagens aus Kisch, Mesilimzeit, etwa 10 cm hoch. – Nach Mackay a.a.O. Pl. 46.
T. 18 oben	Sumererin mit Kranzfrisur, Teil einer Beterinnen-Statuette aus dem Sin-Tempel von Chafadji. Das Haar war mit Asphalt geschwärzt, Augen mit Muschel und Lapislazuli eingelegt. Kalkstein, 8 cm hoch. Oriental Institute Museum Chicago. – Nach Frankfort, Sculpture of the Third Millenium, Pl. 82 A, mit frdl. Genehmigung des Oriental Institute, University of Chicago.
unten	Die „Dame von Tell Agrab" mit großer Perücke und Ohrringen, Mesilimzeit. Die Perücke war mit Asphalt geschwärzt. Weißer Kalkstein, 12 cm hoch. Iraq Museum Bagdad. – Foto des Oriental Institute, University of Chicago.
T. 19	Der Statuetten-Schatz aus dem Abba-Tempel von Tell Asmar mit zehn Betern und zwei Beterinnen. Alabaster, teilweise ergänzt. Größe von 20–72 cm. Oriental Institute Museum Chicago und Iraq Museum Bagdad. – Foto des Oriental Institute, University of Chicago.
T. 20	Beter mit Weihgefäß aus Tell Asmar. Haar und gestutzter Bart in große Wellen gelegt, Augäpfel aus gelber Paste in Asphalt eingesetzt. Die Alabasterfigur ist mit Asphalt auf einem weißen Kalksteinsockel befestigt. Höhe 48,5 cm. Iraq Museum Bagdad. Nach Frankfort, Sculpture T. 7.
T. 21	Kopf des größten Beters von T. 19. Augäpfel in Muschel, Iris in Asphalt eingelegt, das wellig ondulierte Kopf- und Barthaar war mit Asphalt geschwärzt. Höhe der ganzen Statuette 72 cm. Iraq Museum Bagdad. – Nach Frankfort, Sculpture T. 3.
T. 22	Beterin der Mesilimzeit in Stirnband und Gewand, das die rechte Schulter frei läßt und langen Zotten-Besatz hat. Weißer Marmor, Höhe 22,8 cm. Britisches Museum. – Nach Hall, Babylonian and Assyrian Sculpture, T. 6.

T. 23 Vierfüßiger Bronzeständer aus dem Tempeloval von Chafadji mit der Gestalt eines nackten Beters mit Bart und zwei nach vorn gedrehten Haarlocken, verwendet etwa zum Tragen einer Weih- oder Räucherschale. Höhe 55,5 cm. Iraq Museum Bagdad. – Nach Frankfort a.a.O. T. 98.

T. 24 Kupferstatuette zweier ringender Akrobaten aus dem Nintu-Tempel in Chafadji. Die kahlrasierten Ringer sind nur mit einer Hüftschnur bekleidet und tragen große Krüge auf dem Kopf; sie waren wohl eine Programmnummer bei kultischen Volksfesten. Die Kleinplastik stellt wahrscheinlich ihre Weihgabe an die Göttin dar. Höhe 10,2 cm. Iraq Museum Bagdad. – Nach Frankfort, More Sculpture Pl. 54 A.

T. 25 Weihplatte aus dem Tempeloval von Chafadji, Szenen vom kultischen Festmahl, die „Heilige Hochzeit" darstellend; wohl als Kultbild im Tempel angebracht. Das Loch in der Mitte diente zur Befestigung an der Wand. Seitenlänge 28 cm. Iraq Museum Bagdad. – Nach Ur Excavations II, T. 181.

T. 26 Das sog. Familienrelief des Urnansche von Lagasch, wohl als Weihgabe im Tempel aufgehängt. Oben der König im Zottenrock beim Staatsakt des Mörteltragens für den Tempelbau, gefolgt von seiner Tochter und vier Söhnen, die sämtlich mit Namen benannt sind. Unten Urnansche trinkend im Sessel, rechts sein Mundschenk, vor ihm der Bericht erstattende Vezier und weitere Beamte, auch sie mit Namen verzeichnet. Traditionsgemäß ist der König größer dargestellt als Kinder und Diener. Höhe etwa 40 cm. Louvre Paris. – Foto des Louvre.

T. 27
oben Goldener Zügelring mit Maultierplastik, auf die Deichsel aufzusetzen. Aus den Königsgräbern von Ur, Höhe etwa 15 cm. Britisches Museum. – Nach Ur Excavations II Pl. 166.

unten Intarsiertes Brettspiel mit Spielsteinen aus den Königsgräbern von Ur, Einlegearbeit aus Muschelplättchen mit darin eingesetztem Lapislazuli und rotem Kalkstein. Länge des Spielkastens etwa 27 cm. Britisches Museum. – Nach Ur Excav. II T. 95f.

T. 28
links Einlegearbeit auf der Stirnseite einer Harfe aus den Königsgräbern von Ur. Die Darstellungen zeigen von oben nach unten: Dumuzi mit zwei Stiermenschen, Leopard (?) und Löwe beim Servieren von Speisen und Getränken; Tierkapelle mit harfespielendem Esel, die Harfe stützendem Bären und Fuchs mit Sistron; Skorpionenmensch und Gazelle mit Bechern vor großem Tonkrug.

rechts Kurzschwert (Prunkwaffe) aus den Königsgräbern von Ur mit Goldscheide und Lapislazuli-Griff, Länge 36 cm. Beides Iraq Museum Bagdad. – Nach Ur Excav. II T. 105 u. 151.

T. 29 Sog. Goldhelm des Meskalamdug, eine goldgetriebene Perücke etwa zur Verwendung bei festlichen Anlässen. Höhe etwa 22,5 cm. Iraq Museum Bagdad. – Nach Ur Excav. II, Titelbild.

T. 30 Ziegenbock an stilisiertem Baum mit Rosettenblüten, Lebenssymbol aus den Königsgräbern von Ur. Hervorragender Beleg der Goldschmiedekunst, gefertigt aus Gold (Elektron), Silber und Lapislazuli mit Asphalt auf Holzkern. Höhe 47,5 cm, rekonstruiert. Britisches Museum. – Nach Ur Excav. II T. 88.

T. 31
oben Silbernes Bootsmodell aus den Königsgräbern von Ur, dem Toten für die Überquerung des Unterweltflusses mitgegeben. Länge etwa 65 cm. Britisches Museum. – Nach Ur Excav. II T. 169a.

unten Harfe aus den Königsgräbern von Ur mit 11 Saiten und Widderkopf am Ende des Klangkastens, rekonstruiert. Höhe und Länge etwa 1 m. Britisches Museum. – Nach Ur Excav. II T. 109.

T. 32 Schmuck aus den Königsgräbern von Ur: Oben goldene Hirsch- und Wisentfigürchen in doppelter Ausführung als Gürtelschnalle verwendet; ungefähr natürliche Größe. Unten: Haarpfeil, Ohrringe, Halsketten und Armband in Gold, Lapislazuli und Karneol aus dem Besitz der Fürstin Ninschubad. University Museum Philadelphia. – Nach Ur Excav. II T. 129 u. 141b.

T. 33 Urnansche, ein ob seiner Sangeskunst berühmtes Mitglied des Priesterchors von Mari um 2500. Das in strähnige Locken gelegte Haar ist geschwärzt; sog. kaunakesischer Rock. Alabaster, 26 cm hoch, gefunden im Ischtartempel von Mari, November 1952. – Nach Parrot, Mari, T. 45.

T. 34 Sitzbild eines Sumerers der Ur-I-Zeit in Beterhaltung, mit eigenwilliger Lippenlinie und gegen die Gewohnheit nicht eingelegten Augenbrauen. Trachyt, Höhe etwa 40 cm. Britisches Museum. – Nach Ur Excav. I T. 10.

T. 35 Votivschaf aus Terrakotta, mit Spuren der ursprünglichen Bemalung. Länge 9 cm,
oben Höhe 5,5 cm. Aus der Sammlung des Verfassers. – Eigenes Foto.
unten Kalksteinfriese aus el-Obed: Hirten bei der Milchverarbeitung und beim Melken; rechts oben zwei Kälber an der Tür des Pferches. Frieshöhe etwa 20 cm. Iraq Museum Bagdad. – Nach Ur Excav. I T. 31.

T. 36 Vorder- und Rückseite der sog. Mosaikstandarte von Ur. Darstellungen vom Krieg
+ 37 und Siegesfest eines Königs der 1. Dynastie von Ur, vermutlich auch bei kultischen Umzügen mitgeführt. Von unten nach oben zu lesen, zeigt das Bildwerk in Einlegearbeit (Muschel, teilweise graviert, und Sandstein auf Lapislazuli-Grund): Auszug und Einsatz der vierrädrigen, von vier Eseln gezogenen Kriegswagen, Angriff der Speerträger, Handgemenge und Einbringung der Gefangenen vor den in überragender Größe dargestellten König und sein Gefolge (nebst kleinem Sohn?); im oberen Bild: Transport von Beutestücken, Wegtreiben von Eseln, Anlieferung von Fischen, Schafen und Rindern zum Festmahl, schließlich Leierspieler, Diener und das Trinkgelage vor dem siegreichen König. Größe 22:47 cm, Nachzeichnung. Britisches Museum. – Nach Ur Excav. II T. 92.

T. 38 Bronzestier (Fruchtbarkeitssymbol) aus el-Obed. Stirnhöhe etwa 47 cm. Briti-
oben sches Museum. – Nach Ur Excav. I T. 17, 3.
unten Löwenadler (Imdugud) über zwei Hirschen, Kupferrelief vom Portal des Ninchursangtempels Aannepaddas von Ur in el-Obed, z.T. ergänzt (die abgebrochenen Hirschköpfe und Geweihstangen fanden sich neben der Reliefplatte). 2,3:1 m. Britisches Museum. – Nach Ur Excav. I T. 6.

T. 39 Vegetationsgöttin, Relief auf einer Kultvase des Entemena von Lagasch. Die thronende Göttin, deren über der Stirn gelocktes Haar in vier Zöpfen auf Brust und Schultern fällt, trägt eine gehörnte Blütenkrone und in der rechten Hand eine Dattelrispe, während aus den Schultern sechs Mohnkolben wachsen. Basalt. Höhe 25 cm. Vorderasiatisches Museum Berlin. – Foto des genannten Museums.

T. 40 Hauptfragment der sog. Geierstele des Königs Eannatum von Lagasch, den König im Fußkampf vor der Phalanx seiner mit Kegelhelm, Rechteckschild und Speer ausgerüsteten Truppen (oben) und speerschwingend auf dem Streitwagen darstellend. Oben und unten rechts ein Teil der Inschrift in Monumentalschrift. Mittlere Höhe etwa 60 cm. Louvre. – Foto des genannten Museums.

T. 41 Ausschnitt aus der sog. Kampfstele von Lagasch (Akkadzeit). Ein Krieger in Kegelhelm und vorn knie-, hinten wadenlangem Gewand mit Schärpe schwingt seine Keule gegen einen nackten Feind, den er am Bart gepackt hat; sein Kamerad, in fußlangem, längssplissiertem Gewand und mit troddelgeschmücktem Köcher auf dem Rücken hat einen anderen Gegner niedergeschlagen und spannt den Bogen. Höhe 15 cm. Louvre. – Foto des genannten Museums.

T. 42 Kupferhaupt aus Ninive, wahrscheinlich Sargon von Akkad darstellend. Höhe 35 cm. Iraq Museum Bagdad. – Foto des Vorderasiatischen Museums Berlin nach dem dortigen Abguß.

T. 43	Priesterfürst der Akkadzeit aus Adab, akkadischer Typ, mit Rundkappe. Kinnpartie und unterer Teil des Bartes zerstört, Augäpfel aus Elfenbein, Pupillen ergänzt. Wohl Teil einer Beterstatuette, 9,5 cm hoch. Oriental Institute Museum Chicago. – Foto des genannten Museums.
T. 44	Kampfstele Naramsins von Akkad aus rotem, nach der Mitte hin gelblich geflecktem Sandstein. Höhe knapp 2 m. Louvre. – Foto des genannten Museums.
T. 45	Bronzelöwe von Urkisch. Der nur im Vorderkörper dargestellte aufgerichtete Löwe bedeckt, den Rachen drohend aufgerissen, mit seinen Tatzen eine beschriftete Bronzeplatte und darunter ein weißes Steintäfelchen von 11 cm Seitenlänge, das die Gründungsinschrift des frühchurritischen Kleinfursten Tischari von Urkisch trägt. Die hervorragende, unerhört lebendige Kleinplastik ist der Akkad-Kunst zuzurechnen. Text der Inschrift: „Tischari, König von Urkisch, hat den Tempel des Pirigal gebaut. Möge der Tempel dieses Gottes durch Lubadaga geschützt werden! Wer ihn zerstört, soll von Lubadaga vernichtet werden; An möge seine Bitte nicht hören, Ninnaga, Sinuga und Ischkur mögen den, der ihn zerstört, zehntausendmal zehntausendmal verfluchen!" Höhe der Löwenfigur 12 cm. Louvre. – Foto des genannten Museums.
T. 46 oben	Rollsiegelbilder der Akkadzeit. Dumuzi, von Inanna unterstützt, im Löwenkampf. Dumuzi, nackt und bärtig, schwingt im Knielauf die Pickelaxt gegen das aufgerichtete Raubtier, das Inanna, in Hörnermütze, Faltengewand und mit Strahlen an den Schultern, am Schwanz packt. Rechts fürbittende Gottheit, daneben Legende: „Girnunne, Schreiber des Nigin", darunter Doppeladler mit ausgebreiteten Flügeln. Siegelzylinder aus Lapislazuli von 2,7 cm Höhe.
unten	Etanas Himmelfahrt. Etana auf dem Adler reitend; links daneben und zwischen den beiden bellenden Hunden darunter je eine kleine thronende Gottheit. Ein stehender Mann führt staunend die Hand zum Mund, ein anderer Augenzeuge läuft entsetzt von dannen. Links ein Hirte, der eine Schraubenziege und zwei Mähnenschafe, alle aufwärts äugend, aus der Hürde treibt; darüber ein Gerüst und ein sitzender Mann mit Tonkrügen, wohl bei der Milchverarbeitung. Mondsichel, Schwert und andere Embleme. Siegelzylinder aus Serpentin von 4 cm Höhe. Beide Siegel früher in den Staatlichen Museen Berlin. – Nach Moortgat, Rollsiegel, T. 33 Nr. 243 und T. 32 Nr. 234.
T. 47 oben	Rollsiegelbilder der Ur III-Zeit. Gilgamesch und Enkidu im Kampf mit Wisent und Arnibüffel; zwei Schriftzeichen. Gefunden 1952 im Mari. – Nach Parrot, Mari Fig. 129.
unten	Sog. Einführungsszene. Der vom Schutzgott im Faltengewand (Wickelrock) geleitete Beter tritt mit erhobener Rechten als Bittflehender vor den thronenden, vergöttlichten König Ibbisin, der einen Gegenstand mit der rechten Hand hochhält. Darüber das häufige Emblem der Mondsichel mit der Sternscheibe; zwischen Schutzgott und Beter Skorpion. Inschrift: „Ibbisin, der mächtige König, König von Ur – Ursekkud … Dein Diener." Siegelzylinder aus schwarzem Steatit (Speckstein) von 2,5 cm Höhe. Pierpont Morgan Library. – Nach Porada, Corpus of Ancient Near Eastern Seals, Pl. 4, Nr. 292.
T. 48	Sitzbild Gudeas von Lagasch, der Göttin Gatumdug geweiht, mit ringsumlaufender Inschrift und Tempelplan auf dem Schoß. Blauer Diorit, Höhe 86 cm. Louvre. – Foto des Louvre.
T. 49	Gudea mit Turban, besterhaltene Kopfplastik des häufig dargestellten Fürsten. Augenbrauen im Fischgrätenmuster. Diorit, Höhe 10 cm. University Museum Philadelphia. – Foto des genannten Museums.
T. 50	Bruchstück einer – wohl zu rituellen Waschungen dienenden – Kultwanne Gudeas

aus dem Ningirsu-Heiligtum Eninnu. Das Relief zeigt eine geschlossene Reihe von Göttinnen mit einfacher Hörnerkrone und längsplissiertem, Wasserstrahlen nachahmendem Gewand, die Gefäße mit hervorsprudelndem Lebenswasser tragen und die beständige Fruchtbarkeit des Landes symbolisieren dürften. Die Wanne maß (nach dem Wiederherstellungsversuch E. Ungers) etwa 118:57 cm bei 66 cm Höhe; die muldenförmige Eintiefung reichte nur etwa bis zur Hälfte der Höhe. Kalkstein. Die Bruchstücke sind z.T. im Antikenmuseum Istanbul, z.T. im Louvre. Nach Zervos, L'art de la Mésopotamie, T. 215.

T. 51   Langlockige Göttin aus Ur mit Hörnerkrone und Vase, aus der Lebenswasser in zwei starken Strahlen springbrunnenartig emporströmt. Auch das Gewand zeigt stilisierte Wasserstrahlen. Im Wohnviertel von Ur 1931 gefunden und dort wohl in einer Straßenkapelle aufgestellt. Ist es Nansche, die Göttin der Quellen und Brunnen? Terrakottarelief, Höhe 75 cm. – Nach einem vom Ausgräber, Sir Leonard Woolley, freundlichst zur Verfügung gestellten Foto.

T. 52   Gründungsfigur Urnammus von Ur (Korbträger) aus Bronze und dazugehörige
oben   Gründungsinschrift (Vorderseite): „Der Inanna, der Herrin des Eanna, seiner Herrin, hat Urnammu, der starke Held, König von Ur, König von Sumer und Akkad, ihr Haus (gebaut)." Figur (27,3 cm) und Tafel (11,6 cm) in sog. Gründungskapsel an den Ecken des Bauwerks eingelassen. Vorderasiatisches Museum Berlin. – Nach UVB 5 T. 17.

unten   Urnammu opfernd vor Nanna (rechts) und dessen göttlicher Gattin Ningal (links), Teil einer 3 m hohen Stele mit Darstellungen der Taten des Königs in Krieg und Frieden. Urnammu, in Kappe und langem Mantel, gießt Wasser in eine palmblattgeschmückte Standvase mit zwei Datteltrauben, dabei wohl um Fruchtbarkeit bittend. Die beiden Gottheiten tragen Hörnerkrone und Faltengewand; Nanna, wie der König bärtig, thront auf einem Hocker auf doppeltem Podium und hält links eine Tüllenaxt, rechts die Herrschersymbole Ring und Stab, dazu die Lotleine (vielleicht Anspielung auf Urnammus große Bautätigkeit); Ningal, ebenso postiert, erhebt segnend die Linke. Je eine Frauengestalt (Schutzgöttin) steht in bittender Haltung hinter dem Fürsten. Bandhöhe etwa 32 cm. University Museum Philadelphia. – Foto des genannten Museums.

T. 53   Rollsiegelbilder der Ur III-Zeit. Siegel des Arztes Urlugaledinna aus Lagasch.
oben   Louvre. – Dortiges Foto.
unten   Einführungsszene. Thronender Gottkönig unter Mondsichel mit Gefäß in der Rechten, vor ihm kahlköpfiger Beter, geleitet von Schutzgöttin in reichplissiertem Querfalten-Kleid. Siegelzylinder aus Eisenstein von 2,9 cm Höhe. Früher in den Staatlichen Museen Berlin. – Nach Moortgat, Rollsiegel T. 34 Nr. 256.

T. 54   Zikkurat des Inanna-Heiligtums Eanna in Uruk, heutiger Zustand, von Osten ge-
oben   sehen. Reste der Freitreppe zum ersten Stock und mehrere Stufenabsätze erkennbar. – Foto der Deutschen Warka-Expedition Nr. W 5508.

unten   Grundriß eines altakkadischen Privathauses in Assur mit Vorhalle und acht um den 7:14,6 m großen Innenhof gruppierten Räumen; ungefährer Normaltyp des altorientalischen Hauses. – Nach Andrae, Das wiedererstandene Assur, Abb. 40.

T. 55   Zikkurrat des Nanna-Heiligtums in Ur. Heutiger Zustand, von Nordosten gesehen, und Rekonstruktion. – Nach Ur Excav. V T. 41 u. 86.

T. 56   Kultvase Gudeas mit der Darstellung zweier gekrönter Schlangengreifen und zweier sich um einen Stab ringelnder Schlangen, dem Symbol des Heilgottes Ningischzida; ältester Beleg des „Äskulapstabes". Steatit, Höhe etwa 25 cm. Louvre. – Foto des Louvre.

T. 57   Sumerischer Syllabar der Isin-Larsa-Zeit (späte Abschrift). Zwei Kolumnen zu je vier Spalten: Sp. 1 bringt das sumerische Wort phonetisch, Sp. 2 das Keilschriftzeichen, mit dem es ideographisch geschrieben wird, Sp. 3 den Namen des Zeichens, Sp. 4 die akkadische Übersetzung. Oriental Institute Museum Chicago. – Nach Kramer, Sumerian Mythology, T. 5.

T. 58 Luftaufnahme und Plan des Palastes von Mari. Die beiden hellen Flächen auf dem Luftbild sind Höfe; die Privaträume des Königs lagen um den nach der Farbe seiner Dekorationen so genannten „Blauen Hof" (im Plan links unten). – Nach Parrot, Mari, T. 81 und Syria 19, 1938, T. 4.

T. 59 Audienzsaal im Palast von Mari; im Hintergrund der Sockel, auf dem der Thron
oben stand. Blick von der erhöhten und auf einer breiten Treppe erreichbaren Tribüne. Mauerhöhe 5 m, Maße etwa 25 : 11 m. Auf dem Plan zweiter Raum rechts neben dem zentralen vorderen (unteren) Hof. – Nach Parrot, Mari, T. 102.

unten Schulklasse im Palast von Mari, mit Lehmbänken und Behältern für Schreibmaterial. Maße etwa 13 : 8 m. Auf dem Plan findet sich dieser Raum, an den eingezeichneten Schulbänken kenntlich, an der unteren Umfassungsmauer, im Mitteltrakt links. – Nach Syria 17, 1936, T. 3.

T. 60 Kriegerkopf aus Mari mit Helm und Kinnschutz, Teil einer Alabasterstatue. Westsemitischer Typ. Höhe 20 cm. – Nach Syria 19, 1938, T. 8.

T. 61 Göttin von Mari, wohl eine Erscheinungsform der Ischtar, mit einfacher Hörnerkrone, geflochtenem und rötlich gefärbtem, auf den Schultern aufliegendem Haar und siebenfacher Perlenkette. Die Figur hält ein wasserspendendes Gefäß in den Händen. Gesamthöhe 149 cm. Weißer Stein. – Nach Parrot, Mari T. 123.

T. 62 Oberteil der Gesetzesstele Hammurabis. Das Relief zeigt Hammurabi, bärtig, in Kappe und langem Mantel, wie er die Hand anbetend vor dem thronenden Sonnengott Schamasch, dem Garanten seines Gesetzes erhebt. Schamasch trägt eine hohe Hörnerkrone, Sonnenstrahlen steigen aus seinen Schultern; er reicht dem König die Herrschersymbole Ring und Stab. Darunter Beginn des Gesetzestextes in Monumentalschrift. Schwarzer Basalt, Gesamthöhe 2,25 m. – Foto des Louvre.

T. 63 Bärtiger Männerkopf aus Diorit, wahrscheinlich porträtähnliches Bildwerk Hammurabis und zu einer Statue des Königs gehörig. Nase zerstört. Das magere Greisengesicht mit der faltigen Haut und den Tränensäcken trägt den Stempel von Sorge und Entsagung. Als Beutestück nach Susa verbracht und dort wieder aufgefunden. Höhe 15 cm. Louvre. – Foto des Louvre.

T. 64 Beterstatuette aus Larsa, dem westsemitischen Gott Martu für Hammurabi geweiht, auf einem Sockel mit Anbetungsszene und Räuchergefäß. Bronze, Höhe 20 cm. Louvre. – Foto des Louvre.

T. 65 Bronzestatuette eines viergesichtigen bärtigen Gottes (wohl eines Götterboten) mit Barett und Krummschwert (?), im Einherschreiten den linken Fuß auf einen kleinen ruhenden Widder setzend. Das in viele Falten übereinandergelegte Gewand nach Art der Götterkleider von T. 52 unten, 53 und 62 bedeckt auch den angewinkelten linken Arm und unterstreicht mit seinem Schwung die feine Bewegungsstudie. Das kleine Werk ist vielleicht typisch für die westsemitische Kunst der Hammurabizeit. Höhe 16,2 cm. Oriental Institute Museum Chicago. – Dortiges Foto.

T. 66 Kassitische Belehnungsteine (Kudurru) mit Text über steuerfreie Landschenkun-
+ 67 gen und den Emblemen der Götter, die die Dotation garantieren und ihre Verletzung strafen. T. 66 Kudurru Nebukadnezars I. aus weißem Kalkstein, 56 cm hoch; T. 67 Kudurru des Nazimaruttasch aus Kalkstein, 50 cm hoch. Unter den Emblemen finden wir als Zeichen der Heilgöttin Gula die thronende Gottheit mit Hund, den Skorpion der Ischchara. Sonnenscheibe, Mondsichel und Ischtarstern, den Raben auf der Stange, den bogenschießenden Skorpionmenschen u.a.m. – Nach Hall,

	Babylonian und Assyrian Sculpture in the British Museum, T. 10 und de Morgan, Délégation en Perse Bd. I T. 14.
T. 68	Hockender Affe, Kleinplastik der Hammurabizeit aus Ischtschali. Augen ursprünglich mit Muschel und Asphalt eingelegt. Backenhöhlungen wohl mit Lapislazuli ausgefüllt. Die Figur konnte – etwa zum Mitführen bei Prozessionen – auf eine Stange gesteckt werden; sie gibt die typische Haltung des Tieres treffend wieder. Alabaster, Höhe 8 cm. Iraq Museum Bagdad. – Foto des Oriental Institute, University of Chicago.
T. 69	Ziegelrelief-Wandsockelfries aus dem Inanna-Tempel des Karaïndasch in Uruk, abwechselnd einen bärtigen Berggott und eine Flußgöttin darstellend. Höhe 2,10 m. Im Vorderasiatischen Museum Berlin teilweise wiederhergestellt. – Foto des Vorderasiatischen Museums Berlin.
T. 70 + 71	Kassitische Rollsiegelbilder. T. 70 Anbetungsszene. Kniender Beter – neben ihm sitzend ein Hund – vor langbärtigem thronenden Gott mit Kappe, Haarschopf und langer, schmaler Hand; darüber zwei sich mit den Hörnern berührende Stiere und dreistielige Pflanze. Als Embleme Fliege, Kreuz, Rosette und Auge. Sumerische Inschrift: „Kidinmarduk, Sohn des Schaïludamqa, Großer des Burraburiasch, des Königs der Gesamtheit. Solange er lebt, möge er gewaltig sein!" Siegelzylinder aus Achat von 4 cm Höhe. T. 71 Zwei aufgerichtete Stiere gegenständig an stilisiertem Baum; Mondsichel und Auge, darunter Flügelsphinx und Flügelstier gleichfalls an stilisiertem Baum. Rand oben und unten mit Dreiecksmuster versehen. Siegelzylinder aus Kupfererz von 7,3 cm Höhe. Beides früher in den Staatlichen Museen Berlin. – Nach von Prof. Dr. A. Pohl-Rom und Prof. Dr. A. Moortgat-Berlin freundlichst zur Verfügung gestellten Fotos.
T. 72	Tontafelbrief der Amarnakorrespondenz (um 1350 v. Chr.), von dem Jerusalemer Kleinfürsten Abdichepa an den ägyptischen Pharao geschrieben (Knutzon, Die El-Amarnatafeln, Nr. 286). Heller Ton, 15 : 9 cm. Vorderasiatisches Museum Berlin. – Nach Schmökel, Die ersten Arier, T. 1.
T. 73	Achtseitiges Tonprisma Tiglatpilesers I. von Assur (um 1100 v. Chr.) mit Bericht seiner Feldzüge, Bauten und Verwaltungsmaßnahmen, aus den Ecken des von ihm neu erbauten Anu-Adad-Tempels in Assur. Höhe 50 cm. Vorderasiatisches Museum Berlin. – Nach WVDOG 10, T. 16.
T. 74 oben	Rollsiegelbild der mittelassyrischen Zeit: Priester beim Bau einer fünfstufigen Zikkurrat. Vorn Wellenlinie (Fluß); links Wüstenfuchs, einen angetriebenen Fisch beschnuppernd. Siegelzylinder aus Achat von 7,4 cm Höhe. Früher in den Staatlichen Museen Berlin. – Nach einem von Prof. Dr. A. Moortgat-Berlin freundlichst zur Verfügung gestellten Foto.
unten	Symbolsockel (Steinuntersatz für Götterembleme) Tukultininurtas I. von Assur (um 1230 v. Chr.). Die Reliefdarstellung zeigt den König, barhäuptig und im langen Wickelkleid mit Fransen, stehend und kniend vor einem entsprechenden Symbolsockel mit Aufsatz. Er hält mit der Linken das Zepter, während der rechte Arm erhoben und der Zeigefinger auf den Gegenstand der Anbetung gerichtet ist, um so die für den Menschen gefährliche Ausstrahlung des Göttlichen abzuwehren (vgl. T. 88, 91, 97). Die Inschrift lautet: „Sockel des Nusku, des Veziers von Ekur, des Zepterträgers des Heiligtums, des Adjudanten Aschschurs und Enlils, welcher täglich das Gebet Tukultininurtas, des von ihm geliebten Königs, vor Aschschur und Enlil wiederholt, auch die Geschicke des Alls in Ekur ..." Grünlich-grauer Gipsstein, mittlere Höhe 51,5 cm. Vorderasiatisches Museum Berlin. – Nach WVDOG 54 T. 30.

T. 75	Anu-Adad-Tempel in Assur, Rekonstruktionsversuche. Oben der Gesamtbau Tiglatpilesers I. (um 1100 v. Chr.), unten der Hof des Heiligtums zur Zeit Salmanassars III. (um 830 v. Chr.). Umfang der Tempeltürme an der Basis etwa 36 : 35 m. – Nach Andrae, Das wiedererstandene Assur, Abb. 55 S. 132 und Abb. 25 S. 45.
T. 76	Bauern am Pflug mit Säevorrichtung, mittelassyrisch, nach einem Rollsiegelbild.
oben	Rekonstruktion (Modell). – Nach Chiera, Sie schrieben auf Ton, Abb. 24.
unten	Rollsiegelbild: Geflügelter Heros, mit der Rechten ein Schwert schwingend, packt mit der Linken einen fliehenden Strauß bei den Schwanzfedern. Rechts im Bild ein Jungstrauß. Typisches Motiv der Zeit Tiglatpilesers I. Siegelzylinder aus grauem Marmor. 3,1 cm hoch. Pierpont Morgan Library. – Nach Porada, Corpus of Ancient Near Eastern Seals, Nr. 606.
T. 77	Rollsiegelbilder der mittelassyrischen Zeit: Oben Damhirsch, an den Blättern eines Laubbaumes äsend. Text: „Siegel des Assurremanni, Sohnes des Schumetirassur." Siegelzylinder aus grauem Chalzedon, 2,8 cm hoch. – Nach Delaporte, Catalogue des cylindres orientaux de la Bibliothèque nationale No. 307. Unten Flügelpferd, sich zur Verteidigung eines Fohlens gegen angreifenden Löwen aufrichtend. Wappenartige Komposition, Kugelbohrertechnik. Siegelzylinder aus rötlichem Achat, 4,5 cm hoch. Britisches Museum. – Nach Southesk, The Catalogue of the Collection of Antique Gems Bd. II T. 8 Qc 35.
T. 78	Apotropäische Glocke aus dem Instrumentarium eines assyrischen Beschwörungspriesters; ihr Klingeln sollte die bösen Geister verjagen. Bestimmungszweck durch die Reliefdarstellungen von drohend die Hand erhebenden und bis auf einen in Löwen- und Fischmasken steckenden Beschwörer auf der Außenwand der Glocke gesichert. Vorderasiatisches Museum Berlin. – Dortiges Foto.
T. 79	Statuette des Dämons Pazuzu, des „Packers". Bronze, 15 cm hoch, Louvre. – Nach Perrot-Chipiez, Histoire de l'art, Bd. II T. 469.
T. 80	Reliefdarstellung zweier Schutzdämonen als Torwächter vom Sanheribpalast in Ninive. Der erste, in Menschengestalt und mit dreifach gehörntem „Helm" und Hüftrock, hebt abwehrend den Arm; der zweite, mit Löwenkopf, Adlerklauen und Trägerrock, hält einen Streitkolben und schwingt mit aufgerissenem Rachen einen Dolch. Britisches Museum. – Dortiges Foto.
T. 81	Neugefundene Siegesstele Tukultininurtas II. von Assur (um 88 v. Chr.) aus der Nähe von Terqa (heute *Tell Aschara* am Euphrat) in durchaus unassyrischem, wohl späthethitisch-aramäischem Stil. Links in gehörnter, mit langer Troddel versehener Kegelmütze, kariertem Schlitzgewand und breitem Gürtel, bärtig und mit gedrehter Haarlocke der Wettergott Adad; er hebt mit der Rechten eine einschneidige Axt, um mit ihr das Haupt einer sich ringelnden, gehörnten Schlange – nach der Inschrift Symbol der besiegten Aramäerstadt Laqē – zu zertrümmern, die er am Hals gepackt hat. Über dem Schlangenkopf Anfang der Inschrift. Rechts der Vater des Königs, Adadnirari II., das Haupt der besiegten Schlange zuwendend, in langer Tunika mit breitem Gürtel: er ist barhäuptig, bärtig und mit dichtem, gewelltem Haar dargestellt und stützt sich mit der Rechten auf einen Stab, während die Linke – wohl als Symbol des nun gesicherten friedlichen Wohlstands – drei Ähren hält. Basalt, Höhe 90 cm. Musée National Syrien d'Alep. – Nach einem von der Direktion des Museums freundlichst zur Verfügung gestellten Foto.
T. 82	Stele Assurnasirpals II. aus Kalach.
T. 83	Menschenhäuptiger Flügellöwe mit dreihörniger hoher Rundkappe, fünfbeinig (vgl. zu T. 96), als Torwächter. Vorbild der Keruben des israelitischen Jahweglaubens. Aus dem Palast Assurnasirpals II. in Kalach. Höhe 3,50 m. Britisches Museum. – Nach Hall, Babylonian and Assyrian Sculpture, T. 20.

| T. 84 | Reliefs Assurnasirpals II. T. 84 Belagerungsszene. Rechts der von seinem Schildträ-
| + 85 | ger geschützte bogenschießende König mit Langschwert, übergroß dargestellt; im
| | Hintergrund Belagerungsturm. Höhe 91 cm. Britisches Museum. – Nach Hall
| | a.a.O. T. 15b. T. 85 Zwei adlerköpfige, geflügelte Schutzdämonen im Fransenman-
| | tel befruchten, in der Linken ein Henkel-Weihgefäß tragend, mit einem männli-
| | chen Dattel-Blütenstand eine üppige, stilisierte Dattelpalme. Höhe 109 cm. Briti-
| | sches Museum. – Dortiges Foto.
| T. 86 | Reliefs Tiglatpilesers III. (um 730 v. Chr.). T. 86 Kavallerie im Einsatz gegen syri-
| + 87 | sche Rebellen. Die Reiter – mit besonders betonter Unterschenkel-Muskulatur –
| | tragen Bart und Haarschopf reglementmäßig onduliert und sind mit Spitzhelm,
| | Panzerhemd, Lanze und Schwert ausgerüstet. Ein Geier, Emblem Ninurtas, fliegt
| | ihnen nach; er hat ein Bündel menschlicher Eingeweide in den Krallen, deren Ende
| | er im Schnabel hält. Aus Kalach, Maße 1,47 : 1,26 m. Britisches Museum. – Nach
| | Hall a.a.O. T. 26. T. 87 Szene nach der Eroberung einer feindlichen Stadt. Stadt-
| | mauer und fruchttragende Dattelpalme, Aufzeichnung der Beute nach Diktat
| | durch zwei Schreiber, Wegtreiben der Viehherden und Abtransport von Frauen
| | und Kindern auf rindergezogenen Karren. Höhe etwa 1 m. Britisches Museum. –
| | Dortiges Foto.
| T. 88 | Ziegelorthostat mit Schmelzziegelgemälde des 8. Jahrhunderts, erhalten in den
| | Trümmern eines kleinen spätassyrischen Privathauses, wohin er wohl zur Sicher-
| | stellung gebracht worden war: Assyrischer Großer betend vor Aschschur. Der
| | Gott, in Menschengröße auf einem Podium dargestellt, mit Vollbart und Haar-
| | schopf wie sein Anbeter, trägt die Götterkrone mit Hörnern und Federbesatz und
| | hält in der Linken die Herrschaftssymbole Ring und Stab, während die Rechte
| | gewährend erhoben ist; über ihm vier Embleme. Der barhäuptige Beter erhebt die
| | Rechte in der bei T. 74 unten beschriebenen Fingerhaltung und streckt die Linke
| | empfangend vor. Die über ihm sichtbare Wanderheuschrecke deutet vielleicht den
| | Inhalt des Gebetes – Abwehr einer Heuschreckenplage – an. Farben verblaßt, vor-
| | wiegend Blau, Gelb und Weiß. Höhe 56 cm. Vorderasiatisches Museum Berlin. –
| | Nach Andrae, Farbige Keramik aus Assur, T. 10.
| T. 89 | Neuassyrische Tongefäße mit Schmelzfarbenmalerei aus Assur, vielleicht aus dem
| | Anu-Adad-Tempel stammend. Höhe etwa 22 cm. Vorderasiatisches Museum Ber-
| | lin. – Nach Andrae, Farbige Keramik aus Assur, T. 14.
| T. 90 | Der „Schwarze Obelisk" Salmanassars III. von Assur (um 830 v. Chr.) aus Kalach
| | mit Text und Reliefdarstellungen von den syrischen Tributleistungen, gegliedert in
| | fünf ringsumlaufende Bänder zu je vier Szenen. Hier: Tribute, dabei Kamele, ein
| | Zwergelefant und zwei – dem Steinmetzen recht schlecht gelungene – Affen. Ala-
| | baster. Höhe etwa 2 m, Abschluß oben durch die Nachbildung eines Stufenturmes.
| | Britisches Museum. – Foto des Britischen Museums.
| T. 91 | Stele Schamschiadads V. von Assur (um 820 v. Chr.) aus weißem Kalkstein. Der
| | König, in der stereotypen Haar- und Barttracht, ist mit bebänderter Tiara, halbär-
| | meligem Untergewand und langem, von zwei Trägern gehaltenem Fransenrock
| | bekleidet; um den Hals her er am Bande einen „Orden", nämlich das seit der Kassi-
| | tenzeit beliebe apotropäische „Malteserkreuz". Die Rechte ist – mit der typischen
| | Abwehrhaltung des Zeigefingers – betend erhoben, die Linke hält das Zepter. Über
| | ihm fünf Embleme: Die dreihörnige Krone Anus, die Flügelsonne Assurs, Sins
| | Mondsichel in der Scheibe, der Blitz Aduds und der achtstrahlige Stern der Ischtar.
| | Höhe 2,18 m. Britisches Museum. – Foto des Britischen Museums.
| T. 92 | Szenen vom Phönizienfeldzug Salmanassars III. auf dem Bronzetor von Balawat
| | (Imgurellil). Oben: Bogenschützen, Reiter, Wagenkämpfer; unten links Belage- |

rung einer Festung, in der Mitte Niedermetzelung von Gefangenen, rechts Krieger, vor einem Offizier auf Streitwagen salutierend. Höhe etwa 27 cm. Britisches Museum. – Foto des Britischen Museums.

T. 93 Sargon II. von Assur (um 720 v. Chr.), Turiner Relief. Das eindrucksvolle Bildwerk, das an das Kupferhaupt Sargons von Akkad erinnert, zeigt den Herrscher als echt assyrischen Typ in der fez-artigen, in einen stumpfen Kegel auslaufenden neuassyrischen Königsmütze, von der Bänder auf den Rücken fallen, mit sorgfältig ausgeführter Haar- und Barttracht und Ohrringen. Kalkstein, 89 cm. Museum Turin. – Nach einem von Prof. Dr. Weidner-Graz freundlichst zur Verfügung gestellten Foto.

T. 94 Assur, von der Tigrisaue her gesehen, mit dem Aschschur-Heiligtum und (rechts
oben im Bild) einem der Stufentürme des Anu-Adad-Tempels. Im Vordergrund die kultische Toranlage am Tigrisufer mit Götterbarken auf dem Fluß. Rekonstruktionsversuch. – Nach Andrae, Das wiedererstandene Assur, Abb. 16.

unten Eine der halbelliptischen Quaderbastionen Sanheribs um die Turmfüße der Stadtmauer von Assur, nach der Freilegung. Diese Aufmauerungen boten den Sturmböcken etwaiger Angreifer keinen Ansatzpunkt, sicherten die eigentlichen Wehrtürme und gaben den Verteidigern auf dem Wehrgang bessere Kampfmöglichkeiten. – Nach Andree, Das wiedererstandene Assur, T. 72.

T. 95 Fassade des Sintempels in Durscharrukin, Rekonstruktionsversuch. – Nach Loud-
oben Altman, Khorsabad I, Fig. 99, mit frdl. Genehmigung des Oriental Institute, Chicago.

unten Durscharrukin, Rekonstruktion. Die Vorderfront der Stadtmauer mit ihren 20 Türmen – die Toranlage nicht eingerechnet – hatte eine Länge von 630 m. Im Hintergrund der eigentliche Palast auf 14 m hoher künstlicher Plattform mit Zikkurrat; größte Ausdehnung 314:244 m. Rechts vorn Wirtschaftsgebäude, links Tempel für Sin, Ningal, Nebo und Schamasch sowie Kapellen für Adad, Ea und Ninurta. – Nach Loud-Altman, Khorsabad II, Pl. I.

T. 96 Menschenhäuptiger Flügelstier mit zweihörniger Tiara und geflügelter Genius mit den Attributen Aschschurs als Torwächter am Palast Sargons II. in Durscharrukin. Der Stierkoloß ist fünfbeinig, um sowohl bei Vorder- als auch bei Seitenansicht „richtig" zu sein. Höhe 4,42 m. Britisches Museum. – Nach Hall, Babylonian and Assyrian Sculpture, T. 28.

T. 97 König Asarhaddon als Sieger über Ägypten und Phönizien, mit Ohr- und Armringen, halbärmeligem Untergewand und an Trägern befestigtem Wickelrock, in der Rechten ein Libationsgefäß hochhaltend, in der Linken Zepter und Nasenseil, an welchem er die klein dargestellten, kniend um Gnade flehenden Könige von Ägypten und Tyrus (?) hält. Über ihm Embleme und Götterfiguren, auf schreitenden Tieren stehend. Höhe 3,46 m. Vorderasiatisches Museum Berlin. – Nach Luschan, Ausgrabungen in Sendjirli I T. 1.

T. 98 Neuassyrische Reliefbilder. T. 98 Judäer aus der südpalästinischen Stadt Lachisch
+ 99 auf der Flucht vor den Truppen Sanheribs (2. Kön. 18 f.). Frauen im Kapuzenmantel, ihr Küchengerät in der Hand und ihre Habseligkeiten in Säcken auf dem Rücken tragend, gefolgt von ebenso dargestellten Mädchen; Kleinkinder auf einem von zwei Rindern gezogenen Karren, den ein nebenhergehender Mann lenkt. Der Weg führt durch üppigen Feldbewuchs. Länge des Ausschnitts 1 m. Britisches Museum. – Nach Hall, Babylonian and Assyrian Sculpture, T. 35. T. 99 Krieger Assurbanipals im Wüstenkampf gegen arabische Kamelreiter. Speerträger mit Schild und Raupenhelm (ionische Söldner?) und Bogenschütze mit Kappe, Köcher und Kurzschwert. Gesichtszüge, Haar- und Barttracht der Araber sind treffend

charakterisiert; das galoppierende Kamel zeigt eine vorzügliche Bewegungsstudie. Ausschnitt aus einem Relief in drei Bändern, Höhe etwa 50 cm. Britisches Museum. – Dortiges Foto.

T. 100 Elfenbeinkopf aus dem Nebo-Tempel in Durscharrukin, vermutlich das Haupt einer Sphinx darstellend. Ägyptisierend; syrischer Import? Zeit Sargons II. Oriental Institute Museum Chicago. – Foto Oriental Institute.

T. 101 Gefangene Leierspieler, von einem assyrischen Soldaten eskortiert, inmitten einer Berg- und Waldlandschaft. Aus dem Palast Sanheribs in Ninive. Britisches Museum. – Nach Gadd, The Stones of Assyria, T. 20.

T. 102 Jagdreliefs Assurbanipals: T. 102 Wildeselhetze, eine Szene von erstaunlicher Be-
+ 103 lebtheit. Fliehende oder stürzende Esel, schwirrende und ihr Ziel erreichende Pfeile, anspringende Jagdrüden; im Vordergrund eine Stute, die sich nach ihrem – von einem der Hunde fast erreichten – Fohlen umwendet. Xenophon schildert 250 Jahre später in der Anabasis (I 5, 2) die mesopotamischen Onager wie folgt: „Bäume gab es keine, aber mancherlei Tiere, am meisten Wildesel ... Bisweilen machten die Reiter auf diese Tiere Jagd. Wenn man die Wildesel verfolgte, liefen sie ein Stück weit und blieben stehen – sie liefen nämlich viel schneller als die Pferde –, und wenn die Pferde wieder näher kamen, wiederholte sich dasselbe. Man konnte sie nicht fangen, es sei denn, die Reiter stellten sich in Staffeln auf und lösten einander in der Verfolgung ab. Das Fleisch der erbeuteten Tiere war dem von Hirschen ähnlich, aber zarter ...“ Maße 120:51 cm. Britisches Museum. – Nach Hall, Babylonian and Assyrian Sculpture, T. 53. – T. 103 Der König, gefolgt von einem Knappen, der Ersatzpfeile bereithält, in Kappe und gesticktem Fransengewand auf reichgeschmücktem Hengst bei der Löwenjagd. Eine der schönsten Reiterdarstellungen der assyrischen Kunst. Alabaster, Höhe 53 cm. Britisches Museum. – Dortiges Foto.

T. 104 Löwenbilder Assurbanipals. Der von vier Pfeilen getroffene Mähnenlöwe wendet sich im Zusammenbrechen nach seinen Verfolgern um. Unübertreffliche Tierdarstellung. Britisches Museum. – Dortiges Foto. Unten: Erlegter Löwe, von sechs Jägern Assurbanipals herbeigetragen. Höhe der Figuren etwa 35 cm. Britisches Museum. – Nach Gadd, The Stones of Assyria, T. 45.

T. 105 Assyrischer Gott (Aschschur oder Schamasch) in der bei T. 88 beschriebenen Haltung und entsprechender Kopfbedeckung, mit doppelt fallendem Mantel, Zepter und Schwert (?), über einem Fabeltier mit Flügeln, Löwenleib und Horn einherschreitend. Vom Körper gehen vier Strahlengebilde aus. Rechts und links über ihm Götterembleme: Flügelsonne Aschschurs, Mondsichel Sins, die sieben Kreise der Siebenergottheit, der Stern der Ischtar. Das Relief stand wohl in einem Hausheiligtum. Höhe 48 cm. Vorderasiatisches Museum Berlin. – Nach Preußer, WVDOG 64, T. 15a.

T. 106 Assurbanipal auf dem Prunkwagen unter dem Sonnenschirm, dem Symbol des Herrschers und des von ihm gewährten Schutzes. Neben dem König, der übergroß dargestellt ist, der Fahrer, hinter ihm ein Knappe; zwei Diener mit Fliegenwedeln folgen dem Wagen. Im Vordergrund ein Leibwächter und ein Beamter. Die sehr sorgfältige Reliefarbeit zeigt das Schnitzwerk des Wagens und lädt zu Frisur- und Kleiderstudien ein. Ausschnitt aus einem Alabaster-Orthostaten des Palastes in Ninive, Höhe 80 cm. Louvre. – Foto des Louvre.

T. 107 Assyrische Soldaten mit Speer, Schwert und spitz zulaufendem Rundschild in knielangem bzw. (beim vordersten Krieger, der als einziger Stiefel und Strümpfe trägt) bis zum halben Oberschenkel reichendem Gewand. Britisches Museum. – Nach Paterson, The Palace of Sinacherib, T. 99.

T. 108 Fußbodenrelief aus dem Palast Assurbanipals in Ninive, einen Teppich mit drei Mustern und Fransenrand darstellend. Maße 120:51 cm. Britisches Museum. – Nach Hall, Babylonian and Assyrian Sculpture, T. 56.

T. 109 Ausgrabungsbefund und keilschriftlicher Stadtplan von Nippur. Lage der Baulichkeiten und Verlauf der Mauern stimmen nahezu vollständig überein. – Nach Chiera, Sie schrieben auf Ton, Abb. 61 f.

T. 110 Aus einem neuassyrischen Bürgerhaus (vgl. S. 113 f.). Oben Brunnenhäuschen im Hof, unten Hauptwohnraum mit Kultnischen, Räuchergefäß, Liege, Hockern und Fußmatten. Rekonstruktionen W. Andraes. – Nach Preußer, WVDOG 64, T. 18c und Andreae, Das wiedererstandene Assur, Abb. 6.

T. 111 Rollsiegelbilder der neuassyrischen Zeit. Unten: Löwe, eine säugende Kuh anfallend. Herabstoßender Adler, Pflanzen, Embleme. Rand oben und unten abgesetzt. Gestalt und Bewegungen mit hoher Realistik dargestellt. Siegelzylinder aus Chalzedon von 2,8 cm Höhe. Oben: Steinbockjagd. Der Jäger zielt im Laufen auf einen galoppierenden Steinbock, der sich nach dem anspringenden Hunde (?) umwendet. Stern und Mondsichel, unter dem Steinbock ein Fisch. Ausdrucksvolle Bewegungsstudie. Siegelzylinder aus Chalzedon von 2,4 cm Höhe. Früher in den Staatlichen Museen Berlin. – Nach Moortgat, Rollsiegel T. 75 Nr. 630 und T. 87 Nr. 747.

T. 112 Rollsiegelbilder der Chaldäerzeit. Oben: Adorant vor zwei Altären mit Mondsichel (auf Steinsockel?) und sitzendem Hund; Siegelzylinder aus Lapislazuli von 3,9 cm Höhe. Unten: Geflügelter Heros mit Krummschwert verteidigt ein erlegtes Rind gegen einen Löwendämon. Inschrift: „Besitz des Nabunadinschumi, Sohnes des Assur ... Nebo schenke Leben!" Siegelzylinder aus Karneol von 3,8 cm Höhe. Pierpont Morgan Library. – Nach Porada, Corpus of Ancient Near Eastern Seals, Nr. 781 und 747.

T. 113 oben Das Mardukheiligtum von Babylon zur Zeit der Chaldäerkönige, von Südosten gesehen, Rekonstruktion (Modell). Links „Erscheinungstempel" Esangila mit seinen Höfen, rechts der Stufenturm Etemenanki mit der blauglasierten „Hochzeitskapelle" auf seiner Spitze, dem mauerumgebenen großen Tempelhof und dem Portal „Gottestor". Im Hintergrund der Euphrat.

unten Prozessionsstraße und Ischtartor mit dem farbigen Reliefschmuck an Schlangengreifen, Löwen und Stieren. Beide Modelle im Vorderasiatischen Museum Berlin. – Nach WVDOG 59, T. 17b, bzw. Foto des Vorderasiatischen Museums Berlin.

T. 114 Babylon zur Zeit Nebukadnezars II., über das Ischtartor hinweg von Nordwesten her gesehen. Im Vordergrund die Prozessionsstraße, rechts ein Teil des Königspalastes mit den „Hängenden Gärten", dahinter in der Ferne Etemenanki und links davon Esangila. Rekonstruktion (Nach Gemälde von Herbert Anger). – Atlantis 1929, S. 700.

T. 115 Schmelzziegel-Wandgemälde in Gelbbraun, Weiß und Hellblau auf kobaltblauem Grund, vom Thronsaal Nebukadnezars II. in Babylon. Der schreitende Löwe gehört neben Stier und Schlangengreif zu den stereotypen Motiven der chaldäischen Kunst, die Assurs Reliefs als Wandschmuck offenbar nicht verwendet hat. – Früher in den Staatlichen Museen Berlin wiederhergestellt. – Nach WVDOG 54 T. 38.

T. 116 Basaltlöwe Nebukadnezars II., sich über geschlagenem Feinde aufrichtend. An seinem ursprünglichen Standort in der Nordostecke des Königspalastes von Babylon (unvollendet). Eines der seltenen Zeugnisse neubabylonischer Rundplastik in späthethitisch-aramäischem Stil. Foto Staatliche Museen, Berlin.

Literaturhinweise

I. ARCHÄOLOGIE UND GESAMTDARSTELLUNGEN

Andrae, W.: Der Anu-Adat-Tempel in Assur, Wissenschaftl. Veröffentlichungen der Deutsche Orientgesellschaft (WVDOG) 10, Leipzig 1909

– Die Festungswerke in Assur, WVDOG 23, 1913

– Die archaischen Ischtartempel in Assur, WVDOG 39, Leipzig 1922

– Die jüngeren Ischtartempel in Assur, WVDOG 54, Leipzig 1935

– Das wiedererstandene Assur, Leipzig 1938

Christian, V.: Altertumskunde des Zweistromlandes, Leipzig 1940

Delougaz, P.: The Temple Oval at Khafajah, Chicago 1940

Delougaz-Lloyd: Pre-sargonid Temples in the Diyala Region, Chicago 1942

Falkenstein, A.: Archaische Texte aus Uruk, Berlin 1936

Frankfort, Wilson, Jacobsen: Frühlicht des Geistes, Stuttgart 1954

Hall-Woolley: Ur Excavations I, Al 'Ubaid, New York, London 1927

Haller, A.: Die Gräber und Grüfte von Assur, WVDOG 65, 1954

Koldewey, R.: Die Tempel von Babylon und Borsippa, WVDOG 15, 1911

Das wiedererstehende Babylon 4. Aufl., Leipzig 1925

Koldewey-Wetzel: Die Königsburgen von Babylon, WVDOG 54/55, 1931/32

Kraus, F. R.: Wandel und Kontinuität der sumerisch-babylonischen Kultur, Leiden 1954

Langdon, St.: Ausgrabungen in Babylonien seit 1918, AO 26, 1927

Loud, G.: Khorsabad I/II, Chicago 1936/38

Lloyd-Jacobsen: The Gimilsin-Temple and the Palace of the Rulers at Tell Asmar, Chicago 1940

Pallis, A.: The Antiquity of Iraq, Kopenhagen 1956

Parrot, A.: Archéologie mésopotamienne. Les Etapes, Paris 1946

– Tello, Paris 1948

– Mari, Neuchâtel 1953

– Sumer, München 1960

– Assur, München 1961

Preußer, C.: Die Wohnhäuser von Assur, WVDOG 64, 1954

de Sarzec-Heuzey: Découvertes en Chaldée, Paris 1884-1919

Thureau-Dangin u. Dunand: Til Barsib, Paris 1936

Vorläufige Berichte über die von der Notgemeinschaft der deutschen Wissenschaft in Uruk unternommenen Ausgrabungen, Berlin 1930 ff.

Unger, E.: Babylon, Berlin 1931

Wetzel, F.: Die Stadtmauer von Babylon, WVDOG 48, 1930

Wetzel-Weißbach: Das Hauptheiligtum des Marduk in Babylon, WVDOG 59, 1938

Woolley, L.: Ur Excavations 11, The Royal Cemetery, 1934

– Ur Excavations V, The Ziggurat and its Surroundings, 1939

– Ur in Chaldäa, Wiesbaden 1956

Zehnpfund, R.: Babylonien in seinen wichtigsten Ruinenstätten, Der Alte Orient (AO), Bd. II, 3–4, Leipzig 1910

Böhl, E.: Opera minora, Groningen 1953

Contenau, G.: La vie quotidienne à Babylonie et en Assyrie, Paris 1953

Ebeling-Meißner: Reallexikon der Assyriologie, Bd. I, Leipzig 1932, Bd. II 1938

Meißner, B.: Babylonien und Assyrien, Heidelberg 1920/25

2. GESCHICHTE

Delaporte, L.: Geschichte der Babylonier, Assyrer, Perser und Phöniker (Geschichte der führenden Völker Bd. 3), Freiburg 1933

Hall, H. R.: Ancient History of the Near East, London 1924

King, L. W.: History of Babylon, London 1910

Meißner, B.: Könige Babyloniens und Assyriens, Leipzig 1926

Moartgat, A.: Geschichte Vorderasiens bis

zum Hellenismus, in: Scharff-Moortgat, Ägypten und Vorderasien im Altertum, München 1950

Olmstead, A.: History of Assyria, New York-London 1923

Schmöckel, H.: Geschichte des alten Vorderasiens, Leiden 1957
- Hammurabi, König von Babylon, München 1958
- (in Zusammenarbeit mit H. Otten, V. Maag und Th. Beran) Kulturgeschichte des Alten Orient, Kröners Taschenausgaben 298, Stuttgart 1961

Smith, S.: Early History of Assyria, London 1928

von Soden, W. Frh.: Herrscher im Alten Orient, Berlin 1954

Barton, G.: The Royal Inscriptions of Sumer and Akkad, New Haven 1929

Bauer, Th.: Das Inschriftenwerk Assurbanipals, Leipzig 1933

O'Callaghan, R.: Aram Naharim, Rom 1948

Bilabel, Fr.: Geschichte Vorderasiens und Ägyptens vom 16. Jahrh. v. Chr. etc. Bd. I, Heidelberg 1927

Christian, V.: Das erste Auftreten der Indogermanen in Vorderasien, Wien 1928

Dossin, G.: Studia Mariana, Leiden 1950
- (Herausg.): Archives royales de Mari, Paris 1941 ff.

Driver, G. R.: Letters of the First Babylonian Dynasty, Chicago 1924

Dupont-Sommer, A.: Les Araméens, Paris 1949

Edzard, D. O.: Die „zweite Zwischenzeit" Babyloniens, Wiesbaden 1957

Ebeling, E.: Neubabylonische Briefe, München 1949

Ebeling-Meißner-Weidner: Die Inschriften der altassyrischen Könige, Leipzig 1926

Edzard, D. O.: Die zweite Zwischenzeit Babyloniens, Wiesbaden 1957

Falkenstein, A.: Ibbisin-Išbi'erra. Zeitschr. f. Assyriologie NF. Bd. 15 (1950) S. 59 ff.

Forrer, E.: Die Provinzeinteilung des assyrischen Reiches, Leipzig 1920

Gadd, C.: The Fall of Ninive, London 1923

Gadd, C. J.: History and Monuments of Ur, London 1929

Goetze, A.: Hethiter, Churriter und Assyrer, Oslo 1936

Jacobsen, Th.: The Sumerian King List, Chicago 1939

Knudtzon, J.: Die El-Amarna-Tafeln, Leipzig 1915

Leemans, W. F.: The Old-babylonian Merchant, Leiden 1950

Langdon, St.: Die neubabylonischen Königsinschriften, Leipzig 1912

de Liagre-Böhl, Opera minora, Groningen 1953

Kupper, J. R.: Les nomades en Mésopotamie, Paris 1957

Luckenbill, D.: Ancient Records of Assyria and Babylonia, Chicago 1927

Moortgat A.: Die Entstehung der sumerischen Hochkultur, AO 43, 1945

Niebuhr, M.: Ur, Assur, Babylon, Kettwig 1984

Pfeiffer, R. H.: State Letters of Assyria, New Haven 1935

San Nicolò-Ungnad: Neubabylonische Briefe aus Uruk, Berlin 1930/34

Scharff, A.: Die Frühkulturen Ägyptens und Vorderasiens, AO 41, 1941

Schmökel, H.: Das Land Sumer, Stuttgart 1955

Schnabel, P.: Berossus, Leipzig-Berlin 1923

Seidmann, J.: Die Inschriften Adadniraris II., Leipzig 1935

Smith, S.: Babylonian Historical Texts, London 1924

von Soden, W. Frh.: Das altbabylonische Briefarchiv von Mari. Die Welt des Orients 1946 ff. S. 187 ff.
- Der Aufstieg des Assyrerreiches als geschichtliches Problem, AO 37, 1-2, 1937
- Herrscher im Alten Orient, Göttingen 1954

Streck, M.: Assurbanipal, Leipzig 1916

Thureau-Dangin, Fr.: Sumerisch-akkadische Königsinschriften, Leipzig 1907
- Lettres de Hammurabi à Šamašhazir, Paris 1924

Ungnad, A.: Babylonische Briefe aus der Zeit der Hammurabi-Dynastie, Leipzig 1914

Waterman, L.: Royal Correspondence of the Assyrian Empire, Ann Arbor 1930-36

Weidner, E.: Das Reich Sargons von Akkad, Archiv für Orientforschung Bd. 16, 1952/53, S. 1 ff.
– Die Feldzüge Samši-Adads V. gegen Babylonien, Archiv für Orientforschung Bd. 9, 1933/34, S. 89 ff.

3. WIRTSCHAFTSLEBEN

Deimel, A.: Sumerische Tempelwirtschaft, Rom 1931
Kraus, F. R.: Nippur und Isin. Journal of Cuneiform Studies Bd. 3, 1949, S. 1-209
Leemans, W. F.: The Old Babylonian Merchant, Leiden 1950
– Foreign Trade in the Old Babylonian Period, Leiden 1960
Pohl, A.: Vorsargonische und sargonische Wirtschaftstexte, Leipzig 1938
Schneider, Anna: Die sumerische Tempelstadt, Essen 1920
Steinmetzer, Fr. X.: Über den Grundbesitz in Babylonien zur Kassitenzeit, AO 19, 1-2, Leipzig 1918

4. RECHT

Cruveilhier: Commentaire du Code d'Hammurabi, Paris 1938
Driver-Miles: The Babylonian Laws I., Oxford 1952, II., 1955
Ehelolf, H.: Ein altassyrisches Rechtsbuch, Berlin 1922
Eilers, W.: Die Gesetzesstele Chammurabis, AO 31, 3-4, 1932
Goetze, A.: The Laws of Eshnuna, Sumer Bd. 4, 1948, S. 63 ff.
Kohler-Ungnad: Assyrische Rechtsurkunden, Leipzig 1913
Kramer, S. N.: The Ur-Nammu Law-Code, Bulletin of the University Museum Philadelphia, Bd. 17, 3 S. 23 ff.
San Nicolò-Falkenstein: Das Gesetzbuch Lipit-Ištars von Isin. Orientalia NF. 19, Rom 1950, S. 103 ff.
San Nicolò: Babylonische Rechtsurkunden des ausgehenden 8. und des 7. Jahrhunderts, München 1951
Steinmetzer, Fr. X.: Die babylonischen Kudurru als Urkundenform, Paderborn 1922

5. WISSENSCHAFT UND DICHTUNG

Böhl, F.: Het Gilgamesj Epos, Paris-Amsterdam 3. Aufl. 1958
Brongers, H. A.: De Literatur der Babyloniërs en Assyriërs, Den Haag 1950
Chiera, E.: Sie schrieben auf Ton, Zürich-Leipzig 1938
Contenau, G.: La médecine en Assyrie et en Babylonie, Paris 1938
van Dijk, J.: La sagesse suméro-accadienne, Leiden 1953
Dhonne, E.: La littérature des Babyloniens et Assyriens, Paris 1937
Falkenstein, A.: Der „Sohn des Tafelhauses", Die Welt des Orients, 1946 ff., S. 172 ff.
Gordon, E. L.: Sumerian Proverbs, Philadelphia 1960
Kramer, S. N.: Enmerkar and the Lord of Aratta, Philadelphia 1952
– Inannas Descent to the Nether World, Journal of Cuneiform Studies, Bd. 5, 1951, S. 1 ff.
– From the Tablets of Sumer, Indian Hills 1956
Kugler, Fr. X.: Sternkunde und Sterndienst in Babel, Münster 1907 ff.
Meißner, B.: Die babylonisch-assyrische Literatur, Handbuch der Literaturwissenschaft ed. O. Walzel, Potsdam 1928
Neugebauer, O.: Über vorgriechische Mathematik, Leipzig 1929
Neugebauer-Sachs: Mathematic Cuneiform Texts, New Haven 1945
Pritchard, J.: Ancient Near Eastern Texts relating to the Old Testament, Princeton 1955
Schott, A., von Soden, W.: Das Gilgamesch-Epos, Leipzig 1958
von Soden, W. Frh.: Leistung und Grenzen sumerischer und babylonischer Wissenschaft, Welt als Geschichte, Bd. 2, 1936
Thureau-Dangin, Fr.: Textes mathématiques babyloniens, Leiden 1938
Weidner, E.: Handbuch der babylonischen Astronomie, Leipzig 1915
– Die Bibliothek Tiglatpilesers I., Archiv f. Orientforschung Bd. 16, 1953, 197 ff.

6. KUNST

Baltrušaitis, M.: Art sumérien, art roman, Paris 1934

Bossert, H.: Alt-Syrien, Tübingen 1951

Frankfort, H.: Art and Architecture of the Ancient Orient Harmondsworth 1954

Moortgat, A.: Die Kunst des Alten Orients und die Bergvölker, Berlin 1932

Pritchard, J. B.: The Ancient Near East in Pictures, Princeton 1954

Schäfer-Andrae: Die Kunst des Alten Orients (Propyläen-Kunstgeschichte Bd. 2), Berlin 1925

Speiser, W.: Vorderasiatische Kunst, Berlin 1952

Unger, E.: Sumerische und akkadische Kunst, Breslau 1926

– Assyrische und babylonische Kunst, Breslau 1927

Zervos, Ch.: L'art de la Mésopotamie, Paris 1935

Andrae, W.: Das Gotteshaus und die Urformen des Bauens im Alten Orient, Berlin 1930

Busink: De Toren van Babel, Leiden 1938

Dombart, R.: Der babylonische Turm, AO 22,2 1930

Fritz-Andrae: Der babylonische Turm, Leipzig 1932

Heinrich, E.: Die Stellung der Uruktempel in der Baugeschichte, Zeitschr. für Assyriologie NF. 15, 1950, S. 21 ff.

Koldewey, R.: Das Ischtar-Tor in Babylon, WVDOG 32, Leipzig 1918

Lenzen, H.: Die Tempel der Schicht Archaisch IV in Uruk, Zeitschr. f. Assyriologie NF. 15, 1950, S. 1 ff.

– Die Entwicklung der Zikkurrat, Leipzig 1951

Parrot, A.: Ziggurats et Tour de Babel, Paris 1949

– Le Tour de Babel, Neuchatel u. Paris 1953

Andrae, W.: Farbige Keramik aus Assur, Leipzig 1923

Barnett, R. D., Forman, W.: Assyrische Palastreliefs, Prag 1960

Budge, E.: Assyrian Sculpture in the British Museum I: The Reign of Assurnasirpal, London 1914

Frankfort, H.: Sculpture of the Third Millennium from Tell Asmar and Khafajah, Chicago 1939

– More Sculpture from the Diyala Region, Chicago 1943

Gadd, C. J.: The Stones of Assyria, London 1936

Hall, A. R.: Babylonian and Assyrian Sculpture in the British Museum, Paris 1928

Heinrich, E.: Kleinfunde aus den archaischen Tempelschichten in Uruk, Leipzig 1930

King, L. W.: Babylonian Boundary Stones, London 1912

Lenzen, H.: Die Sumerer, Berlin 1948

Moortgat, A.: Frühe Bildkunst in Sumer, Leipzig 1935

Paterson, A.: The Palace of Sinacherib, Den Haag 1912

Smith, S.: Assyrian Sculpture in the British Museum II: From Shalmaneser III. to Sennacherib, London 1938

Frankfort, H.: Cylinder Seals, London 1939

– Stratified Cylinder Seals from the Diyala Region, Chicago 1955

Moortgat, A.: Vorderasiatische Rollsiegel, Berlin 1940

– Assyrische Glyptik des 13. Jahrhunderts, Zeitschrift für Assyriologie NF. 13, 1942, S. 50 ff.

– Alt-Vorderasiatische Malerei, Berlin 1959

Porada, Edith: Corpus of Ancient Near Eastern Seals, Washington 1948

Schnitzler, L.: Frühe Plastik im Zweistromland, Stuttgart 1959

Wegener, M.: Die Musikinstrumente des Alten Orients, Münster 1950

Wiseman, D. J.: Götter und Menschen im Rollsiegel Westasiens, Prag 1958

7. RELIGION

Bottéro, J.: La religion babylonienne (Mythes et religions Nr. 39), Paris 1952

Brill-Bezold: Sternglaube und Sterndeutung. Die Geschichte und das Wesen der Astrologie, Leipzig 1918

Contenau, G.: La Magie chez les Assyriens et les Babyloniens, Paris 1947

Dhorme, E.: Les religions de Babylonie et d'Assyrie (Mana II), Paris 1931

Ebeling, E.: Tod und Leben nach den Vorstellungen der Babylonier, Berlin u. Leipzig 1931

Falkenstein, A.: Die Haupttypen der sumerischen Beschwörung, Leipziger semitische Studien NF. I, 1931

Falkenstein-von-Soden: Sumerische und akkadische Hymnen und Gebete, Zürich und Stuttgart 1953

Frankfort, H.: Kingship and the Gods, Chicago 1948

Jastrow, M.: Die Religion Babyloniens und Assyriens, Gießen 1905-1912

Jean, Ch. Fr.: La religion sumérienne, Paris 1931

Kramer, S. N.: Sumerian Mythology, Philadelphia 1944

Kuntmann, W. G.: Die babylonische Gebetsbeschwörung, Leipzig 1932

Moortgat, A.: Tammuz, Berlin 1949

Nötscher, F.: Ellil in Sumer und Akkad, Hannover 1927

Schmidtke, Fr.: Die Urgeschichte der Welt im sumerischen Mythus, Bonner Biblische Beiträge, Bd. I, 1950, S. 205 ff.

– Gilgamesch, Streben nach Erlösung vom Tode, Morgenland, Heft 28

Ungnad, A.: Die Religion der Babylonier und Assyrer, Jena 1921

Lexikalischer Anhang

Namens-/Ortsregister
Geographischer Index
in
alphabetischer Folge

Aachen (röm Aquae Grani, nach Grannus, keltisch-germ. Gott), röm. Badeort, Pfalzkapelle Karls d. Gr., Höhepunkt als Reichsstadt im Mittelalter

Aargau, Kanton der Schweiz, Hptst. Aarau, röm. Vindonissa (Windisch), ab Mitte 5. Jhdt. Besiedelung durch die Alemannen, Erstnennung 763 n. Chr.

Aaron, Bruder des Moses; erster Hoherpriester des Alten Bundes

Abalish (Abdallah?), Zoroastrier

Abbaros (6. Jh. v.Chr.), Herrscher von Tyros

Abbas I. der Große (1587 bis 1629), Herrscher der Saffawiden

Abbās-i Merwī (um 800), persischer Dichter

Abbeville/Frankr.: paläolith. Fundort

Abbevillien, Altsteinzeit-Kultur

Abdallah: siehe Abalish

Abd al-Malik (um 700), Kalif

Abdashtart, s. Straton

Abdastratos (918–910 v. Chr.), König von Tyros

Abdera, Stadt an der thrakischen Küste

Abdeshmun (1. Hälfte des 2. Jh. v. Chr.), punischer Suffet auf Sardinien

Abdeshmun (2. Jh. v. Chr.), Priester auf Ibiza, Sohn des Azarbaal

Abdi-Anati (14. Jh. v. Chr.), König von Siannu

Abdi-bi'ti (um 700 v. Chr.), König von Arados

Abdi-Milkutti (um 650 v. Chr.), König von Sidon

Abessinien → Äthiopien

Abgarus, Scheich (um 100 v.–100 n. Chr.)

Abhayagiri/Ceylon: buddhist. Hptkloster

Abibaal (um 940 v. Chr.), Herrscher von Byblos

Abī-Ešuḫ (1711–1684 v. Chr.), babylonischer König, I. Dynastie von Babylon

Abodriten, slaw. Vstm.

Abraham, alttestamentarischer Patriarch, Stammvater der Israeliten und Araber

Abraham, erster der drei Erzväter des Alten Testaments (2000 v. Chr.)

Abrittus/Moesien (heutiges Bulgarien): Schlacht b. (251)

Absalom (um 950 v. Chr.), dritter Sohn König Davids

Abud al-Daulah (10. Jahrhundert), Bujidenfürst

Abu Ishaq Ibrahim b. Shahriyar al-Kazeruni (gest. 1034), Begründer eines Sufi-Ordens

Abukir/Algerien: prähist. Fundort

Abul Fazl, Philosoph des Akbar-Kults

Abu Moslem (8. Jahrhundert), Führer einer religiösen Sekte

Abū Hafs-i Sughdī (um 720), Dichter

Abydos/Kleinasien: griech. Kol.

Abydos, Stadt am Hellespont, Sestos gegenüber

Acamapichtli (um 1376), erster Oberster Sprecher der Azteken

Acestes, Herrscher von Sizilien

Achab (875–854 v. Chr.), israelischer König

Achäer → Achaier

Achämenes, Begründer der Achämenidendynastie

Achaia/Peloppones, Achaischer Bund (280 v. Chr.) → Peloponnes

Achaia, das phthiotische, Landschaft in Thessalien, vom Spercheios bis zum Enipeus

Achaier (Achäer, Aioler), griech. Vstm.

Achaimeniden (Achämeniden), persisches Königsgeschlecht (um 700 bis um 400 v. Chr.)

Acharnä, einer der größten Demen in Attika, nördl. von Athen

Achates, Gefährte des Äneas

Acheloos, Grenzfluß zwischen Akarnanien und Ätolien

Achenaten (Amenophis IV.), König (18. Dyn.)

Achenaten (1367–1350 v. Chr.), ägyptischer König

Acherbas (9. Jh. v. Chr.), Melqart-Priester und Gemahl der Königin Elissa (Dido)

Acheron, Fluß in Epirus, durchfließt den acherusischen See

Achet-Aton/Ägypten (Name d.: = Tel el-Amarna): altägypt. Kgs.-St.
Achethotep, hoher Beamter des Alten Reiches
Acheul/Frankr.: paläolith. Fundort (→ Acheuléen)
Acheuléen (Isidrense), paläolith. Faustkeilkultur
Achilleus, Sohn der Thetis und des Peleus; größter Held der Griechen im Kampf um Troja
Achill, Held der griechischen Mythologie
Achtoi, ägypt. Beamter (11. Dyn.)
Achtoi, ägypt. König (10. Dyn.)
Achtoi, ägypt. Schriftsteller des Neuen Reiches
Acrisius: siehe Akrisios
Actium/NW-Griechenland: Schlacht b. (31 v. Chr.)
Adad-apal-iddinam (1067 bis 1046 v. Chr.), König von Babylonien, aramäischer Usurpator des babylonischen Throns
Adad, babylonisch-assyrischer Wettergott
Adad, babylonisch-assyrisch-syrischer Wettergott
Adad-idri (9. Jh. v. Chr.), König von Damaskus
Adadnirari III. (809 bis 782 v. Chr.), assyrischer König
Adad-nirari I. (1307 bis 1275 v. Chr.), assyrischer König
Adad-nirari II. (911 bis 891 v. Chr.), assyrischer König, Begründer der assyrischen Reichsverwaltung
Adad-šum-usur (um 1200 v. Chr.), babylonischer König
Adadu, s. Adad
Adam, nach 1 Moses Stammvater des Menschengeschlechts
Adana/S-Kleinasien: byzant. Erob. (964)
Adapa, Held des Adapa-Mythos
Aden ('Adan)/S-Arabien: venezian. Reisen über (14. Jh.) portug. (1524–1538), osman. (1538)
Adiabene/N-Mesopotamien: parth. Erob. (141 v. Chr.) Skythen-Hptst. röm. Erob. (116) – jüd. Kgr. (35–11 n. Chr.)
Adlerberg-Kultur, Kultur d. Bronzezeit
Admesu (7. Jh. v. Chr.), König von Tamassos
Admetos, König von Thessalien
Adoni-Baal (um 852 v. Chr.), phönikischer Herrscher von Siannu

Adonis, eine der drei höchsten phönikischen Gottheiten
Adonis, Sohn des Kinyras und der Myrrha; Geliebter der Aphrodite
Adžaren, georg. Vstm.
Aeneis, nach Aeneas benanntes Heldenepos des Vergil
Aerarium militare, römische Beh. zur Versorgung der Veteranen
Aerope, Gemahlin des Atreus
Aesculapius, s. Asklepios
Äduer, kelt. Vstm. Galliens
Ägaleos,. Berg zwischen Athen und Eleusis, Salamis gegenüber
Ägatische Inseln: Schlacht b. d. (242 v. Chr.)
Ägeus (Aigeus), Vater des Theseus; König von Athen
Ägition, Stadt im südöstl. Ätolien
Ägypten/NO-Afrika: Vorzeit Altägypten (2850 bis 332 v. Chr.)
Äneas (Aeneas), Sohn des Anchises und der Aphrodite, in der griechischen Sage Held des Trojanischen Krieges
Äneolithikum, s. Chalkolithikum
Änianen, Völkerschaft am Spercheios im südwestl. Thessalien
Änos, Stadt an der thrak. Küste
Äolos-Inseln, häufiger die Liparischen genannt, im N Siziliens
Äolus: siehe Aiolos
Äquer, Urvolk Italiens
Äthäa, Stadt in Lakonika
Äthiopien (Abessinien): Vorzeit
Ätolien/griech. Lsch.: Ätol. Städtebund (290 v. Chr.)
Af'alu Bū Rammāl (Afalu-Bu-Rummel)/Algerien: prähist. Fundort
Afanasjeva-Kultur, Kultur d. zentralasiatischen Bronzezeit
Afghanistan/Lsch. i. NO d. iran. Hochld.: Vorzeit
Afontova-Gora/b. Krasnojarsk, O-Sibirien: späteiszeitl. Renjägerlager
Africa/röm. Prov. (Tunis u. Tripolis)
Africanus, Geschichtsschreiber (3. Jh. n. Chr.)
Agamemnon, Sohn des Atreus und der Aerope, Lönig von Mykene und Oberbefehlshaber im Kampf um Troja
Agatharchides (2. Jh. v. Chr.), griechischer Geschichtsschreiber und Geograph
Agathis (6. Jahrhundert), Jurist aus Kleinasien

Agathokles (316 bis 289/288) v. Chr., Tyrann von Syrakus
Agaue, Mutter des Königs Pentheus von Theben
Agenor, König von Phönikien
Ager Pontinus/Italien: prähist. Fundplatz
Agga, König von Kiš
Aghori, hinduistische Sekte
Ağnādayn/Syrien: Schlacht b. (634)
Agni, indischer Gott des Feuers
Agra/Indien: Hptst. (1526 bis Mitte 17. Jh.), Prov. d. Großmogul-Reiches
Agräer, Barbaren im N von Ätolien
Agrianer, päonische Völkerschaft im äußersten N von Makedonien, im Quellgebiet des Strymon
Agricola, Gnaeus Iulius (40–93), römischer Feldherr und Statthalter in Britannien
Agri decumantes, röm. Gebiet zw. Rhein u. Donau
Agrigento (griech. Akragas)/Sizilien: griech. Kol. (580 v. Chr.)
Agrippa, Marcus Vipsanius (63–12 v. Chr.), Freund, Feldherr und später Mitregent von Kaiser Augustus
Agrius (Agrios), Sohn der Kirke und des Odysseus
Agum II. (16. Jh. v. Chr.), König von Babylonien, Kassiten-Dynastie
Agum III. (15. Jh. v. Chr.), König von Babylonien, Kassiten-Dynastie
Ahaggar (Hoggar)/Gebirge, Sahara: neolith. Besied.
Ah Ceh, mayanischer Jagdgott
Ahhazu, sumerischer Dämon
Ahhotep, ägypt. Königin (17. Dyn.)
Ahi (Achi), türk. Städtebund
Ahimram-Inschriften, erstmaliges Auftreten d. phön. Alphabetes
Ahimsa, indisches Verbot d. Lebensschädigung
Ahiram (um 1000 v. Chr.), Herrscher von Byblos
Ahmadābād/W-Indien: Ğāmiʼ-Moschee
Ahmose, Königin, Gemahlin Tuthmosis' I. (18. Dyn.)
Ahmose-Nofretete, Schwester und Gemahlin des Königs Amosis (18. Dyn.)
Ahom, Thai-Volk
Ahuitzotl, Oberster Sprecher der Azteken (1486–1502)
Ah Ulil (um 1200), Oberhaupt von Izamal
Ahura-Mazda, indo-iranische Gottheit

Ahura Mazda, mazdäische Gottheit
Ah Xupan (15. Jh.), Mitglied der berühmten Familie Tutul Xiu aus Tula
Ahab (874–853 v. Chr.), König von Israel
Ahaziāhū, israelischer König
Ahaz (736–716 v. Chr.), König von Juda
Aiakos, Sohn des Zeus und der Nymphe Aigina
Aides: siehe Hades
Aietes, König von Kolchos; Vater Medeas
Aigestes: siehe Acestes
Aigeus: siehe Ägeus
Aigina/Ägäis-Insel, St: Fundort der Bronzezeit, Griech. Kol., Erob. durch Athen (456 v. Chr.)
Aigina, Tochter des Flußgottes Asopos und der Metope
Aigisthos, Sohn des Thyestes und der Pelopeia; Geliebter Klytämnestras
Aigospotamoi/Fl. a. d. Halbinsel Chersones: Schlacht a. (405 v. Chr.)
Aimara, peruan. Bergvolk
Ainel (um 335 v. Chr.), König von Sidon
Ainu, N-asiat. Urvolk
Aioler → Achaier
Aiolos, Sohn des Poseidon; Herrscher der Winde
Aischylos (525–456 v. Chr.), griechischer Tragiker
Aitolos, Sohn des Endymion; Gründer von Aitolia
Aix-en-Provence (Aquae Sextiae)/Frankr.: Schlacht b. (102 v. Chr.)
Aïn Metherchem/Tunis: prähist. Fundort
Aïn Rhilan/Algerien: prähist. Fundort
Aja, Göttin
Ajatashatru (493–461 v. Chr.), König von Magadha und Sozn Bimbisaras
Ajax, Sohn des Telamon, Königs von Salamis, und der Eriboia, Führer der Salaminier im Kampf um Troja
Ajmer/Indien: Prov. d. Großmogulreiches (Ende 16. Jh.)
A-kalam-dug, Name auf einer Grabinschrift
Akan, im Alten Testament Nachkomme Esaus
Akanthos, Stadt auf Chalkidike am strymonischen Meerbusen
Akastos, Bruder der Alkestis
Akerblåd, schwedischer Forscher (18. Jh.)
Akesines, kleiner Küstenfluß unweit Naxos auf Sizilien
Akis, Liebhaber der Galatea

Akkader, semit. Vstm.
Akkad (sumer. Agade)/Mesopotamien: N-mesopotam. Lsch., Hptst. d. akkad. Reiches
Akki, Name in einer Legende um Sargon von Agade
Akko (Ace)/Syrien: phönik. St.
Akkon/Palästina: Gründung durch d. Dt. Ritterorden (1189), Erob. im 3. Kreuzzug (1191), Erob. durch d. Mamluken (1291)
Akrä, Stadt im S von Sizilien, unweit Syrakus u. Kamarina
Akragas, 1) Stadt an der SW-Küste Siziliens (Agrigent). 2) Fluß ebendaselbst
Akrisios (Acrisius), Vater der Danae; König von Argos
Akritai, byzant. Berufskrieger
Akropolis, Tempel und Festberg Athens
Akrothooi, Stadt am Berge Athos auf Chalkidike
Aksum/Äthiopien: altäthiop. Hptst.
Akšad (akkad. Opis)/Mesopotamien: akkad. St.-Staat
Aktaion, Sohn des Aristaios und der Autonoe, Tochter des Kadmos
Akte, Landschaft, die nordöstlichste von den drei Spitzen der Halbinsel Chalkidike
Aktion, Stadt in Akarnanien, am Eingang des amprak. Meerbusens
Al-ʿAliyya/Tanger: paläolith. Fundort
Alachan/Grenzgeb. zwischen China u. d. Inneren Mongolei: Teil d. Hsi-Hsia-Reiches (11. Jh.)
Alalgar, mythischer Herrscher in Eridu
Alamannen, W-german. Stm. (2.–8. Jh.)
Al-Amrah/Ägypten: prähist. Fundort
Alamūt/a. Kaspischen Meer: Burg, Assassinen-Stützpunkt
Alanen, sarmat. Vstm.
Alaska/NW-USA: Erstbesied. i. d. Eiszeit, prähist. Fischerkulturen
Alban/alter Name Schottl.
Albaner, Balkan-Volk
Albanerberge/Gebirge, Italien: prähist. Kultur d.
Al-Biruni (973–1048), Gelehrter
Alcántara/Spanien: Ordensrittersitz
Alces-Kult, Hirsch-Kult
Alecto (Alekto), Furie
Alekseevskoe a. Tobol/W.-Sibirien: prähist. Fundort

Alemannen → Alamannen
Aleppo (Chaleb, Halab, Halpa)/Syrien: Mitanni-Festung am Euphrat
Alessandria (Caesarea)/Italien: Feste d. Lombard. Bundes (1167)
Alexander der Große, makedonischer König (356–323)
Alexander, griechischer Seefahrer und Entdecker zur Zeit Kaiser Hadrians (76 bis 138)
Alexander (um 264 v. Chr), König von Epeiros
Alexander, Vizekommandant einer Elefantenfang-Expedition unter Ptolemaios IV. (um 211–205 v. Chr.)
Alexander von Abonutichus, Scharlatan von Kleinasien
Alexander von Ephesos (um 60 v. Chr.), griechischer Dichter
Alexandria/Ägypten: Gründung (332 v. Chr.) – Ptolomäer-Hptst. (305–30 v. Chr.) – hellenist. Kulturzm, Museion, Einzug Caesars (48 v. Chr.), Triumph d. Antonins (34 v. Chr.), Zm d. jüd. Hellenismus, Philosophenschule, byzant. Wirtschafts-Zm
Alfedena-Kultur, i. d. Frühgesch.
Alfen, Götterschicht der Germanen
Alfred der Große (um 848 bis 899), König von England (871–899)
Algonkin, subarktische Indianerstämme
Algonkium (Vorkambrium), geolog. Formation, Erdzeitalter
Alitum, Name in einer Urkunde
Alkaios (um 600 v. Chr.), griechischer Lyriker
Alkestis, Tochter des Pelias und Anaxibias; Gemahlin Admetos', Königs von Thessalien
Alkinoos, König der Phaiaken
Alkmene, Gattin des Amphitryon; Geliebte des Zeus und Mutter des Herakles
Alkyon (Alkyoneus), Gigant
Allah, Gott der Mohammedaner
Allāhābād/Indien: Prov. d. Großmogulreiches – „Palast d. 40 Pfeiler"
All-Cannings-Cross/Engl.: kelt. Ansied.
Allia/Italien: Schlacht a. d. (387 v. Chr.)
Alluvium, geologische Formation, Erdzeitalter
Al-Maʿmun (9. Jahrhundert), Kalif
Al-Maqdisi (10. Jahrhundert), Biograph und Geograph

Almeria/Spanien: neolith. Fundort
Almogavaren, aragon. Söldnertruppe auf Sizilien
Almopien, Almoper Land u. Volk in Makedonien
Alope, Stadt im Epiknemidischen Lokris
Alpen: Marsch Hannibals ü. d. (219 v. Chr.)
Alpera-Stil, steinzeitliche Kunst
Alphaios, Flußgott
Alphrodisia, Stadt in Lakonika
Altai-Kulturen, Bronzezeit
Altaku (Elteke)/Palästina: Schlacht b. (701 v. Chr.)
Altamira/Spanien: eiszeitl. Wohnhöhle v.
Altdorf/Hptort d. schweiz. Kt Uri: Erste Kapuzinerniederlassung diesseits d. Alpen (1581) Schauplatz d. Tell-Sage
Altgrabenkultur, Kultur der Steinzeit
Althaia, Mutter des Meleager
Altheim/Bayern: Fundort neolith. Kultur
Altnigriter, Urbevölkerung d. Sudan
Altpaläolithikum, Stufe der menschl. Urzeit
Altsteinzeit s. Paläolithikum
Altzeit, s. Paläozoikum
Alulim, mythischer Herrscher von Eridu
Alva Istlilxóchitl, Fernando de (1568–1648), mexikanischer Historiker
Alvarado, Pedro de (1486 bis 1541), spanischer Konquistador, Eroberer von Guatemala (1525)
Alyzia, Stadt an der NW-Küste von Akarnanien
Aman-kutan b. Samarkand/russ. Zentralasien: paläolith. Wohnhöhle
Amarna-Stil, Kunstepoche des Neuen Reiches in Ägypten
Amar-Suen (2047 bis 2039 v. Chr.), Herrscher der III. Dynastie von Ur
Amasis, ägypt. König (26. Dyn.)
Amasis (Ah-mose) II. (568–424 v. Chr.), ägyptischer König
Amata, Gemahlin des Latinus, Königs von Latium
Amathaon, britannischer Sagenheld
Ameghino, Florentino (1854 bis 1911), argentinischer Anthopologe
Amel-Marduk (562 bis 560 v. Chr.), babylonischer König
Amenemhet, General unter Thutmosis III. (um 1470 v. Chr.)
Amenemhêt I., ägypt. König (12. Dyn.)
Amenemhêt II., ägypt. König (12. Dyn.)

Amenemhêt III. (Ni Mâat Rê), ägypt. König (12. Dyn.)
Amenemhêt IV., ägypt. König (12. Dyn.)
Amenhotep, Sohn des Hapu, Ratgeber, Beamter und Architekt Amenophis' III. (18. Dyn.)
Amenophis (Amenhoten) I. (um 1580 v. Chr.), ägyptischer König der 18. Dynastie
Amenophis II. (1427–1402 v. Chr.), ägyptischer König der 18. Dynastie
Amenophis III. (1405–1367 v. Chr.), ägyptischer König, 18. Dyn.
Amenophis IV., von 1353 bis 1336 v. Chr. ägyptischer König
Amestris, Mutter des Arsames
Amir Khusrav (um 1300), persischer Dichter
Amîda (Amitâbha) Buddha, einer der am meisten verehrten Buddhas des Mahâyâna
Ammianus Marcellinus (um 330 bis 400), römischer Geschichtsschreiber
Ammiditana, s. Ammī-ditana
Ammī-ditana (1683 bis 1647 v. Chr.), babylonischer König, I. Dynastie von Babylon
Ammī-ṣaduqa (1646 bis 1626 v. Chr.), babylonischer König, I. Dynastie von Babylon
Ammon (Amun), ägyptischer Gott, Stadtgott von Theben
Ammoniter, semit. Volk
Ammon, libyscher (Wasser?-)Gott der Oase Siwa
Amogha (chin. Pu K'ung, gest. 774), singhalesischer Buddhist und Begründer des Tantrismus in China
Amoghavarsha (814 bis 880), Rashtrakuta-König
Amonrasonthêr (= Amun-Rê, König der Götter)
Amon Re, altägyptischer Sonnengott, König der Götter und Erzeuger der Pharaonen
Amorgos/Griechenl.: Schlacht b. (322 v. Chr.)
Amorion/Kleinasien: byzant.
Amoriter, semit. Vstm.
Amor, Sohn des Marx und der Venus: Gott der Liebe
Amosis, ägypt. König (18. Dyn.)
Amphilocher, Barbaren im N von Akarnanien (Amphilochia)
Amphion, Sohn des Zeus und der Antiope
Amphipolis/Thrakien: Erob. durch Sparta

(424 v. Chr.), Schlacht b. (422 v. Chr.), makedon. Erob. (357 v. Chr.)

Amphipolis, Stadt in Makedonien, nahe an der Mündung des Strymon

Amphissa, Stadt im Ozol. Lokris, unweit der östl. Grenze

Amphitrite, Tochter des Nereus und der Doris; Gemahlin des Poseidon

Amphitryon, Sohn des Alkaios und der Astydameia; Enkel des Peleus, Gemahl der Alkmene

Amprakia, Stadt im südl. Eporus am fl. Arachtos

Ampsicora (um 215), sardinischer Heerführer

Amtiyoga, s. Antiochos II. Theos

Amu-Darja (Oxus)Fl, Innerasien: prähist. Kultur a.

Ammun, Gott von Theben

Amun-Rê: siehe Amun

Amut-pi-El (18. Jh. v. Chr.), König von Qatanum

Amyklä, Städtchen, wenig südl. von Sparta

Amykos, König der Bebryker

Amyntas, veröffentlichte die Vermessungsergebnisse Alexanders des Großen

An, höchster Gott des babylonisch-assyrischen Pantheons

Anäa, Stadt an der Küste von Ionien, Samos gegenüber

Anakreon von Teos (um 580 v. Chr.), griechischer Lyriker

Anaktorion, Stadt in Akarnanien am amprak. Meerb.

Anapos, Fluß 1) in Akarnanien; 2) in Sizilien bei Syrakus

Anasazi-Komplex, prähistorische Kulturenabfolge

Anat-bait-ili, phönikische Gottheit

Anat, kanaanitische Göttin

Anat, syrische Gottheit

Anau/Transkaspien: prähist. St.

Anaximander (611 bis um 546 v. Chr.), Philosoph und Naturforscher aus Milet

Anaximenes von Lampsakos, Geschichtsschreiber Alexanders des Großen

Anchhaf, ägypt. Prinz (4. Dyn.)

Anchises, Sohn des Kapys und der Themis; König von Dardanos bei Troja; Vater des Äneas

Anchtifi, Gouverneur von Hierakonpolis

Ancona/Italien: Keltensied.

Ancus Marcius, 4. König von Rom

Andalusien (Baetica)/span. Lsch: röm. Prov.

Andal (7./8. Jh.), indische Hymnendichterin

Anden/südamerik. Gebirge: prähist. Kulturen

Andernach/Dtschl.: Schlacht b. (876)

Andrae, Walter (geb. 1875), deutscher Archäologe

Andramelek (um 350 v. Chr.), König von Sidon

Andromache, Gemahlin des Trojanerprinzen und Heerführers Hektor

Andromeda, Tochter des Cepheus, Königs von Äthiopien; Gemahlin des Perseus

Andronovo-Kultur, Kultur d. zentralasiatischen Bronzezeit

Andros, Insel nahe der S-Spitze von Euböa

Androsthenes, Seeoffizier unter Alexander dem Großen

Anedjti, Gott von Busiris

Angara/Fl., Rußl.: neolith. Kulturen a. d.

Angelion (Mitte 6. Jh. v. Chr.), griechischer Bildhauer

Anghelu Ruju-Kultur, Kultur der Urzeit

An-hui/Prov. O-Chinas: Lung-shan-Kultur i. (ab 2000 v. Chr.), Wirtschafts-Zm d. Han-Zeit

Anirudha Brahmadhiraja, Brahmane aus der Anbil-Schenkungsurkunde

Ani, Verfasser einer Weisheitslehre (21. Dyn.)

Anjotef, König (mehrere Könige des Mittleren Reiches)

Ankaios, Steuermann der „Argo"

Ankara/Anatolien: pers. Bes. (603–628) – mongol. (seit 1307) – osman. (seit 1361)

Annamiten, hinterind. Volk

Anna, Schwester der Dido

Anoscharvan: siehe Chosrau I.

An, s. Anû

Anšar, babylonische Proto-Gottheit, das obere Universum. Mit Kišar (das untere Universum) repräsentiert sie den gesamten Kosmos

Antandros, Stadt in Äolis in Kl. Asien am atramytteïschen Meerb.

Anteia, Gemahlin des Proitos von Argos

Antenor, trojanischer Held

Anten, slaw. (?) Vstm.

Anthemus, Landschaft in Makedonien zw. Strymon und Axios

Anthene, Stadt im kynurischen Gebiete, dem Grenzlande zw. Lakonika u. Argolis

Anthropozoikum, s. Quartär

Antialkidas (um 140 bis 130 v. Chr.), griechischer König in Nordindien
Antigone, Tochter Ödipus' und der Jokaste
Antigonos, der Einäugige, Nachfolger Alexanders, König im Jahr 306 (gefallen 301)
Antigonos Gonatas (276–239 v. Chr.), König von Makedonien
Anti, Gott (Falkengott)
Antilochos, Sohn des Nestor
Antimachos I. (2. Jahrhundert v. Chr.), griechisch-baktrischer König
Antinoos, Freier um Penelope
Antiochia/Syrien: griech., Hptst. d. Seleukidenreiches – Hptst. d. röm. (byzant.) Prov. Syria (bis 540), altchristl. Theol.-Schule u. monophysit. Patriarchat, geistiges u. kulturelles Zm, Handelszm.
Antiochos I. Soter (281–261 v. Chr.), makedonischer König von Syrien, Seleukiden-Dynastie
Antiochos II. Theos (261–246 v. Chr.), makedonischer König von Syrien, Seleukiden-Dynastie
Antiochos III. der Große (223 bis 187 v. Chr.), makedonischer König von Syrien, Seleukiden-Dynastie
Antiochos IV. Epiphanes (175 bis 163 v. Chr.), makedonischer König von Syrien, Seleukiden-Dynastie
Antiochos (kurz vor Christi Geburt), Sohn des Mithridates Kalinikos von Kommagene
Antiochos VII. (138–129), Seleukidenkönig
Antiope, Tochter des Nykteus, Königs von Theben, und der Polyxo, Geliebte des Zeus
Antipater, Lucius Caelius (um 120 v. Chr.), römischer Historiker
Antissa, Stadt auf Lesbos
Antonius der Große (um 250–356), Heiliger und Eremit in Ägypten
Antonius, Marcus (82 bis 30 v. Chr.), römischer Staatsmann und Feldherr
Antonius Pius (138–161), römischer Kaiser
Antoniuswall, röm. Befestigungsanl. in England
Antum, göttliche Gemahlin des Anû
Antun, chinesischer Name für Marcus Aurelius
An Tun, s. Marcus Aurelius Antonius
Anubanini, König der Lullubäer
Anubis, ägyptischer Totengott
Anubis, Totengott (Schakal)

Anu, Himmelsgottheit der Hurriter
Anukis, Göttin vom I. Katarakt
Anum-bani, Name in einer Rechtsurkunde
Anunna-Götter
Anunnaki, babylonisch-assyrische Göttergruppe der Erdgötter
Anunnaki-Richter, in der sumerischen Mythologie waren die Anunnaki Richter der Unterwelt
Anû, höchster und ältester Gott des babylonisch-assyrischen Pantheons, bildet mit Enlil und Ea die oberste Göttertrias
An-yang (Yin)/N-Honan, China: Hptst. d. Shang Dyn (etwa 1300–1000 v. Chr.)
Anysis, bei Herodot als König erwähnt
Aṅga/Bengalen, Indien: Kgr. (6. Jh. v. Chr.)
Apatschen, N-amerikan. Indianerstamm
Apenninische Kultur, Kultur der Urzeit
Aphek/Palästina: Schlacht b. (854 v. Chr.)
Aphrodite → parakyptousa
Aphrodite, Tochter des Zeus und der Dione, Göttin der Liebe und der Schönheit
Aphytis, Stadt auf der Halbins. Pallene in Chalikdike
Apidanos, Zufluß des Enipleus, bei Pharsalos in Thessalien
Apion (um 38), griechischer Grammatiker, Homer-Kommentator
Apis, heiliger Stier und Gott von Memphis
Aplaḫanda (18. Jh. v. Chr.), König von Karkemiš
Apoasis, Teilnehmer an der von Charimortos geleiteten Elefantenfang-Expedition unter Ptolemaios IV. (um 211–205 v. Chr.)
Apodoter, Volk in Ätolien
Apollodoros (um 180 – um 120 v. Chr.), griechischer Gelehrter
Apollodotos (um 165 v. Chr.), Feldherr des Demetrios und baktrischer König
Apollon Alasiotas, Beiname des Apollon nach seinem Heiligtum in Alasia auf Zypern
Apollon, griechischer Gott der Heilkunde, des Todes, der Weissagungen und der Künste, Sohn des Zeus und der Leto
Apollon Heleitas, Beiname des Apollon nach seinem Heiligtum Helos auf Zypern
Apollonia, Küstenstadt in Illyrien am Fl. Aoos
Apollonios Rhodios (um 295 bis 215 v. Chr.). griechischer Dichter und Gelehrter

Apophis, Hyksos (17. Dyn.)
Appar (um 600–630), shivaitischer Heiliger
Appian aus Alexandrien (2. Jh.), griechischer Geschichtsschreiber
Apries (Haebrê; 588–568 v. Chr.), ägyptischer König der 26. Dynastie
Apssû, in der babylonischen Kosmologie Urwesen und Urtiefe. Vater aller Götter
Apsu, babylon. Wassergottheit
Apsyrtos, sohn König Aietes' und Bruder Medeas
Apuja, Vater des Wesirs Ramose (18. Dyn.)
Apuleius, Lucius (um 124 – und 180), römischer Schriftsteller
Apuler → Daunier
Apursam, „Ruhm des Ardaschîr", parthische Feudalfamilie
Aquileia/St. a. d. nördl. Adria: röm. Kol. – germ. Vwg.-Zeit – Zerst. durch d. Hunnen (452)
Aquilonia/Italien: Schlacht b. (293 v. Chr.)
Aquitaner, kelt. Vstm.
Aquitanien/SW-franz. Geb. zwischen Loire u. Garonne: röm. Prov., tolosan. Reich d. W-Goten (418–507), fränk. Reich, Arabereinbruch (711), fränk. Rückerob. (759)
Arabia/röm. Prov. (Sinai u. Transjordanien)
Arachosien/Lsch., Afghanistan: Satrapie d. Perserreiches, Saken-Ansied., Erob. durch Alexander d. Gr. (330 v. Chr.), Teil d. Maurya reiches (305 v. Chr.), Teil d. griech.-baktr. Reiches (2./1. Jh. v. Chr.)
Arad-Nanna, Name in einem Dokument
Arad-Zugal, Name in einem Dokument
Aramäer (Chaldäer), semit. Vstm. in Vorderasien
Aranda, austrl. Stm.
Arapaho, N-amerikan. Urvolk
Arausio (Orange)/Frankr.: Schlacht b. (105 v. Chr.)
Archäozoikum (Urzeit), Erdzeitalt.
Archagetas, griechische Bez. für die griech. Heerkönige
Archelaos (34 v. Chr.–14 n. Chr.), König von Kappadokien
Archias, Seeoffizier unter Alexander dem Großen
Archilochos (um 700 v. Chr.), griechischer Lyriker
Archimedes, griechischer Mathematiker und Physiker (um 287 bis 212)
Arcidava/Banat: Geten-Hptst.

Ardaschîr (um 220–240), Sassanidenkönig
Ardennen/W-Teil d. rhein. Schiefergebirges
Areia/Iran: persische Satrapie, Erob. durch Alexander d. Gr. (330 v.Chr.)
Arene Candide/Italien: paläolith. Wohnhöhle
Ares, Sohn des Zeus und der Hera; griechischer Gott des Krieges
Arete, Gemahlin des Phaiakenkönigs Alkinoos
Arethusa, Nymphe
Arevaker, kelt.-iber. Vstm.
Arganthonios (um 600 v. Chr.), König von Tartessos
Argilos, Stadt in Bisaltia in Makedonien, nahe beim Amphipolis
Arginon, Vorgebirge bei Erythrä in Ionien
Arginusen, kleine Inseln vor dem kleinasiat. Festland gegenüber von Lesbos
Arginusische Inseln/Iselgr. d. östl. Ägäis: Schlacht b. (406 v. Chr.)
Argirope, Sagengestalt bei Hermesianax (3. Jh.)
Argischti (8. Jahrhundert v. Chr.), König von Urartu
Argisti II. (713 bis etwa 685 v. Chr.), König von Urartu
Argolis/östlichste Halbinsel d. Peloponnes: bronzezeitl. Besied.
Argonauten, Helden der griechischen Sage vom Goldenen Vlies
Argos/Peloponnes: dorischer St.-Staat/ Plünderung durch d. Heruler (267 n. Chr.)
Argos, das amphilochische, am amprak. Meerb. in Akarnanien
Argos, Wächter der Io
Ariadne, Tochter des Minos, Königs von Kreta, und der Pasiphae; Geliebte des Theseus und des Dionysos
Arianismus, bei den Germanen stark verbreitete Lehre des Arius über des Wesen Christi
Ariano Irpino: prähist. Fundort
Ariaramnes (Ariyaramna)
Arier, O. indogerman. Völkergr.
Arik-den-ilu (1319 bis 1308 v. Chr.), assyrischer König
Arinna, hittische Gottheit
Arion von Methymna (um 600 v. Chr.), griechischer Lyriker
Aristagos (gest. 469 v. Chr.), Tyrann von Milet

Aristaios (Aristaeus), Sohn des Apollon und der Cyrene

Aristeas von Prokonnesos (6. Jh. v. Chr.), griechischer Wundermann bei Herodot; phantastische Romanfigur und zugleich Autor des Arimaspenepos

Aristodemos (um 524 v. Chr.), Führer der griechischen Niederlassung in Cumae

Aristogeiton (6. Jh. v. Chr.), athenischer Adeliger und Tyrannenmörder

Aristokreon, griechischer Geograph zur Zeit Ptolemaios' II. (285 bis 247 v. Chr.)

Ariston, Zeitgenosse Ptolemaios' II. (285–247 v. Chr.)

Aristoteles (384–322) v. Chr.. griechischer Philosoph

Aristotelismus, Lehre des Aristot., bes. in d. mittelalt. u. neueren Phil.

Arizona/USA: Prähist. Kultur

Arjuna, einer der fünf Pandava-Brüder

Arkadien/Ltsch. d. Peloponnes: Staat (369 v. Chr.)

Arkesilas (um 565 v. Chr.), König von Kyrene

Arktis/N-Polargeb.; prähist. Kulturen

Arles (Arelate)/Frankr.: röm. Neubesied. (1. Jh. v. Chr.)

Armagh/Irland: Hptkloster, Ebm.

Armawir/türk. Armenien: vorchristl. Bauten v.

Armenien/vorderasiat. Hochld.: Vorzeit

Armenier, kleinasiat. Volk

Arminius (Armin), Cherusker, 9–21 n. Chr., Führer der Abwehr der Römer, Teutoburger-Wald-Schlacht, s. a. Varus

Arnä, Stadt in Chalkidike

Arne, Stadt in Thessalien, wahrsch. zw. dem Enipeus u. Apidanos

Arnisa, Stadt in Makedonien

Arnobius von Sikka, griechischer Gelehrter

Aromunen, Balkanrumänen

Arpad/N-Syrien: aramäische Festung, Hethiter-Fsm.

Arrhiani, Stadt im thrakischen Chersones

Arrianus Flavius aus Nikomedeia (Arrian, -os) (95–175), griechischer Schriftsteller

Arruns, Sohn des Tarquinius Superbus

Arsakes (247 v. Chr.–?), Begründer des Geschlechts der Arsakiden

Arsames (6. Jhdt. v. Chr.), achämenidischer Prinz, Statthalter von Ägypten

Arslan Tepe/SO-Anatolien: d. Hethiter-St. Melidda

Arta/Epiros: Mosaike v.

Artabanos II. (um 128 bis 123 v. Chr.), Partherkönig

Artabanos III. (um 12 bis 38 n. Chr.)

Artabanos V. (207 bis um 228 n. Chr.), Partherkönig

Artatama (14. Jh. v. Chr.), König des Mitannireichs

Artavasdes (um 227/28), Partherkönig

Artavasdes (1. Jahrhundert v. Chr.), König von Groß-Armenien

Artaxata/Armenien: Hpst., Schlacht b., röm. Einn. (58 v. Chr.), röm. Einn. (163 n. Chr.)

Artaxerxes I. Longimanus (465 bis 425 v. Chr.), Achämenidenkönig

Artaxerxes II. Mnemon (405–359 v. Chr.), Sohn Dareios' II. und König von Persien, Achaimeniden-Dynastie

Artaxerxes III. Ochos (359–338 v. Chr.), Achämenidenkönig

Artaxias, König oder Satrap unter Antiochos III.

Artemidoros von Ephesos (um 100 v. Chr.), griechischer Geograph und Naturforscher

Artemision/Griechenl.: Schlacht b. (480 v. Chr.)

Artemision, Vorgebirge im N von Euböa

Artemis Orthia, Beiname der Artemis die Helle, Aufrichtige?

Artemis, Tochter des Zeus und der Leto, Zwillingsschwester Apollons; griechische Göttin der Jagd und der Fruchtbarkeit

Aruru, sumerische Schöpfungsgöttin

Arvener, kelt. Vstm.

Arwad (griech. Arados)/Syrien: phönik. St.-Staat

Aryabhata (um 499), indischer Astronom

Arzaschkun/Armenien: Hptst. Urartus

Asalluhi, s. Marduk

Asarhaddon (680–669 v. Chr.), assyrischer König

Asari, s. Marduk

Asar-lu-hi, s. Marduk

Ascanius, Sohn des Äneas

Aschanti, Negervolk

Asch, Hauptgott der Libyer

Asdingen, vandal. Stm.

Asdod/S-Palästina: Philisterst., ägypt. Erob.

Asen, dritte Götterschicht der Germanen nach Wanen und Alfen

Ashoka (268–um 231 v. Chr.), indischer König
Ashoka (272–232 v. Chr.), Kaiser von Magadha
Ashtoret, biblische Bezeichnung für Astarte
Ashvaghosha (um 100), buddhistischer Sanskritdichter und Theologe
Asia/N-Kleinasien: röm. Prov.
Asine, Stadt an der Spitze von Messenien
Askalon/S-Palästina: Philisterst. – Schlacht b. (1099), Erob. i. 2. Kreuzzug (1153)
Asklepios, Sohn des Apollon und der Koronis; Gott der Heilkunde
Asklepios von Berytos, phönikische Gottheit von Beirut
Asopos, Fluß in Böotien
Asopos, Sohn des Poseidon und der Pero; böotischer Flußgott
Asosi, ägypt. König (5. Dyn.)
Aspendos, Küstenstadt in Pamphylien
Assam (Kāmarūpa)/Indien: archäische Fruchtbaumkultur i., austroasiat. Einwohner, Kleinstaat
Assarakus (Assarakos), Sohn des Tros
Assarhaddon (680 bis 669 v. Chr.), König von Assyrien
Asselar/Franz. Sudan: prähist. Fundort
Assinaros, Küstenfluß in Sizilien, südl. von Syrakus
Assur (Aschschur, arab. Qal´at Šarqāt)/Mesopotamien: Teil d. akkad., sumer. u. babylon. Reiche, Hptst. d. assyr. Reiches, Erob. u. Zerst. durch d. Meder (614 v. Chr.), parth. Palast
Assur, assyrische Gottheit
Assurbanipal (Sardanapal: 669 bis 626 v. Chr.), assyrischer König
Assurnasirpal II. (883 bis 859 v. Chr.), assyrischer König
Assyrer, semit. Volk i. Vorderasien
Assyrien/Ld. a. mittleren Tigris (24.–7. Jh. v. Chr.)
Astakos, Stadt im SW von Akarnanien
Astarte, asiatische Fruchtbarkeitsgöttin
Astarte Erycina, Beiname der Göttin Astarte nach dem Berg Eryx auf Sizilien
Astarte, Fruchtbarkeits- und Kriegsgöttin von Palästina und Ägypten
Asteria-Aphrodite, Göttin, im Mychos Mutter des Melqart
Asteria, s. Astarte
Asterius (Asterios), König von Kreta
Astharymos (897–889), König von Tyros

Astourien, Kultur der Altsteinzeit
Astraios, Vater der Winde
Asturer, Vstm. Spaniens
Astyages (um 580–550 v. Chr.), letzter König der Meder, Sohn und Nachfolger des Kyaxares
Astyanax, Sohn Hektors und Andromaches
Asuras, indogerm. Gottheiten
Asychis, bei Herodot als König erwähnt
Ašoka (274–232 v. Chr.), Kaiser von Indien
Ašippa, Verfasser eines Briefs
Aškenasim, mittel- u. osteuropäische Juden
Ašoka (um 272–231 v. Chr.), Kaiser von Indien
Aššarid-apal-Ekur II. (1076 bis 1075 v. Chr.), assyrischer König
Aššur-ban-apli, s. Assurbānipal
Aššur-bēl-kala (1074 bis 1057 v. Chr.), assyrischer König
Aššur-dan I. (1179–etwa 1134 v. Chr.), assyrischer König
Aššur-dan II. (933 bis 912 v. Chr.), assyrischer König
Aššur-dan III. (771 bis 754 v. Chr.), assyrischer König
Aššur-danin-apli, Sohn Šalmanassars III.
Aššur-etillu-ili (625 – etwa 623 v. Chr.), assyrischer König
Aššur-matha-gur, Name in einem Brief
Aššur-nadin-apil (1207–1204 v. Chr.), assyrischer König
Aššur-nadin-šum (699 bis 694 v. Chr.), assyrischer Statthalter Babyloniens, Sohn des Assyrerkönigs Sanherib
Aššur-naṣir-pal II (883–859 v. Chr.), assyrischer König
Aššur, Nationalgott von Assyrien
Aššur-nirari V. (753 bis 746 v. Chr.), assyrischer König
Aššur-rabi II. (1010 bis 970 v. Chr.), assyrischer Konig, Begründer der neuen Dynastie von Assyrien
Aššur-rēš-iši (1133 bis 1116 v. Chr.), assyrischer König
Aššur-uballit I. (1365 bis 1330 v. Chr.), assyrischer König
Aššur-uballiṭ (611–606 v. Chr.), letzter assyrischer König, nach dem Fall Ninives (612) in Harran zum König ausgerufen. Ende des Assyrer-Reichs
Atahuallpa, dreizehnter Inka-Herrscher (1532–1533)
Atalanta, Tochter des böotischen Königs

Schöneus und der Klymene; berühmte Jägerin
Atalante, 1) Insel bei dem Opunt. Lokris. 2) Stadt in Makedonien im oberen Axiostal
Aten, Sonnengott von Amarna
Ateti, Beamter (6. Dyn.)
Ate, Tochter des Zeus; Göttin des Unheils
Atérien, Kultur der Altsteinzeit in Afrika
Athalja (gest. 840/839 v. Chr.), Königin von Juda, Gemahlin des Joram, Tochter von Achab und Isebel
Athamas, Vater des Phrixos und der Helle
Atharvaveda, 4. Teil d. Veda, Lieder u. Spruchsammlung
Athen/Griechenl.: neolith. Sied., griech. St.-Staat, Akropolis – Dionysostheater – Dipylonstil, Platon-Akad., Kulturzm., pers. Zerst. (480 v. Chr.), Kapit. (404 v. Chr.), Unterwerfung durch Alexander d. Gr. (335 v. Chr.), makedon. (bis 197 v. Chr.)
Athena, griechische Göttin
Athenaios von Naukratis (um 200), griechischer Schriftsteller aus Ägypten
Athene, griechische Göttin der Weisheit; Tochter des Zeus
Athlit/Palästina: prähist. Fundort
Athos, Berg auf der Akte von Chalkidike
Atilius, s. Regulus
Atintaner, Volk im äußersten NO von Epirus
Atlas, Sohn des Titanen Japetos und der Klymene
Atossa, Schwester des Kambyses und Gattin des Gaumata
Atrahsis, Held des babylonisch-assyrischen Atrahsis-Epos
Atramhasis, altbabylonischer Weiser
Atramyttion, Stadt in Äolis in Kl. Asien
Atreus, Sohn des Pelops und der Hippodameia; König von Mykene; Schatzhaus des → Mykene
Atropates, Satrap von Medien
Atropos, Schicksalsgöttin; eine der drei Moiren
Attika/griech. Lsch.: prähist. Kultur, Ionisches Kerngeb., attisch-delischer Seebund (478/77 v. Chr.), Attischer Seebund, zweiter (378/77 v. Chr.)
Attila, auch Etzel, König der Hunnen (434–453)
Attis, phrygische Gottheit; Geliebter der Großen Mutter Kybele
Atum, Gott von Heliopolis, Weltschöpfer

Audjila/Oase, N-Libyen: Ausgangspunkt v. Karawanenstraßen
Augias, König von Elis
Augsburg (lat. Augusta Vindelicorum)/Bayern: Hptst. d. röm. Prov. Raetia (15 v. Chr.), Schlacht b. (910), Dom (vor 1065), Reichstag zu (1282)
Augures, röm. Interpreten des Vogelfluges
Augusta Vindelicorum → Augsburg
Augustin (gest. 604), Apostel der Angelsachsen, erster Bischof von Canterbury (seit 601)
Augustinus, Aurelius (354 bis 430), Bischof von Hippo Regius und römischer Kirchenlehrer
Augustus, Gaius Julius Cäsar Oktavian (63 v. Chr. bis 14 n. Chr.), römischer Kaiser seit 31 v. Chr.
Auker/Lsch., Mauretanien, franz. NW-Afrika: paläolith. Funde
Aulon, Ort am See Bolbe in Chalkidike
Aunjetzitzer Kultur, Kultur der Bronzezeit
Aurangābād/Indien: Prov. d. Großmogulreiches
Aurelian, Lucius Domitius (270 bis 275), römischer Kaiser
Aurelianum → Orléans
Aurignac/Frankr.: paläolith. Fundort
Aurignacien, jungpaläolithische Kulturstufe: Charakteristik, Afrika und Westeuropa
Aurunker (griech. Ausoner), Urbevölkerungsstm. Italiens
Ausculum (Asculum, ital. Ascoli)/Italien: Schlacht b. (279 v. Chr.), Erob. v. (268 v. Chr.)
Ausoner → Aurunker
Ausonische Kultur, Kultur d. Urzeit
Australiden, Urvolk Austr.
Austrasien/Zentralgeb. d. fränk. Reiches (Mosel-Maas-Niederrhein)
Austroasiat. Völker Hinterindiens
Autonoe, Tochter des Kadmos, Schwester der Augaue, der Gemahlin Pentheus' von Theben
Avanti/Zentralindien: Königreich (seit d. 6. Jh. v. Chr.)
Avaren, mongol. Volk Asiens
Avaris (Tanis, bibl. Ramses)/Ägypten: Hyksoshptst., ägypt. Kgs.-St.
Avatara Krsna, ind. Bezeichnung für die Inkarnation Gottes
Avdeevo b. Kursk/Rußl.: Fundort paläolith. Kultur

Avendaño, Andrés de (um 1696), Franziskanermissionar
Avienus, Festus Rufus (4. Jh.), römischer Dichter
Aviz/Port.: Ordensrittersitz
Awesta, Sammlung der heiligen Texte der Anhänger Zoroasters
Axayacatl, Oberster Sprecher der Azteken (1469–1481)
Axios, Fluß in Makedonien
Ay, ägypt. König (18. Dyn.)
Aya-rammu (um 700 v. Chr.), König von Edom
Ayar Auca (um 1200), Bruder des legendären ersten Inka-Herrschers Manco Capac
Ayar Cachi (um 1200), Bruder des legendären ersten Inka-Herrschers Manco Capac
Ayar Manco s. Manco Capac
Ayar Uchu (um 1200), Bruder des legendären ersten Inka-Herrschers Manco Capac
Ayn Tayya/Algerien: paläolith. Fundort
Azarbaal, Vater des Priesters Abdeshmun auf Ibiza
Azarjā (766–740 v. Chr.), König von Juda
Azarmidukht, Prinzessin
Azemilkos (um 330 v. Chr.), König von Tyros
Azes (1. Jh. v. Chr.), indischer Shaka-König
Azi-Baal (7. Jh. v. Chr.), König von Arados
Azilien, Kultur der Mittelsteinzeit in Süd/Mitteleuropa
Aziru, König von Amurru
Azoros (um 1190 v. Chr.), angeblicher Gründer von Karthago
Azteken, indian. Volk
Āranyakas, Teil der Veden-Liter.
Āśramas, ind. System d. Lebensstufen
Ātman-brahman, hinduistischer Gottesbegr.
Ātman, ind. Gottesbegriff

Baal, nordwestsemitischer Gott
Baal, semitischer Wetter- und Himmelsgott
Baal Addir, phönikische Gottheit
Baalat, eine der drei höchsten phönikischen Göttinnen
Baalat von Beryto, phönikische Gottheit von Beirut
Baal Hammon, punischer Gott von Karthago, der dem phönikischen El, dem griechischen Kronos und dem römischen Saturn entspricht
Baal Libanon, „Herr des Libanon", phönikische Gottheit

Baal-malage, „Herr der Seeleute", phönikische Gottheit
Baalmilk (um 450 v. Chr.), König von Kition und Idalion
Baalram (4. Jh. v. Chr.), König von Kition und Idalion, Vater des Milkyaton: 203
Baal Rosh, „Herr des Vorgebirges", phönikische Gottheit
Baal-Saphon, „Herr des Berges Saphon", ugaritische Gottheit
Baal-Sapuna: siehe Baal
Baal-sapuni, phönikische Gottheit
Baal Shamim, „Herr des Himmels", phönikische Gottheit
Baalshillek (4. Jh. v. Chr.), karthagischer Rab-Beamter
Baals Name, Beiname der weiblichen Gottheit Astarte
Baal (574–564 v. Chr.), König von Tyros
Baaša (um 914–890 v. Chr.), Usurpator des Throns von Israel
Babur (1483–1530), Kaiser von Indien
Babylon/Festung b. Memphis, Ägypten: arab. Erob. (641)
Babylon (akkad. Bab-ili, hebr. Babel, kassit. Karduniasch, pers.-arab. al-Hilla [Hilleh])/Mesopotamien: Hptst. d. altbabylon. Reiches, hethit. Erob. (1530 v. Chr.), Plünderung d. Elamiter, assyr., Hptst. d. neubabylon. Reiches
Bacab, vier Götter, die den Himmel tragen
Bacchus, römischer Gott des Weines; mit Dionysos gleichgesetzt
Bacsonien, Kultur der Steinzeit
Badari/Ägypten: prähist. Fundort
Baden b. Wien/österr.: neolith. Kultur
Badener-Kultur, Kult. d. Steinzeit.
Badui, hinduist. Bewohner S-Javas
Bagdad (Baġdād)/Iraq: Gründung (762), Hptst. d. abbasid. Kalifen
Bagirmi, hamit. Volk i. NW-Afrika
Bahram III. (293 n. Chr.), Sassanidenkönig
Bahram I. (273–276), Sassanidenkönig
Bahram II. (276–293), Sassanidenkönig
Bahram V. Gor (421–438), Sassanidenkönig
Baiern, W-german. Stm. (6.–8. Jh.) → Bayern
Baikalgeb./russ. Innerasien: prähist. Kulturen
Bairam Khan, Vormund Akbars
Bait-ili (Baitylos), phönikische Gottheit
Baiton, Landvermesser unter Alexander dem Großen

Bakchos: siehe Dionysos
Bakchylides von Keos (um 505 bis um 440 v. Chr.), griechischer Chorlyriker
Bakenchons, Hoherpriester des Amun, Bauleiter unter Ramses II. (19. Dyn.)
Baker, Sir Samuel White (1821 bis 1893), englischer Entdecker
Baktrien (Baktria)/Geb. zwischen Hindukusch-Amu-Darja, N-Afghanistan: pers. Satrapie, Erob. durch Alexander d. Gr. (329 v. Chr.), Satrapie d. Seleukidenreiches, hellenist. Kgr. (247–40 v. Chr.), Erob. durch d. Yüeh-chih (126 v. Chr.)
Baku/russ. Azerbaidschan: Schlacht v. (914)
Balanğar/S-Rußl. (genaue Lage unbekannt): Chazaren-Hptst.
Balasu, Name in einem Gebet
Balatoros (6. Jh. v. Chr.), König von Tyros
Balban, Ghiyas-ud-din (1266 bis 1287), Sultan
Balbus, Lucius Cornelius (Minor), Statthalter von Tunesien unter Kaiser Augustus (29 v. Chr.–14. n. Chr.)
Balcazar (935–919 v. Chr.), König von Tyros
Balch (Balh, Baktra/St., N-Afghanistan: Handelsst. a. d. Seidenstraße
Balearen/Inselgr. i. westl. Mittelmeer: Anschluß a. d. fränk. Reich
Baleokuros, s. Vilivayakura
Balezoros (855 bis 850 v. Chr.), König von Tyros
Ba'limanzer (9. Jh. v. Chr.), König von Tyros
Balinesen, malaiischer Vstm.
Ba'li (9. Jh. v. Chr.), phönikischer König
Balkengräber, Bronzezeit, Reitergr.
Ballala II. (12. Jh.), Hoysala-König und Enkel Vishnuvardhanas
Ba'lu (um 670 v. Chr.), König von Tyros
Balzi Rossi/Italien: paläolith. Wohnhöhle, 130
Bamako a. Niger/franz. W-Afrika: prähist. Fundort
Bamberg/ Dtschl.: Dom (1219 bis 1237)
Bamyan/Afghanistan: Fresken v. (3. Jh)
Banat/SO-europ. Lsch.: dakisches Sied.-Geb., Teil d. röm. Prov. Dacia (107 n. Chr.)
Bana (7. Jh.), indischer Dichter und Biograph-Harshas
Bandkeramischer (od. donauländ.) Kulturkreis, 3400 bis 2100 v. Chr.

Banebded, Gott (Widder)
Banjata/Bulg.: neolith. Fundort
Banlu, S-afrik. Negerstme.
Bañolas/Spanien: Hominidenfundort
Barakshemesh (4. Jh. v. Chr.), König von Lapethos und Sohn Königs Demonikos
Barani, indischer Chronist
Barcelona (Barcina)/Spanien: Erob. durch die Franken (801)
Barcina → Barcelona
Bardija-Smerdis (522 v. Chr.), Achämenidenkönig
Bar Hadad III. (9. Jh. v. Chr.), König von Damaskus und Sohn des Hazael
Bari/S-Italien: Ebm. sarazen. Erob. (840), byzant. Erob. (876)
Barnabas, christlicher Levit aus Zypern
Baruch, apokryphe Schrift d. 2. Jh. n. Chr.
Basavaraja (12. Jh.), Begründer der Lingayata- oder Virashaiva-Sekte
Basileus, Bezeichnung der griech. Heerkönige, Tilel griech. Heerkönige, Titel des byz. Kaisers
Basilika, byzantin. Gesetzbuch
Basilika, Kirchenbau, byzantinisch
Basilis (2. Jh.), griechischer Äthiopien-Berichterstatter
Basken, Volk N-Spaniens
Basket Maker-Kultur, präh. Kultur
Bassām-i Kurd (10. Jahrhundert), persischer Dichter
Bastarner, O-german. Vstm.
Bastet, Göttin von Bubastis (Katze)
Bata, Stiergott von Sako
Bataver, german. Vstm.
Batnoam (um 340 v. Chr.), Königin von Byblos und Mutter des Königs Ozbaal
Baucis, Gemahlin des Philemon
Bawa (Baba), Göttin in Lagaš, göttliche Gemahlin Ningirsus
Bawerdjed, Siegler, Beamter unter König Asosi
Bayern/Dtschl.: neolith. Kultur, Stm.-Hzm. (bis 787)
Bedriacum/Italien: Schlacht b. (69 n. Chr.)
Beduinen, arab. Nomaden
Beirut (phönik. Beruta, griech. Berytos)/Syrien: phönik. St-Staat, byzant. Rechtsschule v. (bis 551) – byzant. Erob. (976), – Erob. durch d. Kreuzf. (1197)
Bel, Bēl, babylonischer Gott
Belgier (Belgev), kelt. Vstm.

Belgrad (Singidunum)/Serbien: Keltenfestung, (448)
Belit („Herrin"), Titel der Ištar
Beller, kelt.-iber. Vstm.
Bellerophon, Sohn des Glaukos
Bell, Gertrude (1868 bis 1926), englische Archäologin
Belmonte-Kultur, Kultur der Frühzeit
Bel-na'id-šu, Name in einem Brief
Beloch, Karl Julius (1854 bis 1929), deutscher Geschichtsforscher
Belos, griechischer Name für Baal
Bel-šar-uṣṣur (6. Jh. v. Chr.), Sohn des Nâbû-na'id
Beludschistan (Balūčistān]/ Lsch., W-Pakistan: prähist. Kultur
Belus (9. Jh. v. Chr.), König von Tyros und Vater der Dido
Belzoni, Ausgräber (um 1820)
Benares (Kāśi)/Indien: Pilgerreise Hsüantsangs nach (7. Jh.)
Benevent (Beneventum)/Italien: Schlacht bei (275 v. Chr.), langobard. (6. Jh.), Erob. durch Karl d. Gr.
Bengalen (Gauda)/Prov., Indien: Teil d. Gupta-Reiches (3.–6. Jh.), ind. Teilreiche (6.–12. Jh.)
Benin, sudan. Negervolk
Beowulf, angelsächs. Heldensage
Beowulf, Fürst der Gauten
Berenike, ptolemäische Königin (3. Jh. v. Chr.)
Beringstraße/Meeresstraße zwischen Kap Dešnev (Asien) u. Kap Prince of Wales (N-Amerika): neolith. Landbrücke, prähist. Wanderungsweg, Eskimokultur a. d.
Beröa, Stadt in Makedonien, nahe am Thermaischen Meerb.
Berossos (etwa 340–275), babylonischer Priester, Verfasser der Babylonika, (Kanon des ...)
Berossos, Gelehrter in Alexandria
Berrhoia/Thrakien: Mission d. Paulus, 786 – Schlacht b. (1122), – Schlacht b. (1190)
Berut, phönikische Gottheit
Bes, ägyptischer Gott in Zwerggestalt
Besançon/Frankr.: Reichstag zu (1157/ 1320)
Beshapur/Iran: Gründung u. Anlage, 758 – Felsbilder
Besik-tepe/W-Kleinasien: neolith. Fundort
Bessos, Satrap unter Dareios III. (336–330 v. Chr.)

Bethel/Palästina: Kultstätte
Bethlehem/Palästina: Geburtsort Jesu Christi
Betschuana-Ld./S-Afrika: prähist. Kultur
Bēl-ibni (702 bis 700 v. Chr.), König in Nordbabylonien, Statthalter Sanheribs
Bérard/Algerien: paläolith. Fundort
Bhagavadgita, hind. heilige Schrift
Bhakti, hind. Gottesliebe
Bharata, angeblicher Gründer der indischen Schauspielkunst
Bharata, ind. Stm.
Bharavi (6. Jh.), indischer Dichter
Bharhut/Indien: Reliquienhügel v.
Bhartrihari (7. Jh.), buddhistischer Mönch und Lyriker
Bhasa (3./4. Jh.), indischer Dramatiker
Bhavabhuti (8. Jh.), indischer Dramatiker
Bhoja Adivaraha (836–893), König der Pratihara-Dynastie
Bhuvaneśvar/Orissa, Indien: hinduist. Turmtempel v.
Bias (Hyphasis, Vipāśā)/FI, N-Indien: Alexanderzug bis zum (325 v. Chr.)
Bibel, Altes und Neues Testament, Heilige Schrift d. Christentums
Bibija, Name in einem Brief
Bibracte/Frank.: Schlacht b. (58 v. Chr.)
Bihafrid (8. Jahrhundert n. Chr.), religiöser Aufstandsführer
Bilalama (20. Jh. v. Chr.), König von Ešnunna
Bilhana (11. Jh.), Biograph des Chalukya-Konigs Vikramaditya
Bimbisara (gest. 493 v. Chr.), König von Magadha und Vater Ajatashatrus
Bindusara (297–272 v. Chr.), indischer König und Sohn Chandraguptas
Bine, Gott, Pförtner der Unterwelt
Bint-Anat, Tochter und Gemahlin König Ramses' II. (19. Dyn.)
Bion (2. Jh.), griechischer Äthiopien-Berichterstatter
Bir el-Ater (Bi'r al-´aṭir)/Algerien: paläolith. Fundort
Birmanen = Burmanen
Birs Nimrud (akkad. Barsip, Borsippa) Mesopotamien: akkad. St.-Staat
Bisaltia, Landschaft in Makedonien zw. Strymon u. Axios
Biserta (Hippo)/N-Afrika: phönik. Kol. Erob. durch d. Vandalen (430)
Bithynien/NW-kleinasiat. Lsch: phryg.,

161

lyd., kelt. Kgr. (279 v. Chr.), röm. (63 v. Chr.), Goteneinbruch (264 n. Chr.)
Bithynische Thraker, in Kl. Asien
Bīsutūn (Behistūn, altpers. Bagistâna)/i.W-Iran: altpers. Kultstätte
Blemyer, numid. Vstm.
Boadicea (um 62), Königin der Ikener
Bocchus (Bogos; um 100 v. Chr.), König von Mauretanien
Bobashtart (5. Jh. v. Chr.), König von Sidon
Bodhidharma (6. Jh.), indischer Mönch und buddhistischer Patriarch
Bodhisattva Avalokitesvara, s. Kuan Yin
Bodhisattva, = ein „Wesen hingerichtet auf Erleuchtung"
Bo(d)milk(ar) (um 215 v. Chr.), karthagischer Flottenführer, Vater des Hannibal
Bodotria (Firth of Forth)/Engl.: Schlacht b. (83 n. Chr.)
Bodrog-Keresztur/Ungarn: prähist. Fundort
Bodrog-Keresztúr-Kultur, Kultur d. Steinzeit
Böon, Stadt in Doris
Böotien/mittelgriech. Landschaft: neolith. Kultur, thrak., griech.
Boghazköy/Anatolien: prähist. Fundort
Boghazköy-Tafeln, hethitische Keilschrifttexte
Bogos, s. Bocchus
Bohus Län./Lsch., W-Schweden: prähist. Fundort
Boier, Keltenstm.
Bolbe-See, in Chalkidike
Bolissos, Städtchen auf Chios
Bologna (etrusk. Felsina, latein. Bononia)/Italien: Veneter-Kultur (8. bis 5. Jh. v. Chr.), Etrusker-St. (5. Jh. v. Chr.), 2. Triumvirat v. (43 v. Chr.)
Bolon Yocte, Maya-Gottheit
Bomieer, Volk in Ätolien im Quellgebiet des Euenos
Bomilkar (gest. 308 v. Chr.), Herrscher von Karthago und Neffe Hamilkars
Bon-po, Anhänger der Bon-Religion
Bon-Religion, urspr. Relig. Tibets
Borah, Woodrow Wilson (geb. 1902), amerikanischer Historiker
Boran, Prinzessin (629–630)
Borchardt, Ludwig, deutscher Ägyptologe und Bauforscher
Borobudur/Java: buddhistischer Tempelkomplex

Boskop/Transvaal: prähistorische Funde v.
Bosnien/Ld., Jugosl.: prähist. Kulturen, S-slaw. Besied. (7. Jh,)
Bostar (gest. 240 v. Chr.), karthagischer General auf Sardinien
Bostra/S-Syrien: St. d. röm. Prov. Arabia, arab. Erob. (634)
Botokuden, S-amerik. Indianerstm.
Bottia, Landschaft in Makedonien, alter Wohnsitz der Bottiäer
Bottike, Grenzland von Chalkidike, späterer Wohnsitz der Bottiäer
Bourges (latein. Avaricum)/Frankreich: röm. Erob. (52 v. Chr.)
Boxer (I-ho-t'uan), politische Gesellschaft in China, Aufstand
Brahamanas, Teil der Veden-Liter.
Brahma, indische Hauptgottheit
Brahmanen, ind. Priesterklasse
Brahman, indische Bezeichnung für die magische Kraft der Götter o. des Opfers
Brassempouy/Frankr.: eiszeitl. Wohnhöhle v.
Braunschweig/Dtschl.: Löwe v. (1. Freiplastik d. Mittelalters, 1166)
Breasted, James Henry (1865 bis 1935), nordamerikanischer Historiker und Orientalist
Bretagne/Lsch., Frankr.: neolith. Kultur, Nennung d. Veneter, röm. Erob. (56 v. Chr.), Bretonen-Einwanderung (5. Jh. n. Chr.) Brindisi (Brundisium)/Italien: röm. Hafenst.
Briareus, Sohn des Uranos und der Gaia; Gigant
Brihaspati, indischer Gesetzeslehrer
Brikinniä, Feste bei Leontini in Sizilien
Brilessos, Berg in Attika, in der Quellgegend des Kephisos
Briseis, Lieblingssklavin des Achilleus im Lager von Troja
Briten, Keltenvolk i. Britannien British-Columbia/Canada: prähist. Kultur
Brocken Hill/Rhodesien, Hominiden-Fundort
Bromiskos, Ort am Bolbe-See in Chalkidike
Brünn/Mähren: Hominidenfunde i.
Brukterer, german. Vstm.
Brunton, Ausgräber in Mittelägypten
Brutus, Lucius Junius, I. römischer Konsul zusammen mit Lucius Tarquinius Collatinus
Bubanj/Serbien: neolith. Fundort

Buchara (Buhārā)/St. russ. Mittelasiens (Lsch. → Transoxanien): Erob. durch Alexander d. Gr. (327 v. Chr.), arab. Erob. (709), türk. Erob. (999), Zerst. durch Dschingis-Chan (1220), mongol. Plünderung (um 1277), Besuch d. Gebr. Polo

Buch der Leiter Mohammeds, Erz. ü. Mohammeds Himmelfahrt, heiliger Text der Muslims

Buch der Lieder, s. Catullus G. V.

Buch der Lieder, s. Shi-ching

Buch der Urkunden, s. Shuching

Budapest (bis 1872 Ofen; ung. Buda u. Pest)/Ungarn: neolith. Kultur b.

Buddha, Gautama (um 560 – um 480), indischer Religionsstifter

Buddha, Siddhartha Gautama (um 566–480 v. Chr.), Gründer des Buddhismus

Budh-Gayā/O-Indien: Ort d. Erleuchtung Buddhas, buddhist. Hlm.

Budoron, Feste auf Salamis

Budu-ili (um 700 v. Chr.), König von Bet-Ammon

Buginesen, Vstm. a. Celebes

Bujuwawa, Stammesfürst der Tehenu

Bukephalia/Pandschab: Gründung Alexanders d. Gr. (325 v. Chr.)

Bukolion, in Arkadien zw. Mantinea u. Laodikion

Bulgarophygon/Thrakien: Schlacht b. (896)

Bulta, Name eines königlichen Beamten in einem Brief

Bundahishn, rel. Schrift in der mittelpersischen Sprache

Buphras, Ort bei Pylos in Messenien

Buren, europ. Bevölkerung S-Afrikas

Buret b. Irkutsk/Sibirien: paläolith. Fundort

Burgund/Frankr.: selbständ. Reich (443–534), Teil d. fränk. Reiches, ostfränk., Sonderstellung i. Reich

Burgunder, O-german. Stm.

Burnaburiaš II. (1375–1347 v. Chr.), babylonischer König

Bursa (griech. Prusa, Brussa)/W-Kleinasien: byzant., osman. Erob. (1326)

Bur-Sin, Name in einem Dokument

Buschmänner, S-afrik. Urvolk

Bushido, japanische Thik

Busiris/Ägypten: ägypt. Kultstätte

Butmir/Bosnien: prähist. Fundort

Byblos (phönik. Gûbla)/Syrien: phönik. St.-Staat

Byzanz/O-röm. Reich (4.–15. Jh.)

Byzanz (Byzantion)/St. Thrakien: thrak.-griech. Gründung (um 660 v. Chr.), röm. (seit 46 n. Chr.), offiz. Weihe als Hptst. d. oström. (byzant.) Reiches (333)

Caca, Schwester des Cacus

Cacus, legendärer Herrscher; bei Vergil Riese und Sohn des Vulcanus

Caere/Italien: Etrusker-St.

Caesarea/Palästina: Sitz d. röm. Landpfleger (seit 6 n. Chr.), pers. Erob. (614), arab. Erob. (639)

Caesar, Gaius Iulius (100–44 v. Chr.), römischer Staatsmann, Feldherr und Schriftsteller

Caesar, Gaius (20 v.–4 n. Chr.), Sohn des Agrippa und römischer Konsul

Calatrava/Spanien: Ordensrittersitz

California/USA: prähist. Kulturen

Cambal, Juan (16. Jh.), heidnischer Maya-Priester in Yaxcaba

Campagna/ital. Lsch.: prähist. Kultur, etrusk. Wanderung

Campaner, italischer Vstm.

Campignien, Kultur der Mittelsteinzelt

Canada/N-Amerika: prähist. Kulturen

Candia (Heraklion)/Kreta: Bezeichnung f. → Kreta

Cannae/Italien: Schlacht b. (216 v. Chr.)

Cannefaten, german. Vstm.

Cantabrer, kelt. Vstm. Spaniens

Cantongula/Angola: paläolith. Fundort

Capac Yupanqui (15. Jh.), Bruder des Inka-Herrschers Pachacutec

Capsien, Kulturen der N-afrikan. Altsteinzeit

Capua/Italien: Gründung (8. Jh. v. Chr.), Hptort d. etrusk. Campagne, röm. Erob. (211 v. Chr.), röm. Kol. (2. Jh. v. Chr.), langobard. Hzm. (9. Jh.)

Caracalla, Marcus Aurelius Antonius (211–217), römischer Kaiser

Carnarvon, Lord (Earl of C.), Entdecker des Tutanchamun-Grabes

Carnuntum/Niederösterr.: röm. Grenzfestung, Zivilsiedlung

Cartagena (Carthago Nova)/Spanien: karthag. Kol., röm. Erob. (209 v. Chr.)

Carter, Howard, englischer Ägyptologe (1873–1939)

Carthago/N-Afrika: Gründung (824/13 v. Chr.), phönik. Kol., Mittelmeerstaat, röm. Erob. (146 v. Chr.), röm. Neugründung (Iunonia), Erob. durch d. Vandalen (439), Vandalenpfalz (5. u. 6. Jh.), byzant. (seit 533), arab. Erob. (696)

Cassiope (Kassiopeia), Gemahlin des Cepheus; Mutter Andromedas

Castelluccio-Kultur, Kultur der Frühbronzezeit auf Sizilien

Castillo/Spanien: Hominiden-Fundort

Catania (griech. Katania)/Sizilien: griech. Gründung (728 v. Chr.)

Cato Censorius, Marcus Porcius (234–149 v. Chr.), römischer Staatsmann und Schriftsteller

Catullus, Gajus Valerius (um 84 bis um 54 v. Chr.), römischer Lyriker (Buch der Lieder)

Cauac, mayanischer Tagesgott

Caudinische Pässe/Italien: Schlacht i. d. (321 v. Chr.)

Cavtat (Epidaurum)/Dalmatien: Zerst. durch d. Avaren

Cālukya-Stil, hinduist. Tempelstil d. Dekhan

Cádiz (phönik. Gades, röm. Cadix)/Spanien: phönik. Kol.

Cenomanen, Keltenstm.

Cenyautl (um 1521), aztekischer Krieger

Cepheus (Kepheus), König von Äthiopien; Vater der Andromeda

Cephisus (Kephisios), Flußgott; Vater des Narzissus

Ceres, römische Göttin des Ackerbaus und Erdmutter; s. a. Demeter

Ceterni, Gattin des legendären Herrschers Naymlap

Chababasch, ägypt. König (31. Dyn.)

Chacheperrêsonb, Verfasser einer Lehrschrift im Mittleren Reich

Chac, mayanischer Regengott, er trat, den vier Himmelsrichtungen entsprechend, in vierfacher Gestalt auf: als Roter Chac im Osten, als Weißer Chac im Norden, als Schwarzer Chac im Westen, als Gelber Chac im Süden

Chac Xib Chac (um 1200), Herrscher von Chichén Itzá

Chaemhêt, thebanischer Beamter (18. Dyn.)

Chaemwese, ägypt. Prinz, Sohn Ramses' II. (19. Dyn.)

Chäronea, Stadt an der W-Seite von Böotien

Chaironeia/Griechenl.: Schlacht bei (338 v. Chr.)

Chaläon, Stadt in Ozol. Lokris

Chalcha, Mongolen-Klan Innerasiens

Chalchiuhnenetzin (15. Jh.), Frau des Netzahualpilli

Chalkedon/Kleinasien: griech. Gründung (um 660 v. Chr.), got. Zerst. (263 n. Chr.), ökumen. Konzil (451)

Chalkedon, am Bosporus in Kl.-Asien

Chalke, kleine Insel zw. Kos und Rhodos

Chalkideer, Bew. 1) der Stadt Chalkis am Euripos auf Euböa; 2) der Halbinsel Chalkidike

Chalkidike/Balkan-Halbinsel: griech. Kolonisation, Slaweneinwanderung (seit 675)

Chalkis/Euboia: griech. St.-Staat, Festung

Chalkolithikum, Steinkupferzeit

Challcuchima (16. Jh.), Inka-General unter Huayna Capac und Atahuallpa

Cham, hinterind. Mischwolk

Champlain, Samuel de (um 1570–1635), französischer Forschungsreisender und Kolonisator

Champollion, Jean-François (1790–1833), Entzifferer der ägyptischen Hieroglyphen, Begründer der Ägyptologie

Chancelade/Frankr. prähist. Fundort

Chandak, s. Sandanes

Chand Bardai (um 1192), indischer Dichter und Verfasser des Prithvirajaraso

Chandidasa (um 1400), indischer Dichter

Chandi, Gattin Shivas

Chandi Jago/O-Java: buddhist. Tempelkomplex

Chandi Sari/Java: buddhist. Tempelkomplex

Chandi Sewu.-Jawa: buddhist. Tempelkomplex

Chandragupta I. (319–335), indischer König

Chandragupta II. (375–415), indischer König

Chandragupta Maurya (Sandrokottos; 322–298 v. Chr.), indischer König und Gründer des Maurya-Reichs

Chandra (um 357), jüngerer Bruder des Königs Ramagupta

Ch'ang-an/China: Hptst. d. Han-Dyn., hunn. Erob. (312), Hptst. d. T'ang-Dyn. (618 bis um 700), Erob. d. Aufständ. (756/57), Plünderung durch d. Uighuren (757), tibet. Erob. (763), Erob. d. Aufständ. (883)

Chang Ch'ien (2. Jh. v. Chr.), Führer einer chinesischen Gesandtschaft nach Westen

Chang Chüeh (2. Jh.), wandernder Magier;

Anführer des Aufstandes der → Gelbturbane

Chang Liang (3./2. Jh. v. Chr.), Heerführer Ch'ang-sha/Hunan, China: Kulturzm. d. Han-Zeit, mongol. Erob. (1276)

Chang Tao-ling (34–156), taoistischer Priesterkönig

Chanhu-Daro/Indien: prähist. Fundort

Chao, Hunnenstm.

Chao Kao (gest. 207 v. Chr.), Eunuch im Dienst des Shih Huang Ti

Chao K'uang-yin, Begründer der Sung-Dynastie und 1. Kaiser der Sung (960–976)

Chaoner, Volk in Epirus

Chaos, der klaffende, leere Raum: bei Hesiod personifiziert

Chao Ti, 7. Kaiser der frühen Han-Dynastie (86–73)

Charadros, Bach bei Argos

Charante/Frankr.: german. Turmkirche (1137)

Chariklo, Nymphe; Gemahlin des Kentauren Cheiron, Mutter des Teiresias

Charimortos, Leiter einer Elefantenfang-Expedition unter Ptolemaios IV.

Charon, Fährmann der Unterwelt

Charroux/Frankr.: german. Turmkirche (1050)

Charybdis, Strudel zw. Rhegion und Messina

Chasechemui, ägypt. König (2. Dyn.)

Chastana (Tiastames; 2. Jh. v. Chr.), Sakhakönig

Chatten, german. Vstm.

Chatti/Kleinasien: Reich d. → Hethiter

Chattuscha/Kleinasien: Hptst. d. vorhethit. Bevölkerung, Zerst. durch d. Hethiter, Hethiter-Hptst.

Chavin/Peru: Aimara-Sied

Chebka el Djedian (Habkat al-Ġidiān)/Algerien: prähist. Fundort

Cheiron (Chiron), Sohn des Kronos und der Philyra; weiser Kentaur, Erzieher des Achilleus

Chelbes (6. Jh. v. Chr.), Herrscher von Tyros

Chelles/Frankr.: paläolith. Fundort

Chelléen, altsteinzeitliche Kultur in Afrika

Chendjer, ägypt. König (13. Dyn.)

Chenti-Irti, Falkengott von Pharbaithos

Cheops, ägypt. König (4. Dyn.)

Chephren, ägypt. König (4. Dyn.)

Cheriuf, hoher ägypt. Staatsbeamter unter Amenophis III. (18. Dyn.)

Cherusker, german. Vstm.

Chê-chiang/Prov. O-China: Lung-shan Kultur i. (ab 2000 v. Chr.), Prov. d. Han-Zeit, Aufstand i. (860–885)

Ch'êng Hua, Ming-Kaiser, s. Hsien Tsung

Chêng K'ang-ch'êng (eigentlich Chêng Hsüan, 127–200 n. Chr.), berühmter Gelehrter der Han-Dynastie

Chêng Tê, Ming-Kaiser, s. Wu Tsung

Ch'êng Tsu, 3. Kaiser der Ming-Dynastie (1402–1424)

Ch'êng-tu/Ssu-chu'an, China: Hptst. d. Teilfsm. Shu

Chêng T'ung, Ming-Kaiser, s. Ying Tsung

Ch'êng-tzu-yai/N-China: Fundort d. neolith. Lungshan-Kultur

Ch'ên Shê (Shêng, gest. 209 v. Chr.), Führer eines Aufstandes

Chê Tsung, 8. Sung-Kaiser (1086–1100)

Chên Tsung, 3. Sung-Kaiser (998–1022)

Chia Ch'ing, Mandschu-Kaiser, s. Jên Tsung

Chia Ching, Ming-Kaiser, s. Shih Tsung

Chia I (198–165 v. Chr.), Han-Gelehrter und Verfasser des Kuo Ch'in Lun

Chiang-su (postamtl. Kiangsu)/Prov. O-China: Luangshan-Kultur i., Funde d. mittleren Chou-Stils (950 bis 600 v. Chr.)

Chicchan, bei den Chorti-Maya Himmelsungeheuer und Gottheiten des Regens, wahrscheinlich lokale Varianten der Chac

Chicchan, Schlangengott

Chichen-Itza/Yukatan: Maya-St.

Ch'i-chia-p'ing/N-China: prähist. Fundort (Fundort d. Yang-shao-Kultur)

Chicomecoatl („Sieben Schlangen"), mayanische Maisgöttin

Chieh, letzter Herrscher der Hsia-Dynastie (1818–1766 v. Chr.)

Ch'ien Lung, Mandschu-Kaiser, s. Kao Tsung

Chimalman, Frau des legendären Toltekenführers Mixtcoatl

Chim, Gaspar (16. Jh.), heidnischer Maya-Priester in Yaxcaba

Chimu, altperuan. Indianerstm.

Chimu Capac, legendärer peruanischer Herrscher

Ch'i, mythischer Herrscher; Ahnherr der Chou-Familie

China/Asien: Vorzeit, archaische Hochkultur (1800 v. Chr.–220 n. Chr.), ind.-buddh. Ökumene (220–1911 n. Chr.)

Chinesen, Hptvolk d. chin. Reiches

Chinesische Mauer, Befestigungsanlage (auch Große Mauer)
Ch'in Kuei (1090–1155), Erster Minister des Kao Tsu
Ch'in Shih Huang Ti, s. Shih Huang Ti
Chios/Agäis-Insel: griech. Ansied., pers. Erob. (333 v. Chr.), byzant. Bes. (1124), byzant. Erob. (1329)
Chiozza/Italien: palaolith. Höhlenzeichnungen v.
Chitrao (14. Jh.), Konig von Vijavanagara
Chittaraja (II. Jh.), Herrscher von Shilahara
Chiusi/Italien: Etrusker-St.
Chnonsemhab, Held einer ägypt. Erzählung
Chnumet, Prinzessin (12. Dyn.)
Chnumhotep, ägypt. Fürst von Beni Hasan
Chnum, Schöpfergott (Widder)
Chöraden-Inseln im Meerbusen von Tarent
Chons, thebanischer Mondgott
Chontamenti, Totengott von Abydos
Chorezm (Hwārizm, Chorasmien)/Lsch a. Amu-Darja, russ. Zentralasien: Teil d. pers. Achämeniden-Reiches (6.–4. Jh. v. Chr.), Reich d. einheimischen Chorezmier (2.–7. Jh.)
Chorsabad (Hursābād, assyr. Dur Scharrukin)/NO-Assyrien: assyr. St., neuassyr. Hpstd., Zerst. durch d. Meder
Chosrau I. (531–579), Sassanidenkönig
Chosrau II. (590–628), Sassanidenkönig
Chou Hsin, letzter Shang-Herrscher (1154 bis 1122 v. Chr.)
Chou-k'ou-tien bei Peking/China: Fundort d. Sinanthropus pekinensis
Chou Tun-i (1017–1073), frühester konfuzianischer Philosoph der Sung-Schule
Chryseis, Tochter des Apollonpriesters Chryses. Lieblingssklavin des Agamemnon während der Belagerung Trojas
Chryses, Priester des Apollon in Chrysa
Chthonia, Tochter des Erechtheus, König von Athen, und der Praxithea
Chu, alter Gott des Getreides
Chnang Tzŭ (3. Jh. v. Chr.), berühmter taoistischer Philosoph
Chuan Hsiu (2513 bis 2435 v. Chr.), einer der „Fünf Kaiser"
Chudeira/Palästina: prahist. Gräberfeld v.
Chu Hsi (1130–1200), konfuzianischer Philosoph der Sung-Zeit
Chui, Beamter des Alten Reiches
Chuit, Göttin von Athribis
Chuit-jotes, Königin der Tehenu

Chumayel, Chilam Balam de (16. Jh.), Maya-Priester und Chronist
Ch'un-ch'iu, ältestes chinesisches Geschichtswerk
Chung Tsung, 4. T'ang-Kaiser (683–710)
Chuquisuso, Frauengestalt in dem Schöpfungsmythos Pariaca
Chusor, phönikischer Gott des Eisens
Chu Wên (854–914), Rebellengeneral und Begründer der Späteren Liang-Dynastie
Chu Yüan-chang (1328–1398), Begründer der Ming-Dynastie und I. Ming-Kaiser
Ch'u Yüan (332–295 v. Chr.), berühmter Dichter und Minister des Prinzen Huai
Chvalynsker-Kultur, Kultur der S-russ. Bronzezeit
Cicero, Marcus Tullius (106 bis 43 v. Chr.), römischer Staatsmann und Schriftsteller
Cimi, mayanischer Tagesgott und der gefürchtete Todesgott
Cisin, Todesgott der Maya
Cîteaux (Zisterz)/Burgund: Mutterkloster d. Zisterzienser-Ordens
Clactonien, paläolithische Klingenkultur
Classe b. Ravenna/Italien: byzant. Basilika v.
Clastidium/Italien: Schlacht b. (223 v. Chr.)
Claudianus, Claudius (um 375 bis nach 404), lateinischer Dichter und Satiriker
Claudius, Appius Crassus (um 431 v. Chr.), römischer Dezemvirator
Claudius, Marcus Aurelius (um 220–270), seit 268 römischer Kaiser
Claudius, Tiberius Claudius Cäsar Augustus Germanicus (10 v. Chr. bis 54 n. Chr.), römischer Kaiser
Clientes, Gefolgsch. d. röm. Geschl.
Cluny/Burgund: Benediktinerabtei, Ausgangspunkt d. Cluniaz. Reformbewegung
Cochachi, Curak von Orondo
Cochise-Kultur, N-amer. präh. Kult.
Cocom, Nachkommen des Hunac Ceel, von 1200–1450 an der Macht
Codex Argenteus, Handschrift der Wulfila Bibelübersetzung (Uppsala)
Codex Euricianus, westgotische Gesetzessammlung
Codex iuris canonici, katholisches Kirchenrecht, Sammlung
Codex Justinianus, Sammlung der Kaiseredikte seit Hadrian
Codex Theodosianus, byzantinische Gesetzessammlung

Coeus (Koios), Sohn des Vranos und der Gaia; Titan

Colchester (lat. Camulodunum)/Engl.: röm. Erob. (43 v. Chr.)

Collatinus, Luicus Tarquinius. 1. römischer Konsul zusammen mit Lucius Junius Brutus; Gemahl der Lucretia

Colonia Ulpia Traiana → Xanten a. Rhein

Colosseum (Amphitreatrum Flavium), größtes Amphitheater Roms und der Antike

Columella, L. Iunius Moderatus (um 60), römischer Landwirt und Schriftsteller aus Cádiz

Comati, Klasse des gemeinen Volkes der Thraker

Combarelles/Frankr.: eiszeitl. Wohnhöhle

Combe Capelle/Frankr.: prähistor. Fundort

Confessio Augustana, Augsburger Bekenntnis

Confessio Belgica, Bekenntnisschr. der niederl. Staatskirche

Confessio fidei orthodoxae, Bekenntnisbuch d. orthodox. Kirche

Consensus doctorum, Übereinstimmg., eine der vier Glaubensgrundlagen des Islam

Constantine (röm. Cirta)/Algerien: prähist. Kultur, röm. Kol. (46 v. Chr.), Zerst. d. Maxentius (310)

Constitio Antoniniana, römisches Reichsbürgergesetz (212 n. Chr.)

Cook, James (1728–1779), englischer Kapitän und Weltumsegler

Copan/Guatemala: Maya-St.

Corbulo, Gnaeus Domitius (gest. 67), röm. Feldherr und General unter Claudius und Nero

Corlaillod-Kultur, Schweizer Unt.-gruppe der neolith. Kultur W-Eur.

Corpus iuris civilis, grundlegend. Werk d. röm. Rechts, Justitian I.

Cortes, span. Ständeversammlung

Cortez, Hernando, Marques del Valle de Oaxaca (1485–1547), spanischer Konquistador und Eroberer von Mexiko

Cosentia/S-Italien: sagenhafte Grabstätte Alarichs

Covilhã, Pedro da (um 1447 bis um 1521), portugiesischer Indien- und Ostafrikafahrer

Coxcoxtli (14. Jh.), Herrscher von Culhuacan

Coyote, der hungrige, s. Netzahualcoyotl

Cozmatzin, Oberhaupt der Kaufleute von Tlatelolco unter Tlahcateotl

Córdoba (Corduba)/Spanien: Hptst. d. röm. Prov. Baetica, westgot., arab. Erob. (711), Ermirat v. (seit 756), Kalifat v. (seit 929)

Crassus Dives, Publius Licinius (gest. 87 v. Chr.), Vater des Triumvir. Crassus und römischer Feldherr

Crassus Dives, Marcus Licinius (um 114–53 v. Chr.), römischer Staatsmann, Triumvirator und Feldherr

Crassus, Marcus Licinius (um 30 v. Chr.), Enkel des Triumvir. Crassus, römischer Konsul und Feldherr

Cremona/Italien: röm. Kol. (um 220 v. Chr.)

Creusa, Gemahlin des Äneas

Crô-Magnon/Frankr.: prähist. Fundort, Crô-Magnon-Mensch

Cuatlazol (gest. 1520), junger Aztekenhäuptling

Cuauhtemoc (gest. 1521), Neffe Cuitlahuacs, letzter Führer der Azteken im Kampf gegen die Spanier

Cuicuilco/Mexiko: Aztekensied.

Cuitlahuac (gest. 1521), Bruder Moctezumas II., Oberster Sprecher der Azteken (1520 bis 1521)

Cumae (Kyme)/Italien: griech. Gründung (um 750 v. Chr.), St.-Staat, Seeschlacht v. (474 v. Chr.)

Cunil, Jacinto (gest. 1964), Maya aus Socotz im westlichen Britisch-Honduras

Cupido, römischer Liebesgott; dem griechischen Amor gleichgesetzt (siehe auch Eros)

Curtius, Quintus Curtius Rufus, römischer Geschichtsschreiber (1. Jh. n. Chr.)

Cusi-Coyllur, Inka-Prinzessin aus dem Theaterstück Ollantay

Cuzeo/Peru: Inka-Hptst.

Cybele: siehe Kybele

Cyklodron/Rußl.: neolith. Fundort

Cynthia, Geliebte des Dichters Properz

Cypern/Mittelmeer-Insel: assyr. Einflußsphäre, ägypt. Vasallenstaat, phönik. Kol., Ansied. d. Griechen, röm., orthod. Landeskirche (seit 451), arab. Erob. (641), byzant. Rückerob. (963), fränk. Kgr. (1192), venezian., osman. Erob. (1571)

Cyrene (Kyrene), Nymphe; Mutter des Aristaeus, Geliebte Apollons
Čenomanen, Keltenstm.
Červenen (poln. Czerwenen), slaw. Vstm.
Čulatovo/Rußl.: paläolith. Jägerlager v.

Dädalus (Daedalus, Daidalos), Sohn des Metion, eines Sohnes des athenischen Königs Erechtheus und der Iphinoe; Baumeister; gilt als „Erfinder" des Kunsthandwerks
Dagon, phönikischer Gott des Weizens
Dahn, Felix (1834–1912), Historiker und Schriftsteller
Dahšūr/Ägypten: Pyramide v. Dailamiten, Söldnerführer, persisch
Dai-Nihon-Shi, 240 Bände umfass. größtes japanisches Geschichtsw.
Daivaputra Shahanushahi (4. Jh.), Kushana-König; Zeitgenosse Samudraguptas
Dajaukku I. (Dejokes), 717 v. Chr. von Sargon II. deportiert
Dajaukku II. Dejokes (7. Jahrhundert v. Chr.), Begründer der medischen Einheit
Dakien (Dacia)/Geb. links d. unteren Donau (heutiges Banat, Siebenbürgen, Walachei): Kgr. (bis 106), röm. Prof. (107–275 n. Chr.), Goteneinbruch (257), W.-Gotenansied. (um 380)
Dakiki (10. Jahrhundert), Dichter am Hofe der Samaniden zu Buchara
Dalai-Lama, geistl. und weltliches Oberhaupt Tibets
Dalion, Seefahrer und Geograph zur Zeit Ptolemaios' II. (285 bis 247 v. Chr.)
Dalmatien/Jugosl.: prähist. Kultur, röm. Unterwerfung (34/33 v. Chr.), röm. (seit 285), ostgot. (489 bis um 550), Slaweneinwanderung (6./7. Jh.), fränk.
Dalminium/Dalmatien: Zerst. durch d. Avaren
Damaskios (geb. 458), griechischer Philosoph
Damaskus/Syrien: aramäisch. St.-Staat, israel. Erob., assyr. Zerst. (732 v. Chr.), pers., Alexanderzug (331 v. Chr.), arab. Erob. (635/36)
Damastes, Kundschafter und Zeitgenosse Herodots (5. Jh. v. Chr.)
Damasu (7. Jh. v. Chr.), König von Kurion
Damkina, babylonische Göttin und Gemahlin von Enki/Ea

Damusu (7. Jh. v. Chr.), König von Qarthadasht
Dan/Palästina: Kultstätte
Dan/Palästina: Kultstätte
Danae, Tochter des Akrisios, Königs von Argos, und der Eurydike; Geliebte des Zeus, Mutter des Perseus
Danaos, mythischer König und Stammvater der Danaer
Dandin (um 700), indischer Dichter
Daniel, einer der vier großen Propheten des Alten Testaments
Danishmand Khan („Omrah"), Mogul-Herrscher
Dantidurga (8. Jh.), Vasall der Chalukyas
Daphne, Tochter des Flußgottes Peneios
Daphnus, Ort bei Klazomenä in Ionien
Dara/SO-Türkei (nahe d. syr. Grenze): byzant. Erob. (530), pers. (seit 573), byzant. Erob. (943)
Darah Shikoh, Kronprinz Shah Jahans
Dardanos, Stadt an der asiat. Seite des Hellespont
Dareios I. der Große (521–486 v. Chr.), persischer König, Achaimeniden-Dynastie
Dareios II. (425–404 v. Chr.), persischer König
Dareios III. Kodamannos (336 bis 330), Achämenidenkönig
Dar es-Soltan (Dār as-Sulṭān)/Marokko: paläolith. Fundort
Daskon, Ort bei Syrakus
Daskylitische Satrapie, den nördl. Teil von Kl. Asien umfassend
Daulia, Stadt in Phokis
Daunus, Vater des Turnu
David (um 1000–961), König von Juda und Israel
Dāgān, altakkadischer besonders bei den Westsemiten beliebter Gott, Nationalgott von Mari
Dārābgird/Iran: sassanid. Felsbilder
Dedumose, ägypt. König (13. Dyn.)
Dedwen, Gott von Nubien
Deia, Gemahlin des Ixion
Deianeira, Gemahlin des Herakles
Deimachos, seleukidischer Gesandter unter dem Maurya-König Vindusara (296–264 v. Chr.)
Dekeleia, Demos in Attika
Dekeleischer Krieg, Phase des Peloponnesischen Krieges (s. auch Thukydides, 413–404 v. Chr.)

Dekhan/Indien (südl. d. Linie Cambay-Ganges-Brahmaputra-Delta): Eingeborenen-Reiche (1. Jh. v. Chr.–17. n. Chr.), Cālukya-Stil i., Srīvaisnava-Sekte i.

Delila, Figur des Alten Testaments, von Samson geliebte Philisterin

Delion/Griechenl.: Schlacht b. (424 v. Chr.)

Delos, Insel etwa in der Mitte der Kykladen

Delphi/Griechenl.: griech. Hlm., Kelteneinbruch (279 v. Chr.)

Delphinion, Feste auf Chios

Delphi, Stadt in Phokis, Orakel v.

Demaratos, laut Livius Vater des Tarquinius Priscus

Demaratos (5. Jahrhundert v. Chr.), Spartanerkönig

Demeter (Ceres), Tochter des Kronos und der Rhea; griechische Göttin der Erde und der Fruchtbarkeit; Geliebte des Zeus, Mutter der Persephone

Demetria/Iran: griech. Gründung

Demetrios (gest. 167 v. Chr.), baktrischer Herrscher und Eroberer

Demetrios II. Nikator (145 bis 130 v. Chr.), Seleukidenkönig

Demetrios (um 300 v. Chr.), Sohn des Antigonos

Demodamas, Kundschafter Seleukos' I. (305–281 v. Chr.)

Demodamas, seleukidischer Heerführer

Demodokos, blinder Sänger am Hofe des Phaiakenkönigs Alkinoos

Demokedes, griechischer Arzt unter Polykrates und Dareios I. (521 bis 486 v. Chr.)

Demokritos von Abdera (um 460 bis um 370 v. Chr.), griechischer Philosoph und Naturforscher

Demonikos (4. Jh. v. Chr.), König von Lapethos

Demophon, Sohn des Königs Keleos von Eleusis und der Metaneira

Denkart, relig. Sammelwerk der mittelpersischen Sprache

Der/Mesopotamien: Schlacht b. (717 v. Chr.)

Dersäer, thrakisches Volk am linken Ufer des Strymon

Derwischorden, isl. Mönchsorden

Deukalion (Deucalion), Sohn des Prometheus; Gemahl der Pyrrha

Deutero-Jesaja (griech. „Zweiter Jesaja"),

anonymer israelitischer Prophet, Verfasser von Jesaja;

Deval Rani, Hindu-Prinzessin

Deas, personifizierte Erscheinung der iran. ind. Religion

Devon, Erdzeitalter

Dharma, Begriff der daseinsbedingt. Kräfte i. d. buddh. Philosophie

Dharmapala (8. Jh.), König der Pala-Dynastie, Sohn Gopalas

Dharmasutras, hinduist. hl. Rechtsb.

Dhritrashtra, Sohn Vyasas

Dhruvadevi (um 375), Gattin des indischen Königs Ramagupta

Dhuti, hoher Beamter und Aufseher bei Bauarbeiten (18. Dyn.)

Dhutihtep, ägypt. Gaufürst (12. Dyn.)

Dhutmose, ägypt. Bildhauer in Amarna

Dhyna, s. Zen

Diadochenkriege, 322 bis 281 v. Chr.

Diadochenstaaten (323 bis 30 v. Chr.)

Diana, römische Göttin der Jagd und der Tiere; der griechischen Artemis entsprechend

Diaz del Castillo, Bernal (um 1498 bis um 1582), spanischer Eroberer Mexikos

Didache, Zwölfapostellehre

Didda (950–1003), Königin von Kashmir

Dido (9. Jh. v. Chr.), phönikisch Elissa, Königin von Tyros und legendäre Gründerin von Karthago, Geliebte des Äueas

Didyma/Kleinasien: Apollotempel v.

Didyme, eine der Liparischen Inseln bei Sizilien

Dieng/Hochebene Javas: javan. Tempelbauten a. d.

Dier, thrakischer Stamm im Rhodope-Gebirge

Digorien, Kultur der südrussisch. Bronzezeit

Dikaiarchos (um 320 v. Chr.), griechischer Philosoph und Geograph; Schüler des Aristoteles

Dike, Göttin der Gerechtigkeit; Tochter des Zeus und der Themis, eine der Horen

Dilbat, Göttin, entspricht der römischen Venus

Diluvium, Eiszeit

Dimini/Griechenl.: prähist. Fundort

Dinika (um 42), Vater des Ushavadatta

Dio, Cassius Cocceianus (um 155 bis 235), griechischer Geschichtsschreiber

Diodor(os) Siculus von Agyrion auf Sizilien (um 36 v. Chr.), griechischer Geschichtsschreiber

Diodor von Tarsos (4. Jh.), griechischer Dialektiker und Philologe

Diodotos I. (um 240 v. Chr.), Satrap und später König von Baktria-Sogdiana unter Antiochos I. und Antiochos II.

Diogenes der Stoiker, Gelehrter in Alexandria

Diogenes Laertios (3.Jh.), griechischer Schriftsteller

Diogenes (1. Jh.), griechischer Kaufmann und Seefahrer

Diognetos, Landvermesser unter Alexander dem Großen (336–323 v. Chr.)

Diomedes, Sohn des Tydeus; einer der berühmtesten griechischen Helden vor Troja

Dion, Stadt 1) am Berge Athos; 2) im S. von Makedonien

Dion Cassius (um 155–229), griechischer Historiker

Dione, Mutter der Aphrodite

Dionysios, Gesandter Ptolemaios' II., Philadelphos (285–246 v. Chr.)

Dionysios Periegetes, griechischer Schriftsteller zur Zeit Hadrians (117–138)

Dionysios von Halikarnaß (1. Jh. v. Chr.), griechischer Rhetor und Geschichtsschreiber

Dionysios von Syrakus, der Ältere (430–367 v. Chr.), Tyrann von Syrakus

Dionysodoros von Melos, griechischer Mathematiker um Christi Geburt

Dionysos, griechischer Gott und sagenhafter Eroberer Indiens und Kleinasiens

Dionysos, Sohn des Zeus und der Semele; griechischer Gott des Weines und der Vegetation

Dios Hieron, Stadt im kleinasiatischen Ionien

Dioskoros (2. Jh.), griechischer Kaufmann und Seefahrer

Dioskurides, Pedanios (1. Jh.), griechischer Arzt und Botaniker aus Anazarbos

Diotimos (5. Jh. v. Chr.), athenischer Diplomat

Dirke, Gemahlin des Lykos, Königs von Theben

Dis: siehe Hades

Diyārbakir (pers. Amida, arab. Āmid, türk. Diyārbekr)/Kurdistan, O-Türkei: pers. Bes. (Mitte 4. Jh.), pers. Erob. (Ende 5. Jh.), pers. Bes. (603–620), arab., byzant. Erob. (943)

Djau, Fürst, Schwager König Phiops' I. (6. Dyn.)

Djedefrê, ägypt. König (4. Dyn.)

Djedhor, ägypt. Weiser, der nach seinem Tode göttlich verehrt wurde

Djefaihapi, ägypt. Fürst

Djer, ägypt. König (1. Dyn.)

Djeser-ka-re-seneb, Beamter unter Tuthmosis IV.

Djoser, ägypt. König (3. Dyn.)

Djuf el-Djemel (Ǧawf al-Ǧamal/Algerien: paläolith. Fundort

Doberos, päonische Stadt in Makedonien

Dohrudscha (bulg. Dohrudža, rum. Dobrogea)/Lsch. zwischen d. Schwarzen Meer u. d. Unterlauf d. Donau: Skytheneinwand (3. Jh. v. Chr.), getisch (55–50 v. Chr.), Teil d. röm. Prov. Moesia (29 v. Chr. bis 678), bulg. (678 bis 972), byzant. (972 bis 1188)

Dolmen, neolithische Grabbauten

Dolomiten/Teil d. O-Alpen, Italien: mesozoische Meeresablagerungen

Dolon, trojanischer Kundschafter

Doloper, Bewohner der Landschaft im SO von Epirus

Domitian, Titus Flavius (51 bis 96), römischer Kaiser seit 81

Domitilla, Heilige; Gemahlin des Konsuls Titus Flavius

Don/Fl., Rußl.: prähist. Kulturen a.

Donar, Donnergott der Germanen.

Donau/europ. Strom: neolith. D.-Kultur, röm. Grenze (seit 28 v. Chr.), röm. Brükkenbau (b. Drobetae)

Donauländ. Kulturkreis, s. Bandkeram. Kulturkreis

Donezbecken/S-Rußl.: prähist. Kulturen a.

Dordogne/Lsch. Frankr.: urgeschichtliche Höhen i. d.

Dorieus (um 510 v. Chr.), spartanischer Feldherr, Bruder des Königs Leonidas, Leiter einer Afrika-Expedition, Gründer von Herakleia auf Sizilien

Drabeskos, edonische Stadt in Makedonien

Drachenloch i. Taminatal/Schweiz: prähist. Fundort

Dreibrüdergrotte → Trois Frères/Frankr.
Drepanon/Sizilien: karthag. Stützpunkt, Schlacht b. (249 v. Chr.)
Drioton, Étienne (Abbée), französischer Ägyptologe
Droër, thrak. Volk am linken Ufer des Strymon
Druiden, keltische Priester
Drusus, Marcus Livius (um 120 bis 91 v. Chr.), römischer Volkstribun
Druviden, s. Druiden
Drymussa, kleine Insel bei Klazomenä
Dryoper, alter Volksstamm, ursprünglich zwischen Parnass und Öta
Dryoskephalä, enger Gebirgspaß des Kithäron in Böotien
Dschingis Khan (um 1155 bis 1227), Begründer des mongolischen Großreiches
Dürnberg b. Hallein/Österr.: prähist. Fundort
Dumuzi, sumerischer Gott der Vegetation
Dura-Europos (jetzt aṣ-ṢāliÓiyya)/Mesopotamien: hellenist. St., pers. Erob. (258)
Dur-Aššur, Name eines Beamten in einem Brief
Durazzo (griech. Epidamnos, Dyrrhachion, alban. Durrës)/N-Albanien: griech. Kol., Civitas foederata Roms, byzant., bulg. (989)
Durga, eine der Manifestationen von Shivas Gattin
Dur Kurigalzu/Svrien: Hptst. d. babylon. Kassitenkge.
Durrow/Engl.: angelsächs. Kloster, Evangeliar v. (8. Jh.)
Dutthagamini (2. Jh. v. Chr.) singhalesischer König
Dyaus, indischer Gott des Himmels; entspricht dem griechischen Zeus
Dyme, Stadt im W. von Achaira
Dynatoi, Klasse der Reichen i. Byz.
Dzungarei/zentralasiat. Lsch., NW-China: Vasallengeb. d. W-Türken (6. Jh.)

Ea, assyrisch-babylonisch-sumerische Gottheit, Gott der Wasser, der Weisheit und der Magie, höchster Gott von Eridu, gehört mit Anû und Enlil zum obersten Göttertrias, identisch mit Enki
Eannatum (um 2500 v. Chr.), dritter Herrscher der Dynastie von Lagaš
Ebers, Georg, deutscher Ägyptologe (1837–1898)

Echinaden, Inseln vor der Mündung des Acheloos
Echnaton: siehe Amenophis IV.
Echo, Nymphe, die den Narzissus liebte
Eckmühl/Algerien: prähist. Fundort
Edda, altisländ. Liedersammlung
Edictum Theoderici, ostgotische Gesetzessammlung
Edirne (Hadrianopolis, Adrianopel)/Thrakien: Gründung (126 n. Chr.)
Edjô, Schlangen- und Schutzgöttin der unterägypt. Krone
Edoner, thrakisches Volk
Eetioneia, Platz am Piräus
Egeria, römische Göttin der Quellen und der Geburt
Egesta, Stadt im W von Sizilien
Ehringsdorf/Dtschl.: Hominiden-Fundort
Eidomene, Stadt in Makedonien im obern Axiostale
Eidothea, Tochter des Proteus
Eid zu Straßburg, ältestes franz.-deut. Sprachdenkmal
Eileithyia: siehe Ilythia
Eioneus, Schwiegervater des Königs Ixion von Thessalien
Eisenzeit. Stufe der menschl. Urzeit
Eiszeit, s. Diluvium
Ek Chuah, Hauptgott der Kaufleute
Eknibalos (6. Jh. v. Chr.), Herrscher von Tyros
Eknomos/Sizilien: Schlacht b. (256 v. Chr.)
Ekron/S-Palästina: Philister-St.
Eläatis, ein Teil von Thesprotis in Epirus
Eläus, Stadt in der thrak. Chersones
Elat, punische Gottheit auf Sardinien
Elbasan/Albanien: osmanische Zwingburg
El, eine der drei höchsten phönikischen Gottheiten; entspricht dem griechischen Kronos
Elektra, Tochter Agamemnon und Klytämnestras
Elephanta/Insel, SW-Indien: buddhist. Höhlentempel u. Siva-Statue
Eleusis/Griechenl.: Theater v. – westgot. Plünderung (Ende d. Mysterien, 395 n. Chr.)
Eleusis, Demos in Attika
Elias (9. Jh. v. Chr.), israelitischer Prophet
Elibaal (um 900 v. Chr.), König von Byblos, Vater des Shipitbaal, Sohn des Yehimilk
Elimioter, makedonische Völkerschaft am Haliakmon

Elis/Peloponnes: griech. St.-Staat
Eliseeviči b. Brjansk/Rußl.: paläolith. Fundort
Elista/S-Rußl.: prähist. Fundort
Eliun, phönikische Gottheit
Ellomenon, Ort auf Leukadia
Ellora/Haidarābād, Indien: Höhlentempel v. Elmenteitan. Kultur der Urzeit
Elorinische Straße von Eloros nach Syrakus
Elpaal (um 360 v. Chr.), König von Sidon
Elsaß/Lsch. a. Oberrhein: Ansied. d. Sueben (um 70 v. Chr.), röm. Erob. (58 v. Chr.), Ursprungsland d. Habsburger
El, ugaritische Gottheit
Elymer, Volk im W von Sizilien
Emathion, Sohn des Tithonos und der Eos
Embaton, Ort im Gebiet von Erythrä in Ionien
Emilia/ital. Lsch.: prähist. Kultur, Kelteneinwanderung
Empedokles (um 492–um 432 v. Chr.), griechischer Philosoph
Endymion, Gestalt aus der griechischen Mythologie; Sohn des Aethlios und der Kalyke; Geliebter der Selene
Enene, ägypt. Vornehmer (18. Dyn.)
Engelsburg, Rom, Bauwerk Hadrians
Enipeus, Nebenfluß des Peneios in Thessalien
Enki, assyrisch-babylonisch-sumerische Gottheit, identisch mit Ea
Enkidu, Geschöpf der Göttin Aruru, Freund des Gilgameš (Uruk)
Enlil, sumerischer Nationalgott, Stadtgott von Nippur, gehört zum obersten Göttertrias des babylonischen Pantheons
Enlil-kudur-usur (1197–1193 v. Chr.), assyrischer König
Enlil-nirari (1329 bis 1320 v. Chr.), assyrischer König
Enmerkar, halblegendärer Herrscher von Uruk, halbgöttlicher Held der Epen
Enneakrunos, Quelle in Athen
Ennius, Quintus (239 bis 169 v. Chr.), römischer Dichter
Enryakuji b. Kyōtō/Japan: buddhist. Hpt.kloster Japans
Entemena (25. Jh. v. Chr.), Herrscher der Dynastie von Lagaš
Eordia, Landschaft in Makedonien
Eos (Eo), Göttin der Morgendämmerung
Eozän, Erdzeitalter
Epanagoge, byzant. Gesetzbuch

Epeos, Grieche im Lager vor Troja; der Erbauer des hölzernen Pferdes
Ephesos/Kleinasien: griech. Küsten-St., Artemistempel, lyd. Erob., got. Zerst. (263 n. Chr.), ökumen. Konzil (431), Räubersynode (449)
Ephialtes, Sohn des Aloeus (oder des Poseidon) und der Iphimedeia; Riese
Ephoros (um 404–330 v. Chr.), griechischer Geschichtsschreiber
Ephyre, Stadt in Thesprotis in Epirus
Epidamnos, Küstenstadt in Illyrien
Epidauros/Peloponnes: Rundtheater
Epidauros, 1) Stadt an der Oküste von Argolis; 2) an der Oküste von Lakonika
Epimetheus, Bruder des Prometheus; Gemahl der Pandora
Epipaläolithikum, Kulturstufe zw. Alt- und Jungsteinzeit
Epipolä, Anhöhen im N u. W von Syrakus
Epirus, Epeiros/NW-Griechenl.: illyr. Kgr., röm. (seit 229 v. Chr.), Einbruch eines normann. Kreuzheeres (1107)
Era, babylonischer Pestgott
Erä, Stadt in Ionien unweit Teos
Eratosthenes von Kyrene (um 280 bis 200 v. Chr.), griechischer Gelehrter und Schriftsteller
Erbil (assyr. Arbailu, Arbela)/NO-Mesopotamien: assyr. St., Erob. d. Alexander d. Gr. (331 v. Chr.), röm. Erob. (216 n. Chr.)
Erebos: siehe Tartaros
Erechtheion, Tempel an der Akropolis
Eresos, Stadt auf Lesbos
Ereškigal, in der babylonischen Mythologie Herrin der Unterwelt und des Todes
Eretrea/Euboia: griech. St.-Staat, pers. Zerst. (490 v. Chr.)
Erg Admer/Sahara: prähist. Fundort
Ergamenes (um 230 v. Chr.), König von Meroe
Ergotimos (um 570 v. Chr.), griechischer Vasenmaler
Erg Tihodain (Tihodaïn)/Sahara: prähist. Fundort
Eriba-Adad I. (1392–1366 v. Chr.), assyrischer König
Erichthonios (Erechtheus), Sohn der Gaia und des Hephästos; legendärer König von Athen
Eridu (jetzt Abū Šahrayn)/Mesopotamien, sumer. St.-Staat

Eriksson, Leif (um 1000), norwegischer Seefahrer und „Entdecker Amerikas"
Erineos, 1) Stadt in Doris, 2) Stadt in Achaia, 3) Fluß in Sizilien südlich von Syrakus
Erinna (4. Jh. v. Chr.), griechische Dichterin
Eris, griechische Göttin der Zwietracht
Erman, Adolf, deutscher Ägyptologe (um 1855–1937)
Ernûte, Erntegöttin (Schlange)
Eros, Gott der Liebe (siehe auch Cupido und Amor)
Er Shih Huang Ti, letzter Herrscher der Ch'in (209 bis 207 v. Chr.)
Erytheia, Tochter des Geryones
Erythrä, Stadt 1) in Böotien unweit Platäa; 2) in Ionien
Erythras, persischer König
Eryx, Stadt im W von Sizilien
Erzurum (Arzan ar-Rūm, Arz ar-Rām; Theodosiupolis)/türk. Armenien: byzant. Erob.
Esau (Edom), Sohn Isaaks und der Rebekka; legendärer Stammvater der Edomiter
Eschnunnak/Mesopotamien = Tel Asmar): sumer. St.-Staat
Eshmunazar ben Ashto (7. Jh. v. Chr.)
Eshmunazar I. (5. Jh. v. Chr.), König von Sidon
Eshmunazar II. (5. Jh. v. Chr.), König von Sidon
Eshmun, phönikische und karthagische Gottheit; entspricht dem griechischen Asklepios
Eshmun-Melqart, phönikische Gottheit
Eshmun-Merreh, phönikischer Gott
Es-ôes, Göttin von Heliopolis
Esra (5. Jh. v. Chr.), jüdischer Priester und Schriftgelehrter
Esra IV, spätjüdische Apokalyptik
Essäer, extremer Flügel d. Pharisäer
Essener, s. Essäer
Estete, Miguel de (geb. 1510), spanischer Konquistador
Etana, nach der Sumerischen Königsliste postdiluvialer König von Kiš; Held eines gleichnamigen Mythos
Etemenanki, Turm zu Babel
Eteokles, Sohn des Ödipus und der Jokaste
Etrurien → Toscana
Euager, Sarrap von Persien
Euagoras I. von Salamis (411 bis 374 v. Chr.), griechischer Herrscher

Euander (Euandros), arkadischer Held, später nach Rom ausgewandert
Euan, Pedro (16. Jh.), Vorsteher von Yaxcaba
Euboia/griech. Insel: Ionisches Kerngeb.
Eucheir von Korinth (um 650 v. Chr.), griechischer Bildhauer
Eudoxos von Knidos (408–355 v. Chr.), griechischer Astronom und Mathematiker
Eudoxos von Kyzikos, griechischer Seefahrer und Entdecker unter Ptolemaios VII. (um 145 v. Chr.)
Euenos, Fluß in Ätolien
Euergetes, Beiname Ptolemaios' III. und VII.
Euergetes II. Physkon, s. Ptolemaios VIII.
Euergetes I., s. Ptolemaios III.
Euesperiten, Einw. einer Stadt an der Nküste von Afrika unweit Barka
Eugrammos (6. Jh. v. Chr.), griechischer Bildhauer
Euhemeros (um 300 v. Chr.), griechischer Philosoph
Euhemeros von Messene (4./3. Jh. v. Chr.), griechischer Mythograph
Euklid (um 300 v. Chr.), griechischer Mathematiker
Eukratides (um 160 v. Chr.), griechisch-baktrischer König
Eukratides, Usurpator des Maurya-Reichs nach dessen Zerfall 225 v. Chr.
Eukratides (2. Jh. v. Chr.), baktrischer König
Eumaios (Eumäus), Schweinehirte des Odysseus; Gestalt aus der Odyssee
Eumedes, Elefantenfänger unter Ptolemaios II. (285–247 v. Chr.)
Eupalion, Stadt im Ozol. Likris
Eupeithes, Vater des Antinoos
Euphemos von Karia, Fantasiegestalt bei Pausanias und angeblicher Entdecker Amerikas
Euripides (um 480 bis 406 v. Chr.), griechischer Tragiker
Euripos, Meerenge zw. Euböa und Böotien
Europa, Tochter des Agenor, Königs von Phönikien, und der Telephassa; Geliebte des Zeus
Europos, Stadt in Makedonien am Fl. Axios
Euros, der Ost- oder Südostwind
Euryale, Schwester der Medusa
Euryalos (Euryalus), phaiakischer Edler
Eurydike, Gemahlin des Kreon

Eurydike, Gemahlin des Orpheus
Euryelos, Berg u. Feste bei Syrakus
Eurykleia, Amme des Odysseus
Eurymedon, König; Sagengestalt der „Odyssee"
Eurynome, Mutter der Grazien
Eurystheus, König von Tiryns
Eurytaner, Volk in Ätolien
Eusebios von Caesarea (um 260 bis um 340), griechischer Kirchenschriftsteller
Euthydemos (gest. um 190 v. Chr.), Usurpator und König von Baktrien-Sogdiana
Euthymenes (6. Jh. v. Chr.), massalischer Seefahrer
Eva, nach dem Alten Testament Weib Adams, Stammutter des Menschengeschlechts
Evans, Sir Arthur (1851–1941), englischer Archäologe
Externsteine/Westfalen: german. Hlm.
Eyassi/Tanganjika: prähist. Fundort
Ezechiel (6. Jh. v. Chr.), einer der großen jüdischen Propheten

Färöer-Inseln (dän. Faerøerne)/ dän. Inseln zwischen Schottl. u. Island: Bes. durch d. Norweger (8. Jh.)
Fa Hsien (4./5. Jh.), chinesischer Mönch und Indienreisender
Faijûm (al-Fayyūm)/Ägypten: prähist. Fundort
Fama, Göttin der Nachrede und der Gerechtigkeit
Fanarioten, griechische Aristokraten im türkischen Reich
Fara (sumer. Schuruppak)/Mesopotamien: sumer. St.-Staat
Farsman, auch Pharasmanes (30 bis 60), König von Georgien (Iberia)
Fatma-Koba/Krim: mesolith. Höhlenstation
Faunus (Faun), altlatinischer Gott der freien Natur; Beschützer der Hirten und Bauern
Fauresmith-Kultur, altsteinzeitl. Kultur in Südafrika
Faustkeilkulturen, paläolithisch
Faustulus, Hirt; Ziehvater von Romulus und Remus
Färs (Persis, Pārs)/S-Persien: pers. Kernprov., Alexanderzug (330 v. Chr.)
Fels-Bilder, jungpaläolithisch., pers.
Felsengräber, pers., Archämiden, Sassaniden

Fempellec, legendärer peruanischer Herrscher
Ferghāna (Farġāna)/Lsch., russ. Turkestan: Chinesen-Vorstoß n., Seidenstraße durch F., arab. Erob (712)
Feronia, römische Fruchtbarkeitsgöttin
Fetiales, röm. Priesterkollegium d. Jupiter
Feuerland/Inselgr. a. d. S-Spitze S-Amerikas: prähist. Kulturen
Fez (franz. Fès, arab. Fās)/Marokko: arab. Gründung (7. Jh.)
Fezzan (Fazzān)/Lsch. d. N-Sahara, Kgr. Libyen: prähist. Kultur
Fiesole/Italien: Schlacht b. (406)
Fillottrano/Italien: prähist. Fundort
Finnland (Suomi)/N-europ. Staat: neolith. Kultur
Firdausi (939–1020), Dichter des Schahnameh (pers. Heldensagen)
Firishta, Mohammed Kasim Hindushah (um 1552–1623), persischer Geschichtsschreiber
Firth, Cecil, englischer Ausgräber
Firuz Shah (1351–1388)
Fish-Hook/b. Kapstadt, S-Afrika: prähist. Fundort
Fīrūzābād (Gūr, Ardashîr-Churra)/Iran: Felsbilder
Flaccus, Septimius (um 70), römischer Prokonsul
Flamen Dialis, röm. Priesterkollegium
Flamen Martialis, röm. Priesterkollg.
Flamen Quirinalis, rom. Priesterkoll.
Florida/USA: prähist. Kultur, span. Entd. (1513)
Förstemann, Ernst W. (1822 bis 1906) deutscher Germanist und Bibliothekar in Dresden. Mava-Forscher
Folsom-Kultur, Altamerika
Fontéchevade/Höhle, Frankr.: Hominidenfundort
Formosa (chin. Tai-wan)/Insel v. d. südchin. Küste: Teil d. Sung-Reiches
Fossa-Kultur, Kultur der Urzeit
Frankfort, Henri (1897–1954), amerikanischer Archäologe
Frankfurt a. M./Dtschl.: Reichs-Konzil v. (794), Reichs-St.
Franko-kantabrische Kultur, Kultur der Urzeit
Franziskus von Assisi (1182 bis 1226) katholischer Heiliger und Stifter des Franziskanerordens

Friaul/Lsch. a. d. nördl. Adria: langobard. Grenzhzm. (6. Jh.), Avareneinfälle (bis 788), Slaweneinwanderung (6. Jh.), fränk. Mark

Fu Hsi (2953–2838 v. Chr.), einer der „Drei Herrscher"

Fu Shêng (3./2. Jh. v. Chr.), Gelehrter

Futhark, germanisches Runenalphabet

Fuyü/Mandschurei: Staat (2. Jh. v. Chr.)

Gabiene/SW-Persien: Schlacht v. (316 v. Chr.)

Gad, in Spanien verehrte punische Glücksgottheit

Gagarino/Rußl.: paläolith. Fundort

Gaga, Wesir von Anšar

Gaia (Gaea), die Mutter Erde

Galatea (Galateia), Nymphe

Galatia (Galatien)/Lsch. Kleinasiens: hethit., Keltenansied., Vasallenkgr. Roms, röm. Prov., Goteneinbruch (264 n. Chr.)

Galepsos, Küstenstadt westl. von der Mündung des Strymon

Galerius, Gaius Valerius Maximus (gest. 311 n. Chr.), i. römischer Kaiser

Galiläa/Palästina: Hominiden-Fundgeb.

Gallus, Gaius Cornelius (um 69 bis 26 v. Chr.), römischer Dichter

Gallus, Marcus Aelius, Freund Strabons und Präfekt von Ägypten unter Augustus (29 v.–14. n. Chr.)

Gama, Vasco da (1469–1524), portugiesischer Seefahrer

Gamble-Cave/Höhle, Kenya: paläolith. Fundort

Gamblien, letzte Pluvialzeit

Gamio, Manuel (1883–1960), mexikanischer Archäologe

Gandhāra/hist. Grenzlsch. NW-Indien/Afghanistan: Erob. d. Alexander d. Gr. (327), indoiran.-griech. Sammelkunst, v. (2. Jh. v. Chr. – 5. Jh. n. Chr.), Bes. durch d. Saka (1. Jh. v. Chr.), Erob. durch d. Hunnen (um 450)

Ganesha, elefantenköpfiger Gott, Sohn Shivas und Parvatis

Gann, Thomas (geb. 1867), englischer Altamerikanist

Ganymed (Ganymedes), Sohn des Tros, Königs von Ilion; Mundschenk des Jupiter

Garcilaso de la Vega, s. Vega, Garcilaso de la

García y Bellido, A. (20. Jh.), spanischer Althistoriker und Archäologe

Gardiner, Sir Alan, englischer Ägyptologe (1879–1964)

Garibay, Angel Maria (geb. 1892), mexikanischer Geistlicher und Linguist

Gath/S-Palästina: Philister-St.

Gauckler, Paul (1866–1911), französischer Archäologe

Gaudo-Kultur, Kultur der Urzeit

Gaugamela/Mesopotamien: Schlacht b. (311 v. Chr.)

Gaumata (gest. 521 v. Chr.), Magier

Gautamiputra Satakarni (2. Jh.), Satavahana-König

Gaza (arab. Gazza)/S-Palästina: Besied. durch d. Philister, assyr. Erob., Belag. d. Alexander d. Gr. (332 v. Chr.), Schlacht b. (312 v. Chr.), pers. Erob. (615)

Geb, ägyptische Erdgottheit

Gedalja, jüdischer Edelmann, von Nebukadnezar zum Statthalter von Jerusalem ernannt

Geierstele, sumerisch, Lagasch

Gela/Sizilien: griech. Kol. (um 680 v. Chr.)

Gela, 1) Stadt an der S-Küste von Sizilien. 2) Fluß ebendort

Gelbe Turbane, altchin. Aufstandsbeweg.

Gelon (490–478 v. Chr.), Tyrann von Gela und Syrakus

Genf (Geneva, Genève)/ Schweiz: Hptst. d. Burgunder-Reiches (443–534)

Gentes, röm. Geschlechtsverband

Genua/Italien: langobard. Erob. (670)

Georg, Heiliger, Märtyrer aus Kappadokien; unter Diokletian hingerichtet

Georgia/USA: prähist. Kultur

Georgien/transkaukasischer Staat (4.–19. Jh.)

Gerästos, Vorgeb. auf der S-Küste von Euböa

Geraneia, Gebirge zw. Megara und Korinth

Gerastratos (6. Jh. v. Chr.), Herrscher von Tyros

Germanicus, römischer Feldherr (15. v. Chr.–19 n. Chr.)

Geryones, Sohn des Chrysaor und der Kallirrhoe; dreileibiger Riese auf der Insel Erythea bei Gades und Besitzer großer Rinderherden

Geten, Volk zw. Hämos und Donau

Ghana (Goldküste)/W-Afrika: Ful-Reich (4.–11. Jh.)

Ghazel wichtg. pers. Gedichtsform

Ghomari-Höhle/Marokko: prähist. Fundort

Ghorasharman, Vollzieher einer Schenkung

Gibil, babylonischer Feuergott

Gibraltar/Meerenge zwischen d. Iberischen Halbinsel u. W-Afrika: Hominiden-Fundort, neolith. Kulturwanderung ü., arab. Erob. (711)

Gigantia/Malta: Megalithbauten v.

Gigonos, Stadt in Makedonien unweit Potidäa

Gihad, islam. hl. Krieg g. d. Ungläub.

Gilgamesch, Sagengestalt und legendärer König von Uruk

Gilgameš, halblegendärer Herrscher von Uruk, Held des Gilgameš-Epos

Gingu, Erstgeborener der Tiamat

Gira, babylonischer Feuergott

Gisa (Gīza, Gise, Gīze)/Ägypten: Pyramiden

Giscon (3. Jh. v. Chr.), karthagischer Feldherr auf Malta und Vater des Hamilkar

Giscon (5. Jh. v. Chr.), Sohn des Hamilkar, Vater des Hannibal

Giurgiu (türk. Jerkökö)/Rum.: osman. Donaufestung

Gizzida, Gott

Gjerstad, Einar (geb. 1897), schwedischer Althistoriker

Gladwin, Harold Sterlin (geb. 1883), amerikanischer Mayxa-Forscher

Glagolica, älteste Form d. kirchenslawischen Schrift

Glauke, Ort am Vorgeb. Mykale in Ionien

Glaukos, hilfreicher niederer Meergott

Glockenbecherkultur, Kultur der Jstz.

Gobi/Wüste, Mongolei: prähist. Kulturen i. d.

Golasecca-Kultur, Kultur der Jungsteinzeit

Goliath, biblische Gestalt und Gegner Davids

Goliath, Riese im „Alten Testament", den David mit einer Schleuder tötete

Gomara, Francisco López de (1511 bis 1566), spanischer Historiker

Gondophares (Gondophernes; um 50), König von Pandschab

Gonia/Peloponnes: neolith. Fundort

Goodman, J. T (1838–1917), amerikanischer Archäologe

Goodwin, Charles, englischer Ägyptologe

Gopala (um 750), Gründer der Pala-Dynastie

Gordian III., römischer Kaiser von 238–244

Gordion/Kleinasien: bronzezeitl. Sied., phryg. Hptst.

Gorgo, schlangenhaariges Ungeheuer

Gorgo: siehe Medusa

Gortynia, Stadt in Makedonien im obern Axiostale

Goslar/Dtschl.: Kspfalz, Reichs-St.

Gosselin, Pasqual François Joseph (1751–1830), französischer Archäologe und Geograph

Gotik, abendl. Stil, 12. b. 15. Jh.

Govardhana (13. Jh.), indischer Dichter

Gozzo/Mittelmeer-Insel: prähist. Kulturen

Graäer, Volk am oberen Strymon

Graïke, die Gegend um Oropos in Attika

Graupius (Firth of Clide)/Engl.: Schlacht b. (83 n. Chr.)

Gravettien, Kultur d. Altsteinzeit

Grazien oder Chariten, Töchter des Zeus und der Eurynome: Aglaia (Glanz), Euphrosyne (Frohsinn) und Thaleia (Blüte)

Grădişte/Siebenbürgen: get. Gipfelburg v.

Grestonia, Landschaft in Makedonien zw. Strymon und Axios

Griffith, Francis Lloyd, englischer Ägyptologe

Grijalva, Juan de (um 1517), spanischer Seefahrer

Grimaldien, Kultur d. Altsteinzeit

Grimaldi-Grotten/N-Italien: prähist. Fundort

Grönland (Grønland)/Arktisinsel: Eskimokultur (seit um 900 n. Chr.), Besied. d. Isländer (ab 984), dän. (seit d. 13. Jh.)

Grotta Romanelli/Italien: paläolith. Wohnhöhle

Gsell, Stéphane (1864–1932), französischer Archäologe

Guayana (engl. Guiana, franz. Guyana)/Lsch., S-Amerika: prähist. Kultur

Gubaru (6. Jahrhundert v. Chr.), Statthalter von Babylonien

Gudea (um 2120 v. Chr.), Herrscher von Lagaš

Guerreiro, Don Bartolomäo Lobo (1560–1642), Erzbischof von Lima

Gugalanna, erster Gatte von Ereškigal

Guinea/W-afrikan. Küstengeb. v. Senegal bis z. Kunene: paläolith. Besied.

Gula, babylonische Göttin der Heilkunst

Gunakamadeva (11. Jh.). Herrscher von Nepal

Gungunum (1932 bis 1906 v. Chr.), König von Larsa

Gupta-Stil, Stilepoche des Hindu

Gurdi-Aššur-lamur, königlicher Beamter, Verfasser von Briefen

Gurney, O. R. (20. Jh.), englischer Assyriologe

Gurnia/Kreta: minoisches Kulturzm.

Guru Gobind (17. Jh.), indischer Theologe

Guru Tegh Bahadur (gest. 1675), indischer Theologe

Gwalior/Eingeborenenstaat, Indien: Angriff d. Weißen Hunnen (um 460)

Gyes, Sohn des Uranos und der Gaia; Gigant

Gyges (um 680 bis um 648 v. Chr.), König von Lydien

Gyptis (um 600 v. Chr.), Tochter des Königs Nanus von Massalia

Gyrtone, Stadt in Pelasgiotis in Thessalien

Ǧemdet-Naṣr/Mesopotamien: prähist. Fundort

Hadad, Gegner König Davids (10. Jh. v. Chr.)

Hades (Pluto, Dis), Sohn des Kronos und der Rhea; Gott der Unterwelt, Gemahl der Persephone

Hadrian, Publius Aelius (117 bis 138), römischer Kaiser

Hadrianswall, röm. Befestigung in Schottland

Häckerberga/Schweden: Wandmalerei v.

Hämos, Balkangebirge

Hagfet-et-Tera/Höhle, Cyrenaika: Hominiden-Fundort

Hagiar-Kim/Malta: Megalithbauten v.

Hagia Triada/Kreta: minoisches Kulturzm.

Hagios Kosmas/Griechenl.: bronzezeitl. Sied.

Ha, Gott des Westens

Haidar Ali (18. Jh.), mohammedanischer General

Haiku, japan. Gedichtsform

Haimon, Sohn des Kreon und der Eurydike; Verlobter der Antigone

Halacha, Teil der jüd. Gesetze der Religion, später Talmud

Haldar, A. (20. Jh.), Skandinavischer Gelehrter

Haldi, Nationalgott von Urartu

Halex, Fluß zw. Rhegion und Lokri

Haliartos/Griechenl.: Schlacht b. (395 v. Chr.)

Halieis an der Küste von Argolis

Halikarnassos, Stadt in Doris in Kl. Asien

Halikya, Stadt in Sizilien

Halland/Lsch, S-Schweden: dän. (seit d. 9. Jh.)

Hallstatt/Österr.: Kultur d. Eisenzeit

Hallstattkultur, Kultur d. Eisenz.

Halys, Fluß in Kl. Asien

Halys, Stromgott

Hamadān (med. Hangmatana, pers. Ekbatana, griech. Hierapolis)/Iran: Meder-Hptst., Einzug Alexanders d. Gr. (330 v. Chr.), Schlacht b. (127 v. Chr.)

Hamath/Syrien: Aramäer-Fsm, assyr. Prov., pers. Satrapie-Hptst.

Hamaxitos, Stadt in Äolis in Kl. Asien

Hamburg/Dtschl.: paläolith. Funde, normann. Zerst. (845), dän. Erob. (1201)

Hamburger Stufe, Kultur d. Altstz.

Hami/Oasenst., O-Sinkiang China: Handelsst. a. d. Seidenstraße

Hamilkar Barkas (gest. 229/228 v. Chr.), karthagischer Feldherr und Vater Hannibals

Hamilkar Giscon (um 308 v. Chr.), karthagischer Feldherr und Vater Hamilkars

Hamilkar (gest. 480 v. Chr.), karthagischer Feldherr; Sohn des Mago, Bruder des Hasdrubal

Hamilkar, punischer Verfasser einer Schrift über Landwirtschaft

Hamilkar (um 218 v. Chr.), karthagischer Kommandant auf Malta und Sohn des Giscon

Hamilkar (um 330 v. Chr.), karthagischer Gesandter bei Alexander dem Großen

Hamira, letzter Chauhan-König

Hamir (1759/60), mohammedanischer General und Gründer von Mevar

Hammurabi (1792 bis 1750 v. Chr.), babylonischer König der I. Dynastie von Babylon

Hammurabi-Stele, babylonische Gesetzestafeln

Hanbi, Gott

Han Chang Ti, 3. Kaiser der Späteren Han-Dynastie (76 bis 89)

Han Ch'eng Ti, 10. Han-Kaiser (32–5 v. Chr.)

Han-Dynastie (um 202 v.–220 n. Chr.), chinesisches Herrscherhaus

Han Fei Tzǔ (gest. 233 v. Chr.), Staatsmann und Philosoph

Hang-chou/O-China: Hptst. d. Späten Liang-Dyn (502 bis 556), Hptst:. d. südl. Sung-Dyn (1135–1279)

Han Hsien Ti, letzter Han-Kaiser (190–220)

Han Hsüan Ti, Kaiser der frühen Han (73–49 v. Chr.)

Han Huan Ti, Kaiser der Späten Han-Dynastie (146–167)

Han Kao Tsu (der Erhabene Ahne), s. Liu Pang

Han Ling Ti, Kaiser der Späteren Han-Dynastie (168–189)

Han Ming Ti, Kaiser der Späteren Han-Dynastie (58–76)

Hannibal (um 409 v. Chr.), karthagischer Feldherr und Enkel Hamilkars, der in der Schlacht von Himera (480) fiel

Hannibal (247/246 bis 182 v. Chr.), Sohn des Hamilkar Barka und karthagischer Feldherr

Hanno (gest. 259/258 v. Chr.), karthagischer Feldherr aus Olbia

Hanno (um 425 v. Chr.), karthagischer Feldherr und Seefahrer

Han Shun Ti, Kaiser der Späteren Han-Dynastie (126–144)

Hantili I. (1590–1560 v. Chr.), König der Hethiter

Han T'ou-chou (gest. 1207), Minister der Süd-Sung

Hanuman, Affenführer

Han Yüan Ti, Kaiser der frühen Han (49–33 v. Chr.)

Han Yü (768–824), konfuzianischer Gelehrter und Schriftsteller

Hao/N-China: Hptst. der westl. Chou (1000 bis 770 v. Chr.)

Hapay Can („saugende Schlange"), Maya-Gottheit

Hapi, Nilgott

Hapusonbe, Hoherpriester des Amun und Leiter königlicher Bauarbeiten (18. Dyn.)

Hapu, Vater Amenhoteps, des Ratgebers Amenophis' III. (18. Dyn.)

Harachte, falkengestaltiger Sonnengott

Harappā/Pandschab, W-Pakistan: Siedl. d. frühhist. Induskultur

Harchuef, Expeditionsleiter (6. Dyn.)

Harchuef, s. Harkhuf

Harden, D. B. (20. Jh.), englischer Archäologe

Hardjedef, Sohn des Cheops und Verfasser einer Weisheitslehre (4. Dyn.)

Haremhab, ägypt. König (18. Dyn.)

Hargeisa-Kultur, Kultur d. Urzeit

Hari, Gottheit

Harihari (14. Jh.), Prinz und 1336 König von Hastinavati

Harkhuf (Harchuef), Kundschafter zur Zeit des Merenrê und Phiop II. (3. Jahrtausend v. Chr.)

Harmodios (6. Jh. v. Chr.), athenischer Adeliger und Tyrannenmörder

Harmonia, Gemahlin des Kadmos, Mutter der Semele

Harnachte, Sohn König Osorkons II. (22. Dyn.)

Harpagion, Stadt an der Propontis unweit Kyzikos

Harpine, Stadt oberhalb von Olympia

Harpokrates, vgl. Horus, der im spätägyptischen Mythos als Sohn des Osiris und der Isis Harpokrates = Horus das Kind genannt wird

Harran/N-Mesopotamien: assyr. St.

Harsha-vardhana (606 bis um 647), Pushyabhuti-König

Harsha von Thanesar (um 600 bis 630), indischer König

Haršinana, Name in einem Gerichtsdokument

Harthor, Göttin der Freude

Harwerrê, Beamter und Leiler einer Expedition nach dem Sinai (12. Dyn.)

Hasdrubal (6. Jh. v. Chr.), karthagischer Feldherr; Sohn des Mago und Hamilkars Bruder

Hasdrubal der Kahle (gest. 221 v. Chr.), karthagischer Feldherr und Schwiegersohn des Hamilkar Barkas, Gründer Neu-Karthagos (Cartagena)

Hasidanum, Name in einem Brief an Jasmah-Adad von Mari

Hastimalla, indischer Dramatiker

Hathor, ägyptische Göttin der Freude

Hathor, ägyptische Himmels- und Liebesgöttin

Hatra (al-Hadr)/Mesopotamien: parth. Kgs.-Palast

Hatria/Italien: röm. Militärkol.

Hatschepsut (1479 bis 1457 v. Chr.), ägyptische Königin der 18. Dynastie

Hattušili I. (17. Jh. v. Chr.), König der Hethiter

Hattušili III. (1275 bis 1250 v. Chr.), König der Hethiter

Hawaii-Inseln (Sandwich Islands)/Inselgr. i. Stillen Ozean: polynes. Kultur

Hazael (9. Jh. v. Chr.), König von Damaskus

Hazāra/S-Indien: Tempel v.

Hebe, Tochter des Zeus und der Hera; Göttin der Jugend, Mundschenkin der olympischen Götter

Hebriden/Inselgr. a. d. W-Küste Schottls.: nordweg. Erob. (seit 800)

Heiliges Mahl, Opfermahl bei den Semiten

Heimin, japan. Klasse des gem. Vol.

Heine-Geldern, Robert (geb. 1885), Wiener Ethnologe

Heinrich der Seefahrer (1394 bis 1460), Prinz von Portugal

Hekataios von Milet (um 550 bis 479 v. Chr.), griechischer Geograph und Historiker

Hekate, griechische Göttin der Unterwelt

Hekatompylos/antike St. a. d. Seidenstraße (genaue Lage unbekannt)

Heket, Göttin der Geburt

Hektor, trojanischer Prinz, ältester Sohn des Priamos und der Hekuba; tapferster Held auf seiten Trojas

Hekuba (Hekabe), Gemahlin König Priamos' von Troja

Helena, in der griechischen Sage Gattin des Menelaos, ihre Entführung durch Paris löste den Trojanischen Krieg aus

Helenus (Helenos), Sohn der Hekuba und des Priamos; trojanischer Prinz

Heliant, altsächs. Heldenepos, freie Nachbildung der Bibel

Heliodoros (um 140 bis 130 v. Chr.), Gesandter des Königs Antialkides von Taxila

Heliodoros (3. Jh.), griechischer Romanschriftsteller

Heliogabalos (Elagabal; 218 bis 222), römischer Kaiser

Heliokles (um 190 v. Chr.), Sohn und Nachfolger des Euthydemos

Heliopolis/Ägypten: Gau-Hptst. u. Kultzm., arab. Erob. (640)

Helios, Sohn des Titanen Hyperion und der Titanin Theia; Sonnengott

Helladische Periode, Kultur der Vorzeit

Helle, Schwester des Phrixos

Helos, Küstenstadt in Lakonika

Heloten, griech. Stand d. Hörigen

Hemachandra (1088–1172), indischer Kirchenlehrer

Hemadri, Kommentator der Dharmashastras

Hemen, Gott von Juphion

Hem-On, ägypt. Prinz (5. Dyn.)

Henotikon, byzant. theologische Einheitsformel (482 n. Chr.)

Henu, Siegler des Königs Mentehotep (11. Dyn.)

Hephästos (Hephaistos), Sohn des Zeus und der Hera; griechischer Gott des Feuers, der Schmiede und Handwerker

Hephaistion (um 356 bis 324 v. Chr.), Kommandeur und Freund Alexanders des Großen

Heräa, Staat an der W.=Seite v. Arkadien, am Fl. Alpheios

Heräon, Anhöhe bei Epidauros in Argolis

Hera, griechische Göttin, Schwester und Gemahlin des Zeus

Herakleia/S-Italien: Schlacht b. (280 v. Chr.)

Herakleides von Kyme (4. Jh. v. Chr.), griechischer Geschichtsschreiber in Diensten Alexanders des Großen

Herakleios (575–641), oströmischer Kaiser seit 610 n. Chr.

Herakleopolis/Ägypten: Gau-Hptst.

Herakleotis, das Gebiet von Herakleia in Bithynien

Herakles Gaditanus, Beiname des Herakles nach seinem Heiligtum in Gades (Cadiz)

Herakles, Sohn des Zeus und der Alkmene; stärkster Heros des Altertums

Heraklit (um 500 v. Chr.), griechischer Philosoph

Herat (Harāt, Alexandria Ariorum)/Afghanistan: Gründung Alexanders d. Gr., arab. Erob., mongol. Erob. (1232)

Hera, Tochter des Kronos und der Rhea, Schwester und Gemahlin des Zeus

Herculanum a. Vesuv/S-Italien: Zerst (79 n. Chr.)

Hercules: siehe Herakles

Herihor, thebanischer Hoherpriester (21. Dyn.)

Herischef, widdergestaltige Gottheit

Hermaios (chin. Yin Mo Fu), letzter griechischer König in Nordwestindien (32–48)

Hermaphroditos, Sohn des Hermes und der Aphrodite

Hermes, Sohn des Zeus; griechischer Götterbote, Gott der Hirten und der Diebe

Hermesianax (3. Jh.), alexandrinischer Schriftsteller

Hermes von Xuthos, Gemahl der Kreusa
Hermetismus, hellenistische Theologie in Ägypten
Hermias, Vizekönig unter Antiochos III.
Herminius, Titus, früher römischer Konsul; Gefährte des Horatius Cocles
Hermionen, Kultgr. der Germanen
Hermione, Stadt an der S.-Küste von Argolis
Hermupolis/Ägypten: Gau-Hptst.
Herodot, griechischer Geschichtsschreiber (um 484 bis 425), „Vater der Geschichte"
Hero, Priesterin der Aphrodite; Geliebte Leanders
Herrmann, Wolfram (20. Jh.), deutscher Ägyptologe
Herzegovina/Jugosl.: serb. Einwanderung (7. Jh.)
Hesekiel, althebräischer Prophet
Hesiod, griechischer Dichter (um 700 v. Chr.)
Hesione, Tochter des Laomedon, Königs von Troja
Hesirê, hoher Beamter (3. Dyn.)
Hesperiden, Töchter des Hesperus; Hüterinnen der goldenen Äpfel, die Gaia dem Zeus und der Hera als Hochzeitsgabe gebracht hatte
Hessos, Stadt im Ozol. Lokris
Hestiäa, Stadt auf Euböa, später Oreos
Hestia, Tochter des Kronos und der Rhea; griechische Göttin des Herdes und des Herdfeuers
Hetep-heres, ägypt. Königin (18. Dyn.)
Het, Sohn des Kanaan
Heyerdahl, Thor (geb. 1914), norwegischer Zoologe (Râ)
Hiarbas (9. Jh. v. Chr.), König von Karthago
Hideyoshi (1535–1598), japanischer Heerführer und Shôgun
Hiera, eine der Liparischen Inseln
Hierakonpolis/Ägypten: Gau-Hptst.
Hiereer, ein Teil der Melieer am melieïschen Merb.
Hieron, Admiral Alexanders des Großen (336 bis 323 v. Chr.)
Hieronymus (347–419/420), lateinischer Kirchenlehrer
Hieron (5. Jh. v. Chr.), attischer Vasenmaler
Higra, Auswanderung Mohammeds n. Medina, Beginn der islamischen Zeitrechnung
Hiketas (um 288 v. Chr.), syrakusanischer Stratege und späterer Tyrann

Hiketas (um 339 v. Chr.), Tyrann von Leontinoi
Hildebrandslied, althochdtsch. Heldenepos
Hillalum, Name in einer Urkunde
Himera/Sizilien: griech. Kol., Schlacht b. (480 v. Chr.)
Himeräon, Ort bei Amphipolis
Himera, Stadt an der N.küste von Sizilien
Himilkat (1. Hälfte des 2. Jh. v. Chr.), punischer Suffet auf Sardinien
Himilko (um 406 v. Chr.), karthagischer Feldherr und Zeitgenosse Hannibals
Himilko (um 450 v. Chr.), karthagischer Seefahrer
Himilk (1. Hälfte des 2. Jh. v. Chr.), Vater der punischen Suffeten Himilkat und Abdeshmun auf Sardinien
Himjar, heroischer Stammvater der arabischen Völkerschaften gleichen Namens
Hiob, frommer Dulder des „Alten Testaments"
Hippalos (1. Jh. v. Chr.), griechischer Kaufmann und Erforscher der Monsunwinde
Hipparchos von Nikaia (um 190 bis 125 v. Chr.), griechischer Astronom
Hipparchos (6. Jh. v. Chr.), Tyrann von Athen; Sohn des Tyrannen Peisistratos
Hippodameia, Gemahlin des Peisithoos
Hippokrates, griechischer Arzt (460 bis 377)
Hippolyte (Hippolyta), Königin der Amazonen; Gemahlin des Theseus
Hippolytos, Sohn des Theseus und der Amazone Hippolyte
Hippomenes, Freier der Atalanta; Sohn des Megareus
Hipponier, Pflanzvolk d. Epizephyr. Lokrer in Unteritalien
Hippon (um 340 v. Chr.), Herrscher von Messana
Hippostratos (1. Jh. v. Chr.), griechischer König in Nordindien
Hiram I. (um 969–936 v. Chr.), Konig von Tyros
Hiram II. (8. Jh. v. Chr.), König von Tyros
Hiram (552–532 v. Chr.), König von Tyros und Bruder des Merbalos
Hissar → Tepe Hissar
Hiuen-Tsang, s. Hsuan-Tsang
Hochlandkultur, präh. klass. Kult
Ho Ch'ü-p'ing (gest. 117 v. Chr.), Kavalleriegeneral des Kaisers Wu Ti

Ho-ling (Kaliṅga)/Java: buddhist. Kgr. (7. Jh.)

Holzzeit, menschl. Entwicklgsst.

Homer, griechischer Dichter (um 800 v. Chr.), (Ilias, Odyssee)

Homo modjokertensis, frühmenschl. Form, ebenso: – neandertaliensis, – heidelbergensis, – habilis, u. a.

Ho-nan/Prov., Zentralchina: Yang-shao-Kultur i. (ab 2500 v. Chr.), Lung-shan-Kultur i. N-H. (ab 2000 v. Chr.), Geb. ältester chin. Staatsbildung, Chou- u. Han-Kunst i., Wirtschafts-Zm. d. Han-Zeit, mongol. Ero. (1232)

Ho-pei/Prov. N-China: neolith. Kultur i. N-H., Hunnenkunst i., Prov. seit d. ältesten chin. Staatsbildung

Hopewell-Kultur, präh. Kultur

Ho Po („Graf des Gelben Flusses"), Flußgottheit

Hor, ägypt. König (13. Dyn.)

Horapollon, griechischer Schriftsteller (5. Jh.)

Horatins Cocles, römischer Soldat

Horaz, eigentl. Quintus Horatius Flaccus (65–8 v. Chr.), römischer Lyriker

Horen, Töchter des Zeus und der Themis; Göttinnen der Jahreszeiten

Hori, ägypt. Architekt

Hormidz I. Ardaschîr (272/273), Sassanidenkönig

Horôn, Gott

Horus, ägypt. Königs- und Himmelsgott (Falke)

Hoschang (Haoschyanha), mythischer König des Awesta

Hosea (8. Jh. v. Chr.), Prophet in Israel

Hošea (730–722 v. Chr.), israelischer König

Hou Chi („Beherrscher der Hirse"), Getreidegottheit

Hou T'u („der die Erde beherrscht"), einer der Minister des Gelben Kaisers; deifiziert als Gottheit des Bodens

Hōryūji b. Nara/Japan: buddhist. Tempel

Hpparchos (190–125 v. Chr.), griechischer Sternforscher, Begründer der wissenschaftlichen Astronomie

Hsiang Yü (3./2. Jh. v. Chr.), Führer der Rebellenkonföderation und Hegemoniekönig

Hsi-an (postamtl. Sian)/NW-China: Wildganspagode b.

Hsiao Ching, Kaiser der frühen Han (157–141 v. Chr.)

Hsiao Tsung, Ming-Kaiser (1488–1505)

Hsiao Wên, Kaiser der frühen Han (180–157 v. Chr.)

Hsiao Wu, 10. Herrscher der nördlichen Wei (532–534)

Hsien Tsung, Ming-Kaiser (1464 bis 1487)

Hsien Tsung, T'ang-Kaiser (806 bis 821)

Hsin-tien/Ho-nan, China, prähist. Fundort: Fundort d. Yang-shao-Kultur

Hsiu Hsin (um 100), Gelehrter der Späteren Han-Zeit

Hsi Wang Mu („Königliche Mutter des Westens"), göttliche Herrscherin des fernen Westens

Hsuan-Tsang (7. Jh.), chinesischer Buddhistenpilger

Hsüan Tê, Ming-Kaiser, s. Hsüan Tsung

Hsüan Tsung, Kaiser der Mandschu-Dynastie (1820 bis 1850)

Hsüan Tsung, Ming-Kaiser (1426–1436)

Hsüan Tsung, s. Ming Huang Hsü Kuang-ch'i (1562–1634), berühmter Staatsmann der Ming-Zeit

Hsün Tzǔ (298–238 v. Chr.), Philosoph

Huaca Prieta/Peru: prähist. Fundort

Huai Nan Tzǔ, s. Liu An

Huang-ho/FI, China: neolith. Besied.-Lücke d. H.-Geb., Kerngeb. chin. Staatsbildung a.

Huang Ti („der Gelbe Kaiser"), 1. der „Fünf Kaiser" (2698–2598 v. Chr.)

Huang Tsao (gest. 884), Rebellenführer

Hu An-kuo (1074–1138), Philosoph, Gründer der Hu-Schule

Huan-ti (um 170), chinesischer Kaiser

Huascar, zwölfter Inka-Herrscher (1525–1532)

Huayna Capac, elfter Inka-Herrscher (1493–1525)

Huemac, letzter weltlicher Herrscher der Tolteken

Hui, König von Wei (370–335 v. Chr.)

Hui, Maler unter König Ramses III. (20. Dyn.)

Hui Ssǔ (370–319 v. Chr.), neomohistischer Philosoph

Hui Ti, 2. Han-Kaiser (194 bis 187 v. Chr.)

Hui Ti, 2. Kaiser der Ming-Dynastie (1398–1402)

Hui Tsung, Sung-Kaiser (1100 bis 1125)

Huitzilihuitl (14./15. Jh.), Oberster Sprecher der Azteken

Humayun (1508–1556), Großmogul
Humboldt, Alexander von (1769 bis 1859), deutscher Naturforscher und Weltreisender
Hunac Ceel, genannt Cauich (um 1200), Herrscher von Mayapán
Hung Chih, Ming-Kaiser, s. Hsiao Tsung
Hung Hsi, Ming-Kaiser, s. Jên Tsung
Hung Wu, s. Chu Yüan-chang
Huni, ägypt. König (3. Dyn.)
Hu-pei/Prov., China: Chou-Kunst i. (950–600 v. Chr.)
Hurriya, sagenhafte Prinzessin von Udum, Gestalt aus dem ugaritischen „Keret"
Hushang Shah (15. Jh.), Sultan von Malva
Huvischka (2. Jahrhundert n. Chr.), Kuschanenherrscher
Huwakhschtra: siehe Kyaxares H.
Huwawa, Ungeheuer und Wächter des Zedernwaldes
Huy, Gouverneur von Nubien unter König Tutanchamum (18. Dyn.)
Hvar/Dalmatien: prähist. Kultur v.
Hyäa, Stadt im Ozol. Lokris.
Hybla das geleatische, an der O.küste von Sizilien
Hydarnes (5. Jahrhundert), Satrap von Anatolien
Hydrakes, von Nearchos angeheuerter indischer Führer aus Mosarna
Hykkara, Stadt an der Nküste von Sizilien
Hylas, Gefährte des Herakles
Hylias, Küstenfluß in Unteritalien unweit Kroton
Hylläischer Hafen in Kerkyra
Hyperion, Sohn der Gaia und des Uranos; Titan
Hypsikrates (1. Jh. v. Chr.), griechischer Geschichtsschreiber
Hypsipyle, Tochter des Thoas, Königs von Lemnos; Herrscherin von Lemnos
Hypsistos = der Höchste, den Griechen geläufiger Beiname des Zeus
Hypsuranios, Bruder des Usoos
Hysiä 1) Stadt in Böotien unweit Platäa, 2) Ort im Gebiet von Argos
Hyspaosines (2. Jahrhundert v. Chr.), Herrscher von Charakene
Hyspasines, baktrischer Kaufmann und Seefahrer auf Delos
Hystaspes, Vater des Dareios, Satrap in der Provinz Fars
Hazael (9. Jh. v. Chr.), Usurpator des

Throns von Damaskus
Hiram (um 969–936 v. Chr.), König von Tyrus
Hizkijjā (715–686 v. Chr.), König von Juda
L'Hôte, Nestor, französischer Forscher (1. Hälfte des 19. Jh.)

Iambulos, Fantasiegestalt im Werke des griechischen Geschichtsschreibers Diodor von Agyrion in Sizilien (um 36 v. Chr.)
Iapyger, Volk in Unteritalien
Iason, Held der griechischen Argonautensage
Iasos, Stadt in Ionien, davon der Iasische Meerb.
Ia'u-bi'di (8. Jh. v. Chr.), König von Hama
Iaztachimal (um 1521), aztekischer Leibdiener Cuauhtemocs
Ibal-pi-El, König von Ešnunna
Ibbi-Suen (2029–2006 v. Chr.), letzter Herrscher der III. Dynastie von Ur
Iberien und Iberer, Land und Volk viell. zw. Pyrenäen und Rhone
Ibero-Maurusien, Kultur d. Urzeit
Iberus/Spanien: Schlacht a. (216 v. Chr.)
Ibi, ägypt. König (8. Dyn.)
Ibi, thebanischer Stadtgouverneur
Ibn Baithar, Heilkundiger
Ibn Batutah (1304–1377), arabischer Weltreisender, 1333 bis 1346 in Indien
Ibrahim (1517–1526), Lodi-Sultan
Ibykos (6. Jh.), griechischer Lyriker
Ica/Peru: Chimu-Sied.
Icarus (Ikaros), Sohn des Daedalus
Ichernofret, hoher ägypt. Beamter
I-ching, chin. korean. hl. Buch
Ichthys, Vorgeb. im hohlen Elis
Ida, Berg bei Troia
Idakos, Stadt in der thrak. Chersones
Idmon, griechischer Seher
Idnibaal, Vater des punischen Suffeten Himilkat auf Sardinien
Idomene, Hügel in Amphilochia in Akarnanien
Idomeneus, Sohn des Deukalion. Enkel König Minos' von Kreta; kämpfte vor Troia auf griechischer Seite
Idrimi (um 1450 n. Chr.), König von Alalah
Ielysos, Stadt auf Rhodos
Iempsales II. (1. Jh. v. Chr.). König von Numidien, Schriftsteller
Ierez, Francisco de (1504 bis 1560), spani-

scher Konquistador und Chronist
Ietä, Festung der Sikeler
Igigi, babylonisch-assyrische Göttergruppe
Igmās, Consensus doctorum
I-ho-t'uan, s. Boxer
Ihukar/Indien: prähist. Fundort
Ikaros, Insel westlich von Samos
Iku, Krokodilgott
Ila, ältester Sohn des Manu; Hermaphrodit
Ilias, s. Homer
Iliazzu, s. Ilisaros
Ilion (Ilium) → Troia
Ilisaros (Elisar, Iliazzu; um 25 v. Chr.), König der Rhamaniten
Illyrien/Geb. d. westl. Balkanhalbinsel: Wohngeb. d. → Illyrer, röm. Prov., illyr. Aufstand (6–9 n. Chr.), Germanen- u. Sarmateneinbruch (166–175), röm. Präfektur, illyr. Prov. (W-Kärnten, Krain, Görz, Triest, Istrien, Fiume, Dalmatien)
Iltutmish (1211–1227), Schwiegersohn Qutb-ud-dins
Ilušuma (um 1900 v. Chr.), assyrischer Herrscher
Ilythia (Eileithyia), Tochter des Zeus und der Hera; griechische Göttin des Wochenbettes
Imbros/Ägäis-Insel: thrak., athen., byzant.
Imdugud, frühsumerische Gottheit
Im, hittitischer Gott des Sturms
Imhotep, ägypt. Baumeister unter König Djoser (3. Dyn.), in der Spätzeit als Heilgott verehrt
Imix, Erdengott, Ausgangspunkt des 260-Tage-Almanachs
Inachos, Sohn des Okeanos und der Thetis; Gründer und König von Argos
Inanna, sumerische Fruchtbarkeitsgöttin
Indra, indischer Gott der Stärke, des Donners und des Regens
Induskultur, prähist. Kultur
Inessa, Stadt der Sikeler
Ini-Tešub, König von Karkemiš
Inmutef, Gott
Innin, Inanna, sumerische Liebes-, Fruchtbarkeits- und Kriegsgöttin, höchste Gottheit von Uruk, entspricht der babylonisch-assyrischen Ištar
Ino, Tochter des Kadmos und der Harmonia; wurde nach ihrem Tod in eine Nymphe verwandelt, hieß von da an Leukothea

Io, Tochter des Inachos, Königs von Argos; Priesterin der Hera und Geliebte Zeus'
Iolaos-Eshmun, phöniko-griechische Gottheit
Iolaos, Sohn des Iphikles, Neffe und Gefährte des Herakles
Ionien/Lsch. d. westkleinasiat. Griechenstädte: griech. Kolonisation, lyd. Erob. (6. Jh. v. Chr.), pers. Erob. (546 v. Chr.), ion. Aufstand (499–493 v. Chr.) pers. (386–334 v. Chr.), Erob. durch Alexander d. Gr (334 v. Chr.), röm. (seit 129 v. Chr.)
Ion, Sohn des Apollon und Kreusas einer Tochter des Königs Erechtheus von Athen
Iosephos Flavius (um 37–um 100), griechischer Geschichtsschreiber jüdischer Herkunft
Iozza-Kultur, Kultur d. Urzeit
Iphigenie, Tochter des Agamemnon und der Klytämnestra; Priesterin der Artemis in Tauris
Ipkhur-kiš, Name eines Königs in einem Text aus der Agade-Periode
Ipnos, Dorf im Ozol. Lokris
Ipsos/Kleinasien: Schlacht v. (301 v. Chr.)
Ipuie, thebanischer Bildhauer
Ipuwer, Verfasser einer politischen Klageschrift (6. Dyn.)
Iragal, Gott der Unterwelt
Iraq/mesopot. Lsch.: arab. Erob., Schwerpunkt d. Abbasidenreiches
Ire → Irland
Iremibef, Gott von Tjebu
Iris, geflügelte Götterbotin
Irišum I. (19. Jh. v. Chr.), assyrischer König
Irland (bis 1171/72): Wikingerzüge
Iros, Bettler
Irsu, asiatischer Usurpator (19. Dyn.)
Ischia/ital. Mittelmeer-Insel: bronzezeitl. Kultur
Ischtar, asiatische Muttergottheit
Ischtschali/Mesopotamien: altbabylon. St.
Ise/Japan: Shintō-Kultstätte i.
Isebel (9. Jh. v. Chr.), Tochter des sidonischen Königs Etbaal und Gemahlin Achabs
Ishtar, babylonisch-assyrische Göttin der Liebe und des Kampfes
Isidor von Charax, Landvermesser zur Zeit des Augustus (29 v. bis 14 n. Chr.)
Isin/Mesopomamien: sumer. St.-Staat

Isis, Muttergottheit der Ägypter
Islam Shah, Sohn Sher Shahs
Island: (Christianisierung), (Edda)
Ismail (um 900 n. Chr.), Begründer des Sa-
manidenreichs
Ismene, Tochter des Ödipus und der Jokaste
Isokrates (436–338 v. Chr.), griechischer
Redner und Lehrer der Beredsamkeit
Issos/Kleinasien: Schlacht a. (333 v. Chr.)
Istachri (10. Jahrhundert), Geograph
Istanbul (bis 333 → Byzanz, bis 1453 →
Konstantinopel/ Türkei
Istone, Berg auf Kerkyra
Istrien/Halbinsel d. N-Adria: byzant. (seit
539), Slaweneinwanderung (6. Jh.), fränk.
(seit 788)
Istros, die untere Donau
Istwäonen, Kultgr. der Germanen
Išbi-Erra (2017–1985 v. Chr.), König von
Isin, Begründer der Dynastie von Isin
Iškur, sumerischer Wettergott
Išme-Dagan (1781 bis 1742 v. Chr.), assyri-
scher König
Išme-Dagan (1953 bis 1935 v. Chr.), König
von Isin
Ištar, babylonisch-assyrische Mutter- und
Liebesgottheit, Göttin des Kriegs, ent-
spricht der sumerischen Inanna
Ištup-Il (19. Jh. v. Chr.), Begründer der Dy-
nastie von Mari
Ita, ägypt. Prinzessin (12. Dyn.)
Italioten, die Griechen in Italien
Ithome/griech. Bergfestung: Erob. v. (710 v.
Chr.)
I Tsing (634–713), chinesischer Buddhist in
Indien
I Tsung, T'ang-Kaiser (860 bis 874)
Itti-Shamash-balatu (7. Jh. v. Chr.), assyri-
scher Statthalter
Ittobaal (um 980 v. Chr.), Herrscher von
Byblos
Ittobaal I. (887–856 v. Chr.), König von Ty-
ros, Vater der Isebel, Priester der Astarte
Ittobaal II. (um 700 v. Chr.), König von Si-
don
Itur-Lim, Name eines Königs in einem Do-
kument
Itys, Sohn der Prokne
Itzamna (itzam bedeutet auf yukatekisch
„Eidechse", Himmelsgott, oberster Gott
des Maya-Pantheons
Itzcoatl, Oberster Sprecher der Azteken
(1427–1440)

Itzconatzin, Oberhaupt der Kaufleute von
Tlatelolco unter Quaquanhpitzaua
Iuba II., numidischer König
Iuba (um 25 v. bis 25 n. Chr.), Geograph
und König von Marokko
Iugurthinischer Krieg, 111–105 v. Chr.
Iuno, altitalische Gottheit; in den meisten
Zügen identisch mit Hera
Iuno Caelestis (= die Himmlische)
Iupiter Valens, römische, von afrikanischen
Truppen verehrte Gottheit
Iustinus, M. Iunianus (3. Jh.), römischer Ge-
schichtsschreiber
Ivan, Wölbesaal der Parther, sassanidisches
Tonnengewölbe, Bauelemente iran. und
osmanischer Medresen, mit Einfluß auf
die europäische Kunst
Ixchel oder Acna („unsere Mutter"), Mond-
göttin
Ixion, König der Lapithen (2. Jh.), griechi-
scher Romanschriftsteller syrischer Ab-
kunft
Ix, Tagesgott; im Yukatekischen Tag des Ja-
guar
Ixtlilxochitl (15. Jh.), Herrscher von Tetz-
coco
Izates (1. Jahrhundert n. Chr.), König von
Adiabene
Izates II., Enkel von Izates I.
Izmir (griech. Smyrna)/Kleinasien: bronzezeitl. Sied., griech. Küstenst., Zerst.
durch d. Lyder (575 v. Chr.)

Jacobsen, Th. (20. Jh.), amerikanischer As-
syriologe
Jaggid-Lim (19. Jh. v. Chr.), Amurriterkö-
nig von Mari
Jahanara, Mogul-Frau
Jahangir (1569–1627), Sohn Akhars und
Großmogul
Jahdu-Lim, Jahdun-Lim (um 1820 v. Chr.),
König von Mari
Jahwe, Gott Israels
Jai Singh (1699–1743), Gründer von Jaipur
Jakob I. (1566–1625), König von England
(seit 1603) und Schottland als Jakob VI.
(seit 1567)
Jakob, Patriarch des Alten Testaments
Jamaica/Insel d. Großen Antillen: Entd. d.
Kolumbus (1493)
Janabai (um 1270–1350), Hymnenschreibe-
rin und Dienerin Namdevs
Janitscharen, türk. Infanterie

Japetos (Iapetos), Sohn des Uranos und der Gaia; Titan

Jaqub, Begründer der Saffawidendynastie

Jara, Victoria de la (20. Jh.), peruanische Archäologin

Jarim-Lim (18. Jh. v. Chr.), König von Jamhad

Jasa, Gesetzbuch Dschingis Khans

Jasion (Iasion), kretischer Geliebter der Demeter; Vater des Plutus

Jasmah-Adad (1796 bis 1780 v. Chr.), Unterkönig von Mari

Jason (Iason), Held der griechischen Argonautensage

Jason, König von Thessalien

Jataka, ind. Märchensammlung

Jati, Milchgott

Jayadeva (12. Jh.), Dichter und Verfasser der Gita-Govinda

Jayangondur, schrieb eine neue Fassung des Ramayana

Jayapala (11. Jh.), König der Hindu-Shahiya-Dynastie

Jehn (842–815 v. Chr.), israelitischer König; Begründer der 5. Dynastie

Jehol/Prov., SW-Mandschurei: neolith. Kultur

Jehova, Name Gottes im „Alten Testament"

Jeremia (7. Jh. v. Chr.), judäischer Prophet

Jehōjākim (607–597 v. Chr.), König von Juda

Jehu, jüdischer Prophet

Jehu (841–814 v. Chr.), König von Israel

Jenissei (Enisej)/Fl., Sibirien: prähist. Kultur a.

Jequt (13. Jahrhundert n. Chr.), Geograph

Jeremias (um 650 v. Chr.), Prophet im Alten Testament, verkündete den Untergang Jerusalems

Jericho/Palästina: neolith. Siedl. (um 4500 v. Chr.), Fund d. Bibelhandschriften v. Toten Meer

Jerobeam, Gegner Salomons, später König von Israel (um 925 v. Chr.)

Jeroboam I. (929–909 v. Chr.). König von Israel und Vater Nadabs

Jeroboam II. (931–910 v. Chr.), König von Israel

Jerusalem (griech. Hierosolyma)/Palästina: Kanaaniter-Fsm., polit. u. sakral. Hptst. Judas, Salomon-Tempel, ägypt. Plünderung (922/21 v. Chr.), assyr. Erob. (701

v. Chr.), babylon. Zerst. (587 v. Chr.), Wiederaufbau v. St. u. Tempel, Hptst. Judäas röm. Bes.

Jesaias (6. Jh. v. Chr.), Prophet

Jesaja (8. Jh. v. Chr.), Prophet

Jesdegerd I. (399–421)

Jesdegerd II. (438/39–457), Sassanidenkönig

Jesdegerd III. (632 bis 652), Sassanidenkönig

Jesreel/Palästina: Schlacht b. (um 1000 v. Chr.)

Jesuiten, Mönchsorden

Jesus Christus, Stifter der christlichen Weltreligion

Jên Tsung, Kaiser der Mandschu-Dynastie (1795–1820)

Jên Tsung, Kaiser der Sung-Dynastie (1023–1063)

Jên Tsung, Ming-Kaiser (1424 bis 1425)

Jñandeva, Maharashtra-Heiliger

Joaš, König von Israel

Jobates (Iobates), Vater der Anteia

Job, Buch des Alten Testamentes

Jodha, Urenkel Ravals

Jo, Figur der griechischen Mythologie, Geliebte des Zeus

Jogassien, prähist. Kulturstufe der Kelten

Johannes der Taufer, spätjüdischer Bußprediger

Johanniter, Ritterorden, auch Hospitalier, Rhodiser, Malteser

Jokaste (Iokaste), Gemahlin des Ödipus

Jonathan, Sohn Sauls und Freund Davids

Jones, Sir William (1746–1794), englischer Rechtsgelehrter und Orientalist

Joram (849–842 v. Chr.), König von Juda

Joseph, Gestalt des Alten Testamentes, Sohn Jakobs

Joseph, Sohn des Patriarchen Jakob

Josephus Flavius, jüdischer Geschichtsschreiber (37 oder 38 bis 100)

Jošijjā (637–608 v. Chr.), König von Juda

Jošua, Führer der Israeliten nach dem Tod des Moses

Juda (Judäa)/Palästina: israel. Kgr. unter assyr. bzw. babylon. Oberherrschaft, pers. Prov., jüd. Kirchenstaat (seit um 435 v. Chr.), Teil d. Seleukiden-Reiches, Makkabäeraufstand (168–163 v. Chr.), Vasallen-Kgr. Roms (70 v. Chr.–6 n. Chr.)

Judas Ischariot, Apostel; Verräter Christi

Jütland/Halbinsel, Dänemark: neolith. Kultur

Juiu, Vater der Königin Teje (18. Dyn.)

Julianus, Flavius Claudius, gen. Apostata (332–363), römischer Kaiser

Jungsteinzeit, s. Neolithikum

Juno, altitalische Gottheit; in den meisten Zügen identisch mit Hera

Jupiter, römischer Gott; in den meisten Zügen identisch mit Zeus

Jura, Erdzeitalter

Justin, römischer Historiker

Justin (um 100–um 167), christlicher Philosoph

Juturna (Iuturna), Nymphe, Schwester des Turnus, Königs der Rutuler

Juvenal, römischer Satiriker (um 47–130)

Kabbala' jüd. Mystik

Kabira/NO-Kleinasien: Schlacht b. (73 v. Chr.)

Kabir (1440–1518), Führer der Bhakti-Bewegung und religiöser Dichter

Kacha, indischer Fürst, Zeitgenosse Samudraguptas

Kadadipottan Shivakkuri Rajamallamangalapriyan (10. Jh.), Schiedsrichter und Verfasser der Inschrift von Uttaramerur

Kadmeïs, Böotien

Kadmos, Gestalt aus der griechischen Mythologie; Sohn Agenors, des Königs der Phoiniker, und der Telephassa; Bruder der Europa; Gründer von Theben

Kadmos, Sohn Agenors, des Königs der Phöniker, und der Telephassa; Bruder der Europa und Gründer von Theben

Käadas, Schlund, in welchen die Verbrecher in Sparta geworfen wurden

Käkinos, Fluß bei Lokri in Unteritalien

Känozoikum, Erdzeitalter, Neuzeit

Kafila/Fl., Belgisch-Kongo: prähist. Besied. a.

Kafu/Fl./Uganda: prähist. Besied. a.

Kagemni, Wesir unter den Königen Huni und Snofru (3./4. Dyn.)

Kagera/Quellfl. d. Nils, O-Afrika: prähist. Besied. a.

K'ai-fêng/N-China: Hptst. d. Sung-Dyn. (960 bis 1126), Ziegelpagode (977), Hptst. d. Chin-Reiches (1126 bis 1233)

Kairo (al-Fustāt)/Ägypten: Gründung als arab. Lagerst.

Kaïres, Verfasser einer Lehrschrift

Kakyparis, Fluß südl. von Syrakus

Kalach (arab. Nimrūd)/a. Tigris: assyr. St.

Kalahari/Lsch., S-Afrika: Buschmann-Ansied.

Kalais, Sohn des Boreas

Kalasan/Zentraljava: Tempel v. (778)

Kalasaniter, Mönchsorden

Kalchas, griechischer Seher und Priester

Kalex, Fluß bei Herakleia in Bithynien

Kalhana (12. Jh.), indischer Historiker, Verfasser der Rajatarangini

Kalidasa (4. Jh.), indischer Dichter

Kali, eine der Manifestationen von Shivas Gattin

Kalila wa-Dimna, orient. Fabelsammlg.

Kalinien, präh. Kultur in Afrika

Kalinga/Lsch., O-Küste Indiens: Erob. d. Aśoka (251 v. Chr.), Pilgerreise d. Hsüan-tsung d. (7. Jh.)

Kalka/S-Rußl.: prähist. Kurgane a. d.

Kalkin, die zehnte Inkarnation Vishnus

Kalladanar, schrieb eine neue Fassung des Ramayana

Kallieer, Volk in Ätolien

Kallimachos (um 310 – um 240 v. Chr.), griechischer Dichter

Kallirrhoë, Quelle in Athen

Kalyāni/Dekhan, Indien: Hptst. eines Cālukya-Reiches (6. bis Ende 12. Jh.)

Kalydon, Stadt in Ätolien

Kalypso, Gestalt aus der griechischen Mythologie; Tochter des Atlas, Nymphe auf der Insel Ogygia; Geliebte des Odysseus

Kamal, Ahmed, ägypt. Ägyptologe (um 1900)

Kamallianer, Mönchsorden

Kamarina, Stadt an der S-Küste von Sizilien

Kamasia/Lsch., Britisch O-Afrika: urzeitl. See

Kamasien, Kultur der Urzeit

Kamban (12. Jh.), schrieb eine neue Fassung des Ramayana

Kamboja/Kgr. Hinterindien (6.–20. Jh.)

Kambrirum, Erdzeitalter

Kambyses I. (600–559 v. Chr.), persischer König

Kambyses II., Perserkönig (529 bis 522 v. Chr.)

Kambyses, Vater des Kyros II

Kambyses (529–522 v. Chr.), König der Perser und Meder; Sohn Kyros' II.

Kameiros, Stadt auf Rhodos

Kamose, ägypt. König (17. Dyn.)
Kamosh, Gott der Moabiter
Kamosh-nadbi (um 700 v. Chr.), König von Moab
Kamran, Bruder des Humayun
Kanaan/Wohngeb. d. vorisrael. Bevölkerung
Kanam/Kenya: Hominiden-Fundort
Kanasträon, Vorgeb. auf Pallene in Chalkidike
Kanauj (Kanyākubja)/a. Ganges, Indien: Hptst. d. Hindu-Kgr. K.
Kan-chou/China: St. a. d. Seidenstr.
Kandake (um 25 v. Chr.), Königin von Aithiopien
Kandalanu (647–626 v. Chr.), Unterkönig in Babylonien
Kandāhār (Alexandria Arachosiorum, Qandahār)/Afghanistan: Gründung (327 v. Chr.)
Kanesch/b. Kayseri, Kleinasien (→ Kültepe): altassyr. Handelskol.
K'ang Hsi, Mandschu-Kaiser, s. Shêng Tsu
Kanischka (2. Jahrhundert n. Chr.), Kuschanenherrscher
Kanishka (78–150), König von Baktrien
Kanjera/Kenya: Hominiden-Fundort
Kano/Sudan: Haussa-Staat
Kan-su/N-chin. Lsch.: prähist. Kulturen, chin. Prov., Tocharengeb. (W-Kansu), hunn. Erob. tibet. Einflußsphäre (8. Jh.)
Kan, Tag unter dem Aspekt des Maisgottes und der gütige Maisgott
Kanton (chin. Kuang-chou, postamtl. Kwang chou)/S-China: chin. Ansied., K. b., Erob. u. Zerst. d. Aufstandes (879), mongol. Erob. (1277)
Kanufer, Aufseher der Arbeiten, Vater Imhoteps (2./3. Dyn.)
Kan Ying (um 97 v. Chr.), chinesischer Gesandter in Antiocheia
Kao (gest. 1093), Sung-Regentin, Witwe Shên Tsungs
Kao Tsung, Kaiser der Mandschu-Dynastie (1735–1795)
Kao Tsung, 3. T'ang-Kaiser (649 bis 683)
Kao Tsu, Sung-Kaiser (1127 bis 1162)
Kapland (Kapkolonie)/Südafrikan. Union: prähist. Besied.
Kappadokien/kleinasiat. Lsch.: assyr. Handelskolonien, churr. Einwanderung, heth., lyd., Teilung i. hellenistischer Zeit, Vasallenkgr. Roms, röm. Prov. (17. n. Chr.), Goteneinfall, (264 n. Chr.), Per-

sereinbruch (575), byzant. Vordringen (878/79)
Kapur, libyscher Häuptling
Kara-indaš (16. Jh. v. Chr.), babylonischer König der Kassitendynastie
Kara-indaš II. (14. Jh. v. Chr.), babylonischer König der Kassitendynastie
Karar-See/Algerien: prähist. Besied.
Karbon, Erdzeitalter, Steinkohlenz.
Karchedon, angeblicher Gründer von Karthago
Kardamyle, Ort auf Chios
Karew, parth. Feudalfamilie. Kartir (3. Jahrhundert n. Chr.), Zoroastrier
Karien/SW-Kleinasien: lyd. Erob. v., Erob. d. Alexander d. Gr. (334 v. Chr.), ägypt.
Karikala (1. Jh.), Chola-König
Karkemisch/Syrien: hethit. Festung u. Fsm., Mitanni-Reich, assyr. Erob. (717 v. Chr.)
Karl der Große (724–814), König der Franken (seit 768) und römischer Kaiser (seit 800)
Karman, Dogma der ind. Religionen
Karmel, Palästina: Hominiden-Fundort, paläolith. Sied. a., Philistergeb.
Karnak/Ägypten → Theben
Karomama, ägypt. Königin (22. Dyn.)
Kartäuser, Mönchsorden
Karteria, Ort bei Phokäa in Äolis in Kl. Asien
Karthago → Carthago
Karuba/Algerien: paläolith. Fundort
Karyä, Stadt in Lakonika, nördl. von Sparta
Karystos, Stadt auf der S-Spitze von Euböa
Kasachstan/Geb. v. d. unteren Wolga b. z. Altai, UdSSR: prähist. Kulturen
Kasai/Nebenfl. d. Kongo, Angola: paläolith. Besied. a.
Kaschtaritu-Phraortes (um 670 v. Chr.), medischer Fürst
Kashmir/Staat i. nordwestl. Himalaya: Kgr. (7.–14. Jh.)
Kasikien, präh. Kultur in Afrika
Kasmenä, Stadt im S. von Sizilien
Kasr-i-Shirin (Qaṣr'i Šīrīn)/Iran: sassanid. Kgs.-Palast v.
Kassandra, Tochter des Königs Priamos von Troja und der Hekuba; Seherin
Kassiopeia: siehe Cassiope
Kastor, Sohn des Zeus und der Leda, Zwillingsbruder des Polydeukes und Bruder Helenas und Klytämnestras

Kaštiliaš III. (15. Jh. v. Chr.), babylonischer König der Kassitendynastie
Kaštiliaš IV. (1242 bis 1235 v. Chr.), babylonischer König der Kassitendynastie
Katalaunische Felder, Schlacht a. → Troyes, Völker-Schlacht b.
Katane, Stadt an der O-Küste von Sizilien
Katyayana (3./2. Jh. v. Chr.), indischer Gesetzeslehrer
Kaukasus/Gebirge zwischen d. Schwarzen Meer u. d. Kaspisee: prähist. Kultur
Kaulonia, in Unteritalien
Kaundinya, indischer Brahmane
Kaunos, Küstenstadt in Karien
Kautalya (3. Jh. v. Chr.), Hauptberater Chandraguptas
Kavad I. (488–531), Sassanidenkönig
Kavad II. (628 n. Chr.), Sassanidenkönig
Kayseri (Qayşariyya; röm. Caesarea Cappadociae; griech. Eusebia; Mazaka)/ Kleinasien: pers. Erob (260 n. Chr.)
Kāñcï/S-Indien: hinduist. Tempelbau i., Hptst. d. Pallava-Dyn
Kārli/SW-Indien: Höhlentempel v.
Kāšgar(ien) (chin. Shu-fu)/St., Geb., C-Turkestan, China: Śakageb, zeitweise chin. (7. u. 8. Jh.), Nestorianer-Bm. (8.–10. Jh.), Qarachaniden-Chanat, Islamisierung (um 950–1130)
Kebesi, ägypt. Stadtgouverneur (Zweite Zwischenzeit)
Kebriones, Sohn des Priamos
Keilschrift, sumerisch, babylonisch und assyrisch, elamitisch sowie persisch (Frühformen)
Kekrops, ältester König Attikas
Kekryphaleia, Insel an der O-Küste von Argolis bei Epidauros
Keleos, König von Eleusis
Kel-teminarische Kultur, Kultur d. Steinzeit
Kenäon, nordwestl. Vorgebirge auf Euböa
Kenamun, ägypt. Beamter (18. Dyn.)
Kenchreia, oder -eiä, Hafen auf der O-Seite von Korinth
Kentoripa, Stadt der Sikeler
Kentucky/USA: prähist. Kultur
Kentumsprachen, indogerm. Sprachen, Guturralsprache, s. Keltisch, Griechisch, Venetisch, Illyrisch, Hethitisch, Tocharisch; s. Satemsprachen
Keos, Insel südöstl. nahe bei Attika
Kephallenia, Insel im Ion. Meere

Kephallenia (Kephalonia)/Ionische Insel: byzant. (395)
Kephalos, Sohn des Hermes und der Herse
Kepheus: siehe Cepheus
Kephisios: siehe Cephisus
Kerameikos, ein äußerer u. ein innerer, Stadtteile von Athen
Keramikum, Kulturperiode d. Urzeit
Kerdylion, Ort auf einer Anhöhe bei Amphipolis
Keret, König von Ugarit
Kerkine, Gebirge in Makedonien
Keßlerloch b. Thayngen/Schweiz: paläolith. Fundort d. Avarenkunst
Kestrine, Landschaft an der Ostküste von Epirus
Khajurao/Zentralindien: hinduist. Turmtempel v.
Kharavela (1. Jh. v. Chr.), König von Kalinga
Khargha/ägypt. Oase d. Libyschen Wüste: prähist. Besied.
Khartum (Chartum)/Sudan: prähist. Besied.
Khizr Khan (14. Jh.), indischer Prinz und Statthalter
Khnum, ägyptische Gottheit
Khonsu, ägyptische Gottheit
Khorschid, Statthalter von Kazerun
Khusrau, Sohn des Jahangir
Khūzistān (Hūzistān; elamit. Haltamti, pers. Elam, arab. al-Ahwāz) Lsch. u. Reich (3. Jahrtausend–639 v. Chr.), Zerst. durch d. Assyrer
Kibri-Dagan (18. Jh. v. Chr.), Statthalter der Stadt Tirqa zur Zeit des Königs Zimrī-Lim
Kidara, Herrschername auf Münzen
Kiik-Koba/Krim: paläolith. Wohnhöhle
Kikkuli, Schreiber im Mitannireich
Kilikien/kleinasiat. Lsch., Sitz d. Luwier, Erob. d. Alexander d. Gr. (333 v. Chr.), ägypt., Teil d. Seleukidenreiches, röm. (63 v. Chr.), byzant. Vordringen (878/ 79)
Kinaethon, spartanischer Dichter
Kingsborough, Lord Edward King (1795–1837), englischer Altamerikanist
Kinichkakmo, Sonnengott
Kircher, Althanasius, Jesuit, Wissenschaftler (1601–1680)
Kirke, Gestalt aus der griechischen Mythologie; Tochter des Helios und der Perse, der Schwester König Aietes' von Kolchis; Zauberin auf der Insel Aia

Kisch/Mesopotamien (Name d. ... = el-Oheimir: al-Uḥaymir): sumer. St.-Staat
Kišar, in der babylonischen Mythologie das untere Universum
Kiš-nunnu, Name in einem Brief
Kithäron, Grenzgebirge zw. Attika u. Böotien
Kition/Cypern: phönik. Kol.
Kition, Stadt an der Ostküste von Kypros
Klaros, Hain des Apollon vor Kolophon in Ionien
Klazomenä, Stadt in Ionien
Kleanthes von Assos (um 331 bis 232 v. Chr.), stoischer Philosoph
Klearchois (um 430 v. Chr.), spartanischer Flottenführer im Peloponnesischen Krieg; Verräter und Überläufer zu Kyros (423–401 v. Chr.)
Kleisthenes (6. Jh. v. Chr.), athenischer Staatsmann
Kleite, Gemahlin des Königs Kyzikos
Kleitias (um 570 v. Chr.), griechischer Vasenmaler
Kleomenes I. Euristenides (519–489 v. Chr.), König von Sparta
Kleonä, Stadt 1) auf der Akte in Chalkidike 2) in Argolis an der Grenze von Korinth
Kleon (um 180 v. Chr.), Sklave einer Gesellschaft von Salinenpächtern auf Sardinien
Kleopatra, ptolemäische Königin (51–30 v. Chr.)
Kleopatra, Tochter des Boreas und Gemahlin des Thrakerkönigs Phineus
Kleopatra (69 bis 30 v. Chr.), ägyptische Königin
Klingenkulturen, prähistorisch
Klip/Fl., Südafrikan. Union: prähist. Sied. a.
Klotho, Schicksalsgöttin, eine der drei Moiren
Klymene, Tochter des Uranos und der Gaia; Titanin
Klytämnestra (Klytaimestra), Gemahlin Königin Agamemnons
Knidos, Stadt in Doris in Kl. Asien
Knochenzeit, menschl. Kulturstufe
Knom-Ombo-Ebene/Ägypten: neolith. Besied.
Knossos/Kreta: jungsteinzeitl. Sied., bronzezeitl. Kultur, kret. Kg-St.
Köln/Dtschl.: röm., kirchl. u. kultur. Zm., Apostelkirche, Dom (seit 1248)
Kofun-Phase, Kultur der Vorzeit
Koios: siehe Coeus

Kojiki, ältestes jap. Geschichtsw.
Kolaios (um 630 v. Chr.), griechischer Kaufmann und Entdecker der Straße von Gibraltar
Kolchis/Lsch. a. d. O-Küste d. Schwarzen Meeres: Reiterkulturgeb. (2. Jahrtausend v. Chr.), georg. Staat (1. Jh. v. Chr.)
Kolomijščina/Ukraine: neolith. Sied.
Kolonä, Städtchen in Troas
Kolonos Hügel bei Athen
Kolophon/Kleinasien: griech. Küstenst., lyd. Erob.
Kolophon, Stadt in Ionien
Kolumbus, Christoph (1451 bis 1506), italienischer Seefahrer in spanischen Diensten, Entdecker Amerikas
Kommagene (Kummuh)/vorderasiat. Lsch.: hethit., urartäisch.-assyr. Kampf um (743 v. Chr.), röm. Bes. (69 v. Chr.), röm. Prov. (17. n. Chr.)
Konfuzius (551–479 v. Chr.), Staats- und Sittenlehrer
Kongo-Geb./Zentralafrika: paläolith. u. neolith. Besied.
Konorak/Orissa, Indien: hinduist. Turmtempel
Konstans II., byzantinischer Kaiser (641–668)
Konstantin I., der Große (um 280–337), römischer Kaiser seit 306
Konstantinopel (bis 333 → Byzanz): Hptst. d. oström. byzant. Reiches (333–1453), Haghia Sophia u. andere Kirchen, Nika-Aufstand (532), Hunnengefahr (559), Bedrohung durch d. Perser (615), Belag durch d. Avaren (626),1. arab. Belag. (667 bis 673)
Kopä, Stadt am Kopaïs-See in Böotien
Kopenhagen/Dänemark: Burg
Kophos, Hafen bei Torone auf der Halbinsel Sithonia in Chalkidike
Kore: siehe Persephone
Korfu (griech. Kerkyra)/ionische Insel: griech. St.-Staat (5. Jh. v. Chr.)
Korinth/Peloponnes: prähist. Kultur, griech. St.-Staat. korinth. Krieg (395–387 v. Chr.), Mitglied d. Achaischen Bundes, röm. Erob. (146 v. Chr.), röm. Neubesied. (1. Jh. v. Chr.), Besuch Neros (68 n. Chr.), Plünderung durch d. Heruler (267)
Korobios, Purpurfischer und Kundschafter in Herodots Bericht über die Erschließung Kyrenes

Koronea/Griechenl.: Schlacht b. (447 v. Chr.)

Koroneia, Stadt in Böotien

Koronis, Tochter des Phlegyas, Schwester des Ixion; Geliebte des Apollon

Koronta, Stadt in Akarnanien

Korykos, Vorgeb. bei Erythrä in Ionien

Koryphasion = Pylos in Messenien

Kos/Sporaden-Insel: thrak., griech.

Kosok, Paul (geb. 1896), amerikanischer Archäologe

Kostenki a. Don/Rußl.: paläolith. Jägerlager v.

Kostromskaja/Kubangeb: Goldhirschgrab. v.

Kottus, Sohn des Uranos und der Gaia; Gigant

Kotyrta, Stadt in Lakonika

Kovalan, Gestalt aus dem Shilappadigaram

Krain/Lsch. Jugoslawien: prähist. Kultur

Kramer, S. N. (20. Jh.), amerikanischer Sumerologe

Kranii, Stadt auf Kephallenia

Krannon/Griechenl.: Schlacht b. (322 v. Chr.)

Krapina/Kroatien: Hominiden-Fundort

Krasnojarsk/O-Sibirien: Funde d. Mesolithikums b.

Krateros (gest. 321 v. Chr.), Heerführer Alexanders des Großen

Krates Mallotes (gest. 145 v. Chr.), griechischer Philologe und Grammatiker

Kremikovci/Bulg.: neolith. Fundort

Krenä, Ort in Amphilochia

Kreon, König von Theben; nicht der spätere gleichnamige Bruder der Jokaste

Kreta (ital. Candia)/Mittelmeer-Insel: minoische Kultur, griech. Einwanderung, Handels-Zm. d. Altertums röm. Erob. (68 v. Chr.), byzant., arab. Erob. (823, 828), byzant. Rückerob. (961), venezian. (1204)

Kreusa, Mutter des Ion; Geliebte des Apollon

Krim (Taurien)/Halbinsel, S-Rußl.: steinzeitl. Kulturen, Thrakereinwanderung, Kimmerergeb., Skytheneinwanderung (3. Jh. v. Chr.), griech. Kolonien, Erob. durch d. Kgr. Pontus, Avareneinfälle (576–590), Chazaren, mongol. (Goldene Horde), genues. Handelsz.

Krisäischer Meerb., Teil des korinthischen

Krishna Deva Raya (1509 bis 1530), König von Vijayanagara

Krishna, mythischer indischer Gott und achte Inkarnation Vishnus

Kritias (gest. 403 v. Chr.), athenischer Politiker und Sophist

Kroisos (560–546 v. Chr.), König von Lydien

Krokyleion, Städtchen in Ätolien

Kromdraai/Südafrikan. Union: paläolith. Fundort

Krommyon, Dorf im Korinthischen

Kronos, jüngster Sohn des Uranos und der Gaia. Vater des Zeus; Urgott

Kropeia, Demos in Attika, nördl. von Athen

Kroton/S.-Italien: griech. Kol.

Krusis, Landstrich in Slakedonien unweit Potidäa

Kshemeshvara (um 900), indischer Dramatiker

Ktesias von Knidos (um 400 v. Chr.), griechischer Arzt und Geschichtsschreiber

Ktesiphon (bis 226 → Seleukia; arab. al-Madā'in)/Mesopotamien: pers. Erob. (226) Sassaniden-Hptst. (226 bis 638), Nestorianer-Katholikat, arab. Erob (638)

Kuang-hsi/Prov., S-China: paläolith. Grottenfunde

Kuang Wu Ti, Begründer und 1. Kaiser der Späteren Han-Dynastie (25–28)

Kuan (Shih) Yin, Gottheit der Barmherzigkeit

Kuan Ti, s. Kuan Yü

Kuan Yü (um 162), General aus der Zeit der Drei Reiche; kanonisiert als Kriegsgott Kuan Ti

Kubangebiet/S-Rußl.: prähist. Kultur

Kublai Khan (1215–1294), Mongolenherrscher und Begründer der mongolischen Yüan-Dynastie in China, Enkel Dschingis-Khans

Kubu, Gott

Kučā (chin. Ku-ch'é)/Oasen-St., Sinkiang, China: indoeurop. Sprachinsel

Kudurmabuk (19. Jh. v. Chr.), Fürst von Jamutbal

Kudurru, babylon. Marktsteine

K'u, einer der „Fünf Kaiser" (2435 bis 2365 v. Chr.)

Kül Tekin-Inschrift, alttürkisches Sprachdenkmal

Kültepe/b. Kayseri, Kleinasien: Hügel v.

Ku, Juan (16. Jh.), Kazike von Yaxcaba

Kujula Kadphises (1. Jh. n. Chr.), Kuschanenherrscher

Kujula Khadphises (1. Jh.), Häuptling der Yueh-chi

Ku K'ai-chih (um 344 – um 406), Maler; einer der „Vier Meister der Kunst"

Kukulcan (um 1000), auch Quetzalcoatl genannt, mexikanischer Führer, wurde später als Gott des Planeten Venus und der Fruchtbarkeit verehrt

Kulluka (13. Jh.), indischer Gelehrter

Kulottunga I. (1070–1118), Chola-König

Kultur der Hügelgräber, Ende der Bronzezeit (1200–1100)

Kumaragupta (um 415–454), indischer König

Kumarajiva (4. Jh.), indischer Buddhisten-Philosoph aus Kuchi in Zentralasien

Kumarbi, Held eines hurritischen Epos; Sagengestalt

Kumbad, iranischer Grabbau

Kum-tepe/W.-Kleinasien: neolith. Fundort

Kunaxa/Mesopotamien: Schlacht b. (401 v. Chr.)

K'ung An-kuo (2. Jh. v. Chr.), Nachkomme des Konfuzius

Kununu, Name in einem Dokument

Kuo Tzǔ-i (697–781), kaiserlicher Oberbefehlshaber unter dem T'ang-Kaiser Su Tsung

Kupferzeit, Stufe d. menschl. Urzeit

Kurigalzu I. (14. Jh. v. Chr.), babylonischer König der Kassitendynastie

Kurigalzu II. (1345 bis 1324 v. Chr.), babylonischer König

Kutaiba (7./8. Jh.), arabischer Heerführer

Kutha/Mesopotamien: akkad. St.-Staat

Kuttan, schrieb eine neue Fassung des Ramayana

Kwoth, sudanesische Gottheit

Kyaxares Huwakhschtra (625 bis 585 v. Chr.), Begründer der medischen Macht

Kyaxares (625–585 v. Chr.), König der Meder

Kybele, phrygische Muttergottheit, Vegetationsgöttin

Kydonia, Stadt im W von Kreta, an der Nordküste

Kykladen/Mittelmeer-Insel: Bronzezeit

Kykladische Kultur, präh. Kultur

Kyklopen, Gestalten aus der griechischen Mythologie; Söhne des Uranos und der Gaia; einäugige Riesen der Insel Trinakria

Kyllene, Hafenstadt und Schiffswerft der Eleier

Kyme, Stadt 1) in Äolis in Kl.-Asien; 2) im Lande der Opiker

Kynaethos (6. Jh. v. Chr.), griechischer Dichter aus Chios

Kynoskephalai/Griechenl.: Schlacht b. v 197 v. Chr.)

Kynossema, Vorgeb. an der thrak. Chersones

Kynuria, südöstlichste Landschaft von Argolis

Kyongtju/Korea: Pagode d. Pun-huang-sa b. (7. Jh.), Kg.-Gräber d. Silla-Reiches b.

Kyōtō (Heian)/Japan: Hptst. u. Ks.-Res. (794 bis 1868)

Kypsela, Stadt in Arkadien am Aipheios

Kyrenaika (arab. Barqa, röm. Prov. arab. Erob. (645)

Kyrene/N-Afrika: griech. Gründung (630 v. Chr.), griech. Kulturzm., pers. Erob. (512 v. Chr.), ägypt. (248 v. Chr.)

Kyrene, Mutter des Aristaios; Gemahlin Apollos

Kyrene; siehe Cyrene

Kyros der Jüngere (423–401 v. Chr.), persischer Prinz; Achaimeniden-Dynastie

Kyros I., Achamenidenkollig

Kyros II. (559–529 v. Chr.), persischer König. Gründer des altpersischen Weltreichs

Kyrrhos, Stadt in Makedonien

Kythera, Insel südl. von Lakoniah

Kytinion, Stadt in Doris

Kyzikos/Kleinasien: griech. Kol., Schlacht b. (410 v. Chr.), Schlacht b. (194 n. Chr.), arab. Flottenbasis

Kyzikos, Herrscher des Hellespont

Kyzikos, Stadt an der Propontis

Laban, ein Aramäer, in der biblischen Genealogie, Bruder der Rebekka, Vater der Lea und der Rachel

Labarna (17. Jh. v. Chr.), hethitischer König, Gründer des Hethiterreichs

Labaši-Marduk (556 v. Chr.), babylonischer König

Labat, René (geb. 1904), französischer Assyriologe

Labbu, Ungeheuer in der babylonisch-assyrischen Mythologie

Labdalon, Bergfeste bei Syrakus

Lacau, Pierre, französischer Ägyptologe

La Chapelle-aux-Saints/ Frankr.: Hominiden-Fundort

Lachesis, Schicksalsgöttin; eine der drei Moiren
Lade/Sporaden-Insel: Schlacht b. (494 v. Chr.)
Lade, Insel vor Milet
Ladoga (Aldajgjuborg)/Rußl.: Wikingerfestung (9. Jh.)
Ladoga-See/Rußl.: neolith. Kultur
Laertes, Vater des Odysseus
Lääer, päonisches Volk in Makedonien
Lästrygonen, mythisches Volk in Sizilien
La Farge, Oliver (20. Jh.), amerikanischer Maya-Forscher
La Ferrassie/Frankr.: Hominiden-Fundort
Lagasch (arab. Tellō)/Mesopotamien: sumer. St.-Staat
Lagoa Santa/Bras.: prähist. Fundort
Lagozza-Kultur, Kultur d. Urzeit
Lahamu, Ur-Ungeheuer in der babylon. Mythologie
Lahmu, Ur-Ungeheuer in der babylonischen Mythologie
Lahore/Pandschab, Pakistan: Prov.-Hptst. d. Ghaznawiden u. Ghoriden (12. Jh.)
Lahra, Gott
Laibach (latein. Emona, slowen. Ljubljana)/Slowenien: Schlacht b. (388)
Laios, König von Theben; Vater des Ödipus
Lakschmi, indische Glücks- und Fruchtbarkeitsgöttin
Lakshmi, indische Göttin und Gattin des Vishnu
Lalitaditya (8. Jh.), König von Kashmir
Lalla, Lal Ded (14. Jh.), indische Dichterin
Lamaštu, sumerischer weiblicher Dämon
Lamia/Thessalien: St, Lamischer Krieg (323/22 v. Chr.)
Lampedusa/ital. Insel westl. Malta: prähist. Kulturen
Lamphûn (Haripuñjaya/Siam: Mon-St u. Kgr (7. Jh.– 1292)
Lampsakos, Stadt am Hellespont
La Naulette/Belgien; Hominiden-Fundort
Landa, Diego de (um 1524 bis 1579), erster Bischof von Yucatán
Lanning, Edward P. (geb. 1930), amerikanischer Archäologe
Laodikion, Stadt in Arkadien
Laokoon, spätgriech. Kunstwerk
Laokoon, troischer Priester des Apollon; Sohn des Boreas
Laomedon, König von Troja

Lao Tzŭ (um 300 v. Chr.), Begründer des Taoismus
Lappenbogen, islam. Architekturform
La Quina/Frankr.: Hominiden-Fundort
Larco Hoyle, Rafael (20. Jh.), peruanischer Archäologe
Larentia, Ziehmutter von Romulus und Remus
Larisa, Stadt in Thessalien nahe am Peneios
Larissa, Stadt in Äolis in Kl. Asien
Larsa (arab. Senkere, Sankara)/Mesopotamien; sumer. St-Staat, Erob. durch d. Elamiter
Lars Porsenna: siehe Porsenna
Lartius, Spurius, Gefährte des Horatius Cocles, römischer Soldat
Las Casas, Fray Bartolomé de (1474 bis 1566, spanischer Geistlicher und Geschichtsschreiber
Lascaux/Frankr.: eiszeitliche Wohnhöhle v.
Las, Küstenstädtchen in Lakonika
Later Stone Age, Kultur d. Urzeit
La Tène-Zeit, Jungeisenzeit
Lathyros, s. Ptolemaios IX. Soter II.
Latinus (Latinos), Sohn der Kirke und des Odysseus (oder des Telemachos); König von Latium
Latium/ital. Lsch.: prähist. Kultur, etrusk. Wanderung, lateinischer Bund
Larronico/Italien: prähist. Fundort
Laugerie Basse/Frankr.: paläolith. Fundort
Lauretian, präh. Kultur
Laurion, Berg in Attika
Lausitz/sächs.-schles. Grenzlsch.: Urnenfelderkultur
Lausitzer Kultur, Kultur d. Bronzezeit
La Venta/Mexiko: Sakralanlage v.
Lavinia, Tochter des Latinus, Gemahlin des Äneas
Lavô (Lophburi)/S-Siam: Hptst. v. Dvāravatī (7.–14. Jh.), Tempelbau d. Mon i.
Layard, Sir Austen Henry (1817 bis 1894), englischer Archäologe und Diplomat
Laz, göttliche Gemahlin Nergals
Leander (Leandros), Geliebter der Hero
Lebedos, Stadt in Ionien zw. Teos u. Kolophon
Leda, Tochter des Thestios, Königs von Ätolien; Gemahlin des Tyndareos; Geliebte des Zeus
Leemans, holländischer Ägyptologe (19. Jh.)
Legrain, G., französischer Ägyptologe
Lektos, Stadt in Äolis in Kl. Asien

Lekythos, Castell von Torone
Lemnos/Ägäis-Insel: etrusk. Urbevölkerung, ionische Ansied.
Le Moustier/Frankr.: Hominiden-Fundort
Lena/Fl, O-Sibirien: paläolith. u. neolith. Besied. a. d. oberen L.
Lengyel/Ungarn: prähist. Fundort
Leninabad (Chodžent, Alexandria Eschate)/ russ. Zentralasien: Gründung (327 v. Chr.), Erob. d. Dschingis-Khan
Lenzen, Heinrich J. (geb. 1900), deutscher Archäologe
Leon, Kundschafter unter Ptolemaios III. (246 bis 221 v. Chr.)
Leonnatos, Offizier unter Alexander dem Großen
Leon, Ort bei Syrakus
Leontini, Stadt an der Ostseite von Sizilien
Leontinoi/Sizilien: griech. Kol.
Le Plongeon, August (1826 bis 1908), französischer Maya-Forscher
Lepreon, Stadt im südl. Elis
Lepsius, Richard, deutscher Ägyptologe (19. Jh.)
Leros, Insel in der Nähe von Doris u. Ionien
Lesbos/Ägäis-Insel: Bronzezeit, griech. Ansied., byzant. Bes. (1124)
Les Jogasses a. d. Marne/ Frankr.: prähist. Fundort
Lespugue/Frankr.: jungpaläolith. Fundort
Leto, Tochter des Titanen Koios und der Phoibe, Geliebte des Zeus, Mutter Apollons und der Artemis
Leukas, Insel bei Akarnanien
Leukimme, Vorgeb. von Kerkyra
Leukippos, Geliebter der Daphne
Leukonion, Ort auf Chios
Leuktra/Griechenl.: Schlacht b. (371 v. Chr.)
Leuktra, Stadt in Lakonika an der Grenze von Arkadien
Levalloisien, paläolith. Klingenkultur
Levanzo/ital. Insel: paläolith. Besied.
Levey, Martin (20. Jh.), englischer Archäologe
Lex Salica, fränk. Rechtssammlung
Leydener Platte, Maya Denkmal
Liang Wu Ti, Kaiser der Liang-Dynastie in Südchina (502 bis 549)
Libanon (Lubnān)/Gebirge u. Rep. a. d. O-Küste d. Mittelmeeres
Liber pater, altitalischer Gott der Befruchtung und später auch des Weines, dem griechischen Bacchus gleichgesetzt

Licchāvi/NO-Indien: Rep. (6. Jh. v. Chr.)
Lichas, Kundschafter und Elefantenjäger unter Ptolemaios III. und Ptolemaios IV. (221–204 v. Chr.)
Ligyer, Volk wahrsch. zw. Pyrenäen u. Rhone
Li Kao (gest. 417), Fürst von West-Liang
Li Kuang-li (gest. 94 v. Chr.), General des Han-Kaisers Wu Ti
Lilîtu, sumerisch-babylonischer Dämon, weiblicher Sukkubus
Lilliu, G. (20. Jh.), italienischer Archäologe
Lilu, babylonischer Dämon, männliche Entsprechung der Lilitu
Lilybaion/Sizilien: phönik. Kol.
Limes, römische Grenzbefestigung
Limnäa, Dorf bei dem amphilochischen Argos in Akarnanien
Limnä, Platz in Athen
Limoges/Frankr.: altfranz. Dichtung
Lindii, früherer Name von Gela in Sizilien
Lindisfarne/Northumberland, angelsächs. Kloster: Zerst. durch d. Wikinger (793)
Lindos, Stadt auf Rhodos
Lipara/Sizilien: röm. Erob. (252 v. Chr.) die größte der Liparischen oder Äolos-Inseln bei Sizilien
Liparische Inseln/Mittelmeer: bronzezeitl. Kultur
Lipit-Ištar (1934–1924 v. Chr.), König von Isin
Li Po (701–761), größter Dichter der T'ang-Zeit
Liriope (Leiriope), Nymphe, Mutter des Narzissus
Li Shih-min, s. (T'ang) T'ai Tsung
Li Ssŭ (gest. 208 v. Chr.), Minister des Shih Huang Ti und Organisator der Bücherverbrennung
Lithikum, Kulturperiode d. Urzeit
Li Tsung, Kaiser der Süd-Sung (1225–1265)
Liu An (gest. 122 v. Chr.), König von Huai Nan; Taoist
Liu Chin (gest. 1510), Eunuch des Kaisers Wu Tsung
Liu Hsiang (80–9 v. Chr.), Gelehrter der Han-Zeit
Liu Hsin (1. Jh. v. und n. Chr.), Gelehrter der Han-Zeit
Liu Pang, Begründer und 1. Kaiser der Han-Dynastie (206–194 v. Chr.)
Liu Pei (162–223), Gründer der Shu-Dynastie in Szechuan

Liu Yüan (gest. 310), Führer der Hsiung Nu (Hunnen)

Livingstone, David (1813 bis 1873), englischer Forschungsreisender und Missionar

Livius Andronicus (um 284 um 204 v. Chr.), römischer Dichter

Livius, Titus (59 v. Chr. – 17 n. Chr.), römischer Geschichtsschreiber

Livre des Merveilles, Reisebericht Marco Polos über Asien

Lilīt, entspricht in der hebräischen Mythologie der sumerisch-babylonischen Lilîtu

Löwen/Brabant: Schlacht b. (891)

Loftus, W. K. (19. Jh.), englischer Vermessungsingenieur und Archäologe

Lokri, Stadt in Unteritalien

Lo Kuang-chung (12. Jh.), Verfasser des San Kuo

Lo-lang (japan. Rakuro)/NW-Korea: chin. Verwaltungs-Zm. (2. Jh. v. Chr.), Zusammenbruch d. chin. Grenzmark (313 n. Chr.)

Lombardei/Lsch., N-Italien: Golasecca-Kultur d., Langobarden-Reich (seit 568), Erob. d. Karl d. Gr. (774)

London (Londinium)/Engl.: röm., Plünderung durch d. Dänen, Hptst. (seit 885), normann. Erob. (1066), Westminster AbLey (seit 1245)

Longinus, Cassius (um 213 bis 273 n. Chr.), griechischer Rhetor und Schriftsteller

Lorenzo der Prächtige (1449 bis 1492), Statthalter von Florenz

Loret, Victor, französischer Ägyptologe

Loryma, Stadt in Doris in Kl. Asien

Lourdes/Frankr.: eiszeitliche Wohnhöhle v.

Lo-yang/Honan, China: Hptst. d. Chou-Dyn. (seit 770 v. Chr.), Kulturzm d. Chou-Zeit, buddhist.-religios. Zm. (seit d. 2. Jh. n. Chr.), Hptst. d. Wei-Reiches (220–265), huun. Erob. (311), Erob. durch d. Toba (423), Hptst. d. Toba-Reiches (493–550) 1200

Lucan, Marcus Aenneus Lucanus (39–65), römischer Dichter

Lucretia, edle Römerin, Gemahlin des Collatinus (Borgia)

Lucullus, Lucius Licinius (um 117 bis um 57 v. Chr.), sehr reicher römischer Feldherr

Ludwigslied, althochdt. Gedicht auf den Sieg bei Saucourt

Luembe/Fl, Belg. Kongo: paläolith. Sied a.

Lübeck/N-Dtschl.: Dom, dän. Erob. (1201), freie Reichsst. (1226), Marienkirche (seit 1260)

Lugalbanda, sumerischer Schutzgott der Könige von Uruk

Lugalbanda (zwischen 2500 und 2350 v. Chr.), König von Lagas

Lugaldimmirankia, s. Marduk

Lugalzagesi (um 2350 v. Chr.), König von Umma

Lukas, Apostel

Luka-Vrubleveckaja/Ukraine: neolith. Sied.

Lukian (um 120–180), griechischer Schriftsteller und Satiriker

Lukrez, Lucretius Carus (99/96–55 v. Chr.), lateinischer Dichter

Luli I. (um 725 v. Chr.), König von Tyros und Sidon

Lullu, Geschöpf der Göttin Mami

Lumbreras, Luis G. (20. Jh.), peruanischer Archäologe

Lu-Mešlam-ta-e, Name in einem Dokument

Lung-mên/N-China: Höhlentempel v. (5. Jh.)

Lung-shan/Shantung, China: Ausgrabungsort d. neolith. Kultur Chinas (etwa 2000 v. Chr.)

Lung-shan-Kultur, Meolithikum Nord-Chinas

Lun (Leon; um 230 v. Chr.), griechischer Kundschafter in Cochinchina

Lupembien, Kultur der Urzeit

Luristān/W.-Iran: prähist. Kultur

Luvua/Fl, Belg. Kongo: prähist. Besied. a.

Luxor/Ägypten → Theben

Lydiat/Rhodesien: prähist. Besied.

Lykaion, Gebirge im S. von Arkadien

Lykaon, Sohn des Pelasgos und der Okeanide Meliboia, König von Arkadien

Lykien/SW-Kleinasien: röm. (43 n. Chr,)

Lykos, König von Theben

Lykurgos, Sohn des Dryas, König der thrakischen Edonier

Lynkos oder Lynkestis, Landschaft in Makedonien

Lyon (Lugdunum)/Frankr.: Hptst. d. röm. Prov. Gallien, ksl. Erob. (197 n. Chr)

Lysimeleïscher Sumpf bei Syrakus

Maat, ägyptische Göttin der Wahrheit und des Rechts

Mabinogion, mittelalterl. Sagensammlung v. Wales

Macaulay, Thomas Babington (1800 bis 1859), Lord of Rothley, englischer Politiker und Historiker; Gouverneur von Agra

Ma-chang/NO-China: Fundort d. Yangshao-Kultur

Machaon, Sohn des Asklepios, berühmter griechischer Arzt im Lager vor Troja

Machiavelli, Niccolo (1469 bis 1527), italienischer Politiker und Geschichtsschreiber

MacNeish, Richard (20. Jh.), kanadischer Archäologe

MacNutt, Francis Augustus (1863–1927), englischer Altamerikanist

Macridy-Bey,Th. (19./20. Jh.), Archäologe

Macrinus, Marcus Opellius (217–218), römischer Kaiser

Madhu Rao Sindia (18. Jh.), General und Mogul-Statthalter

Madhva (13. Jh.), indischer Philosoph

Madura/indones. Insel: Teil d. Mojopahit-Reiches

Madura/S-Indien: dravid. Turmtempel v.

Maes, s. Titianus

Mäandros, Fluß in Kl. Asien

Mäder, päonisches Volk in Makedonien

Mänalia, Gegend in Arkadien

Magalhães-(Magellan-) Straße/Meeresstr. zwischen S-Amerika u. Feuerld.: prähist. Kulturen a.d.

Magas (280–258 v. Chr.), König von Kyrene

Magdalénien, jungpaläolith. Kulturstufe: Charakterstil

Magellan (Magelhães, Fernão de; um 1480–1521), portugiesischer Seefahrer

Magna Charta (1215), wichtigstes altengl. Grundgesetz

Magnesia/Kleinasien: Apollo-Kult i., 278 – Schlacht b. (190 v. Chr.)

Magnesia, Stadt am Fluß Mäander

Magneten, Volk am Ostrande von Thessalien

Mago (gest. 203 v. Chr.), karthagischer Flottenadmiral und jüngster Sohn des Hamilkar Barkas; Hannibals Bruder

Magon, karthagischer Karawanenaufseher

Magosi/NO-Uganda: paläolith. Fundort

Magosien, Kultur Afrikas

Mago (um 396 v. Chr.), Kommandant eines punischen Geschwaders

Mago (um 550 v. Chr.), karthagischer Feldherr und Stammvater der Magoniden

Mago (3./2. Jh. v. Chr.), punischer Schriftsteller über Landwirtschaft

Magupatân, iran. Priesterklasse

Mahapadma Nanda (4. Jh. . Chr.), König von Magadha

Mahavira (geb. um 680 v. Chr.), Begründer des Jainismus

Mahāballipuram/Dekhan, Indien: hinduist. Tempelbau v. (7. Jh.)

Mahābhārata, ind. Nationalepos

Mahāvihāra/Ceylon: buddhist. Hptkloster

Mahāyāna (Großes Fahrzeug)

Mahendravarman I. (600–630), Pallava-Herrscher

Maherprê, hoher Beamter (18. Dyn.)

Mahinda (3. Jh. v. Chr.), buddhistischer Missionar und Sohn Ashokas

Mahipala (um 1014–1042), König der Pala-Dynastie

Mahmud Begarha (1458 bis 1511), Sultan von Gujarat

Mahmud Gavan (1466–1481), Minister der Bahmanis

Mahmud von Ghazni (998 bis 1030), Fürst von Afghanistan

Mailand (etrusk. Melpum, latein. Mediolanum, ital. Milano)/Italien: Etruskerst. Insubrer-Hptst., röm. Erob. (223 v. Chr.), Goteneinbruch (256), Basilika San Lorenzo, Goten-Belag (401), Hunneneinfall (452)

Mainz (Moguntiacum)/ Dtschl.: röm. Legionslager, älteste Rheinbrücke b. (9. Jh.), Normanneneinfall (883), Dom

Maitreya Buddha, Beiname des Buddha und Bezeichnung fur seine fünfte Inkarnation

Maitreya (chin. Mi Lo Fo), der „lächelnde Buddha"

Makarê ägypt. Priester und Geschichtsschreiber (3. Jh. v. Chr.)

Makedonien/Lsch. i. N-Griechenl.: Neolithikum, Bronzezeit, patriarch. Kgr. (500–338 v. Chr.), Kämpfe gegen Athen, Hegemonie über Griechenl., Makedon. Kriege (1.–4.), röm. Prov. (seit 148 v. Chr.), Goteneinbrüche (256, 395/96), byzant. (seit 1014)

Makeris (Beiname: Herakles),Vater des Sardo(s)

Makkabäer, jüd. Aufständische gegen d. Seleukiden

Malatia (Malatya, Maladija, Melitene, Melidda)/SO-Anatolien: Hethiter-Hptst.

(... Arslan Tepe), Schlacht v. (2. Hälfte d. 6. Jhs.), byzant. Erob. (934)
Malayālam, dravid. Sprache
Malco (um 550 v. Chr.), karthagischer General
Malea, Vorgeb. 1) an der südöstl. Spitze von Lakonika; 2) an der südöstl. Spitze von Lesbos. 3) ein Ort im Norden von Mytilene auf Lesbos
Maler, Teobert (1842–1919), deutscher Archäologe und Reisender
Malki-rammu (8. Jh. v. Chr.), König von Edom
Mallia/N-Kreta: minoische Sied.
Mallowan, Max Edgar Lucien (geb. 1904), englischer Archäologe
Mallowan, M. E. L. (geb. 1904), englischer Archäologe
Malta/Mittelmeer-Insel: prähist. Kulturen, phönik. Kol., Sitz d. Johanniterordens (1530–1798)
Malta b. Irkutsk/Sibirien: paläolith. Fundort
Maltan-Baal (um 670 v. Chr.), König von Arados
Malteser → Johanniter
Mamerkus (um 340 v. Chr.), Herrscher von Katana
Mamertiner, Söldnertruppe d. Agathokles v. Syrakus
Mami, babylonische Schöpfungsgottheit und Muttergöttin
Ma'mun (9. Jh. n. Chr.), Kalif
Mana: Begriff d. magischen Weltbildes
Manching, b. Ingolstadt, Keltenstadt
Manco Inka, fünfzehnter Inka-Herrscher (1534–1563)
Mandalay/Birma: Tempel u. Palast v.
Mandane, Tochter des Astyages
Mandschurei/Geb, nordöstl. Teil Chinas: prähist. Kulturen, chin. Okkupation d. S-M. (2. Jh. v. Chr.), Teil d. Ch'i-tan-Reiches (907 bis 1123), mongol. Kerngeb.
Manetho, ägyptischer Priester und Geschichtsschreiber unter Ptolemaios I. und Ptolemaios II. (285–246 v. Chr.)
Mangalia (Kallatis)/Dobrudscha: Thrakerfestung
Mangop/Krim, letzter byzant. Teilstaat
Manikkavasagar (6./7. Jh.), shivaitischer Heiliger
Manik, mayanischer Tagesgott und Jagdgott
Maništūsu (2306–2292 v. Chr.), Herrscher der Agade-Dynastie

Mani (um 215–274 n. Chr.), Begründer des Manichäismus
Mani (23. Jh. v. Chr.), Fürst von Magan
Man (latein. Mona)/engl. Insel: röm. Erob. (59 n. Chr.), wiking. Erob. (9. Jh.), Kgr. (12. Jh.), schott. (1266)
Mantineia/Peloponnes: Schlacht b. (418 v. Chr.), Schlacht b. (362 v. Chr.)
Mantua (ital. Mantova)/Italien: Etrusker-St.
Manu Svayambhu, erster König von Indien und Sohn des Brahma
Manu (X.), Sohn des Manu Svayambhu
Manyč/Fl., RuBl.: prähist. Kulturen a.
Mao Ch'ang (2. Jh. v. Chr.), Han-Gelehrter und Herausgeber des Shih Ching
Mar-Amurrim, Name in einer Rechtsurkunde
Mar'aš (Marquasi, neutürk. Maraş)/S-Anatolien: Hethiter-St.
Marathon/Griechenl.: Schlacht v. (490 v. Chr.)
Marathussa, kleine Insel bei Klazomenä
Marbalos (um 480 v. Chr.), Flottenadmiral von Arados
Marbod, um 6, Begründer des Markomannenreiches, s. Quaden unter Tudrus
Marcellus, Neffe des römischen Kaisers Augustus
Marchand, Jean Baptiste (1863–1934), französischer General und Forschungsreisender
Marco Polo, s. Polo
Marcus Aurelius Antonius (121–180), römischer Kaiser (161–180)
Marcus Horatius, römischer Konsul
Mardonios (5. Jh.), Heerführer des Xerxes
Marduk-apil-iddin, s. Merodach-Baladan
Marduk, babylonische Gottheit, oberster Gott und Weltschöpfer, Sohn Eas
Marduk-balatsu-iqbi (um 811 v. Chr.), babylonischer König
Marduk, Stadtgott von Babylon, Nationalgott von Babylonien
Marduk-šahin-šum, Name eines hohen Tempelbeamten
Marduk-šapik-zēr-māti (1080 bis 1068 v. Chr.), babylonischer König
Marduk-šum-usur, Name in einem Brief
Mareia, Stadt in Oberägypten
Mari/Mesopotamien: Amoriter-St. – Zerst. d. Babylon

Maria Laach/Eifel, Dtschld.: roman. Kathed. (1093)

Marienburg/O-Preußen: Sitz d. Dt. Ritterordens (1309 bis 1459), Hochmeisterpalast

Marinanus Capella (um 420 n. Chr.), lateinischer Schriftsteller

Marinos von Tyros (um 100), griechischer Geograph

Mark Anton (82–30 v. Chr.), römischer Politiker

Mark Aurel (121–180), römischer Kaiser seit 161 (Selbstbetrachtungen)

Markleeberg b. Leipzig/ Dtschld.: Fundstelle d. Levalloisien

Marlowe, Christopher (1564 bis 1593), englischer Dramatiker

Marseille (griech. Massalia)/Frankr.: griech. Gründung (um 600 v. Chr.), röm Belag. (49 v. Chr.)

Mars, römischer Kriegsgott, dem griechischen Ares gleichgesetzt

Marsyas, phrygischer Flußgott; Saryr

Martínez, Hernández, Don Juan (20. Jh.), spanischer Maya-Forscher

Martu, Gott der semitischen Nomaden

Marutukku, s. Marduk

Maschawer, libyscher Häuptlingssohn

Masinissa (um 240–149/148 v. Chr.), König der Massylier in Numidien

Maspero, Gaston, französischer Ägyptologe (gest. 1916)

Massalia, Stadt in Gallien

Massi, Sagenheld der Maiori

Mastarna, etruskischer Sagenheld

Matarām/Java: buddhist-hinduist. Staat (9. Jh.–1222)

Matera/Italien: prähist. Fundort

Matera-Kultur, Kultur d. Urzeit

Maternus, Iulius (um 100), römischer Offizier

Matopo/Rhodesien: paläolith. Fundort

Matrivishnu, Untervasall des Vasallen Surashmichandra

Matronenkult, Verehrung von Muttergöttinnen, vor allem indogermanisch

Mattan-bi'li (8. Jh. v. Chr.), König von Arados

Mattan (um 480 v. Chr.), Flottenadmiral von Tyros

Matten-Baal (um 852 v. Chr.), Herrscher von Arados

Mattiwaza (14. Jh. v. Chr.), König des Mit-

annireichs, Vasall der Hethiter

Maudslay, Alfred (geb. 1850), englischer Archäologe

Maues (Moga; 80 v. Chr.), indischer Shaka-König

Maues (1. Jh. v. Chr.), erster Sakenkönig

Mauretania(-ien)/antiker Name NW-Afrikas: Paläolithikum i., Neolithikum i., Megalithkultur, karthag., röm. Pro. (seit 42 n. Chr.), Vandalen-Reich (seit 429), byzant. Prov. (seit 533)

Maurikios (582–602), Kaiser von Byzanz

Mauzer b. Heidelberg/ Dtschld.: altsteinzeitl. Fundort

Maximilian (1832–1867), Kaiser von Mexiko (1864–1867)

Mayapan/Yukatan: Tolteken-St.

Mayon, flötenspielender Tamil-Gott

Mayr, A. (19./20. Jh.), Historiker und Archäologe

Mazar, B. (20. Jh.), israelischer Archäologe

Mazdaismus/Iran: Ahura Mazda-Glaube d. Achämenidenzeit

Mazdak (5. Jh. n. Chr.), religiös-sozialer Revolutionär

Mazelpoort/Südafrikan. Union: paläolith. Besied.

Māhūza (Machosa), mesopot. Judenst.

Mālwa (Mālava)/hist. Lsch., Indien: Kṣatrapa-Herrschaft (1./2. Jh.), Teil d. Gupta-Reiches (4.–6. Jh.), Kleinstaat (9.–13. Jh.)

Māyā, Illusion, Außenwelt i. d. hinduist. Philosophie

Málaga (antik. Malaca)/Spanien: phönik. Gründung (um 1100 v. Chr.)

Mástaba, altägypt. Grabbauten

Mâat, Göttin des Rechts

Mc. C. Adams, Robert (20.Jh.), amerikanischer Archäologe

Mechenti-Irti, Falkengott

Mechta al-Arbi/Algerien: prähist. Fundort

Medea (Medeia), Tochter des Königs Aietes von Kolchis; Gemahlin des Jason

Medeon, Stadt in Akarnanien

Medhatithi (10. Jh.), indischer Gelehrter

Medinet-Habu/Oberägypten: Kgs.-Sitz

Medīna (al-Madīna, Yat-rib)/Arabien: Araber-St., Res. Mohammeds u. d. Wahlkalifen (622–656)

Medmäer, Pflanzvolk der italischen Lokrer in Bruttium

Medon, Herold im Hause des Odysseus

Medusa, Tochter des Phorcys und der Keto; schlangenhaariges Ungeheuer

Meek, T. J. (geb. 1881), kanadischer Religionsgeschichtler, Semitist und Orientalist

Megalapolis/Peloponnes: arkad. Hptst., Schlacht b. (331 v. Chr.)

Megalithikum, Kultur d. Vorzeit

Megara/Griechenl.: griech. St.-Staat

Megara, Stadt 1) in Hellas; 2) in Sizilien an der Ostküste

Megara, Gemahlin des Herakles

Megaronbau, griech.

Megasthenes (um 300 v. Chr.), Gesandter Seleukos' I. bei dem indischen König Chandragupta

Meggers, Betty (20. Jh.), amerikanische Archäologin

Meidios, Fluß unweit Kynossema in der thrak. Chersones

Mekka (Makka)/Arabien: religiöses Zm. d. Islams

Mekyberna, Stadt nahe bei Olynth in Chalkidike

Melanesien/Inselgr. d. südwestl. Pazifik: Besied. (seit 7000 v. Chr.?)

Melanippe, Tochter des Aiolos; Geliebte des Poseidon

Melanthios, Ziegenhirt im Hause des Odysseus

Mela, Pomponius (um 40), römischer Schriftsteller

Meleager (Meleagros), Sohn des Oineus, Königs von Aitolien, und der Althaia

Meleager von Gadara (um 140–70 v. Chr.), griechischer Schriftsteller und Dichter

Melieer, Volk im S von Thessalien

Melitia, Stadt in phthiot. Achaia in Thessalien

Melos/Kykladeninsel: griech. Ansied.

Melqart-Baal, s. Melqart und Baal Menahem (um 700 v. Chr.), König von Samsimuruna

Melqart (= Stadtherr), phönikischer und karthagischer Gott

Memnon, Sohn des Tithonos und der Eos, Fürst der Äthiopier; kämpfte im Trojanischen Krieg auf der Seite Trojas

Memnon von Rhodos (gest. 333 v. Chr.), persischer General

Memphis/Ägypten: altägypt. Hptst., pers. (525 bis 332 v. Chr.), Schlacht b. (451 v. Chr.), Alexanderzug (332 v. Chr.), arab. Erob. (641)

Menahhem (752–741 v. Chr.), israelischer König

Menander (um 155 bis 150 v. Chr.), baktrischer König griechischer Herkunft

Menander von Ephesos (342/341 bis 291/290 v. Chr.), griechischer Komödiendichter

Menander (2. Jh. v. Chr.), griechisch-baktrischer König

Mencheperrê-sonbe, ägypt. Beamter (18. Dyn.)

Mencius (372–289 v. Chr.), Sitten- und Staatslehrer

Mendes/Ägypten: Kgs.-St.

Mendesion Keras, eine Mündung od. ein Arm des Nils

Mende, Stadt auf d. Halbinsel Pallene in Chalkidike

Menelaos, Sohn des Atreus und der Aerope, Bruder des Agamemnon; König von Sparta

Menes, erster ägypt. König (1. Dyn.)

Menhire, neolith. Steinsäulen

Menna, Verwalter der Feldmarken König Tuthmosis' III. (18. Dyn.)

Menoitios, Enkel des Okeanos; Titan

Menon, thessalischer Heerführer unter Kyros dem Jüngeren (423–401 v. Chr.)

Menophres, ägypt König, Begründer einer Ära (angebl. 19. Dyn.)

Mentehotep I., ägypt. König (11. Dyn.)

Mentehotep II., ägypt. König (11. Dyn.)

Mentehotep III., ägypt. König (11. Dyn.)

Mentes, Heerführer der Kikonen; Freund des Odysseus

Mentor, Jugendfreund des Odysseus

Menua (um 780 v. Chr.), König von Urartu

Merbalos (um 556 bis 552 v. Chr.), König von Tyros

Mercurius (Merkur), römischer Gott des Handels; dem griechischen Hermes entsprechend

Merenrê (3. Jahrtausend v. Chr.), ägyptischer König der 6. Dynastie

Mereruka (3. Jahrtausend v. Chr.), hoher ägyptischer Beamter der 6. Dynastie

Merikarê, ägypt. König (10. Dyn.)

Merimde Benisalame/Ägypten: prähist. Fundort

Merirê, Schreiber und Priester

Merjotes, Nebenfrau des Snofru (4. Dyn.)

Merneptah, ägypt. König (19. Dyn.)

Merodach-Baladan (721–711 v. Chr.)

Merope, Gemahlin des Kresphontes, Königs von Messene
Meropis, Beiname der Insel Kos
Merseburger Zaubersprüche, althochdt. Sprachdenkmal
Mersin/Kleinasien: prähist. Fundort
Merutunga, Verfasser der Prabandhachintamani
Meru, Vater des Beamten Rensi in der Erzählung vom „Beredten Bauern"
Merwin, Raymond Edwin (1881–1928), englischer Archäologe
Meschenet, ägypt. Göttin der Geburt
Mesembrija (latein. Mesembria)
Me-silim (um 2600 v. Chr.), vermutlich König eines Stadtstaats
Mesnil du Buisson, Robert (geb. 1895), französischer Archäologe
Mesolithikum (Mittelsteinzeit), Stufe d. menschl. Urzeit
Mesopotamien/Lsch. zwischen Euphrat u. Tigris: pers. (seit 539 v. Chr.), Teil d. Parther-Reiches (seit 141 v. Chr.), vorübergehend röm., pers. (seit 231)
Mesozoikum (M'zeit), Erdzeitalter
Messalina, Valeria (gest. 48), dritte Gemahlin des römischen Kaisers Claudius
Messapier, 1) Volk in Unteritalien, 2) Bew. einer nicht bekannten Stadt im Ozol. Lokris
Messenien/Lsch. d. Peloponnes: messen. Krieg, erster u. zweiter (7. u. 6. Jh. v. Chr.), messen. Aufstand (464 v. Chr.), Staat (370 v. Chr.)
Messina (Messana)/Sizilien: syrak. Belag. (264 v. Chr.), civitas foederata Roms, byzant. Erob (1038)
Metallikum, Kulturperiode d. Urzeit
Metaneira, Gemahlin des Keleos, Königs von Eleusis
Metapontion, Stadt in Unteritalien
Metatti (8. Jh. v. Chr.), Herrscher von Zikirtu
Metellus Celer, Quintus Caecilius (60 v. Chr.), Prokonsul von Gallien
Meten, Gauverwalter unter Snofru (4. Dyn.)
Methone, Stadt 1) in Argos; 2) in Messenien; 3) in Makedonien unweit Pydna
Methusastratos (909 bis 898 v. Chr.), König von Tyros
Methydrion, Stadt in der Mitte von Arkadien
Methymna, Stadt auf Lesbos
Metis, Göttin der Weisheit; Mutter Athenes

Metrodoros von Skepsis (1. Jh. v. Chr.), griechischer Philosoph, Weltreisender und Geograph
Metropolis, Ort in Amphilochia in Akarnanien
Mettenos (849–821 v. Chr.), König von Tyros
Mettus (Mettius) Curtius, Feldherr der Sabiner
Metz/Lothringen, Frankr.: Zerst. durch d. Hunnen (451), Normanneneinfall
Mexiko (aztek. Tenochtitlan)/St, Mexiko: Azteken-Hptst., span. Erob. (1519 bis 1521)
Meyer, Eduard (1855–1930), Historiker, Verfasser der Geschichte des Altertums
Mezentius, Fürst von Agylla (Caere) in Etrurien; Gegner des Äneas
Mezin b. Brjansk/Rußl.: paläolith. Fundort
Mêng Tzû, s. Mencius
Michael, Erzengel
Michelsberg/Schweiz: neolith. Fundort
Michelsberger-Kultur/Schweiz
Micius, chin. Mo Tzǔ (500–420 v. Chr.), Philosoph und Begründer der Schule der Mohisten
Micoquien, Kultur der Urzeit
Mictlantecutli, Hauptgott der Unterwelt
Midakritos (um 600 v. Chr.), griechischer Geonaut und Entdecker der Zinninseln
Midas (7. Jh. v. Chr.), phrygischer König
Middlesex-Kultur, prähist. Kultur
Middle Stone Age, Kulturperiode d. Urzeit
Mihirakula (um 520–542), indischer Hunnenkönig
Mikal, phönikische Gottheit, die dem griechischen Herakles entspricht
Mikal, semitischer Gott
Mikashtart, in Spanien verehrte punische Gottheit
Mikrolithen, Kleingerät d. Mittelsteinzeit
Milazzo/Sizilien: prähistor. Gräberfeld
Milet/Kleinasien: kret. Kol., pers. Erob. (494 v. Chr.)
Milk, Hauptgott der Ammoniter
Milki-ashapa (um 670 v. Chr.), König von Byblos
Milkyaton (4. Jh. v. Chr.), König von Kition und Idalion; Sohn des Königs Baalram
Millon, René (20. Jh.), amerikanischer Archäologe
Mimas, Berg bei Eryhrä in Ionien
Min, ägyptischer Gott der Fruchtbarkeit

Minangkabau/Geb. Sumatra: Zentralgeb. d. Malayu-Reiches

Minerva, römische Göttin, der Athene gleichgesetzt

Mingazzini, P. (20. Jh.), italienischer Archäologe

Ming Huang, T'ang-Kaiser (712 bis 756)

Min, Gott der Fruchtbarkeit

Minoa, Insel bei Megara

Minoische Kultur → Kreta

Minoriten, Mönchsorden

Minos, Gestalt aus der griechischen Mythologie; Sohn des Zeus und der Europa; König von Kreta

Minotauros, Gestalt aus der griechischen Mythologie; Sohn der Pasiphae und eines Stiers; Ungeheuer im Labyrinth zu Kreta

Minyas, sagenhafter Gründer der böotischen Stadt Orchomenos

Minyisches, Orchomenos in Böotien

Miolithikum (jüngeres Altpaläolithikum), Stufe d. menschl. Urzeit

Miorița-Ballade, rum. Volksballade

Miozän, Neogenzeit

Mirabai (15. Jh.), Bhakti-Sängerin und Prinzessin von Rajasthan

Mirza Najaf Khan (18. Jh.)

Misenus, Gefährte des Äneas

Miskar, karthagische Gottheit

Mison/S-Vietnam: ältest. Ziegeltempel Champas

Misor, phönikischer Gott der Redlichkeit

Mississippi/Fl., USA: prähist. Kulturen a.

Mišar-gamil, Name in einem Dokument

Mita (etwa 738–700 v. Chr.), König von Muški

Mitanni (Churrier)/Reich i. nördl. Vorderasien

Mithradates I. (171 bis 136 v. Chr.), König von Parthien

Mithradates II. (123 bis 87 v. Chr.), König von Parthien

Mithrenes (4. Jh. v. Chr.), Satrap von Armenien

Mithridates Kallinikos (kurz vor Christi Geburt), König von Kommagene

Mithridates (Mithradates) VI. Eupator Dionysos, der Große (um 121–63 v. Chr.), König von Pontos seit 111

Mitini (um 700 v. Chr.), König von Asdod

Mitinna (8. Jh. v. Chr.), König von Tyros und Nachfolger König Hirams II.

Mitra, altindische Gottheit

Mittelsteinzeit → Mesolithikum

Mittelzeit → Mesozoikum

Mixoohchtzin, Oberhaupt der Kaufleute von Tlatelolco unter Quauhlahtonatzin

Mixtcoatl (9. oder 10. Jh.), legendärer Führer der Tolteken

Mnaidra/Malta: Megalithbauten v.

Mnemosyne, Gedächtnis, Erinnerung; Mutter der neun Musen

Moab (Ehud)/Palästina: Kgr.

Mochlos/Kreta: bronzezeitl. Sied.

Moctezuma II. (um 1466 bis 1520), Herrscher der Azteken (1502 bis 1520)

Moctezuma Ilhuicamina, Moctezuma I., Oberster Sprecher der Azteken (1440–1469)

Moctezuma Xocoyotzin, Moctezuma II., Oberster Sprecher der Azteken (1502 bis 1520)

Modena (Mutina)/Italien: röm. Kol. (um 220 v. Chr.), mutinensischer Krieg (43 v. Chr.)

Modjokerto/Java: Hominiden-Fundort

Moeris, bei Herodot erwähnt, wahrscheinlich → Amenemhet III.

Mösien (Moesia)/Geb. zwischen Balkangebirge u. Donau: röm. Prov., Geteneinbruch (85–89 n. Chr.), Goteneinfall (um 250 n. Chr.), W-Gotenansied. (um 380), bulg. (679)

Mogollon-Kultur, prähist. Kultur

Moguntiacum → Mainz

Mohammed (um 570–632), Begründer des Islam

Mohenjo-Daro/Indien: prähist. Fundort

Moloch, altsemitische Gottheit, der Menschenopfer dargebracht wurden

Molosser, Volk in Epirus

Molykreion, Stadt im Ozol. Lokris

Momčilograd (Peritheorion)/ Bulg.: byzant. Festung

Mommsen, Theodor (1817 bis 1903), Historiker, Verfasser der Römischen Geschichte

Mondsee-Kultur, Kultur d. Steinzeit

Mond, Sir Robert, englischer Ausgräber

Mongolei/Innerasien: prähist. Kulturen

Montagu/Kapland: prähist. Höhlenfunde b.

Montanisten, frühchristl. Sekte

Monte Alban/Mexiko: Tempelpyramide v.

Monte Cassino/Italien: älteste Benediktinerabtei (529)

Monte Cetona/Italien: prähist. Fundort

Monte Circeo/Italien: Hominiden-Fund-
platz
Montejo Francisco (16. Jh.), spanischer
Konquistador
Montemhêt, thebanischer Stadtgouverneur
Montenegro (serbokroat. Crna Gora, Zeta),
Ld. Jugosl.: Slaweneinwanderung u.
Christianisierung, Fsm. unter byzant.,
serb., venezian. Oberhoheit
Montesinos, Fernando (um 1630), spani-
scher Chronist
Month, Kriegsgott von Theben
Moortgat, Anton (20. Jh.), deutscher Ar-
chäologe
Mopsos, griechischer Seher
Moquihuix (gest. 1473), Herrscher Tla-
telolços
Morell, Thomas (1703–1784), englischer
Philosoph und Historiker
Morgan, Lewis H. (1818 bis 1881), amerika-
nischer Ethnologe
Morgantine, Stadt in Sizilien
Morley, Sylvanus Griswold (geb. 1878),
amerikanischer Romanist und Maya-For-
scher
Morris, Earl Halstead, amerikanischer Ar-
chäologe
Moschos von Syrakus (um 150 v. Chr.),
griechischer Dichter
Moses, jüdischer Gesetzgeber und Ge-
schichtsschreiber (Altes Testament)
Moses (13. Jh. v. Chr.), Stifter der Jahwe-
Religion
Moskau/Rußl.: erste Nennung (1147)
Mosul (al-Mawṣil)/Iraq: Tepe-Gavra-Tem-
pel b. (um 3000 v. Chr.)
Mot, ugaritischer Gott der Unterwelt
Motye, Stadt im W von Sizilien
Mo Tzŭ, s. Micius
Moustérien, Kultur d. Altsteinzeit
Müller, Friedrich Max (1823 bis 1900), deut-
scher Sprachforscher und Sanskritist
München/Bayern: Gründung (1158)
Münster/Graubünden, Schweiz: karoling.
Klosterkirche
Muġayyir/Mesopotamien: heutiger Name v.
Ur → Ur
Muhammad bin Tughluq (1325 bis 1351),
Sultan
Muhammad Ghuri (um 1192 bis 1206), indi-
scher Fürst
Muhammad Hakim, Bruder Akbars

Muhammad ibn Qasim (8. Jh.), arabischer
Eroberer von Sind
Muhammad III. (1325–1351)
Muhammad Khalji (13. Jh.), türkischer Ge-
neral
Muhammad Shah (1718 bis 1748), indischer
Kaiser
Muhammed Ali, Beherrscher Ägyptens
(1804–1849)
Mu, König der Chou-Dynastie (1001–946 v.
Chr.)
Muluc, mayanischer Tagesgott und Regen-
gott
Mummu, Wesen in der sumerisch-babyloni-
schen Mythologie, dessen Bedeutung
nicht geklärt ist
Mumtaz Mahal, Gemahlin Shah Jahans
Munaw-wirum, Name in einem Brief Ham-
murabis
Munda/Spanien: Schlacht b. (45 v. Chr.)
Mundy, C. S. (20. Jh.), englischer Turkologe
Munychia, Hafen von Athen
Murari, indischer Dramatiker
Murra, John V. (geb. 1916), amerikanischer
Archäologe
Muršili I. (17./16. Jh. v. Chr.), hethitischer
König
Muršili II. (1334–1306 v. Chr.), hethitischer
König
Murugan, indischer Gott des Krieges und
der Fruchtbarkeit
Musaios (6. Jh. n. Chr.), griechischer Dich-
ter
Musasir/Armenien: urartäisch (seit 821 v.
Chr.)
Museion, griech. Bibliothek zu Alexandrien
Musen, Töchter des Zeus und der Mne-
mosyne: Erato, Muse der Lyrik; Euter-
pe, Muse des Flötenspiels; Kalliope,
Muse der epischen Dichtung; Kleio,
Muse der Geschichtsschreibung; Mel-
pomene, Muse des Gesanges und der
Tragödie; Polyhymnia, Muse des ern-
sten Gesangs
Mušezib-Marduk (693–689 v Chr.), babylo-
nischer König
Mutak-kil-Aššur, Name in einem Brief
Mut-asqur, Sohn des Išme-Dagan
Mut, Göttin von Theben, Gemahlin des
Amun
Mu Tsung, Kaiser der T'ang (821–825)
Muttra (Mathura)/Indien: Zm. d. Buddhis-
mus

Mu-yeh/N-China: Schlacht b. Muzencab, Bienengott
Mygdonia, Landschaft in Makedonien
Mykale/Kleinasien: Schlacht b. (479 v. Chr.)
Mykalessos, Stadt in Böotien nahe am Euripos
Mykenä, alte Stadt in Argolis
Mykene (Mykenai)/Griechenl.: Bronzezeit-Kultur
Mykerinos (Menkawrê), ägypt. König (4. Dyn.)
Mykonos, Insel westl. von Samos
Mylae/Sizilien: Schlacht b. (260 v. Chr.)
Mylä, Stadt bei Messene in Sizilien
Mylitta, s. Ištar
Myoneer, Bew. der Stadt Myon oder Myonia im Ozol. Lokris
Myonnesos, Stadt bei Teos in Ionien
Myres (20. Jh.), Archäologe
Myrkinos, edonische Stadt in Makedonien
Mytilene, Hauptstadt von Lesbos
Myttinos (6. Jh. v. Chr.), Herrscher v. Tyros
Myus, Stadt am Fl. Mäander

Naamel (8./7. Jh. v. Chr.), phönikischer Schreiber
Nabonidus, s. Nâbû-na'id
Nabonid (6. Jh. v. Chr.), König der Chaldäer
Nabopolassar (626 bis 605 v. Chr.), babylonischer König
Nabua, Name in einem Brief
Nabu, babylonischer Gott der Weisheit und Sohn
Nabupolassar (626 bis 605 v. Chr.), König von Babylon
Nachikufu/Rhodesien: prähist. Fundort
Nacxit Xuchit, s. Quetzalcoatl-Kukulcan
Nadab (Nedabja, Nedabel; um 909/908 v. Chr.), König von Israel und Vater Jeroboams
Nadina-ahu, Name in einem Gerichtsdokument
Nadin, Name in einem Brief
Nadir Shah (1736–1747), persischer König
Naevius, Gnaeus (um 270 – um 201 v. Chr.), römischer Dichter
Nagarjuna (2. Jh.), buddhistischer Kirchenvater und Begründer des Mahayana
Nagasena (2. Jh.), buddhistischer Heiliger und Philosoph
Nahapana (1. Jh.), Chola-König
Nahardaa, jüd. Amoräer-Akad. i. Babylonien, Abenteurerstaat i. 1. Jh. n. Chr., Reš

galuta (Exilarchen), 779
Nahum (7. Jh. v. Chr.), einer der zwölf kleinen Propheten in Juda
Namadeva (1270–1350), Hymnenschreiber und Maharashtra-Heiliger
Nambanos (Nahapana; 1. Jh.), Sakhakönig
Nammalvar (6./7. Jh.), Hymnendichter
Namtar, babylonisch-assyrischer Pestdämon
Nanak Guru (1469–1538), Führer der Bhakti-Bewegung
Nanā, sumerische Göttin
Nancen Pinco (um 1370), Herrscher von Chimor
Nan-chao/Yün-nan, SW-China: Thai-Kgr. (7.–13. Jh.)
Nandivarman (um 753), indischer König
Nanking/O-China: Hptst. d. Teilreiches Wu (220–280), S-chin. Hptst. (317–589), Höhlentempel u. Grabanlagen (4. Jh.–550), Hptst. d. Südl. T'ang (937–975)
Nanna, babylonischer Mondgott, Schutzgottheit von Ur, identisch mit Sîn
Nanna-ibni, Name in einem Dokument
Nanše, weibliche Stadtgottheit von Lagaš
Nanus (um 600 n. Chr.), König von Massalia
Nanyuki-Kultur, Kultur d. Urzeit
Nanyuki: paläolith. Fundort
Napalta, mesopotamische Prinzessin
Naqsh i. Rustem (Naqs-i. Rustam)/Iran: sassanid. Felsbilder v.
Naqšbendīye, türk. Derwischorden
Nara/Japan: Erste Hptst. (710–794), Zm d. Buddhismus, Hōryūji-Tempel (607), ksl. Schatzhaus (756), Todaiji-Tempel (752), Kloster- u. Tempelst. (seit 794)
Narada, indischer Gesetzeslehrer
Narahari (15./16. Jh.), Hymnenschreiber
Naramsin-Stele, akkad. Plastik
Naranco/Spanien: german. Kgs.-Halle (8. Jh.)
Narasimhavarman I. (625 bis 660), Pallava-König
Narasimhavarman II. (um 731), Pallava-König
Narām-Sîn (2291 bis 2255 v. Chr.), Herrscher des akkadischen Weltreiches, Dynastie von Agade
Narām-Sîn (18. Jh. v. Chr.), assyrischer König; Herrscher von Ešnunna (?)
Narbada/Indien: Hominiden-Fundort
Narbonne (lat. Narbo)/S-Frankr.: Hptort d. röm. Provincia Narbonensis, westgot.

Erob. (413), 2. westgot. Erob. (465), arab. Erob. (719/20), fränk. Erob. (759), Arabereinfall (793)

Narmer, ägypt. König der Frühzeit

Narona/Dalmatien (...): Zerst. durch d. Avaren, 1376

Narseh (293–302), Sassanidenkönig

Narses (um 478 – um 573), oströmischer Feldherr

Narzissus (Narkissos), Sohn des Flußgottes Cephisus

Nasatjas, altindische Gottheit

Natal/Südafrikan. Union: paläolith. Kultur i.

Natan, Prophet in Palästina zur Zeit Davids

Natuf/Palästina: prähist. Fundort

Natuf-Kultur/Palästina, Ägypten

Naukratis/Ägypten: griech. Handelskol.

Naulochos/Sizilien: Schlacht b. (36. v. Chr.)

Naumburg/Dtschl.: Dom (1230 bis 1280)

Naupaktos, Stadt im Ozol. Lokris

Nausikaa, Tochter des Alkinoos, Königs der Phaiaken

Nausinoos, Sohn der Kalypso und des Odysseus

Navaicha/Kenya: prähist. Fundort

Naxos/Sizilien: thrak., griech. Kol.

Naxos, eine der kykladischen Inseln

Nayachandra Suri, Jaina-Gelehrter

Naymlap, legendärer Herrscher an der peruanischen Küste

Nazca-Ica-Kultur/Peru

Nazi-bugaš (14. Jh. v. Chr.), Usurpator des babylonischen Thrones

Nazi-maruttaš (1323–1298 v. Chr.), babylonischer König der Kassitendynastie

Nápata/Äthiopien: ägypt.

Nâbû, babylonischer Gott der Weisheit, Sohn des Marduk

Nâbû-apal-iddin (um 851 v. Chr.), babylonischer König

Nâbû-bel-šumati (7. Jh. v. Chr.), chaldäischer Stammesführer, Enkel Merodach-Baladans

Nâbû-nadin-zer (734 bis 732 v Chr.), babylonischer König

Nâbû-na'id (555–539 v. Chr.), letzter neubabylonischer König

Nâbû-nasir (746–734 v. Chr.), babylonischer König

Nâbû-šar-usur, Name in einem Brief

Neandertal/Dtschl.: Hominiden-Fundort

Neandertaler (Paläoanthropus), altsteinzeitl. Menschenrasse Mitteleuropas

Neapel (Neapolis, Napoli)/S-Italien: griech. Kol., byzant. Einfluß, langobardisch, Kgr. d. Anjou

Neapolis, Handelsplatz der Karthager

Nearchos (geb. 360 v. Chr.), griechischer Admiral unter Alexander dem Großen

Neb-amon, Bildhauer (18. Dyn.)

Nebethotep (Hathor), Göttin

Nebi-pu-Senwosret, königlicher Hofbeamter (12. Dyn.)

Nebitwirê Mentehotep III.: siehe Mentehotep III.

Nebukadnezar I. (1124–1103 v. Chr.), babylonischer König, II. Dynastie von Isin

Nebukadnezar II. (Nabuchodonsor 605–562 v. Chr.), babylonischer König

Neby, Mutter des Wesirs Ramose (18. Dyn.)

Nechabet, Geiergöttin von Elkab, Schutzgöttin der oberägyptischen Krone

Necho II. (610–595 v. Chr.), ägyptischer König der 26. Dynastie

Necho von Saïs (7. Jh. v. Chr.), unterägyptischer Fürst

Nedunj-Cheliyan I. (2. Jh.), König von Tamil

Nedunj-Cheliyan II. (2. Jh.), König von Tamil

Nedun Jeral Adan (2. Jh. v. Chr.), Chera-König

Neferhotep, thebanischer Beamter (18. Dyn.)

Nefer-Ihi, ägypt. Bildhauer

Neferirkarê, ägypt. König (5. Dyn.)

Neferkarê (Nephercheres), ägypt. König (21. Dyn.), Mitregent Psusennes' I.

Neferkarê, Thronname Phiops' II. (6. Dyn.)

Neferkarê, ägypt. König (3. Dyn.)

Nefertêm, jugendlicher Gott von Memphis (auf Lotosblüte)

Neferti, Weiser unter Snofru (4. Dyn)

Nefretere, ägypt. Königin (19. Dyn.)

Negade-Kultur/Ägypten

Negade (Naqada)/Oberägypten: prähist. Gräberfeld v.

Nehan, buddhist. Sekte Koreas

Nehasi, Siegelbewahrer der Königin Hatschepsut (18. Dyn.)

Nehru, Jawaharlal (1889 bis 1962), indischer Staatsmann

Neith, kriegerische Göttin von Saïs

Neitokre (griech. Nitokris), ägypt. Königin (vermutl. 6. Dyn.)

Nektanebos I. (Nechtenebef), ägypt. König (30. Dyn.)

Nektanebos II. (Nechtharehbo), ägypt. König (30. Dyn.)

Nemareth, ägypt. Prinz (21./22. Dyn.)

Nemea, Stadt im N von Argolis

Nemesis, griechische Göttin, Herrscherin über Recht und Unrecht

Neogen, Erdzeitalter

Neolithikum, (Jungsteinzeit)

Neoptolemos (Pyrrhus), Sohn des Achilleus und der Deidameia

Nephthys, ägyptische Göttin und Schwestergemahlin des Osiris

Nepos, Cornelius (gest. 32. v. Chr.), römischer Geschichtsschreiber

Neptun, römischer Gott des Meeres, dem griechischen Poseidon entsprechend

Nereus, Sohn des Pontos und der Gaia

Nerezi/N-Makedonien: Wandbilder v.

Nergal, babylonischer Sonnengott und Herrscher der Unterwelt

Nergal-šar-uṣṣur (559 bis 556 v. Chr.), babylonischer König

Nergal-ušezib (694/693 v. Chr.), babylonischer König

Nerikos, Stadt auf Leukas

Nero, Claudius Caesar Drusus Germanicus (54–68), römischer Kaiser

Nerthus, vorgerm. Muttergöttin

Nerva, Marcus Cocceius, römischer Kaiser (96–98)

Nescha/Kleinasien: Hethiterst.

Nestor-Chronik, bedeutendste ostslaw. Chronik

Nestor, König von Pylos in Messenien

Nestos, Grenzfluß zw. Thrake und Makedonien

Neti, Wächter am Tor der Unterwelt

Netzahualcoyotl, Oberster Sprecher von Tetzcoco (um 1420 bis 1472)

Netzahualpilli, Oberster Sprecher von Tetzcoco (1472 bis 1516)

Neuberg/Steiermark: Abteikirche v.

Neu-Braunschweig (New Brunswick) → Akadien

Neuguinea/Insel nördl. Austr.: Megalith-Kultur

Neu-Schottland (Nova Scotia) → Akadien

Neuseeland/Doppelinsel d. S-See: neolith. Kultur u. Besied.

Neusithoos, Sohn der Kalypso und des Odysseus

Neuspanien (Vizekgr Mexiko)/Mittelamerika → Mexiko

Neustrien/Geb. d. fränk. Reiches (zwischen Schelde u. Loire)

New Brunswick → Akadien

New Mexiko/USA: prähist. Kultur

New York (Neu-Amsterdam)/USA: prähist. Kultur

Ngandong/Java: Hominiden-Fundort

Ni-anch-Ptah, ägypt. Bildhauer

Nibelungenlied, german.-dt. Nationalepos

Nichiren-Sekte, buddhist. Sekte

Nidintu-Bel (6. Jh. v. Chr.), babylonischer Rebell

Niederösterreich/österr. Bundesld. prähist. Kulturen i.

Niger/Fl, franz. W-Afrika: prähist. Kulturen

Nig-si-sa-nabsa, Name in einem Dokument

Nikaia/Pandschab: Gründung Alexanders d. Gr.

Nikaia (türk. Iznîk, Izniq)/Kleinasien: Schlacht (194 n. Chr.), 1. ökumen. Konzil (325), 7. ökumen. Konzil (787)

Nikanor (Ende des 4. Jh. v. Chr.), Satrap von Medien

Nikephorion (Callinicum, jetzt Raqqa)/NW-Mesopotamien

Nikitin, Athanasius (15. Jh.), russischer Abenteurer und Kaufmann

Nikopol a. d. Donau (Nicopoli, byzant. Nikopolis)/Bulg.

Nil/Fl., Afrika: Nilschwelle als ägypt. Kulturgrundlage

Nimchcaman (15. Jh.), letzter unabhängiger Herrscher von Chimor

Nimrod, Städteerbauer und großer Jäger

Nimrud Dagh/N-Syrien: parth. Skulpturen

Ninazu, sumerischer Gott

Nin-egal, sumerische Göttin

Ningal (Nin-gal), assyrisch-babylonische Göttin und Gemahlin des Mondgottes Sîn

Ning-hsia/NW-China: prähist. Fundort

Ningirsu, sumerischer Gott, Hauptgottheit von Lagaš, lokale Erscheinungsform von Ninurta

Ningizzida, sumerisch-babylonischer Gott der Heilkunst

Ning-po/O-China: Kultmalerei v.

Ninhursag, sumerische Göttin, Gemahlin Enki/Eas

Ninib, s. Ninurta

Nin-igi-ku, s. Enki und Ea

Ninive (türk. Kujungik, Qoyunğuq)/St. a. Tigris: akkad., Hptst. d. assyr. Großreiches, Zerst. durch d. Meder (612 v. Chr.)

Nınkasi, Kind der Ninhursag in einer babylonischen Schöpfungsmythe

Ninki, göttliche Gemahlin Enkis

Ninkurra, Tochter von Enki und Ninmu

Ninlil, sumerische Göttin, Gemahlin des Enlil, später Gemahlin Aššurs

Ninmu, Tochter von Enki und Ninhursag

Nin-ni-bru, Göttin von Nippur

Ninos sagenhafter König von Assyrien und Gemahl der Semiramis; Gründer von Ninive

Ninsun, babylonische Fruchtbarkeitsgöttin und Mutter des Gilgameš

Ninsutu, Kind der Ninhursag

Ninšubur, Wesir der Inanna

Ninti, Göttin, Tochter der Ninhursag

Nintu, sumerische Göttin

Ninurta, sumerischer Sonnengott, später Jagd- und Kriegsgott

Ninurta-tukulti-Aššur (1134/1133 v. Chr.), assyrischer König

Ninus, assyrischer König, Gemahl der Semiramis

Niobe, Tochter des Tantalos und der Dione; Gemahlin des Amphion, Königs von Theben

Nioro/franz. Sudan: paläolith. Fundort

Niqmad, König von Ugarit

Niqmanda, König von Ugarit

Niqmepa, König von Ugarit

Niré/Frankr. (zwischen Tours u. Poitiers): Schlacht b. (732)

Nisaba, babylonisch-assyrische Getreidegöttin

Nisäa, Hafenstadt v. Megara

Nisibis/NW-Assyrien: assyr. Erob., Schlacht b. (217), pers. (seit 364), Erob. d. Alexander d. Gr. (331 v. Chr.), byzant. Erob. (943)

Nisos (Nisus), König von Attika und Megara

Nissayas, hinterind. buddh.-relig. Texte

Niš (Naissus)/Serbien: Goten-Schlacht b. (269), Erob. d. Attila (441)

Nitokris, bei Herodot erwähnt, wahrscheinlich → Neitokre

Nizam-ud-din Aulia, Mystiker und Sufi-Heiliger

Njoro/Uganda: prähist. Fundort

Noah, Stammvater des neuen Menschengeschlechts nach der Sintflut

Nofret, ägypt. Fürstin, Gemahlin Rahoteps (4. Dyn.)

Nofretete, ägypt. Königin, Gemahlin Amenophis' IV.

Nonnos von Panopolis (5. Jh.), griechischer Dichter aus Ägypten

Norax, Anführer der Iberer bei ihrer Landung auf Sardinien und Gründer Stadt Nora; angeblicher Sohn des Hermes und der Erytheia

Nordische Kultur: Entstehung i. Neolithikum

Noreia/Kärnten (...): Schlacht b. (113 v. Chr.)

Noricum/O-Alpen-Lsch. östl. d. Inn: röm. Prov., Germanen- u. Sarmateneinbruch (166–175)

Normandie/Frankr.: Bes. durch d. Wikinger (911)

Norwich/Engl.: Kathedr. v. (1069)

Notion, Stadt bei Kolophon

Notos, der Südwind

Nova Scotia → Akadien

Novatianer, frühchristl. Sekte

Novgorod/Rußl.: Festsetzung Rjuriks (9. Jh.)

Novilara-Kultur, Kultur d. Frühgeschichte

Nubien/Lsch., NO-Afrika: prähist. Besied., Teil d. ägypt. Reiches, ägypt. Prov.

Nu-dim-mud, s. Enki und Ea

Nürnberg/Dtschl.: Reichs-St.

Nuffa (Nippur)/Mesopotamien: akkad. St-Staat

Numantia/Spanien: Schlacht b. (153 v. Chr.)

Nu'man (6. Jh. n. Chr.), Lahmidenkönig

Numa Pompilius, 2. König von Rom, Nachfolger des Romulus

Numenios, General Antiochos' IV. (175–163 v. Chr.)

Numenios, Statthalter von Mesene unter Antiochos

Numidien/N-Afrika: Kgr. i. röm. Machtbereich, Teilung (105 v. Chr.), röm. Diözese, Erob. durch d. Vandalen (429 n. Chr.)

Numitor, König von Alba Longa

Nun, Gott der unterirdischen Wasser

Nunurta-apal-Ekur (1192 bis 1180 v. Chr.), assyrischer König

Nuragen-Kultur, Kultur d. Urzeit

Nurhachu, Gründer des Mandschu-Reiches und Mandschu-Kaiser (1559–1626)

Nusku, babylonischer Feuergott

Nut, ägyptische Himmelsgöttin

Nuzi/b. Kerkuk, Mesopotamien: churrische Fundstätte
Nūna, Name in einem Brief
Nyandong/Java: Hominiden-Fundort 1407
Nyāya, ind. Logik

Oakhurst/Südafrikan. Union: prähist. Fundort
Obaku, Richtung d. Zen-Buddhismus
Oberkassel b. Bonn/W-Dtschld.: prähist. Fundort
Oberösterreich/Österr.: Pfahlbauten
OcEo/Kochinchina: archäolog. Fundort
Octavianus, s. Augustus
Odenath, König von Palmyra
Odomanten, thrakisches Volk in Makedonien
Odrysen, thrak. Volk
Odysseus, Gestalt aus der griechischen Mythologie; Sohn des Laertes und der Antikleia; König von Ithaka → Homer
Öanther, Stamm im Ozol. Lokris
Ödipus (Oidipus), Sohn des Laios und der Jokaste; König von Theben
Öneon, Stadt ebendas. am korinth. Meerb.
Öneus (Oineus), Vater des Meleager
Öniadä, Stadt in Arkananien am Ausfl. des Acheloos
Önoë, Feste in Attika an der Grenze von Böotien
Önophyta, Ort in Böotien nahe bei Tanagra
Önussä, Inseln bei Chios
Ösyme, Küstenstadt westl. von der Mündung des Strymon
Ötäer, Volk am Öta
Ofnet-Höhle/Bayern, Dtschl.: prähist. Fundort
Ogier, dänischer Sagenheld
Ogotai Khan (1185, bis 1241), Mongolenherrscher
Ohio/USA: Hopewell-Kultur
Ohod (Uhud)/Stadt i. Arabien: Schlacht b. (625)
Oinone, Nymphe; Geliebte des Paris
Oinophyta/Griechenld.: Schlacht b. (457 v. Chr.)
Okeanos, Sohn des Uranos und der Gaia; Titan
Oktavian: siehe Augustus
Oldoway/Schlucht, Tanganjika: paläolith. Fundplatz
Olen, Verfasser des ersten „Homerischen Hymnus"

Oligozän, Paläogen-Erdzeit
Olmo/Italien: Hominiden-Fundort
Olophyxos, Stadt am Berge Athos
Olorgesaillie/Kenya: paläolith. Fundort
Olpä, Hügel u. Feste in Amphilochia in Akarnanien
Olymp, Berg in Thessalien
Olympia/Peloponnes: griech. Kultort, Heratempel, Plastik v., Festspiele
Olympiaden, griech. Festspiele
Olympia, Stadt in Elis am Alpheios
Olympieion, Tempel und Feste bei Syrakus
Olynth/Thrakien: makedon. Erob. v. (348 v. Chr.)
Omar Chajjam (gest. 1121), persischer Dichter, Mathematiker und Astronom
Omri (879–869 v. Chr.), König von Israel
Onegasee/Rußl.: neolith. Kulturen
Oneios, Berg unweit Korinth
Onesikritos, griechischer Philosoph; Stellvertreter des Nearchos und Begleiter Alexanders auf dessen Expedition
Onomakritos (6. Jh. v. Chr.), Schmied; angeblich Verfasser von Berichten über die Taten des Orpheus
Onuris, Gott von Ihis
Ophellas (um 322 v. Chr.), griechischer Gouverneur in der Kyrenaika
Ophioneer, Volk in Ätolien
Opiker, Volk in Unteritalien
Opis, Beiname der Artemis; bei Vergil Gefährtin der Diana
Oppenheim, A. L. (20. Jh.), amerikanischer Orientalist
Optimates (nobiles), röm. Amtsadel
Opus, Stadt in Lokris
Oran (arab. Wahrān)/Algerien: prähist. Kultur
Oranien, Kultur d. Altsteinzeit
Oranje-Freistaat/Südafrikan. Union: Middle Stone Age-Kultur
Orchomenos/Griechenl.: Schlacht b. (85 v. Chr.)
Orchon/Nebenfl. d. Selenga, Mongolei: Zentralgeb. d. turko-mongol. u. mongol. Reiche
Orchon-Inschriften, älteste, alttürk. Sprachdenkmäler
Orden → Mönchswesen d. einzelnen Orden
Ordos/Steppentafel in der Huang-ho-Schleife, Shensi, China: prähist. Kulturen
Ordos-Kunst, hunnische
Ordovicium, geolog. Formation

Oreos, Stadt auf Euböa, fruher Hestiäa
Orester, Volk in Makedonien
Orestes, Sohn König Agamemnons von Mykene und der Klytämnestra
Orestheion, Stadt in Arkadien. Oresthis wahrsch. die Umgebung derselben
Origenes (185–254 n. Chr.), Bischof von Alexandria
Orion, Sohn des Poseidon und der Euryale
Orléans (Cenabum, Aurelianum)/Frankr.: röm. Erob. (52 v. Chr.), Magyarensturm (955)
Orneä, Stadt in Argolis
Orobiä, Stadt auf Euböa an der engsten Stelle des Euripos
Orodes I. (56 – um 36 v. Chr.), König der Parther
Orontes (4. Jh. v. Chr.), Satrap m Armenien
Oropos, Stadt im N von Attika
Orpheus, Sohn des thrakischen Flußgottes Oiagros und der Kalliope, eine der neun Musen; Sänger
Orphiker, griech. Religionsgemeinschaft (→ Orpheus)
Orsi, P. (um 1894/95), italienischer Archäologe
Orthagnes, indo-parthischer König
Orthia, Beiname der Artemis in Sparta und Arkadien
Orthodoxie: byzant. Reichskirche u. Außenkirchen
Osiris, ägyptischer Fruchtbarkeits- und Totengott von Busiris und Abydos
Osiris-Anedjti, Form des Osiris in Busiris
Oskios, Nebenfl. der Donau, im Gebirge Skomios entspringend
Oslo (Kristiania)/Norw.: Hptst., german. Mastenbau (um 800)
Osorkon I. (929–893 v. Chr.), ägyptischer König der 22. Dynasie
Osorkon II., ägypt. König (22. Dyn.)
Ostkaspische Kultur, Kultur der Vorzeit
Osymandyras, bei Diodor als Herrschername Ramses' II. überliefert
Otos, Sohn des Aloeus (oder des Poseidon) und der Iphimedea; Riese
Otrār/russ. Turkestan: Stützpunkt Dschingis-Khans
Ou-yang Hsiu (1007–1072), Staatsmann und Gelehrter der Sung-Zeit
Ovid, eigentl. Publius Ovidius Naso (43 v. Chr. – um 18. n. Chr.), römischer Dichter

Owasco, prähist. Kultur
Ozbaal (4. Jh. v. Chr.), König von Byblos
Ozbaal (5. Jh. v. Chr.), König von Kition und Idalion; Sohn des Baalmilk

Pachacamac/Peru: Inka-St.
Pachet, Löwengöttin
Padi (um 700 v. Chr.), Herrscher von Ekron
Padmagupta, König von Malva
Päonien, Landschaft in Makedonien
Pagä, Stadt in Megaris
Pagan (Tagaung, ind. Arimaddanapura)/Birma: Tantrismus i., Hptst. Birmas (9. Jh. – 1287)
Pakores (um 79–115), indoparthischer König
Paläoanthropus → Neandertaler
Paläogen, 1. Stufe d. Känozoikum
Paläolithikum (Altsteinzeit)
Paläozoikum (Altzeit), Erdzeitalter
Paläros, Küstenstadt in Akarnanien
Palästina/Vorderasien: Mesolithikum i., Neolithikum i., Eisenzeit i., Frühzeit i., Philistergeb., semit. Einwanderung (3. u. 2. Jahrtausend v. Chr.), Einwanderung d. israel. Stme. (13. Jh. v. Chr.), jüd. (bis 70 n. Chr.), ägypt., babylon.-assyr. Reiche
Palaiokastro/Kreta: minoisches Kulturzm.
Paleer auf Kephallenia
Palenque/Yucatan: Maya-St.
Palerm, Angel (20. Jh.), mexikanischer Archäologe
Palermo (griech. Panormos)/Italien: phönik. Kol., röm. Erob. (254 v. Chr.), Civitas foederata Roms, Erob. durch d. Sarazenen (831), normann. Erob. (1072)
Palikao/Algerien: prähist. Besied.
Palinurus, Steuermann des Äneas
Pallas, Sohn des Euander
Pallava-Stil, ind. Tempelstil
Pallene, Halbinsel in Chalkidike
Pallis, S. A. (20. Jh.), dänischer Gelehrter
Palmyra (arab. Tadmur, aramäisch Thadmor)/Syrien: assyr. Erob. (11. Jh. v. Chr.), Reich v. P. (bis 272 n. Chr.), röm. Zerst. (272)
Paltibaal (4. Jh. v. Chr.), König von Byblos; Baalat-Priester; Vater des Osbaal
Pamphylien/S-kleinasiat. Lsch.: griech. Kolonisation, röm. (43 n. Chr.)
Panäer, thrak. Volk in Makedonien
Panakton, Feste in Attika an der Grenze von Böotien

Panataran/Java: Hpt.-Tempel d. Mojopahit

Pan Ch'ao (1. Jh.), chinesischer General

Pan Ch'ao (1. Jh.), erste gelehrte Frau der chinesischen Geschichte

Pan Chao (31–102), Offizier, Administrator und Eroberer

Pandaros, Iykischer Bundesgenosse der Griechen im Kampf um Troja

Pandion, Vater der Prokne

Pandora, die von Hephästos geschaffene erste Frau

Pandschab (engl. Punjab, franz. Panjab)/Lsch., N-lndien-W-Pakistan: arische Einwanderung (2. Jahrtausend v. Chr.), Alexanderzug (326/25 v. Chr.), ind. u. griech. Dyn. (313 v. Chr. – 2. Jh. n. Chr.), Hunnen i. (6./7. Jh.), türk. Erob. (1001–1027)

Pangäon, Berg links vom Strymon, nahe an der Küste

Pangala-Berge/Angola: prähist. Besied.

Pan, griechischer Wald- und Weidegott; Sohn des Hermes und einer Nymphe

P'an Kêng, 19. Herrscher der Shang-Dynastie (1401–1373 v. Chr.)

Pan Ku (gest. 92), Autor des Ch'ien Han Shu

Pannonien/Geb. zwischen Donau, O-Alpen u. Save: röm. Erob. (13–9 v. Chr.), röm. Prov. (seit 9 n. Chr.), Goten- u. Vandaleneinbruch, Bes. durch d. Hunnen (5. Jh.), Avarenansied. (567)

Panormos, 1) Stadt in Sizilien, 2) Hafen von Milet

Pan-shan/China: Fundort d. Yang-shao-Kultur

Pantakyas, Fluß in Sizilien unweit Megara

Pantalica-Kultur, Kultur d. Frühgeschichte,

Pantelleria/Mittelmeer-Insel: prähist. Kulturen

Pantheon, röm. Tempel, d. Verehrung aller Götter gewidmet

Panyassis von Halykarnaß (1. Hälfte 5. Jh. v. Chr.), griechischer Dichter

Pao P'u Tzǔ, s. Ko Hung

Papak (208–222?)

Paphlagonien/Lsch., N-Kleinasien: Sitz d. Palaier

Papremis/Ägypten: Schlacht b. (460 v. Chr.)

Paralier, ein Teil der Melieer am melieïschen Meerb.

Paralos, Küstenlandschaft in Attika

Paramara (10. Jh.), mythologischer Held

Paramartha (6. Jh.), indischer Mönch; Be-

gründer einer Hînavâna-Schule in China

Parantaka I. (907–955), Chola-König

Parattarna (nach 1500 v. Chr.), König des Mitannireichs

Parauäer, Volk in Makedonien

Pareti, L. (20. Jh.), italienischer Archäologe

Pariaca, Schöpfungsgott aus dem Hochland von Huarochiri, Schöpfer der Bewässerungsanlagen

Paris (Lutetia Parisiorum)/Frankr.: röm. Erob. (52 v. Chr.), Schlacht b. (383), Plünderung durch d. Wikinger (845), normann. Belag. (885/86), Sorbonne (12. Jh.)

Paris, trojanischer Prinz, Sohn des Priamos und der Hekuba

Parma/ltalien: roman. Dom (1130)

Parmenion (gest. 329 v. Chr.), General unter Philipp und Alexander von Makedonien

Parnass, Berg in Phokis

Parnes, Gebirge in Attika an der Grenze von Böotien

Paros/griech. Kykladen-Insel: byzant. Bes. (1126)

Paros, eine der kyklad. Inseln

Parrhasier in Arkadien

Parthenon, Athenatempel a. d. Akropolis

Parvati, eine der Manifestationen von Shivas Gattin

Parysatis, Gattin von Dareios II.

Pasiphae, Gemahlin des Minos, Mutter des Minotauros

Patmos, eine der sporad. Inseln

Paträ, Stadt in Achaia am korinth. Meerb.

Patras/Peloponnes: byzant. Wirtschafts-Zm.

Patrizier, röm. Stand d. regierungsfähigen Geschlechter

Patrokles (3. Jh. v. Chr.), Vertrauter Seleukos' I. und Antiochos' I.

Patroklos, Sohn des Thessaliers Menoitios, Freund des Achilleus

Patroklos (3. Jh. v. Chr.), Gesandter des Selenkos in Indien

Patroni, G. (20. Jh.), italienischer Archäologe

Paulikianer, manichäisch-gnost. Sekte

Paullinus, Suetonius (1. Jh.), römischer General

Paulus (um 10–67), Apostel und Missionar

Paulus von Theben (Alexandria; 228–341)

Pausanias (um 170), griechischer Schriftsteller und Perieget

Pavia/Italien: Hunneneinfall (452), ostgot. (seit 489), Erob. f. Karl d. Gr. (774)

Pazuzu, sumerischer Gott, Herr der Winddämonen

Pāli-Kanon, buddhist. hl. Schriften

Pech, Diego (16. Jh.), Kazike von Yaxcaba

Pech, Pedro (16. Jh.), heidnischer Maya-Priester in Yaxcaba

Pedra Pintada, Hptdenkmal Alt-Brasiliens

Pegu/Birma: St., Kgr. (9.–11. Jh., 13.–16. Jh.,18. Jh.)

Peiraios, verlassener Hafen im Korinthischen

Peirithoos (Pirithous), Sohn des Ixion und der Dia, König der Lapithen; einer älteren Form der Sage nach, Sohn des Zeus

Peisander von Rhodos, griechischer Gelehrter

Peisistratos, Sohn des Nestor

Peisistratos (560–527), Tyrann von Athen

Peitholaos, Kundschafter Ptolemaios' III. (246 bis 221 v. Chr.)

Pekāḥ (740–731 v. Chr.), König von Israel

Peking (Chan-baligh, Cambalu)/China: Hptst. mongol. Nomaden-Reiche (936 bis 1215), Zerst. d. Dschingis-Khan (12l5)

Pelasgikon, unbewohnter Platz in Athen

Pele, kleine Insel bei Klazomenä

Peleus, Vater des Achilleus

Pelias, König von Jolkos

Pella/Makedonien: Hptst. d. makedon. Kge.

Pellene, Stadt in Achaia

Peloponnes (Morea)/griech. Halbinsel: neolith. Besied., griech. Ansied., P.-Bund (6. Jh. v. Chr.)

Pelops, Sohn des Tantalos

Peloris, Vorgeb. im NO von Sizilien

Pelusion/Ägypten: Schlacht b. (525 v. Chr)

Penelope, Gemahlin des Odysseus

Penetes, Klasse d. Armen i. byzant. Reich

Peneus (Peneios), Flußgott in Thessalien; Vater der Daphne

Pentateuch, 5 Bücher Mose d. Alten Testamentes

Penthesilea, Tochter des Ares und der Otrere, Königin der Amazonen

Pentheus, Sohn des Echion und der Agaue; König von Theben

Peparethos, Insel an der NO-Küste von Euböa

Pepinacht, hoher Beamter (6. Dyn.)

Peraiber, Volk im N von Thessalien

Perdikkas (um 365–321 v. Chr.), Kommandeur und Leibwächter Alexanders des Großen; später Beherrscher des Alexanderreichs

Pergamon (türk. Bergama)/ Kleinasien: Alexanderzug (334 v. Chr.), hellenist. Kgr. (263–133 v. Chr.), Schlacht b. (230 v. Chr.), Zeusaltar (222 v. Chr.), b. röm. Prov. Asia, Arabervorstoß (716), (Altar, Berlin)

Perikles (um 500–429 v. Chr.), athenischer Staatsmann

Peripatos (Peripatetiker), Phil-Schule d. Aristoteles

Perkins, A. L. (20. Jh.), amerikanischer Archäologe

Perm, Erdzeitalter

Peroz (459–484), Sassanidenkönig

Persephone (Kore, Proserpina), Gestalt aus der griechischen Mythologie; Tochter des Zeus und der Demeter; Gemahlin des Hades und Göttin der Unterwelt

Persepolis (Iṣṭahr, Ṣṭahr)/Iran: pers. Hptst., Zerst. d. Alexander d. Gr. (330 v. Chr.)

Perseus, Held der griechischen Mythologie, Sohn des Zeus und der Danae

Persien/Lsch. u. Staat i. Vorderasien (Iran): Elamitisch, Medisch, Achämenidenreich (6.–2. Jh. v. Chr.): (Zarathustrareligion), (Kgs.-Inschriften), (Palastbau), Partherzeit (Arsakidenzeit, 1. Jh. v. Chr. bis 2.Jh. n. Chr.): Sassanidenreich (3.–7. Jh. n. Chr.)

Pertosa/Italien: prähist. Fundort

Peru/indian. Reich i. S-Amerika: Vorzeit, Inka-Reich

Perusa/Italien: perusin. Krieg (40 v. Chr.)

Pesce, Gennaro (20. Jh.), italienischer Archäologe

Petosiris, Priester des Thoth in Hermupolis (4. Jh. v. Chr.)

Petra/Jordanien: St. d. röm. Prov. Arabia

Petra, Stadt im Gebiet von Rhegion

Petrie, Sir Flinders, englischer Ägyptologe und Ausgräber

Petronius (um 25 v. Chr.), römischer General

Petrus, Simon, Sohn des Jona (gest. um 64), Apostel und Jünger Jesu

Petubastis, ägypt. König (23. Dyn.)

Peukestas (4. Jh. v. Chr.), Satrap von Persien

Périgordien, Kultur d. Altsteinzeit

Périgueux/Frankr.: roman. Kathed. (nach 1120) Pfahlbauten: neolith.

Phaeton, Sohn des Sonnengottes Helios und der Okeanide Klymene; in einer anderen Version der Sage Sohne der Eos und des Kephalos

Phagres, Stadt in Makedonien am Berge Pangäon

Phaidra, Tochter des Minos und der Pasiphae; Schwester Ariadnes und zweite Gemahlin des Thesens

Phaistos/Kreta: bronzezeitl. Sied.

Phakion, Stadt in Thessalien

Phalas (um 1190 v. Chr.), phönikischer Heerführer

Phanä, Ort auf Chios

Phanoteus, Stadt in Phokis

Pharasmanes, Herrscher von Chiva und Zeitgenosse Alexanders des Großen (336 bis 323 v. Chr)

Pharasmanes: siehe Farsman

Pharisäer, Vertreter d. strengen Gesetzesreligion innerhalb d. Judentums

Pharos, Stadt in Unterägypten

Pharro, indischer Lichtgott

Pharsalos/Griechenl.: Schlacht b. (48 v. Chr.)

Phaselis, Küstenstadt in Karien

Pheia, Stadt u. Vorgeb. in Elis

Phelles (888 v. Chr.), König von Tyros

Phemios, Sänger

Pherä, Stadt in Thessalien

Pherekydes von Syros (6. Jh. v. Chr.), griechischer Prosaschriftsteller

Pheres, Vater des Admetos, Königs von Thessalien

Pherôn, ägypt. König bei Herodot

Phidias, griechischer Bildhauer (gest. um 432)

Philemon, griechischer Schriftsteller zur Zeit des Augustus (29 v. bis 14. n. Chr.)

Philetas von Kos (vor 320 – vor 270 v. Chr.), griechischer Dichter

Philippi/Makedonien: Schlacht b. (42 v. Chr.)

Philipp I. (359–336), König von Makedonien; Vater Alexanders des Großen

Philippus der Araber (244 bis 249), römischer Kaiser

Philipp V. (221–179 v. Chr.), König von Makedonien

Philistos von Syrakus (430 bis 356/355 v. Chr.), griechischer Geschichtsschreiber

Philo, Admiral unter Prolemaios I. (gest. 283 v. Chr.)

Philodemos von Skarphe (um 110 v. Chr. – um 40 n. Chr.), griechischer Schriftsteller

Philoktetes, Sohn des Poias und der Demonassa, König zu Meliboia (Thessalien)

Philomela, Schwester der Prokne

Philonides, Landvermesser Alexanders des Großen (336–323 v. Chr)

Philon, Kundschafter unter Ptolemaios III. (246–221 v. Chr.)

Philon von Byblos (etwa 64–141), phönikischer Gelehrter und Historiker

Philostratos Flavius (170 bis etwa 240/250), griechischer Schriftsteller

Philoxenos, General Alexanders des Großen (336–323 v. Chr.)

Phineus, König von Thrakien

Phineus, Oheim der Andromeda

Phiops I., ägypt. König (6. Dyn.)

Phiops II. (um 2285–2190 v. Chr.), ägyptischer König der 6. Dynastie

Phoebe, Tochter des Uranos und der Gaia; Titanin

Phöbus (Phoibos): siehe Apollon

Phönikus, Hafen bei Erythrä in Ionien

Phönix (Phoinix), Sohn des Amyntos und der Hippodameia, Erzieher des Achilleus

Phokäa, Stadt in Ionien

Pnokis/mittelgriech. Lsch.: neolith. Besied.

Phokylides (6. Jh. v. Chr.), griechischer Lyriker

Phorcis (Phorkys), Sohn des Pontos und der Gaia; Meeresgottheit

Photius, byzantinischer Patriarch

Phraates I., Bruder des Mithridates I.

Phraates II. (um 138–128 v. Chr.), Arsakidenkönig

Phraortes: siehe Kaschtaritu

Phrataphernes (4. Jh. v. Chr.). Sarrap von Parthien und Hyrkanien

Phrixos, Sohn des Athamas, Königs von Theben, und der Nephele

Phrygia, Ort zw. Athen u. Acharnä

Phrynichos (6./5. Jh. v. Chr.), griechischer Tragiker

Phthiotis, Teil von Thessalien

Phylai, griech. Stammesverband

Phyrkos, Feste in Elis

Physka, Stadt in Makedonien

Physkon, s. Ptolemaios VIII. Euergetes II.

Phytia, Stadt in Akarnanien
Piacenza (Placentia) /Italien: röm. Kol. (um
220 v. Chr.), Schlacht b. (270), Schlacht
b. (456), Konzil v. (1095), roman. Dom
(1122)
Pianchi, äthiopischer König (25. Dyn.)
Pianello della Genga/Italien: prähist. Grä-
berfeld
Picard, Pierre-Charles (geb. 1883), französi-
scher Archäologe
Pictor, Fabius (3. Jh. v. Chr.), römischer Ge-
schichtsschreiber
Piedras Negras/Yucatan: Maya-St.
Pierer, Volk in Makedonien
Pierien/Lsch., Makedonien: Thrakereinwan-
derung
Pierion, Stadt in Thessalien
Pietersburg/Südafrikan. Union: paläolith.
Fundort
Pilatus, Pontius, römischer Prokurator von
Judäa; beteiligt an der Verurteilung Jesu
Pileati thrak. Adelsklasse
Pindar, griechischer Lyriker (522 oder 518
bis nach 447 v. Chr.)
Piräus, Hafen und Hafenstadt von Athen
Pirithous: siehe Peirithoos
Pisa/Italien: Dom (1063), See- u. Handels-
macht (11. bis 13. Jh.)
Pisidien/Lsch., Kleinasien: röm. Prov.
Pistoia (latein. Pistoria)/Italien: Schlacht b.
(62 v. Chr.)
Pithecanthropus erectus, Frühmenschen-
form Javas
Pithon (4. Jh. v. Chr.), Satrap von Medien
Pizarro, Francisco (um 1475 bis 1541), spa-
nischer Konquistador, Eroberer des In-
kareichs
Pizarro, Pedro (1514–1571), spanischer
Chronist
P-Kelten, Dialektgruppe der indogerm.
Sprache, jüngere: Festlandskeltisch, Gal-
lisch Kymrisch, Kornisch, Breton., s. Q-
Kelten
Platää, Stadt in Böotien an der Grenze von
Attika
Plataiai/Griechenl.: Schlacht b. (479 v. Chr)
Platon (427–347 v. Chr.), griechischer Phi-
losoph
Platonische Akademie, Phil-Schule Platos
Platonismus, Ideenlehre Platos u. ihre Fort-
wirkung i. d. Philosophie
Plautus,Titus Maccius (251 bis 184/183 v.
Chr.), römischer Komödiendichter

Plebejer, röm. Stand d. nicht-regierungsfähi-
gen Bürger
Pleione, Mutter der Pleiaden, der sieben
Töchter des Atlas
Pleistozän, erste Zwischeneiszeit
Plemmyrion, Anhöhe am großen Hafen von
Syrakus
Pleuron, Stadt in Ätolien
Plinius, Caecilius Secundus der Jüngere (61/
62 bis 113/14 n. Chr.), römischer Redner
und Epistolograph
Plinius der Ältere, Gains Plinius Secundus
(23–79), römischer Schriftsteller
Pliozän, Neogenzeit
Pliska/Bulg.: älteste bulg. Festung (679)
Plocamus, Annius, römischer Zollpächter
für das Rote Meer zur Zeit des Claudius
(41–54)
Plotin (205–270), griechischer Philosoph
Plutarch (um 46–120 n. Chr.), griechischer
Historiker und philosophischer Schrift-
steller
Pluto (Plutus), Sohn des Jasion und der De-
meter; Gott des Reichtums und des
Glücks
Pluto: siehe Hades
Pluvialzeit, eiszeitl. Regenzeit d. Tropengeb.
Pneuma, frühchristl. Begriff f. Gott a. reines
Geistwesen
Pnyx, Platz in Athen
Poias, Vater des Philoktetes
Poidebard, A. (20. Jh.), französischer Ar-
chäologe
Poikehalbinsel/Halbinsel a. d. Osterinsel
Poitiers/S-Frankr.: Kathed.1230
Polada-Kultur, Kultur d. Urzeit
Polanyi, K. (20. Jh.), amerikanischer Wirt-
schaftshistoriker
Poleisten → Wolkenreisende
Polichna, Stadt bei Klazomenä
Poliochni/Lemnos: bronzezeitl. Sied.
Polis, Dorf im Ozol. Lokris
Polis, griech. Kleinstaat
Pollux: siehe Polydeukes
Polo, Marco (1254–1324), bedeutender
Weltreisender des Mittelalters, besonders
in den Fernen Osten
Polonnarua., Ceylon: buddhist. Kunst i.
Polybios (um 203–120 v. Chr.), griechischer
Geschichtsschreiber
Polybos, König von Korinth
Polydektes, König von Seriphos
Polydeukes (Pollux), Sohn des Tyndareus

und der Leda; Zwillingsbruder des Kastor und Bruder Helenas und Klytämnestras

Polydorus (Polydoros), Sohn des Priamos und der Hekuba; trojanischer Prinz

Polygnotos (um 500 – nach 447 v. Chr.), griechischer Maler

Polyklet, griechischer Bildhauer (2. Hälfte des 5. Jh. v. Chr.)

Polyneikes, Sohn des Ödipus und der Jokaste

Polyphemos, Sohn des Poseidon und der Nymphe Thoosa; Kyklop

Pompeii a. Vesuv/S-Italien, Zerst. (79 n. Chr.), Ausgrabung (seit 1748)

Pompeius, Gnaeus Magnus (106–48 v. Chr.), römischer Feldherr und Triumvir

Pompeius Trogus, Geschichtsschreiber

Po-nagat/S-Vietnam: Tempel v. (8. Jh.)

Pong Massa, legendärer peruanischer Fürst

Ponsich, Archäologe

Pontifices, röm. Aufsichtsorgane über d. Religionsübung

Pontigny/Frankr.: roman. Kathed.

Pontos Euxeinos, das Schwarze Meer

Pontus/N-kleinasiat. Lsch.: hethit.; Kgr. (301 bis 63 v. Chr.), röm. Prov., Goteneinfall (265 n. Chr.)

Populonia/Italien: Etrusker-St., Schlacht b. (280 v. Chr.)

Poros, König der Paurara (Puru) zur Zeit Alexanders des Großen (336 bis 323 v. Chr.)

Porphyrion, Gigant

Porsenna, etruskischer König von Clusium

Porter, Bertha, englische Ägyptologin

Poseidon, Gestalt aus der griechischen Mythologie; Sohn des Kronos und der Rhea; Gott des Meeres

Poseidonio/S-Italien: griech. Gründung, röm. Kol.

Poseidonios (um 135 bis 50 v. Chr.), griechischer Philosoph und Geschichtsschreiber

Poteideia/Makedonien: griech. Kol., maked. Erob. (357 v. Chr.)

Pot, Francisco (16. Jh.), heidnischer Maya-Priester in Yaxcaba

Potidäa, Stadt auf Pallene in Chalkidike

Potidania, Stadt in Ätolien

Poznansky, Arthur (20. Jh.), bolivianischer Archäologe

Prabhakara-vardhana (6./7. Jh.), Pushyabhuti-König

Prada, Cristóbal de (gest. 1696), Dominikanermönch, wurde von den Itza von Tayasal den heidnischen Göttern geopfert

Prämonstratenser, Mönchsorden

Prasiä, 1) Demos an der Ostküste von Attika; 2) Küstenstadt in Lakonika

Pravarasena I. (4. Jh.), Vakataka-König

Praxithea, Gemahlin des Erechtheus; Mutter der Chthonia

Präkrit, mittelind. Dialekte

Preslav/Bulg.: altbulg. Hptst. (821)

Prester John, Johannes der Priesterkönig, sagenhafter König und Priester im Osten; die Sage kam in der Mitte des 12. Jahrhunderts im Abendland auf

Prémontré/Frankr.: Mutterkloster d. Prämonstratenserordens

Priamos, Priamos, Sohn des Laomedon, König von Troja, Schatz des …

Priapos, Stadt an der Propontis

Priene/Kleinasien: griech. Küstenst.

Prithu, erster geweihter König der Erde und Sohn des Manu

Prithviraja III. (1179–1192), der letzte Chauhan-König

Procheiron, byzant. Gesetzbuch

Prodikos von Keos (Ende 5. Jh. v. Chr.), griechischer Sophist

Proetus (Proitos), Oheim des Perseus; Usurpator des Königreichs von Argos

Prokne, Tochter des Pandion

Prokopios (6. Jh. n. Chr.), byzant. Historiker

Prokris, Tochter des athenischen Königs Erechtheus; Gemahlin des Kephalos

Prokrustes, Riese

Prometheus, Gestalt aus der griechischen Mythologie; Sohn des Tytanen Japetos und der Klymene

Pronnäer auf Kephallenia

Propertius, Sextus (um 47 – um 15 v. Chr.), röm. Dichter

Propyläen/Athen, Festtor d. Akropolis

Proschion, Stadt in Ätolien

Proserpina: siehe Persephone

Proskouriakoff, Tatiana (20. Jh.), amerikanische Archäologin

Prosopitis, Nilinsel

Protagoras (um 485 – um 414), griechischer Sophist

Prote, kleine Insel an der W-Küste von Messenien

Proteus, ägypt. König bei Herodot

Proteus, Meergreis

Protis (um 600 v. Chr.), Leiter der phokaischen Gründungsexpedition von Massalia

Protolithikum (älteres Paliolithikum), Stufe d. menschl. Urzeit

Provence/Lsch., S-Frankr.: Teil d. fränk. Reiches (seit 536), Sarazeneneinfälle (bis 972), Ausgangslsch. d. Minnesangs

Prüfening/Bayern: roman. Kirche

Předmost/Mähren: paläolith. Fundplatz

Psammetich I. (663–610 v. Chr.), ägyptischer König der 26. Dynastie

Psammetich II. (Psammis; 594–589 v. Chr.), ägyptischer König der 26. Dynastie

Pseudo-Skymnos (um 185/84 v. Chr.), Autor einer Periegese der Küsten Europas und des Schwarzen Meers in Iamben

Psiax (6. Jh. v. Chr.), griechischer Vasenmaler

Psusennes I., ägypt. König (21. Dyn.)

Psusennes II., ägypt. König (21. Dyn.)

Psyche, Gemahlin Cupidos

Ptah, ägyptischer Schöpfergott von Memphis und Schutzgott der Künste

Ptahemdjedhuti, Verfasser einer Lehrschrift

Ptahhotep, Wesir und Verfasser einer Weisheitslehre (Altes Reich)

Pteleon, Stadt 1) bei Erythrä in Ionien; 2) viell. in Messenien

Ptolemaier (um 323 bis 30 v. Chr.), makedonische Herrscherdynastie in Ägypten

Ptolemaios, Claudius (um 100 – um 180), griechischer Astronom, Mathematiker und Geograph

Ptolemaios I. Soter (360–285 v. Chr.), Feldherr Alexanders des Großen; Satrap und seit 30 König von Ägypten

Ptolemaios I., makedonischer Herrscher (360–283 v. Chr.)

Ptolemaios II. Philadelphos (285 bis 247 v. Chr.), makedonischer König von Ägypten

Ptolemaios II. Philadelphos, makedonischer Herrscher Ägyptens (reg. 221–205)

Ptolemaios III. Euergetes I. (246 bis 221 v. Chr.), makedonischer König von Ägypten

Ptolemaios V. Epiphanes (204 bis 181 v. Chr.), makedonischer König von Ägypten

Ptolemaios VI. Philometor (181 bis 145 v. Chr.), makedonischer König von Ägypten

Ptolemaios VIII. Euergetes II. Physkon (145–116 v. Chr.), makedonischer König von Ägypten

Ptolemaios IX. Soter II. Lathyros (116–80 v. Chr.), makedonischer König von Ägypten

Ptolemaios XII. Neos Dionysos Auletes (80–51 v. Chr.), König von Ägypten

Ptychia, kleine Insel bei Kerkyra

Pueblo-Kulturen, prähist. Kulturen

Puerto Carillo, Felipe, Gouverneur von Yucatán

Puerto Rico (Portorico)/Insel d. Kleinen Anrillen: Entd. d. Kolumbus (1493)

Pugalendi (12. Jh.), schrieb eine neue Fassung des Ramavana

Puiemrê, reicher Grabherr

Pulakeshin II. (608–642), indischer König

Pumay, phönikische und karthagische Gottheit, entspricht dem griechischen Pygmalion

Pumayyaton (um 361–312 v. Chr.), König von Kition, Idalion und Tamassos

Pumbedita, jüd. Amoräer-Akad. i. Babylonien

Punischer Krieg: 1. (264–241 v. Chr.), 2. (219–202 v. Chr.), 3. (149–146 v. Chr.)

Purānas, hinduist. Buch d. hl. Schriften d. „Überlieferung"

Pushyamitra (2. Jh. v. Chr.), indischer König und Begründer der Shunga-Dynastie

Puškari/Ukraine: paläolith. Jägerlager v.

Puzur-Amurri, Schiffsführer der Arche im Gilgameš-Epos

Pūjā, hind. Verehrung d. Gottesbildes

Pūl, Pulu, biblischer Name des Assyrerkönigs Tiglat-Pileser III. als König von Babylonien

Pydna/N-Griechenl.: Schlacht b. (168 v. Chr.)

Pygmalion, griechischer Gott

Pygmalion, legendärer griechischer Bildhauer

Pygmalion (820–774 v. Chr.), König von Tyros; Bruder der Königin Elissa

Pylades, Freund des Orestes

Pylos, Gefährte des Herakles

Pylos (ital. Novarino)/Peloponnes: Bes. d. Athen (425 v. Chr.)

Pylos, verlassene Burg in Messenien

Pyramus (Pyramos), babylonischer Jüngling, Geliebter der Thisbe

Pyrasos, Stadt in Thessalien
Pyrrhä, Stadt auf Lesbos
Pyrrha, Tochter des Epimetheus und der Pandora; Gemahlin des Deukalion
Pyrrhos (319–272 v. Chr.), König von Epeiros
Pythagoras (um 582–497/96 v. Chr.), griechischer Philosoph und Mathematiker (Satz des ...)
Pythagoreer, griech. Religionsgemeinschaft
Pythangelos, Kundschafter unter Ptolemaios III. (246 v. Chr.)
Pytheas von Massalia (4. Jh. v. Chr.), griechischer Geograph und Astronom

Qal'at Jarmo b. Kirkuk/Iraq: neolith. Fundort
Qal'at Šarqāt → Assur
Qaraqorum/Äußere Mongolei: Mongolen-Hptst.
Qarāšar (Karashar, chin. Yench'i)/Sinkiang, China: indoeurop. Vasallenstaat Chinas
Qānūn, türk. Gesetzeskompilationen
Q-Kelten, Dialektgruppe der indogerm. Sprache, auch Goidels, heutige Irisch und Schottisch-Gälisch, Manx und Piktisch. s. P-Kelten
Quäker, christl. Sekte
Quandahār → Kandāhār
Quaquanhpitzaua, erster Herrscher von Tlatelolco
Quartär (Anthropozoikum), geolog. Erdzeitalter
Quauhlahtonatzin, dritter Herrscher von Tlatelolco
Quelpart/lusel südl. Korea: neolith. Besied.
Querumtumi (15. Jh.), General von Nimchcaman
Quetzalcoatl-Kukulcan, der gefiederte Schlangengott, Schutzgott der mexikanischen Eindringlinge, im Pantheon der Maya nur eine Randerscheinung
Quetzalcoatl (9. oder 10. Jh.), geistlicher und weltlicher Führer der Tolteken
Quibell, englischer Ausgräber
Quintilianus, Marcus Fabius (um 35 – um 96 n. Chr.), römischer Redner und Schriftsteller
Quintano/Italien: Hominiden-Fundort
Quito/Ecuador: Inka-St., span. Erob. (1533)
Quizquiz (16. Jh.), Inka-General unter Huayna Capac und Atahuallpa

Quôc ngu, latein. Transkription d. annamit. Sprache
Qurultai, Stm.-Versammlung d. mongol u. türk. Völker
Qutb-ud-din (um 1206), General Muhammad Ghuris und Begründer der Sklavendynastie
Qūt el-Amara (Qūṭ al'Amāra)/ Mesopotamien

Rabat (Ribāṭ) franz. Marokko: prähist. Besied.
Rabiṣu, babylonischer Dämon
Radha, indische Gottheit
Radha, Schäferin und Geliebte Krishnas
Raetia (Raetien)/Lsch. i. d. Schweizer Alpen u. Voralpen: röm. Prov. (15. v. Chr.)
Ragnarök, isländ. Mythos v. Sturz d. Weltherrn
Rahotep, ägypt. Baumeister (Mittleres Reich)
Rahotep, ägypt. Fürst (4. Dyn.)
Rai (Ray, Rhages)/Iran: pers. Handelsst. a. d. Seidenstr., arab. Erob. (7. Jh.), Erob. durch d. Dailamiten (931), türk. Erob. (11. Jh.). mongol. Erob. (1221)
Rajaraja 1. (985–1014), Chola-König
Rajashekhara (um 900), indischer Dramatiker
Rajendra (1014–1042), Chola-König
Rama, Erbe des Königs von Kosala
Rama, Held des indischen Epos Ramayana und Inkarnation Vishnus
Ramagupta (um 375), indischer König
Ramananda, Vaishnava-Reformer
Ramanuja (1017 bis 1137), vishnuitischer Philosoph
Ramose, Beamter Amenophis' III. (18. Dyn.)
Rampsinit, bei Herodot als ägypt. König erwähnt
Ramses I., ägypt. König (19. Dyn.)
Ramses II. (1301–1234 v. Chr.), ägyptischer König der 19. Dynastie
Ramses III. (1182 bis 1151 v. Chr.), ägyptischer König der 20. Dynastie
Ramses IV., ägypt. König (20. Dyn.)
Ramses VI., ägypt. König (20. Dyn.)
Ramses IX., ägypt. König (20. Dyn.)
Ramses XI., letzter Herrscher der 20. Dyn.
Ramsesnacht, Hoherpriester des Amun (20. Dyn.)
Rana Ghundai/Beludschistan: prähist. Sied

Rana Kumbha, Stückeschreiber und Literaturkritiker; Verfasser eines Kommentars zu Jayadevas Gita-Govinda
Rangun (Rangoon)/Birma: Shwe Dagon-Tempel
Ranjit Singh (1799 bis 1839), Sikh-König
Ranke, Hermann, deutscher Ägyptologe (gest. 1953)
Ranke, Leopold v. (1795 bis 1886), Historiker, Verfasser von Geschichte des Altertums u.a.
Rano Raraku/Vulkan a. d. Osterinsel
Ranufer, hoher ägypt. Beamter (5. Dyn.)
Rao Surjan Hara (16. Jh.), Verteidiger von Ranthambor
Raphia/S-Palästina: Schlacht b. (720 v. Chr.)
Ras/Serbien: Burg d. altserb. Rascien
Rascien/Serbien: Kerngeb. d. serb. Reiches
Rasputino/Rußl.: neolith. Fundort
Ra's Šamra, v. → Ugarit
Raval, Angehöriger des Rathor-Clans
Ravana, Dämonenkonig von Lanka (Ceylon)
Ravenna/Italien: Ks.-Res. (5. Jh.), Hptst. Odoakers u. d. O-Goten-Kge. (bis 552), Palast d. Theoderich, byzant. Exarchat (seit 539), byzant. Basiliken (6. Jh.) langobard. Erob. (751), Rechtsschule v. (10. Jh.)
Ravivarman Kulashekhara (13. Jh.), Chera-König
Ra-wer, Priester
Raziyya (1236–1240), Sultanin und Tochter des Iltutmish
Rāmāvant, hinduist. Sekte
Rāmāyaṇa, ind. Volksepos
Rām-carit-mānas, hl. Buch. d. Hindus
Rechmirê, Wesir unter Tuthmosis III. (18. Dyn.)
Regensburg/Bayern: Ks.-Res. seit Ludwig d. Deutschen
Reggio Calabria (griech. Rhegion, latein. Rhegium)/S-Italien: griech. Gründung. röm. Erob. (270 v. Chr.), Civitas foederata Roms, normann. Erob. (1060)
Regulus, Marcus Atilius (gest. nach 255 v. Chr.), römischer Feldherr
Reims/Frankr.: Normanneneinfall (883), Magyareneinfall (10. Jh.)
Reisner, George A., amerikanischer Ägyptologe
Relilai/Algerien: prähist. Fundort
Remedello-Kultur, Kultur d. Urzeit

Remus, Zwillingsbruder des Romulus
Renan, Ernest (1823–1892) französischer Religionswissenschaftler, Orientalist und Schriftsteller
Rensi, ägypt. königlicher Beamter in der Erzählung vom „Beredten Bauern"
Resaina (Ra's al-'ayn)/Mesopotamien: Schlacht b. (242 n. Chr.)
Rescheph, asiatischer Gott
Reseph, kanaanitische Gottheit
Reshef-'lhyts, phönikische Gottheit, die dem griechischen Apollon Alasioras entspricht
Reshef-Melqart, in Spanien verehrte punische Gottheit
Reshef-Mikal, phönikische Gottheit, die dem griechischen Apollon-Amyklaios entspricht
Reshef, phönikischer und karthagischer Gott des Donners, Regens und Sturmes; entspricht dem griechischen Apollon
Rê-Harachte, Sonnengott
Rê, Sonnengott
Rhadamanthys, Richter der Unterwelt
Rhea Silvia (Ilia), Tochter des Numiror; römische Vestalin
Rhea, Tochter des Uranos und der Gaia; Schwester und Gemahlin des Kronos
Rhegion, Stadt in Unteritalien
Rhein/Strom, Dtschl.: Brückenschlag Caesars (55 v. Chr.), röm. Truppenbewegungen a. (12–9 v. Chr.), röm.-german. Grenze (Limes), Mainzer Brücke (9. Jh.)
Rheitoi, Ort in Attika
Rheitos oder Rheiton, unbekannter Ort bei Korinth
Rheneia, kleine Insel bei Delos
Rhesos, König der Thraker, Bundesgenosse Trojas im Trojanischen Krieg
Rhion, Vorgeb. 1) im Ozol. Lokris; 2) gegenüber in Achaia
Rhodanes, Gestalt aus dem Prosaroman Babyloniaka des Syrers Iamblichos
Rhodesien/S-Afrika: Paläoli thikum i., Neolithikum i., Buschmannsied.
Rhodope, Gebirge in Thrakien
Rhodos/ägäische Insel: griech. Ansied., röm., arab. Erob. (653/54), byzant. (1124), Sitz d. Johanniterordens (1309–1522)
Rhöteion, Hafenstadt bei Ilion
Rhypä, Stadt in Achaia

Ridu, korean. Silbenschrift
Rifā'īya, islam. Derwischorden
Riga/Lettl.: Gründung (1201)
Rimini (Arminum)/Italien: röm. Kol. (268 v. Chr.)
Rimuš (2315–2307 v. Chr.), Herrscher des akkadischen Weltreichs aus der Dynastie von Agade
Rimut, Mitglied der Tempelbehörde unter Nâbû-na'id
Rinaldone-Kultur, Kultur d. Urzeit
Rin-Sekte d. buddh. Zen-Richtung/Japan
Rīm-Sîn (1822–1763 v. Chr.), König von Larsa
Rio, Antonio del (19. Jh.), Artilleriehauptmann in der spanischen Armee, veröffentlichte 1822 das erste Buch über die Maya-Archäologie
Rolandslied, altfranz. Heldenlied
Rom/Italien: Hominidenfund, Forum romanum (575 v. Chr.), Zerst. durch d. Kelten (397 v. Chr.), Entwicklung d. Herrschaft über Italien, Hptst. d. Imperiums, Brand v. (64 n. Chr.), Titusbogen, Traianssäule, Thermen, Abstieg u. Verfall (seit 3. Jh. n. Chr.)
Romagna/oberital. Lsch.: Kelteneinwanderung
Rome, Tochter des Äneas
Romulus, Gründer und erster König Roms → Remus
Rosser, R. C. – 20. Jh., Anthropologe
Rougé, Emanuel Vicomte de, französischer Ägyptologe
Rowe, John H. (geb. 1918), amerikanischer Archäologe
Roxane, Tochter eines sogdischen Fürsten
Rubicon/Italien: Caesars Grenzüberschreitung (49 v. Chr.)
Rudradaman (2. Jh.), indischer Shaka-König
Rudrasena II. (gest. um 390), Vakataka-König
Rudra, vedischer Gott
Rumiñahui, Inka-General aus dem Theaterstück Ollantay
Runenschrift, ca. 3. Jh. n. Chr.
Rupamati, Gestalt eines Liebesromans
Ruppert, Karl (geb. 1895), amerikanischer Altamerikanist
Rusa 1. (733–714 v. Chr.), König von Urartu
Russkaja Pravda, älteste ostslaw. Gesetzessammlung
Rustam, persischer Befehlshaber

Ryōbu-Shontō, Form d. Shintō-Religion
Rg- (Rig-)Veda, ältester Teil d. Veda

Sa''dābād (Tulpenzeitalter), osman. Kunstepoche
Sabazios, phrygische Gottheit
Sabos, Beduinenkönig zur Zeit des Augustus (29 v. bis 14. n. Chr.)
Saccopastore/Italien: Hominiden-Fundort
Sachmet, Schutzgöttin der Heilkundigen (eigentlich Göttin der Krankheiten)
Sachs, A. (20. Jh.), englischer Orientalist
Sachsenspiegel, ältestes dt. Rechtsbuch
Sachure (Sahurê; 3. Jahrtausend v. Chr.), ägyptischer König der 5. Dynastie
Saddalaputta, indischer Töpfer aus der Maurya-Zeit
Sadduzäer, jüd. Schicht d. priesterl. Familien, später Religionspartei
Sadoqiten, jüd. Sekte d. Pharisäer i. Damaskos
Safdar Ali Khan (1731–1741), Nawab des Karnatik
Saggil-kinam-ubbib, Name in einem Werk der babylonischen Weisheitsliteratur
Sagunt (röm. Saguntum, span. Sagunto, Murviedro)/Spanien: karthag. Zerst. (219 v. Chr.)
Sahagun, Bernardino de (1499 bis 1590), spanischer Dominikanermönch und Chronist
Sahara/Afrika: prähist. Kulturen d.
Sahurê, ägypt. König (5. Dyn.)
Saint-Denis/Frankr.: got. Dom
Saint-Savin/Frankr.: roman. Kathed.
Sais/Ägypten: Kgsst.
Sakkon, karthagische Gottheit
Saktschegözü/Syrien: hethit. Fsm.
Salamanca/Spanien: Kathed.
Salamis/Cypern: Schlacht b. (495 v. Chr.)
Salamis, außer der bekannten Insel eine Stadt auf Kypros
Salerno (Salernum)/S-Italien: Gründung (um 200 v. Chr.), Normannen-Ansied. (seit 1016)
Salii, röm. Priesterkollegium d. Mars
Sallust, Gaius Sallustius Crispus (86–35 v. Chr.), römischer Geschichtsschreiber
Salmakis, Nymphe; Geliebte des Hermaphroditos
Salmanassar I. (um 1281–1256 v. Chr.), assyrischer König

Salmanassar III. (858 bis 824 v. Chr.), assyrischer König
Salmanassar V. (726 bis 722 v. Chr.), assyrischer König
Salomon (Salomo; um 960–927 v. Chr.), König von Israel
Salomonischer Tempel/Jerusalem
Salona/Dalmatien: Zerst. durch d. Avaren (614)
Salzburg/St. u. Ld., Österr.: Bronzezeit-Bergbau
Samäer auf Kephallenia
Samarkand (Samarqand griech. Marakanda)/ Transoxanien, russ. Zentralasien: prähist. Kultur, Handelsst. a. d. Seidenstr., Erob. d. Alexander d. Gr. (328 v. Chr.), arab. Erob. (712)
Sambandar (6./7. Jh.), shivaitischer Heiliger
Sambesi/Fl., S-Afrika: prähist. Sied. a.
Saminthos, Stadt im Gebiete von Argos
Sam-kuk sa-küi, ältestes korean. Geschichtswerk
Sammu-ramat, Mutter des Adadnirari
Samoa/Inselgr. Polynesiens: (300 bis 1400 n. Chr.)
Samos/Ägäis-Insel: Altsteinzeit, griech. Ansied., Heratempel (6. Jh. v. Chr.), Aufstand (440 v. Chr.), byzant. Bes. (1124)
Samosata a. Euphrat, SO-Türkei: byzant. Erob.
Samsu-ditana (1625–1595 v. Chr.), König der I. Dynastie von Babylon
Samsu-iluna (1749 bis 1712 v. Chr.), babylonischer König der I. Dynastie von Babylon
Samudragupta (335–375), indischer König
Samurai (Buke), japan. Lehens-Kriegerstand
Sanabares, indo-parthischer König
Sanatruk, König von Hatra
Sanchuniathon (11. Jh. v. Chr.), phönikischer Priester aus Berytos (Beirut); Verfasser eines mythologischen Werks
Sandanes (Chandak; 1. Jh.), Unterkönig des Sakhakönigs Nambanos
Sanders, William T. (geb. 1926), amerikanischer Archäologe
Sandia, Kultur i. Amerika
Sandios, Hügel unweit des Mäander
Sandrakotta, s. Chandragupta
Sandrokottos, s. Chandragupta
Sandschaks, Lehensreiterei-Bezirke d. türk. Prov.
Sanduarri (um 650 v. Chr.), kilikischer König

Sane, Stadt auf der Akte in Chalkidike
Sanga, Rana (16. Jh.), König von Mevar
Sang hyang Kamahayanikan, javan. hel. Buch d. tantrischen Buddhismus
Sangiran/Java: Hominiden-Fundort
Sangoan, Kultur d. Urzeit Afrikas
Sango-Bay/Uganda: paläolith. Besied.
Sanherib (Sinachcherib); 705 bis 681 v. Chr.), assyrischer König
San Isidro b. Madrid/Spanien: paläolith. Fundort
Sankt Gallen/Schweiz: Benediktinerabtei irischer Stiftung
Sankt Gotthard/Schweiz: Alpenpaß
San Maura/Peloponnes: osman. Erob.
Sanskrit, ind. Schriftsprache
Sant Albans/Engl.: Kathed. (1077 bis 1088)
San Teodoro/Sizilien: paläolith. Fundort
Santiago de Campostela/Spanien: arab. Erob. (997), Wallfahrtsort, Ordensrittersitz
Sant'Ippolito-Kultur/Sizilien
Santon-Sekte, buddh. Schule i. Korea
Sappho (um 600 v. Chr.), griechische Dichterin
Sarah, Halbschwester und Frau Abrahams
Sardanapal, s. Assurbanipal
Sardes, Hauptst. von Lydien.
Sardinien/Mittelmeer-Insel: neolith. Kultur, Bronzezeitkultur, phönik. Handelskol. (9. Jh. v. Chr.), röm. Prov. (238 v. Chr.)
Sardo(s), afrikanischer Anführer einer Kolonistengruppe auf Sardinien nach Pausanias und Solinus
Sarduri II. (760–730 v. Chr.), König von Urartu
Sardus pater, sardinische Gottheit
Sargon I. (um 1860 v. Chr.), assyrischer König
Sargon I. von Akkad (2414 bis 2358 v. Chr.), mesopotamischer König
Sargon II. (721–705), König von Assyrien
Sargon (2371–2316 v. Chr.), Begründer der Dynastie von Akkad
Sarkel/S-Rußl.: Chazaren-Hptst. u. Festung
Sarmiento de Gamboa, Petro (1532 bis um 1592), spanischer Chronist
Sarmizegetusa/Banat: Daker-Hptst., 1. röm. Erob., (102 n. Chr.), 2. röm. Erob. (106 n. Chr.)
Sarpanitum, babylonische Geburts- und Fruchtbarkeitsgöttin und Gemahlin Marduks

Sarpedon, Sohn des Zeus und der Europa; im Trojanischen Krieg Bundesgenosse Trojas
Sarvistān/Iran: sassanid. Kgs.-Palast
Sasem, phönikischer Gott
Satakarni (1. Jh.), erster Satavahana-König
Satan, Widersacher Gottes, Teufel
Sataspes, persischer Seefahrer in Diensten des Xerxes (485–465 v. Chr)
Satemsprachen, indogerman. Sprachen, Sprache der Reibelaute, s. Arisch, Armenisch, Slavisch, Baltisch, s. auch Kentumsprachen
Satet, Göttin der Kataraktgegend
Satrapes, griechischer Gott; Vergöttlichung des Satrapen als Stellvertreter des Großkönigs
Saturnus, römischer Gott des Ackerbaus, der Obst- und Weinkultur; entspricht dem griechischen Kronos
Satyros, Kapitän und Kundschafter unter Ptolemaios II. (285–246 v. Chr.)
Saul (11. Jh. v. Chr.), König von Israel
Saussatar (15. Jh. v. Chr.), König des Mitannireichs
Savignano/Italien: jungpaläolith. Fundort
Savitri, indische Sonnengottheit
Sākala (Sagala, griech. Euthydemia)/ Pandschab, Indien: Hptst. d. indo-griech. Reiches (2. Jh. v. Chr.)
Sāmarrā/Iraq: prähist. Funde, Gründung (836) u. Hptst. (bis 891)
Sāmaveda, Teil d. Veda, Opferlieder
Sāmkhya, hinduist. philos. Schule
Schaedel, Richard (geb. 1920), amerikanischer Archäologe
Schahpur I. (242–272), Sassanidenkönig
Schahpur II. (309–379), Sassanidenkönig
Schai, Gott des 11. Gaues von Oberägypten
Schepseskaf, ägypt. König (4. Dyn.)
Schisma: erstes (Acaciusschisma), zweites (Photiosschisma), großes (endgültiges)
Schlesien/Lsch. beiderseits d. mittleren u. oberen Oder: Urnenfelder-Kultur, La Tène-Kultur
Schleswig (Haithabu)/St., Dtschl.: dän. Handelsst. (9. Jh.–um 1050)
Schliemann, Heinrich (1822 bis 1890), deutscher Archäologe, Entdecker und Ausgräber von Troja und Mykene
Schöneus (Schoineus), König von Böotien
Scholes, France (geb. 1897), amerikanischer Historiker

Schonen/Schweden: dän. (seit d. 9. Jh.)
Schoschenk I., ägypt. König (22. Dyn.)
Schoschenk II., ägypt. König (22. Dyn.)
Schoschenk III., ägypt. König (22. Dyn.)
Schu, Gott der Luft
Schutruknachunte (um 1175 v. Chr.), König von Elam
Schwäbische Alb/Gebirge, S-Dtschld.: prähist. Kultur
Schwarzrheindorf b. Bonn/Dtschl.: roman. Turmkirche (n. 1150)
Schweden/O-skand. Staat: Vorzeit, Wikingerzeit (Birgitta), (urgerman. Kunst)
Schweiz: Vorzeit, Helvetier, Römerprovinz, Alamanneneinfall, Burgunder, Frankenzeit
Scipio, Lucius Cornelius (um 259 v. Chr.), römischer Feldherr und Sohn des Lucius Cornelius Scipio Barbatus
Scipio, Publius Cornelius Aemilianus Africanus minor (um 185–129 v. Chr.), römischer Feldherr
Scipio, Publius Cornelius (um 185–129), römischer Feldherr und Konsul
Sebennytos/Ägypten: Kg.-St.
Sebilien, Kultur d. Urzeit
Sebni, Kundschafter unter Phiops II. (um 2285–2190 v. Chr.)
Sechemchêt, König (3. Dyn.)
Sechet, Göttin des Feldes
Segovia/Spanien: got. Kathed.
Sehetepibrê, Verfasser einer Lehrschrift
Sekenenrê, thebanischer König (17. Dyn.)
Sekhmet, ägyptische Gottheit
Seladon, Eisenglasur-Keramik, korean.
Selene, griechische Mondgöttin
Seler, Georg Eduard (1849 bis 1922), Amerikanist am Berliner Museum für Völkerkunde
Seleukia (n. 226 n. Chr. → Ktesiphon)/Mesopotamien: Hptst. d. Seleukiden-Reiches, Erob. durch d. Parther (141 v. Chr.), röm. Erob. (115/16 n. Chr.), röm. Erob. (165 n. Chr.), röm. Erob. (199), pers. Erob. (226)
Seleukiden (um 312 bis 64 v. Chr.), syrische Herrscherdynastie
Seleukos II. Kallinikos (246–226 v. Chr.), Seleukidenkönig
Seleukos I. (305–281 v. Chr.), Begründer der Seleukidendynastie
Seleukos (2. Jh. v. Chr.), Geograph
Selinus, Stadt in Sizilien

Selkis, Göttin (weibl. Skorpion)
Sellasia/Griechenl.: Schlacht v. (222 v. Chr.)
Semele, Tochter des Kadmos und der Harmonia; Geliebte des Zeus und Mutter des Dionysos
Semenchkarê, ägypt. König, Mitregent des Achenaten (18. Dyn.)
Semiramis (Sammuramat), legendäre Königin von Assyrien und Gemahlin des Ninos
Sempronius, Tiberius Sempronius Longus (um 218 v. Chr.), römischer Feldherr
Sena Gallica/Italien: röm. Militärkol.
Senatoren, röm. Adelsstand
Sena (15. Jh.), indischer Hymnenschreiber und Barbier
Seneb, Zwerg und Hofbeamter (6. Dyn.)
Seneca, Lucius Annaeus (um 4 v. Chr. – 65 n. Chr.), römischer Philosoph und Dichter
Seŋirli (Schamal)/N-Syrien: Hethiter-St.
Senlis/Frankr.: frühgot. Dom
Senmut, Haushofmeister der Königin Hatschepsut (18. Dyn.)
Sennacherib (705–681 v. Chr.), assyrischer König
Sens/Frankr.: frühgot. Dom
Sentium/Italien: Schlacht b. (295 v. Chr.)
Senwosret-anch, ägypt. Beamter (12. Dyn.)
Senwosri (Senwosret, Sesostris) III. (um 1878–1841 v. Chr.), ägyptischer König der 12. Dynastie
Sepa, Gott von Heliopolis (Tausendfuß)
Sephanja (7. Jh. v. Chr.), Prophet
Septimus Severus (146–211), römischer Kaiser seit 193
Sermonides von Samos, griechischer Gelehrter
Sermyle, Stadt auf Sithonia in Chalkidike
Serovo/Sibirien: neolith. Fundort
Serraferlicchio-Kultur, Kultur d. Urzeit
Sertorius, Quintus (um 123–72 v. Chr.), römischer Feldherr
Servius Tullius, 6. König von Rom
Seschât, Göttin
Sesi, Kosename → Ramses' II.
Sesklo/Griechenl.: neolith. Fundort
Sesklo-Kultur, Kultur d. Urzeit
Sesostris I. (um 1991 v. Chr.), ägyptischer König der 12. Dynastie
Sesostris II., ägypt. König (12. Dyn.)
Sesostris III., ägypt. König (12. Dyn.)
Sestos, Stadt in der thrak. Chersones
Setau, ägypt. Beamter, Gouverneur von Nubien

Sethe, Kurt, deutscher Ägyptologe (gest. 1934)
Seth, Gott der Wüste und des Gewitters
Sethos I. (1314–1292 v. Chr.), ägyptischer König der 19. Dynastie
Seti, ägypt. Architekt
Sernachte, König, Vater Ramses' III. (20. Dyn.)
Setna (Setna-Chamwêse), Held eines demotischen Romans
Severus, Lucius Septimius (193 bis 211), römischer Kaiser
Sevilla/Spanien: arab. (712 bis 1248), Normanneneinfall (844)
Sextus, Sohn des Tarquinius Superbus
Shadrapa, phönikische und karthagische Gottheit; entspricht dem römischen Liber pater
Shah Alam II. (18. Jh.), Großmogul
Shah Ismail (16. Jh.), Perserkönig
Shah Jahan (1592 bis 1666), Großmogul
Shahji (17. Jh.), Marathen-Häuptling und Lehnsmann Bijapurs
Shahu (18. Jh.), Sivajis Enkel
Shah Wali-ullah (18. Jh.), indischer Theologe
Shaibani Khan (15. Jh.), Usbeken-Häuptling
Shamshi-Adad V. (9. Jh. v. Chr.), assyrischer König und Vater des Königs Adadnirari
Shang Ti („der Erhabene Ahn"), eine Ahnengottheit; Personifizierung des T'ien
Shan-hsi (postamtl. Shansi)/Prov., St., N-China: Yanshao-Kultur i., chin. Staatsbildung i. (1800 bis 1500 v. Chr.), Schwerpunktgeb. d. alchin. Reiche, Hunnen i. (seit 220 n. Chr.), Zm. kurzlebiger chin. Dyn (907–959)
Shankaracharya (7. Jh.), indischer Brahmane und Philosoph
Shan-tung/Prov., N-China: Lung-shan-Kultur i. (ab 2000 v. Chr.), Fundgeb. altchin. Kunst, Beginn chin. Staatsbildung i. S-Sh. (1800–1500 v. Chr.), Aufstand d. Gelben Turbane (184 n. Chr.), Felsskulpturen d. Sun-Zeit i., mongol. Erob. (1258)
Shaoshyant, pers. Messiasbegriff
Shao Yung (1011–1077), Sung-Philosoph
Shed, karthagische Gottheit
Shen-hsi (postamtl. Shensi)/Prov., NW-China: Yangshao-Kultur i., Zentralgeb. d. Chou-Reiches (100–250 v. Chr.), Funde d. Hunnenkunst i., tibet. Einfluß (8.

219

Jh.), mongol. Erob., – Befriedung nach d. Mongolenzeit (1369)

Sher Khan Sur (gest. 1545), afghanischer Adliger und Herrscher von Bengalen

Sheshonq I. (950–929 v. Chr.), ägyptischer König der 22. Dynastie

Shê, Gottheit des Bodens und der Erde

Shêng Tsu, Kaiser der Mandschu-Dynastie (1662–1722)

Shên Nung (2838 bis 2698 v. Chr.), einer der „Drei Herrscher"; Gottheit der Medizin

Shên Tao, Taoist und Rechtsphilosoph

Shên Tsung, Ming-Kaiser (1572 bis 1620)

Shên Tsung, 6. Sung-Kaiser (1068–1085)

Shên Yo (441–513), Staatsmann und Dichter

Shi-ching (Buch d. Lieder)

Shih Huang Ti („Der Erste Kaiser"), Begründer des ersten zentralisierten Reiches (221–210 v. Chr.)

Shih Tsu, Kaiser der Mandschu-Dynastie (1644–1661)

Shih Tsung, Kaiser der Mandschu-Dynastie (1723–1735)

Shih Tsung, Ming-Kaiser (1521 bis 1566)

Shi-Huang-Ti (221 bis 210 v. Chr.), Kaiser von China

Shijō-Schule, japan. Malereischule

Shingon-Sekte, Sekte d. Mahāyana-Buddhismus

Shintō, Shintoismus, Urreligion Japans

Shipitbaal I. (880 v. Chr.), Herrscher von Byblos

Shipitbaal II. (um 400 v. Chr.), Herrscher von Byblos

Shishunaga (413 v. Chr.), König von Magadha

Shiva, eine der indischen Hauptgottheiten

Shōgun/Japan (8. Jh.–1867)

Shri Pulumavi, s. Vasishthiputra

Shu, ägyptischer Gott der Luft

Shu-chin (Buch d. Urkunden)

Shudraka (4. Jh.), indischer Dichter

Shukhath/Palästina: prähist. Fundort

Shun Chih, Mandschu-Kaiser, s. Shih Tsu

Shun (2255–2205 v. Chr.), einer der „Fünf Kaiser"

Shwe Dagon, hervorragendster Tempelbau Siams

Siam/Kgr. i. Hinterindien: 7.–19. Jh.: (Theravāda-Buddhismus)

Siamun, ägypt. König (21. Dyn.)

Sibawaih, arabischer Grammatiker aus Persien

Sibirien/russ. N-Asien: Paläolithikum i., Neolithikum i., Bronzezeit i., Äneolithikum i., Tataren-Reich Sibir. (seit d. 14. Jh.)

Sibitti-bi'li (8. Jh. v. Chr.), König von Byblos

Sibylle von Cumae, weissagende Frau. Führerin des Äneas durch die Unterwelt

Sibyllinische Bücher, röm. Orakelbuch

Sichem/Palästina: altkanaanit. Hlm., Hptst. Israels, Samariter-Hlm., Zerst. (120 v. Chr.)

Sidi Maula (15. Jh.), Mystiker und Scharlatan

Sidon (phönik. Siduna, jetzt Saida, Sa'īda)/ Libanon: phönik. St.-Staat, Zerst. durch d. Hyksos, assyr. Zerst., Kreuzf.-Stützpunkt

Sidon, Sohn des Kanaan

Sidqia (596–586 v. Chr.), letzter König von Juda

Siduri, Seherin aus dem „Gilgamesch-Epos"

Sidussa, Stadt in Ionien

Siebenbürgen/Lsch., Rum.: bandkeram. Töpferkunst, prähist. Kultur, dakisches Siedlungsgeb., Teil d. röm. Prov. Dacia (107–271 n. Chr.), Avareneinfall (567), Rumänentum, bulg. Erob. (808) – ung. (seit 1000), Tätigkeit d. Dt. Ritterordens (1211–1225)

Sigeion, Küstenstadt bei Ilion

Sikandar (16. Jh.), Sohn Daulat Khan Lodis

Sikania, alter Name von Sizilien

Sikanos, Fluß in Iberien

Sikeler, Barbaren in Sizilien

Sikelioten, die Griechen in Sizilien

Silenus (Silenos), Satyr, Begleiter des Bacchus

Silim-Ištar, Name in einer Gerichtsurkunde

Silistria (Durostor)/Dobrudscha: byzant., waräg. Erob. (967), bulg. Patriarchat (926–972), osman. (1394)

Silius, Catius Silius Italicus (1. Jh.), römischer Konsul, Verfasser des epischen Gedichts „Punica"

Silur, Erdzeitalter

Simmias, Kundschafter unter Ptolemaios III. (246–221 v. Chr.)

Simonides von Keos (um 556–468 v. Chr.), griechischer Chorlyriker

Simonides von Magnesia (3. Jh. v. Chr.), griechischer Schriftsteller und Geograph

Simos (um 600 v. Chr.), Leiter der phokaiischen Gründungsexpedition von Massalia

Simson, Gestalt des „Alten Testaments"; einer der Richter Israels

Sinai/Gebirge, Offenbarungsstätte Jahves, orthod. Katharinenkloster

Sinai/röm. Prov. Arabia, Halbinsel i. N d. Roten Meeres: Kampfgeb. u. Handelswege d. Ägypter

Singi, Stadt am Athos

Sin-han/O-Korea: loser Staatsverband (bis 1. Jh. v. Chr.)

Sin-iddinam (18. Jh. v. Chr.), König von Larsa

Sin-iqišam, Name in einem Dokument

Sin-magir, Name eines Statthalters in einem Brief

Sin-muballit, Name in einer Rechtsurkunde

Sin-muštal, Name in einem Brief Hammurabis

Sinonis, Gestalt aus dem Prosaroman Babyloniaka des Syrers Iamblichos; Gattin des Rhodanes

Sinope/N-Kleinasien: byzant. Hafenst.

Sinope, Tochter des Asopos

Sin-šar-iškun (622? bis 612 v. Chr.), assyrischer König

Sinter, Volk in Makedonien am Gebirge Kerkine

Sinuessa/Italien: Schlacht b. (340 v. Chr.)

Sinuhe, Held eines ägypt. Romans

Siphä, Stadt bei Thespiä in Böotien am korinth. Meerbusen

Sippar (jetzt Abū Ḥabba)/Mesopotamien: akkad. St.-Staat

Siraj (um 1211–1227), indischer Historiker

Sirhindia, Sheikh Ahmad (17. Jh.), moslemischer Philosoph

Siriptolemaios, s. Sri Pulumayi

Siro Polemaios (138–170), Andhra-König

Sisak (Siscia)/Jugosl.: Schlacht b. (388)

Sisyphos, Sohn des Aiolos, Königs von Thessalien, und der Arete

Sita, Prinzessin von Videha und Gattin Ramas

Sit-Rê, Amme der Hatschepsut (18. Dyn.)

Sivaji (gest. 1680), Sohn Shahji Bhonsles

Sizilien/Insel, Italien: prähist. Kulturen, Sikuler, Sikaner u. Elymer (seit 900 v. Chr.), griech. Kol. a., Angriff Athens (415–413 v. Chr.), Reich v. Syrakus, karthag. Stützpunkte, röm. Prov. (241 v. Chr.), Sklavenaufstand (135 v. Chr.)

Sīstān (Drangiana, Sakastan, Seistan)/Lsch. O-Irans: Erob. d. Alexander d. Gr. (330 v. Chr.), Sakenansied. (um 155 v. Chr.), arab. Erob. (7. Jh.), arab. Teilstaat unter d. Saffāriden (bis 880), türk. Erob. (1003)

Sîn, assyrischer Mondgott, identisch mit Nanna

Sîn-muballit (1812–1793 v. Chr.), babylonischer König, Vater Hammurabis

Sjuren/Krim: mesolith. Höhlenstation

Skamandros, griechischer Flußgott

Skandagupta (gest. 467), indischer König und Nachfolger Kumaraguptas

Skandeia, Stadt auf Kythera

Skione, Stadt auf Pallene in Chalkidike

Skiritis, Landstrich von Lakonika an der Grenze von Arkadien

Skiros, Insel östlich von Euböa

Skolos, Stadt unweit Olynth

Skomios, Gebirge im N von Makedonien

Skorpion, ägypt. König der Frühzeit

Skylax von Karyanda (6. Jh. v. Chr.), griechischer Geograph und Forschungsreisender im Auftrag Dareios' I. (521–486 v. Chr.)

Skylläon, Vorgeb. in Argolis zw. Trözen u. Hermione

Skylla, Tochter des Nisos, Königs von Megara

Skyros/Ägäis-Insel: neolith. Besied.

Skythen, Volk im N des Istros

Slowakei: Pfahlbauten i. d.

Smendes, Fürst von Tanis und erster König der 21. Dyn.

Smith, A. Ledyard (20. Jh.), amerikanischer Archäologe

Smith, Elliot (20. Jh.), amerikanischer Ethnologe

Smithfield-Kultur, Kultur i. S-Afrika

Smith, Sidney (20. Jh.), englischer Assyriologe

Smith, Vincent, englischer Historiker

Smon, ägypt. Gott (Nilgans), mit Amin gleichgesetzt

Snofru (3. Jahrt. v. Chr.) ägyptischer König

Sobek, Krokodilgott

Soden, Wolfram von (geb. 1908), deutscher Akkadologe

Soest/Westfalen: roman. Turmkirche (Patrokli-Kirche, 12. Jh.)

Sogdiana (Sogdien)/hist. Lsch., russ. Zentralasien, pers. Satrapie, Erob. d. Alexan-

der d. Gr. (329–323 v. Chr.), Samaniden-Herrschaft (874–999)
Sokaris, Fruchtbarkeits- und Totengott von Memphis
Sokar-Osiris (= Sokaris + Osiris) Gott
Sokrates (470–399 v. Chr.), griechischer Philosoph
Solana de Cabañas/Spanien: prähist. Fundort
Solà-Solé, J. M. (20. Jh.), französischer Semitist
Solinus, C. Iulius (um 250), römischer Grammatiker aus Astorga
Sollion, Stadt in Akarnanien
Soloeis, Stadt im W von Sizilien
Solon (um 640 – um 560 v. Chr.), griechischer Lyriker und Politiker
Solutréen, jungpaläolith. Kulturstufe W-Mitteleuropas
Solygeia, Dorf im Gebiete von Korinth
Somadeva (11. Jh.), indischer Dichter
Soma, indische Gottheit des berauschenden Saftes Soma
Somaliland NO-Afrika: Steinzeitkultur
Somasker, Mönchsorden
Sopd, Gott des Ostens
Sophagasenos (Ende des 3. Jh. v. Chr.), indischer König
Sophagasenos, s. Subhagasena
Sophienkonzil → Konstantinopel
Sophisten, griech. Klasse d. Gel.
Sophokles (um 497 – um 406 v. Chr.), griechischer Tragiker
Sophonisbe (gest. 201 v. Chr.), Tochter des Karthagers Hasdrubal
Sophon (Subhanu), indischer Verfasser eines Reiseberichts
Soter II. Lathyros, s. Ptolemaios IX.
Soto, buddh. Sekte, Richtung d. Zen-Buddhismus
Sozinianer → Unitarier
Sōn-tsong, buddh. Sekte → Zen
Spanien/Staat d. Iber. Halbinsel: Vorzeit, Karthager, Römer, W-Gotenzeit, Byzanz, Maurenzeit, Reconquista (Ritterorden)
Sparta/Peloponnes: dorischer St.-Staat
Spartok (um 437 n. Chr.), König der Spartokiden
Spartolos, Stadt etwas westl. von Olynth
Speiser, Ephraim Avigdor (1902 bis 1965), amerikanischer Orientalist
Speyer/W-Dtschl.: Dom (1030), St.-Privileg (1111)

Sphakteria, Insel an der W-Küste von Messenien
Sphinx, altägypt. Plastik
Spiegelberg, Wilhelm, deutscher Ägyptologe (gest. 1930)
Spinden, Herbert J. (geb. 1879), amerikanischer Anthropologe
Spirale: bandkeram. Hpt.-Motiv, german. Spiralenornament
Spiritualen, strenge Richtung d. Franziskaner
Split (Spalato)/Dalmatien: Kirchenversammlung v. (925)
Springbock/Transvaal: prähist. Fundort
Spy/Belgien: Hominiden-Fundort
Sri Pulumayi (Siriptolemaios; 138–170) Andhrakönig
Ssu-ch'uan/Prov., SW-China: Prov. d. Han-Reiches, Aufstand d. „Gelben Turbane" (184 n. Chr.),Teilfsm. d. Shu (221–264), tibet. Einfluß i. (8. Jh.), mongol. Erob. (1256), chin. Rückerob. (1256)
Ssŭ-ma Ch'ien (um 136 – um 85 v. Chr.), Historiker und Gelehrter der Han-Zeit; Verfasser des Shih Chi
Ssŭ-ma Kuang (1019–1086), Gelehrter und Historiker der Sung-Zeit
Ssŭ-ma T'an (gest. 110 v. Chr.), Astrologe und Historiker am Hof des Wu Ti
Ssŭ-ma Yen (236–290), Großgeneral von Wei; Begründer der Tsin-Dynastie
Stageiros, Stadt am strymonischen Meerb.
Starcevo/Serbien: neolith. Fundort
Stasinos von Cypern, griechischer Gelehrter
Statius, Publius Papinius (um 45–96), römischer Dichter
Stavenhagen, Kurt 20. Jh., mexikanischer Altamerikanist
Steggerda, Morris (geb. 1900), amerikanischer Maya-Forscher
Steiermark/Österr.: Wohnsitz d. Taurikser, Kimberneinfall (105 v. Chr.), Trennung v. Bayern, Hzm. (1180)
Steinheim/Dtschl.: Hominiden-Fundort
Steinkohlenzeit → Karbon
Steinkupferzeit → Chalkolithikum
Stentinello-Molfetta-Kultur, Kultur d. Urzeit
Stephanos von Byzanz (6. Jh.), griechischer Grammatiker
Stephens, John Lloyd (1805 bis 1852), amerikanischer Diplomat und Archäologe

Sterkfontein/Südafrikan. Union: paläolith. Fundort

Stesichoros (um 600 v. Chr.), griechischer Dichter auf Sizilien

Steward, Julian (geb. 1902), amerikanischer Ethnologe

Sthenelos, Sohn des Perseus und der Andromeda

Stheno, Schwester der Medusa

Stillbay/Kapkol.: paläolith. Besied.

Stillbay-Kultur, Kultur i. S.-Afrika

Stirling, Matthew William (geb. 1896), amerikanischer Archäologe

Stoa (Stoizismus), griech. Phil.-Schule

Stockholm/Schweden: Gründung (11. Jh.)

Stonehenge/S-Engl.: Megalithkultur v.

Storting, norweg. gesetzgebende Volksversammlung

Strabon aus Amaseia (um 64 v. bis 19 n. Chr.), griechischer Geschichtsschreiber und Geograph

Stralsund/Pommern: Nikolai-Kirche (seit 1276)

Straßburg/Elsaß: Schlacht b. (357), Eid z. (842), Münster (1015)

Straton (um 362 v. Chr.), König von Sidon

Stratos, Stadt in Akarnanien

Strato (2. Jh. v. Chr.), hellenobaktrischer König

Strepsa, Stadt in Makedonien

Strongyle, eine der Liparischen Inseln

Strymon, Fluß in Makedonien

Styra, Stadt auf Euböa

Subbiluliuma, Hethiterkönig (12. Jh. v. Chr.)

Subhagasena (Sophagasenos; gest. um 206 v. Chr.), indischer König

Suchos, Krokodilgott: siehe Sobek

Sudas (10. Jh.), König der Bharat

Südafrikan. Union/Afrika: paläolith. u. neolith. Kultur

Sugandha (10. Jh.), Königin von Kashmir

Su Hsin (1009–1066), Philosoph; Gründer der Su-Schule

Suidas (Suda), fälschlich als Personenname aufgefaßter Titel eines byzantinischen Reallexikons aus dem 10. Jahrhundert

Sui Wên Ti, Herrscher der Sui-Dynastie (580–604)

Sumu-abum (1894 bis 1881 v. Chr.), babylonischer König, Begründer der I. Dynastie von Babylon

Sumu-ilum (1894 bis 1865 v. Chr.), König von Larsa

Sumu-la-ilum (1880 bis 1845 v. Chr.), babylonischer König der I. Dynastie von Babylon

Sundara Chola, Verfasser der Anbil-Schenkungsurkunde

Sundarar (6./7. Jh.), shivaitischer Heiliger

Sung Yun (um 518–522), chinesischer Buddhist in Indien

Sunion, Vorgeb. an der S-Spitze von Attika

Sunpad (8. Jh. n. Chr.), Gefolgsmann des Abu Moslem

Suppiluliuma (14. Jh. v. Chr.), hethitischer Herrscher

Sura, jüd. Amoräer-Akad i. Babylonien

Surashmichandra, Vasall eines Gupta-Monarchen

Surāstra/Kathiawar, Indien: Herrschaftsgeb. d. Ksatrapa (1./2. Jh.), Rajputen-Kleinstaat i. (10.–12. Jh.)

Surdas (1483–1563), Hindi-Dichter

Suren, parthische Feudalfamilie

Surman, englischer Botschafter am Mogul-Hof

Surya, indische Sonnengottheit

Susa/Iran: Elamiter-Hptst., Zerst. durch d. Assyrer (639), Einzug Alexanders d. Gr. (331 v. Chr.)

Sushruta (um 300), indischer Mediziner

Su Tsung, T'ang-Kaiser (756 bis 763)

Sverdlowsk (Jekaterinburg)/Rußl.: bronzezeitl. Funde b.

Swadesh, Morris (20. Jh.), amerikanischer Sprachforscher

Swanscombe-Engl.: Hominiden-Fundort

Swartz, Frederick Christian (18. Jh.), Missionar

Sweserenre Khian, Hyksos-König und Prototyp des legendären Sesostris

Sybaris/S-Italien: griech. Gründung, Handels- u. Kulturzm., Bevölkerungsentwicklung (bis zur Zerst. durch Kroton, 510 v. Chr.)

Sybaris, Fluß bei Thurii in Unteritalien

Sybota, 1) kleine Inseln an der O-Seite von Kerkyra. 2) Hafen in Thesprotis in Epirus

Sychäus (Sychaeus), Gemahl Didos, der König von Karthago

Sydyk, phönikischer Gott der Gerechtigkeit

Syke, Stadtteil von Syrakus

Sykyrion/Griechenl.: Schlacht b. (171 v. Chr.)

Syllaeus (um 25 v. Chr.), Leiter der Gallus-Expedition

Symäthos, Fluß bei Leontini in Sizilien
Syme, Insel zw. Rhodos und Knidos
Syrakus (ital. Siracusa)/Sizilien: griech.
Gründung (um 735 v. Chr.), Handels- u.
Kulturzm., röm. Erob. (211 v. Chr.), arab.
(827–1038), byzant. Rückerob. (1038)
Syrinx, Nymphe
Ṣalāt, mohammed. Gebet
Ṣtahr → Persepolis
Šaktismus, hinduist. Kult
Śiva, indische Gottheit
Śrīvaiṇava, hinduist. Sekte
Šalmanassar I. (1274–1245 v. Chr.), assyrischer König
Šalmanassar III. (858–824 v. Chr., assyrischer König
Šalmanassar IV. (782–772 v. Chr.), assyrischer König
Šalmanassar V. (726–722 v. Chr.), assyrischer König
Šamaš, babylonischer Sonnengott, Gott des Rechts und der Gerechtigkeit, identisch mit Utu
Šamaš-eriba, Name in einem Brief
Šamaš-hasir, Name eines Statthalters in einem Brief Hammurabis
Šamaš-nasir, Name eines Statthalters in einem Dokument
Šamaš-šum-iddin, Name in einer Gerichtsurkunde
Šamaš-šum-ukin (668 bis 648 v. Chr.), babylonischer König
Šamšī-Adad I. (um 1814–1782 v. Chr.), assyrischer König
Šamšī-Adad V. (823–811 v. Chr.), assyrischer König
Šan-Koba/Krim: mesolith. Höhlenstation
Šara, Schutzgottheit von Umma
Šarkališarri (2254 bis 2230 v. Chr.), Herrscher des akkadischen Weltreichs aus der Dynastie von Agade
Šattuara I. (um 1300 v. Chr.), Herrscher des Mitannireichs
Šattuara II. (13. Jh. v. Chr.), letzter König des Mitannireichs
Šerua, assyrische Schöpfungsgöttin, ursprünglich Gemahlin Aššurs
Šiškino a. d. Lena/Rußl.: paläolith. Fundort
Šub-Ad, Name in einer Grabinschrift
Šubiša, Name in einem Dokument
Šulgi (2095–2048 v. Chr.), Herrscher der III. Dynastie von Ur
Šulšagana, Gott

Šum-ukin, Name in einem Dokument
Šuppiluliuma (1375 bis 1335 v. Chr.), König des Hethiterreichs
Šuttarna II. (um 1390 v. Chr.), König des Mitannireichs
Šuzubu, Name in einem Brief
Šū-Suen (2038–2030 v. Chr.), Herrscher der III. Dynastie von Ur

Thomas (gest. 68), Apostel Christi
Tabnit (5. Jh. v. Chr.), König von Sidon
Taboriten, radikale Richtung d. Hussiten
Tabu, prähist. Vorschriften
Tacitus, Cornelius (um 55 bis um 120), römischer Geschichtsschreiber (Germania)
Tadmor, H. (20. Jh.), englischer Assyriologe
Täbris (Tabrīz, griech. Tauris)/iran. Azerbaidschan: Hptst. d. Ilchane
Tänaros, westl. S-Spitze von Lakonika
Taginae/Italien: Schlacht b. (552)
Taharka (Tearchos, Tirhaka; 688–663 v. Chr.), ägyptischer König der 25. Dynastie
Taharke (Äthiope), König (25. Dyn.)
Taharqa (um 670 v. Chr.), äthiopischer König von Ägypten der 25. Dynastie
Tahiti/Hpt.-Insel d. Gesellschafts-Inseln: Tangaroaner-Einwanderung (um 500–300 v. Chr.), Kulturbeziehungen zu Altperu
Taifang/Lsch., NW-Korea: chin. Grenzmark (bis 313 n. Chr.)
T'ai I. (der „Großeine", die „große Einheit"), Gottheit
T'ai-p'ing, chin. halbchristl. Sekte
Taisho (702), altjapan. Gesetzbuch
T'ai Tsung, Gründer der T'ang-Dynastie und 2. T'ang-Kaiser (627–649)
T'ai Tsung, 2. Mandschu-Kaiser (1627–1643)
T'ai Tsung, 2. Sung-Kaiser (976–997)
T'ai Wu Ti, 3. Kaiser der nördlichen Wei (424–452)
Takelot II., ägypt. König (22. Dyn.)
Talbot Rice, D. (20. Jh.), englischer Kunsthistoriker
Talmud: spätjüd. Gesetzessammlung
Talos, Gigant mit ehernem Leib, den Hephästos dem König Minos als Wächter geschenkt hatte
Tamil, Dravida-Sprache
Tamlatum, Name in einem Brief

Tammuz, babylonische und assyrische Gottheit

Tammuz (Dumuzi), sagenhafter König von Uruk; chthonischer Fruchtbarkeits- und Hirtengott

Tanagra, Stadt in Böotien

Tancanama, legendärer erster Herrscher des Chimoreichs

T'ang, Gründer und 1. Herrscher der Shang- (oder Yin-)Dynastie (1766 bis 1753 v. Chr.)

T'ang Mêng (2. Jh. v. Chr.), Offizier und Unterhändler in Kanton

Tanit, Hauptgöttin im antiken Nordafrika; Stadtgöttin Karthagos; entspricht der phönikischen Astarte, der griechischen Hera, der römischen Juno

Tanit Pene Baal (= Baals Antlitz)

Tanka, japan. Gedichtsform

Tantalos, Sohn des Zeus

Tantrismus: buddh., hinduist.

Tanuatamun (664–656 v. Chr.), ägyptischer König

Tao, chin. philos. Begriff

Tao Hsüan (gest. 667), Gründer der Lu Tsung

Tao Kuang, Mandschu-Kaiser, s. Hsüan Tsung

Taormina/Sizilien: arab. Erob. (902)

Tao-tê-ching, Werk d. Laotse

Tapae/SW-Karpaten (Daker-St.): Schlacht b. (87 n. Chr.)

Tapsos-Kultur/Sizilien

Taq-i-Bostan (Tāq-i Būstān)/Iran: sassanid. Felsbilder v.

Taradell (20. Jh.), spanischer Archäologe

Taramelli, italienischer Archäologe

Taranatha (16. Jh.), buddhistischer Mönch und Geschichtsschreiber

Tardenoisien, Kultur d. Mittelsteinzeit

Tarditu-Aššur, Name in einem Brief

Tarent/S-Italien: neolith. Kultur, griech. Gründung, St.-Staat, Handels- u. Kulturzm., Civitas foederata Roms, byzant. Erob. (885)

Tarimbecken/Sinkiang, NW-China: prähist. Kulturen, indoeurop. Oasenstädte i. (bis 10. Jh.)

Tarpeia, Tochter des Spurius Tarpeius

Tarpeius, Spurius, Befehlshaber der römischen Burg unter Romulus

Tarquinia/Italien: Etrusker-St.

Tarquinius Priscus, 5. König von Rom

Tarquinius Superbus, 7. König von Rom; soll von 534–510 v. Chr. regiert haben

Tarqū (689–664 v. Chr.), ägyptischer König

Tarragona (Tarraco)/Spanien: Hptst. d. röm. Prov. Spanien (25 v. Chr.)

Tarsos/Kleinasien: pers. Erob. (260 n. Chr.), byzant. Erob. (965)

Tartaros, die Unterwelt; bei Hesiod personifiziert

Tartessos/SW-Spanien: phönik. Handelskol.

Tasien, Kultur d. Urzeit

Tašmetum, babylonisch-sumerische Göttin und Gemahlin Nâbûs

Tatenen, Urgott von Memphis (später mit Ptah gleichgesetzt)

Ta-t'ung/Shan-hsi, China: Hptst. d. Toba-Reiches (386–493), b. Ch'i-tan-Reich (10./11. Jh.), Erob. d. Dschingis-Chan (1211)

Taugast (arab. Tamġāġ, türk. Tabghač), griech. Name f. China

Taulantier, Volk in Illyrien

Taungs/Betschuanaland: Hominiden-Fundort

Taxila/Kashmir: Erob. d. Alexander d. Gr. (326 v. Chr.)

Taxiles, König von Taxila und Zeitgenosse Alexanders des Großen (336–323 v. Chr.)

Tearchos, s. Taharka

Teaspes, Vater des Sataspes

Teeple, John Edgar (1874 bis 1931), amerikanischer Chemiker und Maya-Forscher

Tefênet, Göttin der Feuchtigkeit

Tefnachte, König von Saïs (24. Dyn.)

Tegea/Peloponnes: Athenetempel v. (395 v. Chr.)

Teheran (Tihrān)/Iran: pers. Hptst.

Teichion, Städtchen in Ätolien

Teichiussa, Stadt im Gebiet von Milet

Teiresias (Tiresias), Sohn des Eueres und der Nymphe Chariklo, berühmter thebanischer Seher

Teje, ägypt. Königin, Gemahlin Amenophis' III. (18. Dyn.)

Tekoschet, nubische Dame

Tektaios (Mitte 6. Jh. v. Chr.), griechischer Bildhauer

Telamon/Italien: Schlacht b. (225 v. Chr.)

Telamon, König von Salamis und Sohn des Aiakos, Bruder des Peleus

Telegonos, Sohn des Odysseus und der Kirke

Teleilât (Telehat) Ghassul/Palästina: prähist. Fundort

Telemachos, Sohn des Odysseus und der Penelope

Telephanes, griechischer Bildhauer zur Zeit des Dareios und Xerxes (485 bis 465 v. Chr.)

Telephos, Sohn des Herakles und der Auge, einer Priesterin der Athene

Telipinu, hethitischer Vegetationsgott

Tell al-Ubaid (Tall al-'Ubayd)/Mesopotamien: prähist. Fundort

Tell Halaf (Tall Halâf/Mesopotamien: prähist. Fundort, Kultur d. Steinkupferzeit

Tell Hassuna b. Mosul/Iraq: prähist. Fundort

Tello, Julio T. (1880–1947), peruanischer Archäologe

Temenites, Platz bei Syrakus

Tempepaß/Griechenl.: Bes. i. 2. Perserkrieg (480 v. Chr.)

Templer, Ritterorden

Temudschin, s. Dschingis Khan

Tendai-Sekte: buddh. Lehre i. Korea

Tenedos, Insel an der Küste Kleinasiens

Tennes (354–344 v. Chr.), König von Sidon

Tenochtitlan → Mexiko

Tenos, eine der kyklad. Inseln

Teos, Stadt in Ionien

Teotihuacan/Mexiko: Tolteken-St.

Tepe Hissar (Tepe Hisâr)/Iran: prähist. Sied.

Tepe Sialk/Iran: prähist. Sied.

Tepexpan/Mexiko: prähist. Fundort

Tepeyollotl, mexikanischer Gott des Erdinnern, entspricht dem Jaguargott der Maya

Teputztitoloc (um 1521), aztekischer Häuptling

Terek (gebiet)/Fl., Rußl.: Alanengeb., Chazarengeb. (7. bis 11. Jh.)

Tereus, Gemahl der Prokne

Terias, Fluß bei Leontini in Sizilien

Terillos (5. Jh. v. Chr.), Herrscher von Himera

Terinäischer Busen an der W-Küste von Italien, heute Golfo di Sant' Eufemia

Termopylen/Griechenl.: Schlacht b. (480 v. Chr.), Schlacht b. (191 v. Chr.)

Terramaren-Kultur, Kultur d. Urzeit

Tertiär, Erdzeitalter

Tertiarier, Laienorden

Tertry/Frankr.: Schlacht b. (687)

Tertullianus, Quintus Septimius (um 160 – nach 220 n. Chr.), römischer Kirchenschriftsteller

Teti, ägypt. König (6. Dyn.)

Teti-scheri, ägypt. Königin, Vorfahrin König Amosis'

Tetramnestos (um 480 v. Chr.), Flottenadmiral von Sidon

Tetzcoco/Mexiko: Azteken-St.

Teucrus (Teucros, Teuker), Sohn des Telamon und der Hesione; Verbündeter der Griechen im Kampf um Troja

Teutlussa, Insel unweit Halikarnassos

Teutoburger Wald/Dtschld.: Schlacht a. (9 n. Chr.)

Tezcatlipoca, Gottheit, die Quetzalcoatl überwand

Tezozomoc (gest. 1426), Herrscher von Atzcapotzalco

Tezozómoc, Hernando Alvarado (1519–1599), mexikanischer Historiker

Ténéré, Lsch., Sahara: prähist. Funde

Tê Tsung, T'ang-Kaiser (779 bis 805)

Thales von Milet (um 640–547 v. Chr.), griechischer Philosoph und Mathematiker

Thanatos, s. Mot

Thanatos, Sohn der Nyx (Nacht), Todesgott

Thapsos, Landzunge u. Stadt unweit Syrakus

Thapsus/Tunis: Schlacht b. (46 v. Chr.)

Thasos, Insel an der thrak. Küste

Theagenes aus Rhegium (um 537), griechischer Gelehrter

Theatiner, Mönchsorden

Theben/Griechenl.: griech. St.-Staat, Zerst. d. Alexander d. Gr. (335 v. Chr.), Normanneneinfall (1147)

Theben (jetzt Karnak u. Luxor)/Ägypten: altägypt. Kgsst. u. Kulturzm., assyr. Erob.

Themen, byzant., Militärbezirke

Themistios (um 317 bis um 388 n. Chr.), griechischer Redner und Schriftsteller

Themis, Tochter des Uranos und der Gaia; Titanin, Mutter der Horen

Themistokles (um 525–459 n. Chr.), athenischer Feldherr und Staatsmann

Thennit, s. Tanit

Theognis von Megara (um 550 v. Chr.), griechischer Dichter

Theoklymenos, Seher aus Argos

Theokritos (Theocritus) (um 310 bis um 250 v. Chr.), griechischer Dichter

Theophanes von Mytilene, griechischer Geschichtsschreiber in Diensten des Pompeius (106–48 v. Chr.)

Theophilos (1. Jh.), Kaufmann und Seefahrer

Theophrastos (um 372–287 v. Chr.), griechischer Philosoph

Theophylaktos Simokatta, byzantischer Historiker

Theopompos von Chios (um 377 bis um 324 v. Chr.), griechischer Geschichtsschreiber

Theosophische Gesellschaft, Vereinigung z. Vermittlung östl. Gedankengutes

Thera, eine der kyklad. Inseln

Therapeuten, mönchsähnl. Verband i. Ägypten

Theravāda-Buddhismus: Ceylon, Hinterindien

Therme, Stadt in Makedonien

Thermopylä, Stadt und Engpaß in Böotien

Theron (um 480 v. Chr.), Tyrann von Agrigent

Thersites, Grieche im Lager vor Troja, der seiner Lästerzunge und seiner Feigheit wegen berüchtigt wurde

Theseus, Gestalt aus der griechischen Mythologie; Sohn des Ägeus, Königs von Athen, und der Aithra

Thespiä, Stadt im S von Böotien

Thespis (6. Jh. v. Chr.), griechischer Tragiker

Thesproter, Volk in Epirus

Thessalien/griech. Lsch.: Sesklo-Kultur u. bandkeramische Einbrüche, Plünderung durch d. Goten (395/96 n. Chr.)

Thessalonike (Saloniki)/Griechenl.: Mission d. Paulus, Civitas foederata Roms, zweitgrößte byzant. Reichs-St., Slawenangriffe (675 bis 691), Magyareneinfall, arab. Plünderung (904)

Thestios, König von Aitolien; Vater der Leda

Thetis, Nereide; Tochter des Nereus, Mutter Achilleus'

Thinet, s. Tanit

Thing, german. Volksversammlung

Thinis (griech. Abydos)/Oberägypten: ägypt. Gräber- u. Kultstätte

Thisbe, junges Mädchen aus Babylon, Geliebte des Pyramus

Thoëris, Göttin von Theben. Schützerin der Frauen (Nilpferd)

Thomas, Apostel Christi

Thomaschristen, Christen d. W-ind. Malabarküste

Thomismus, phil.-theol. Lehre n. Thomas v. Aquino

Thompson, John Eric Sidney (geb. 1898), englischer Archäologe

Thompson, R. Campbell (20. Jh.), englischer Semitist

Thomson, Edward (20. Jh.), englischer Archäologe

Thora, jüd. Gesetz d. 5 Bücher Mose

Thor, Donnergott

Thorikos Demos, an der O-Küste von Attika

Thot, Tnoth, ägyptischer Mond- und Weisheitsgott, als Ibis und Pavian in Hermupolis verehrt

Thrakien/Lsch., SO-Europa: Ansied. d. Thraker (um 1400 v. Chr.), bandkeramische Kultur, makedon. (339–323 v. Chr.), Kelteneinbruch (um 280 v. Chr.), röm. (seit 46 n. Chr.), Goteneinfall (um 250 n. Chr.), Slawenansied. (seit 578)

Thriasisches Gefilde, bei Eleusis in Attika

Thronion, Stadt im Epiknemid. Lokris.

Thüringen/Dtschl.: prähist. Kultur, Avareneinfall (562)

Thukydides (460 – nach 400 v. Chr.), athenischer Geschichtsschreiber

Thule-Kultur, Eskimokultur

Thun/Schweiz: kelt. Gründung

Thuria, Stadt in Messenien

Thurii oder Thuria, Stadt in Unteritalien

Thutmosis I. (1540–1501 v. Chr.), ägyptischer König der 18. Dynastie

Thutmosis III. (1501–1448 v. Chr.), ägyptischer König der 18. Dynastie

Thutmosis IV. (1413–1405 v. Chr.), ägyptischer König der 18. Dynastie

Thyamis, Fluß zw. Thesprotis und Kestrine in Epirus

Thyamos, Berg in Akarnanien

Thyestes, Sohn des Pelops und der Hippodameia; Bruder des Atreus

Thyrea, Stadt in Kynuria in Argolis

Thyssos, Stadt auf der Akte in Chalkidike

Tiamat, in der babylonischen Mythologie weibliches Urwesen, Ur-Ozean und Chaosmacht

Tiastames, s. Chastana

Tiberius, Claudius Nero (42. v. Chr. bis 37

n. Chr.), römischer Kaiser seit 14 n. Chr.
Ticinus/Fl., Italien: Schlacht a. (218 v. Chr.)
Ti, die Erde, personifiziert als weibliche
  Gottheit
T'ien, der Himmel, personifiziert als oberste
  Gottheit
Tien-shan/zentralasiat. Gebirge: prähist.
  Kulturen i., Uighuren-Reich (8. Jh.)
T'ien T'ai, Schule d. chin. Buddhismus
Tiflis (Tbilisi)/Georgien, UdSSR: Grabbau-
  ten b. (2. Jahrtausend v. Chr.), georg.
  Hptst. (5. Jh. bis 1088, seit 1122)
Tiglat-Pileser I. (1115–1077 v. Chr.), assyri-
  scher König
Tiglat-Pileser II. (966–935 v. Chr.), assyri-
  scher König
Tiglatpilesar III. (745–727 v. Chr.), assyri-
  scher König
Tigranes I. (um 95–56 v. Chr.), armenischer
  König
Tigranokerta/Armenien: Schlacht b. (69 v.
  Chr.), vorchristl. Bauten i., röm. Einn.
  (59 n. Chr)
Ti, Großgrundbesitzer (5. Dyn.)
Tikal/Yucatan: Maya-St.
Tilatäer, Volk nördl. von Makedonien
Timagetos (4. Jh. v. Chr.), griechischer Geo-
  graph
Timaios (um 356 – um 260 v. Chr.), griechi-
  scher Geschichtsschreiber
Timarchos, Statthalter der seleukidischen
  Ostprovinzen
Timmari/Italien: prähist. Gräberfeld
Timokles, attischer Komödienschreiber
Timoleon (um 410 – nach 336 v. Chr.), ko-
  rinthischer Feldherr
Timonovka/Ukraine: paläolith. Jägerlager
Timur Lenk, Tamerlan (1336–1405), Groß-
  khan der Mongolen
Tindaris (ital. Tindari)/Sizilien: griech. Kol.
  u. Kulturzm.
Tiphys, Steuermann der „Argo"
Tipu (18. Jh.), Sohn Haidar Alis
Tiridates I. (? bis 211 v. Chr.), Bruder des
  Arsakes I.
Tirol/Österr.: bronzezeitl. Bergbau i., Ab-
  trennung v. Bayern (1180), Personaluni-
  on m. Kärnten (1282)
Tiryns/Griechenl.: bronzezeitl. Kultur
Tissaphernes, persischer Satrap und Feld-
  herr unter Dareios II. und Artaxerxes II.
  (405 bis 359 v. Chr.)
Tissa (3. Jh. v. Chr.), König von Ceylon

Titanus, Maes (um 100), makedonischer
  Kaufmann
Tithonos, Gemahl der Eos
Ti Tsang Wang (Kshitigarbha), König der
  Unterwelt
Titus Herminius, römischer Soldat
Titus, Sohn des Tarquinius Superbus
Titus Tatius, König der Sabiner
Tityos, Sohn des Zeus; Riese
Tiu, indoeuropäischer Wettergott
Tiuz, Gott des Thinges
Tivoli (Tibur)/Italien: Hadriansvilla
Tizoc, Oberster Sprecher der Azteken
  (1481–1486)
Tjetji, hoher Beamter des Alten Reiches
Tlacaellel (1400 bis um 1480), Stellvertreter
  des Obersten Sprechers der Azteken
Tlacopan/Mexiko: Azteken-St.
Tlahcateotl, zweiter Herrscher von Tlatelol-
  co
Tlahuicole, Krieger aus Tlaxcala
Tlalchitonatiuh („Sonne am Horizont"),
  Gott des Kriegerkultes
Tlaloc, mexikanischer Regengott; entspricht
  dem mayanischen Chac
Tlaxcala/Mexiko: Tolteken-St.
Toci, mexikanische Muttergöttin der
  Fruchtbarkeit
Todar Mal, Akbars Steuerminister
Tohan Timur (1320–1370), letzter Kaiser
  der Yüan-Dynastie (1333–1368)
Toledo (Toletum)/Spanien: Hptst. d. W-
  Goten-Reiches (507–713), arab. Einn.
  (711), Aufstand (876/37)
Tollamimichtzin, Oberhaupt der Kaufleute
  von Tlatelolco unter Quauhlahtonatzin
Tollan/Mexiko: Tolteken-Hptst.
Tolophon, Stadt im Ozol. Lokris
Tomyris, Königin der Massageten
Tonking/N-Vietnam: annamit. Sied.-Geb.,
  chin. Erob. (43 n. Chr.), Einströmen d.
  Buddhismus n., chin. (3.–10. Jh.), javan.
  Erob. (767), annamit. (seit 939)
Topa Inka Yupanqui, zehnter Inka-Herr-
  scher (1471–1493)
Toparca (gest. 1533), vierzehnter, von den
  Spaniern eingesetzter Inka-Herrscher
Toramana (um 500), indischer Hunnenkö-
  nig
Torone, Stadt auf Sithonia in Chalkidike
Torquemada, Thomas de (1420 bis 1498),
  Dominikaner und erster Großinquisitor
  von Spanien (1484–1498)

Torre Castelluccia/Italien: bronzezeitl. Gräberfeld
Torresstraße/Meerenge zwischen Austr. u. Neuguinea: prähist. Wanderung
Tosar, auch Tansar (3. Jh. n. Chr.), religiöser Führer unter Ardaschîr
Toscana (Etrurien, Tuscien)/Lsch., Italien: prähist. Kultur, etrusk. Besied.
Toscanella Imolese/Italien: prähist. Fundort
Toskana → Toscana
Toul/Frankr.: Bm. (seit d. 4. Jh.)
Toulouse (Tolosa)/S-Frankr.: Hptst. d. Tolosan. Reiches d. W-Goten, fränk., roman. Dom (1096)
Tournai/Niederl.: got. Dom (seit 1140)
Tournus/Frankr.: karoling. Kirche St. Philibert
Tours/Frankr.: karoling. Kirche St. Martin
Tours u. Poitiers: Schlacht zwischen (732)
Tou (2. Jh. v. Chr.), Gemahlin des Han-Kaisers Hsiao Wên
Toynbee, Arnold Joseph (geb. 1889), englischer Historiker
Tōshōdaiji/japan. Kloster: altjapan. Tempelanlage
Trachis, Stadt in Thessal. an der Grenze des Epiknem. Lokris
Tragia, Insel bei Milet
Traiansäule/Rom, Denkmal f. d. röm. Sieg über d. Daker
Trajan (Marcus Ulpius Traianus, 53–117), römischer Kaiser
Transkaukasien/Geb. zwischen Kaukasus u. nördl. Randgebirge d. armen. Hochld.: prähist. Kulturen, arab. (seit d. 7. Jh.)
Transoxanien/Lsch. jenseits d. Oxus, russ. Mittelasien: Seidenstr. durch T., Einfall d. Weißen Hunnen (5. Jh.), arab. Erob. (709–712), Samānidenstaat (9.–10. Jh.), Islamisierung (10. Jh.)
Transvaal/Südafrikan. Union: paläolith. u. neolith. Kultur
Trasimenische Seen/Italien: Schlacht b. d. (217 v. Chr.)
Trerer, Volk nördl. von Makedonien
Triballer, Volk ebenda
Trient (ital. Trento)/Italien: langobard. Grenz-Hzm.
Trier/Dtschld.: Hptst. d. Treverer, röm. Grenzst.
Triest (ital. Trieste, slowen. Trst, latein. Artemidorus, Tergeste)/St. a. d. nördl.

Adria: b. d. Illyrt Provinz d. franz. Ks.-Reiches
Trimborn, Hermann (geb. 1901), deutscher Ethnologe und Amerikanist
Trinakria, alter Name von Sizilien
Triopion, Vorgeb. von Knidos
Tripodiskos, Dorf am Gebirge Geraneia in Megaris
Tripolitanien (ital. Tripolitania)/Ld. N-Afrika: arab. Erob. (648), osman. Oberherrschaft (seit 1517)
Triptolemos, Sohn des Königs Keleos von Eleusis
Tritäer, im Ozol. Lokris
Triton, Sohn des Poseidon und der Amphitrite; griechischer Meergott
Trivikrama (um 753), Verfasser eines Schenkungsprotokolls
Troas/antike Lsch. (Umgebung Troias), W-Kleinasien: neolith. Kultur
Trözen, Stadt im S von Argolis
Trogilos, Hafen nördl. von Syrakus
Troia (Ilion, latein. Ilium)/W-Kleinasien: bronzezeitl. St., i. d. griech. Mythologie u. Dichtung, got. Zerst. (263 n. Chr.) → Schliemann
Troilus, trojanischer Prinz, jüngster Sohn Priamos' und Hekubas
Trois Frères (Dreibrüdergrotte)/Frankr.: eiszeitl. Wohnhöhle
Trotilon, Ort nahe am Fl. Pantakyas in Sizilien
Trst → Triest
Ts'ai Ching (1046–1126), Minister der Sung
Ts'ao Hsüeh-ch'in (1719 bis 1763), vermutlicher Verfasser eines Teils des Hung Lou Mêng
Tsao P'ei (188–227), Sohn des Ts'ao Ts'ao: Kaiser der Wei-Dynastie
Ts'ao T'sao (155–220), General; Gründer des Wei-Reichs
Tschandragupta (331 bis 297 v. Chr.), indischer Herrscher, Begründer der Maurya-Dynastie
Tseng Kuo-fan (1811–1872), Heerführer
Tsin Wu Ti, s. Ssŭ-ma Yen
Tso Shih (um 300 v. Chr.), angeblicher Verfasser des Tso Chuan
Tuc d'Audoubert/Frankr.: paläolith. Wohnhöhle
Tueris, ägyptische Gottheit
Türkei/kleinasiat. Staat: Steppenreich d.

Turkvölker, Seldschuken- u. Osmanenreiche, 11.–20. Jh.
Tui, Oberste der Tempeldienerinnen des Min
Tuja, Mutter der Königin Teje
Tukulti-Ninurta I. (1244–1208 v. Chr.), assyrischer König
Tukulti-Ninurta II. (890–884 v. Chr.), assyrischer König
Tullus Hostilius, 3. König von Rom; Zerstörer von Alba Longa
Tulsi Das von Benares (1532 bis 1623), der größte Dichter in Avadhi
Tulumaya, s. Ptolemaios II. Philadelphos
Tumba-Kultur, Kultur d. Urzeit
T'ung-k'ou/Mandschurei: Höhlengemälde v. (5. Jh.)
Tunis (az-Zaytūna)/St u. Ld. N-Afrika: paläolith. Kultur, neolith. Kultur, arab. Erob. (670)
Tun-kuang/NW-China: Tarimkunst, Höhlentempel i. (5. Jh.), Umschlagplatz a. d. Seidenstr.
Tupac Amaru (gest. 1572), letzter Inka-Herrscher
Tupac Amaru, José Gabriel (1740–1781), peruanischer Indianerhäuptling, Nachkomme des letzten Inka-Herrschers Tupac Amaru
Turkestan/Geb. Zentralasien: prähist. Kultur, Skythen i. (bis 750 v. Chr.), Hunnen i. W-T. (2. Jh. n. Chr. – 12. Jh.), chin. Militärkolonie i. (1. Jh.), chin. T.-Kriege (629–640)
Tusa, I. (20. Jh.), italienischer Archäologe
Tusculum/Italien: Latinerst. Mysterien d. Dionysos i.
Tu Shan (557–640), Mönch; Begründer der Hua-Yen-Schule
Tušratta (um 1350 v. Chr.), König des Mitannireichs
Tutanchamun, ägypt. König (18. Dyn.)
Tutanchaten: siehe Tutanchamun
Tuthmosis I., ägypt. König (18. Dyn.)
Tuthmosis II., ägypt. König (18. Dyn.)
Tuthmosis III., ägypt. König (18. Dyn.)
Tuthmosis IV., ägypt. König (18. Dyn.)
Tydeus, Sohn des Oineus, Königs von Aitolien, Vater des Diomedes
Tyndareus, Vater des Polydeukes (Pollux)
Typhon, Gestalt aus der griechischen Mythologie; schlangenleibiger Riese
Tyrannis, griech. Herrschaftsform

Tyros (phönik. Zor)/Syrien: phönik. St.-Staat, Zerst. durch d. Hyksos, 13jährige babylon. Belag., Erob. d. Alexander d. Gr. (332 v. Chr.), Kreuzf.-Stützpunkt
Tyrsener (Tyrrhener), alter Volksstamm
Tyrtaios (Mitte 7. Jh. v. Chr.), griechischer Lyriker
Tzek, Juan (16. Jh.), Vorsteher von Yaxcaba
Tzontantzin, Oberhaupt der Kaufleute von Tlatelolco unter Tlahcateotl
Tzultacah, Götter der Erde, Berge und Täler
Tzutecatzin, Oberhaupt der Kaufleute von Tlatelolco unter Quaquanhpitzaua
Tzutzumatzin (15. Jh.), Oberster Sprecher des Stadtstaates Coyoacan

Uaxactum/Yucatan: Maya-St.
Ubar-tutu, Vater Utnapištims
Uchtata/Tunis: prähist. Fundort
Udayana (10. Jh.), indischer Philosoph
Udayaraja (15./16. Jh.), Hofdichter des Sultans Mahmud Begarha
Udayin (4. Jh. v. Chr.), König von Avanti
Uganda/O-Afrika: Paläolithikum, Neolithikum
Ugarit (jetzt Ra's Šamra)/N-Syrien: N-phönik. St., heth. Vasallenfsm., Zerst. 268
Uhle, Max (1856–1944), deutscher Archäologe
Uji[b. Kyōtō, Japan: Phönixhalle i. (1053)
Ukin-Zer (732–730 v. Chr.), Usurpator des babylonischen Thrones
Ukraine/UdSSR: prähist. Kulturen, skythisch, westhunnisch
Ulamburiaš (15. Jh. v. Chr.), babylonischer König der Kassitendynastie
Ulemā, osman. Klasse d. Schriftgel. (Kadi u. Müfti)
Ullusunu (8. Jh. v. Chr.), König der Mannäer
Ulomos, phönikische Gottheit
Umma (jetzt Gocha, Gūhā)/Mesopotamien: summer. St.-Staat
Ummanaldaš (7. Jh. v. Chr.), König von Elam
Ummanigaš (7. Jh. v. Chr.), König von Elam
Ummiashtart (5. Jh. v. Chr.), Königin von Sidon und Mutter Eshmunazars II.
Una, hoher ägypt. Beamter (6. Dyn.)
Unas, ägypt. König (5. Dyn.)
Unasagusu (5. Jh. v. Chr.), König von Ledra
Unbeschuhte Augustinereremiten, Mönchsorden

Unbeschuhte Karmeliten, Mönchsorden
Unter-Wisternitz/Mähren: paläolith. Fundort
Upanisaden, Teil d. ind. Veden-Lit.
Uppsala/Schweden: german. H/m., Zerst. d. heidn. Tempels, polit. u. sakral. Hptst., Dom (seit 1230)
Uräus, Kronenschlange des ägypt. Königs: siehe Edjôa
Ural/Gebirge, Sowjetunion: Entstehung i. Karbon, prähist. Kulturen
Uranos, der Himmelsgott
Uranos, Sohn und Gemahl der Gaia
Urartu (Uruartu), bibl. Ararat/Armenien: Reich
Uraš, Gottheit
Urco (15. Jh.), Sohn des Inka Viracocha
Urfa (Edessa)/N-Mesopotamien: Schlacht b. (260), byzant., pers. Bes. (603–620), arab. (646) byzant. Erob. (974) byzant. Erob. (1032), Kreuzf.-Staat (1098–1144)
Urimilk (5. Jh. v. Chr.), König von Byblos
Ur (jetzt Muġayyir)/Mesopotamien: sumer. St-Staat
Urkhilina (um 850 v. Chr.), König von Hama
Ur-Nammu (2113 bis 2096 v. Chr.), Begründer der III. Dynastie von Ur
Ur-Nanše (26. Jh. v. Chr.), Begründer der Lagaš-Dynastie
Urnenfelderkultur (ca. 1000), s. a. Lausitzer Kultur
Urnenfelderkultur, Kultur d. Bronzezeit
Ur-Ninmar-ka, Name in einem Dokument
Uršanabi, Fährmann im Gilgameš-Epos
Urukagina (25. Jh. v. Chr.), König von Lagaš
Uruk (bibl. Erech, arab. Warka)/SO-Mesopotamien: sumer. Hptst.
Uru-milki (um 700 v. Chr.), König von Byblos
Urzanu (8. Jh. v. Chr.), Statthalter des urartäischen Stadtstaates Musasir
Urzeit → Archäozoikum (geol.)
Usaphais, ägypt. König (1. Dyn.)
Usa, Sohn eines libyschen Häuptlings
Useramun, thebanischer Beamter (18. Dyn.)
Userhêt, Oberpriester, Sekretär König Amenophis' II. (18. Dyn.)
Userkaf, ägypt. König (5. Dyn.)
User, Wesir (18. Dyn.)
Ushavadatta (um 42), Sohn des Dinika
Usimarênacht, Oberpriester aus Koptos
Usimarê, Thronname Ramses' II.

Usoos, mythologischer Erfinder der Kleider
Uštan-Šarri, Name in einem Brief
Utica/N-Afrika: phönik. Kol., Civitas foederata Roms
Utnapischtim, akkadischer Weiser
Utnapištim, Held einer babylonischen Sintflutmythe
Utrecht/Niederl.: U.-Psalter (um 830), got. Kathedrale (nach 1245)
Uttu, nach einem sumerischen Schöpfungsmythos Tochter von Enki und Ninkurra
Utu-hengal (2120 bis 2114 v. Chr.), Herrscher von Uruk
Utu, sumerischer Sonnengott, Gott des Rechts und der Gerechtigkeit, identisch mit Šamaš
Uxmal/Yukatan: Maya-St.

Vachaspatimishra, brahmanischer Philosoph
Vadimonische Seen/Italien: 1. Schlacht b. d. (307 v. Chr.), 516 – 2. Schlacht b. d. (280 v. Chr.)
Vadstena/Schweden: Hptkloster d. Birgittenordens
Vaibhāṣika, ind. philos. Schule d. „Kleinen Fahrzeugs"
Vaillant, Georges C. (20. Jh.), amerikanischer Archäologe
Vainamoinen, Held des finnischen Epos „Kalevala"
Vairocana (chin. P'i-lu Fo), der Allgegenwärtige, der Allwissende; einer der höchsten Buddhas
Vaiśali/NO-Indien: 2. buddhist. Konzil. v. (378 oder 383 v. Chr.)
Vaiśeṣika, brahman. philos. System
Vaiśyas, ind. Klasse d. Wirtschaftenden
Vajrabodhi (chin. Chin-kang Chih; 7./8. Jh.), indischer buddhistischer Mönch; Begründer des Tantrismus in China
Vajrapati, indische Gottheit
Vajrayāna (Diamantenfahrzeug), Hpt.-Richtung d. Buddhismus
Vakpati (8. Jh.). Verfasser der Gaudavadha
Valencia/Spanien: arab. Teilfsm. (11./12. Jh.)
Valera, Blas (1551–1597), spanischer Chronist
Valerian (Publius Licinius Valerianus), römischer Kaiser von 253 bis 260 n. Chr.
Valerius Flaccus (1. Jh. n. Chr.), römischer Epiker
Valerius, Freund des Collatinus

Vallabha (18. Jh.), Führer des Vaishnavismus und Begründer der Garba-Literatur

Vallabhācārya, hinduist. Sekte

Valmiki (8./7. Jh. v. Chr.), Dichter und angeblicher Verfasser des Ramayana

Valvassoren, ital. Kleinadel

Valverde, Pater (um 1533), spanischer Missionar und Konquistador

Varahamihira (um 499), indischer Astronom

Varahrān, König von Gilan

Varaz, parthische Feudalfamilie

Vargas, Jacinto de (gest. 1696), spanischer Dominikanermönch, wurde von den Itzá von Tayasal den heidnischen Göttern geopfert

Varius Rufus, Lucius (1. Jh. v. Chr.), römischer Dichter

Varro, Marcus Terentius Reatinus (116–27 v. Chr.), römischer Staatsmann und Schriftsteller

Varuna, indischer patriarchalischer Gott; entspricht dem griechischen Uranos

Varuna, wedischer Gott des Himmels, des Mondes und des Wassers

Varus, Publius Quinctilius (gest. 9), römischer Feldherr

Vasiliki/Kreta: bronzezeitl. St.

Vasishtha (10. Jh.), Oberpriester unter König Sudas

Vasishthiputra (2. Jh.), Satavahana-König und Sohn Gautamiputras

Vasudeva, indische Gottheit

Vayu, indischer Windgott

Veda, Gesamtname f. d. ind. hl. Texte

Vedānta, hinduist. philos. Schule

Vega, Garcilaso de la, El Inca (1539–1616), spanisch-peruanischer Dichter und Chronist

Veji/Italien: Etrusker-St.

Velázquez, Diego de Cuellar (1461/66–1524), spanischer Gouverneur von Kuba

Velden/Dtschl.: prähist. Fundort

Velianas/Veliunas, Thefane (5. Jh. v. Chr.), Fürst von Caere

Velleius Paterculus (1. Jh.), römischer Geschichtsschreiber

Venedig/Italien: Gründung (452), Handels- u. Seemacht (seit d. 9. Jh.)

Venus, altitalische Göttin des Frühlings; römische Göttin der Liebe; mit der griechischen Aphrodite gleichgesetzt

Venusia/Italien: röm. Militärkol.

Veracruz/Mexiko: span. Landung (1519)

Vercelli (Vercellae)/Italien: Schlacht b. (101 v. Chr.)

Vercoutter, Jean (2. Jh.), belgischer Ägyptologe

Verden a. d. Aller/Hannover, Dtschl.: Blutgericht v. (782)

Vereinigte Staaten v. N-Amerika/USA: indian. Vorzeit

Vergil, Publius Vergilius Maro (70 bis 19 v. Chr.), römischer Dichter

Verona/Italien: bayr. Mark, kärntner. Mark, Dom San Zeno (1125), Veroneser Bund (1162)

Verres, Gaius (gest. 43 v. Chr.), römischer Staatsmann

Verroneo, Geronimo

Versinikia b. Adrianopel/Thrakien: Schlacht b. (813)

Vespasian, Titus Flavius Vespasianus (69–79), römischer Kaiser

Vessantarajātaka, hinterind. hl. Text

Vestales, röm. Priesterkollegium d. Vesta

Vesuv/S-Italien: Ausbruch (79 n. Chr.)

Vettersfelde/Schlesien: prähist. Fundort

Vetulonia/Italien: Etrusker-St.

Vézelay/Frankr.: roman. Wallfahrtskirche i. (1120)

Via Egnatia, röm. Heerstr. v. Durazzo nach Saloniki

Via Flaminia, röm. Heerstr. über d. Apennin

Vibius, Gaius (um Christi Geburt), römischer Töpfer

Vibo/S-Italien: röm. Kol. (um 200 v. Chr.)

Vidtskofte/Schweden: Wandmalereien v.

Vidyaranya (14. Jh.), religiöser Führer

Vienne/Frankr.: weström. Res. (388)

Vijñānavādin, ind. philos. Schule d. »Großen Fahrzeugs«

Vikramaditya VI. (11. Jh.), Chalukya-König

Vilivayakura (Baleokuros; 2. Jh.), Andhrakönig

Villafrati-Kultur, Kultur d. Urzeit

Villagra, Agustín (20. Jh.), mexikanischer Maya-Forscher

Villanova-Kultur, Kultur d. Frühgeschichte

Vima Kadphises (1. Jh. n. Chr.), Kuschanenherrscher

Vima Khadphises (1. Jh.), Häuptling der Yueh-chi und Sohn Kujalas

Vindobona → Wien

Vindusara (296–264 v. Chr.), indischer König

Vinkovci (Cibalae)/Slawonien: Schlacht b. (314)

Viracocha (um 1438), achter Inka-Herrscher

Virginia, Tochter des Plebejers Virginius

Virupaksha, indische Gottheit

Vischtaspa-Hystaspes (6. Jh. v. Chr.), Vater des Dareios I.

Vishakhadatta, Verfasser des Mudrarakshasa

Vishnu, indische Hauptgottheit

Vishnuvardhana (12. Jh.), Hoysala-König

Vishvamitra (10. Jh.), Oberpriester unter König Sudas

Viṣṇuismus, Richtung d. Hinduismus

Vithoba, indische Gottheit

Viṭṭhalasvāmi/S-Indien: Tempel

Vivarium/Kalabrien, Italien: Klostergründung Cassiodors

Vologeses I. (um 51 bis 80 n. Chr.), Arsakidenkönig

Vologeses IV. (191–207), Arsakidenkönig

Vologeses V. (um 208 bis um 228), Arsakidenkönig

Volusenus, Gaius, römischer Offizier aus der Zeit Caesars

Vonones I. (um 7–12 n. Chr.) Arsakidenkönig

Vorkambrium → Algonkium

Vučedol-Kultur, Kultur d. Steinzeit

Vulgata, latein. Bibelübersetzung

Vuillemot, G. (20. Jh.), französischer Archäologe

Vulcanus, römischer Gott des Feuers; dem griechischen Hephästos gleichgesetzt

Vyasa, brahmanischer Dichter und angeblicher Verfasser des Mahabharata

Vyse, Howard, Reisender (19. Jh.)

Wadjak/Java: paläolith. Fundort

Wahhābiten, islam. Sekte

Walachei/Rum.: Daker-Sied.-Geb., Teil d. röm. Prov. Dacia (107 n. Chr.), Kolonisation aus d. Illyricum, kirchenslaw. Kultur

Waldeck, Jean Frédéric (1766–1875), Graf und französischer Reiseschriftsteller

Waldenser, christl. Sekte

Waltharius, mittelalterl. latein. Epos

Wanen, Götterschicht der Edda

Wang An-shih (1021–1086), fortschrittlicher Wirtschaftspolitiker der Sung-Dynastie

Wang Mang (33 v. Chr. – 23 n. Chr.), Usurpator des Han-Thrones

Wang Pi (226–249), taoistischer Schriftsteller

Wang Shih-chên (1526–1593), Staatsmann und Schriftsteller der Ming-Zeit

Wang Shih-min (1592–1690), Maler der frühen Mandschu-Zeit

Wang Wei (699–759), Dichter und Maler der T'ang-Zeit

Wang Yüan-ch'i (1642–1715) Maler und Schriftsteller der frühen Mandschu-Zeit

Wan Li, Ming-Kaiser, s. Shên Tsung

Waschptah, Baumeister unter König Neferirkarê (5. Dyn.)

Wasugani/a. oberen Tigris (Lage noch nicht genau ermittelt): Hptst. d. Mitanni-Reiches

Waterford/Irland: gälisches Erneuerungs-Zm.

Wauchope, Robert (geb. 1909), amerikanischer Archäologe

Wei-Chuang (10. Jh.), Dichter der nördlichen Sung

Wei Yang, s. Kung-sun Yang

Weltanfangsmythos der Germanen, Twisto und s. Sohn Mannus = Mensch, von Mannus drei Söhnen sollen die Ingwionen, Ermionen, Istrionen abstammen

Wenamun, Held einer ägyptischen Reiseerzählung aus dem zweiten Jahrtausend v. Chr. (21. Dyn.)

Wen Chung (1. Jh. v. Chr.), Heerführer an der zentralasiatischen Grenze

Wessex/Engl.: Bronzezeit-Kultur

Weta, Aufseher der Gerbereien (4. Dyn.)

Wên Shu Yen K'ung (Manjusri), einer der zwölf göttlichen buddhistischen Lehrer; der buddhistische Apollon

Whitaker, J. I. S. (20. Jh.), englischer Archäologe

Wielandlied, german. Sagenstoff

Wien (latein. Vindobona)/Österr.: Römersied., freie Reichs-St. (1235)

Wilbour, amerikanischer Sammler, Besitzer wertvoller Papyri

Wilkinson, Sir Gardner, englischer Ägyptologe

Wilkins, Sir Charles (1749 bis 1836), englischer Orientalist

Willey, Gordon (geb. 1913), amerikanischer Archäologe

Wilton-Kultur, Kultur i. S-Afrika

Winchester/Engl.: got. Kathedrale

Wodan-Kult, Sturmdämon

Wolf, Eric R. (geb. 1923), amerikanischer Ethnologe

Wolga/Fl., Rußl.: neolith. Kulturen a.d.

Wolkenreisende (griech. Ktisten, Poleisten), getische Vorform d. Mönchtums

Wonderwerk-Höhle/Griquald: paläolith. Fundort

Woodlands Cultures, prähist. Kulturen

Woolley, Sir Charles Leonard (geb. 1880), englischer Archäologe

Worms/Dtschl.: Vwgszeit, Dom (1001), Kulturzm., Synode v. (1076), Konkordat v. (1122), Constitutio in favorem principum (1231)

Wu/Mittel-O-China: Teilreich (220–280)

Wu, Begründer der Chou-Dynastie (1122–1115 v. Chr.)

Würzburg/Bayern: Reichstag z. (1165)

Wu Hou (Wu Chao), T'ang-Kaiserin (684–705)

Wu Ling, König von Chao (325–299)

Wu Ti, Kaiser der Han-Dynastie (141–87 v. Chr.)

Wu T'ou Lao (1. Jh. v. Chr.), König von Chi Pin

Wu Tsung, Ming-Kaiser (1505 bis 1520)

Wu Tsung, T'ang-Kaiser (841 bis 846)

Xanten a. Rhein (Colonia Ulpia Traiana)/Dtschl.: röm. Gründung

Xanthos aus Lydien (um 5. Jh. v. Chr.), Historiker

Xenokles, griechischer Geograph in Diensten Alexanders des Großen (336–323 v. Chr.)

Xenophanes von Kolophon (um 565–470 v. Chr.), griechischer Philosoph und Dichter

Xenophon (um 430 – um 354 v. Chr.), griechischer Schriftsteller

Xeres de la Frontera → Jerez de la Frontera

Xerxes I. (485–465 v. Chr.), persischer König

Xicotencatl (um 1520), Tlaxcala-Häuptling

Xipe Totec, Vegetationsgott, in ganz Mittelamerika verbreitet

Xolotl (13./14.Jh.), Chichimekenhäuptling

Yahi-Milki (um 650 v. Chr.) König von Tyros

Yajnavalkya, indischer Gesetzeslehrer

Yajurveda, Teil d. Veda, Opfersprüche

Yakinlu (7. Jh. v. Chr.), König von Arados

Yama, indischer Todesgott

Yami, Schwester des Todesgottes Yama

Yang Chien (540–605), General; Begründer der Sui-Dynastie

Yang Chu (4. Jh. v. Chr.), Philosoph

Yang-shao/W-Ho-nan, China: Ausgrabungsort d. neolith. Kultur Chinas (etwa 2000 v. Chr.)

Yang-shao-Kultur, Kultur i. N-China

Yang Ti, 2. und letzter Kaiser der Sui (605–618)

Yang und Yin, das positive und das negative Prinzip des universellen Lebens

Yang u. Yin, chin Bez. f. zwei sich gegenseitig bedingende Grundkräfte

Yao (2357–2255 v. Chr.), einer der „Fünf Kaiser"

Yarkand (Jarkand, chin. Soch'ê-fu)/Sinkiang, China: Oasenst. a. d. Seidenstr., tibet. Erob. (nach 670), Islamisierung (seit 996)

Yarmûk/Fl. i. Palästina: Schlacht a. (636)

Yashovarman (um 733–753), Herrscher von Kanauj

Yathrib, Yatrib → Medīna

Yatonmilk (5. Jh. v. Chr.), König von Sidon

Yatung/S-Tibet: Handelsplatz

Yayoi-Kulturen (Yayoishiki)/Japan

Yazilikaya/Anatolien: prähist. Fundort

Yeharbaal (5. Jh. v. Chr.), König von Byblos, Sohn des Urimilk, Vater des Yehaumilk

Yehaumilk (5. Jh. v. Chr.), König von Byblos, Sohn des Yeharbaal

Yehimilk (um 920 v. Chr.), Herrscher von Byblos

Yemen (al-Yaman)/SW-Arabien: Zaiditen-Herrschaft (seit d. 9. Jh.)

Yen-lo Wang, König der Hölle

Yeseviye, türk. Derwischorden

Ying Tsung, Kaiser der Ming-Dynastie (1435-1449)

Ying Tsung, Kaiser der Sung-Dynastie (1063-1067)

Yoga, ind. System d. Versenkung u. Askese

Yortan/Troja-Kultur, prähist. Kultur Kleinasiens

Young, Thomas, englischer Gelehrter (18.–19. Jh.)

Yucatán/Halbinsel, Zentralamerika: Maya-Kultur a., Küstenerforschung (1508/1509), Erforschung (1890)

Yüan Chuang (Hsüan Tsang, 602 bis 664), buddhistischer Pilger und Indienreisender

Yün-kang/N-China: Höhlentempel (5. Jh.)
Yün-nan/SW-Prov. Chinas: Thai-Kggr.
Nanchao i. (7.–13. Jh.), mongol. Erob.
(1253), chin. Erob. (1382)
Yürüken, türk. Nomadenbevölkerung Anatoliens
Yü (2205–2197 v. Chr.), Begründer der Hsia-Dynastie
Yung Chêng, Mandschu-Kaiser, s. Shih Tsung
Yung Lo, Ming-Kaiser, s. Ch'êng Tsu 2501
Yupanqui s. Pachacutec

Zababa-šum-iddin, Name in einem Dokument
Zacalpuc, Geschlechtergott mexikanischen Ursprungs
Zac Ixchel, Mondgöttin
Zadruga, Großfamilie d. slaw. Völker
Zafar Khan, Hasan Gangu, 1347–1375 als Sultan Ala-ud-din Bahman bekannt
Zagreus, griechischer Gott; Erscheinungsform des Dionysos
Zaguëkönige (jüd.), i. Abessinien
Zaiditen, schiitische Sekte
Zakirbaal, König in Byblos in der Erzählung von Wenamun
Zakonik, serb. Gesetzbuch Stephan Dušans
Zakon sudnyj Ijudem, ältestes Gesetzbuch a. slaw. Boden
Zakynthos/griech. Insel: paläolith. Besied.
Zakynthos, Insel an der Küste von Elis
Zama/N-Afrika: Schlacht b. (202)
Zankle, ursprüngl. Name von Messina in Sizilien
Zaragoza (Caesaraugusta)/Spanien: westgot., Reconquista d. Aragón (1118)
Zazija, König der Turukkäer
Zāb, linker Nebenfl. d. Tigris: Schlacht a. (50)
Zeb-un-nissa, Prinzessin der Mogul-Zeit
Zekarbaal (2. Jahrtausend v. Chr.), Fürst von Byblos
Zekerbaal, König von Byblos
Zela/Kleinasien: Schlacht b. (47 v. Chr.)
Zen (chin. Ch'an, sanskr. Dhyāna, korean. Sôn-tsong), buddh. Sekte
Zenğ-Aufstand (871 bis 883), irak. Sklavenaufstand
Zenobia (267–274), Königin von Palmyra

Zenon von Kition (um 333–264 v. Chr.), griechischer Philosoph
Zeno (um 490–430 v. Chr.), griechischer Philosoph
Zephyros, der Westwind
Zerach, sagenhafter König im Alten Testament
Zer-banitum, s. Sarpanitum
Zeria, Mitglied der Tempelbehörde unter Nâbû-na'id
Zeta → Montenegro
Zetes, Sohn des Boreas
Zethos, Sohn des Zeus und der Antiope
Zeugen Jehovas, christl. Sekte
Zeusaltar/Pergamon, hellenist. Kunstwerk
Zeus, griechischer Göttervater
Zeus Kasios, s. Baal Saphon
Zeus Laphystios (= Opferheischende), Beiname des Zeus nach dem Berg Laphystion bei Koroneia
Zeus, Olympischer
Zeus, Sohn des Kronos und der Rhea, höchster griechischer Gott
Zeus von Theben, ägyptischer Gott
Zimrī-Lim (1779–1761 v. Chr.), König von Mari
Zimrī, Usurpator des Thrones von Israel
Zisterzienser, Mönchsorden
Ziusudra, sumerischer Held
Zivad (8. Jh.), arabischer General
Zoba/Syrien: Aramäerfsm.
Zohar, Hpt.-Werk d. jüd. Mystik
Zoroaster, Zarathustra (628 bis 551 v. Chr.?), Religionsgründer
Zoroastrismus: Lehre
Zoros, s. Azoros
Zor → Tyros
Zoskales (um 100), abessinischer König zu Axum
Zuidema, R. T. (20. Jh.), holländischer Ethnologe
Zurita, Oidor Alonso (16. Jh.), spanischer Regierungsbeamter
Zu, Vogelgott
Zwölfapostellehre → Didache
Zwölfer-Schia → Imāmiya, islam. Glaubensrichtung
Zwölftafelgesetz (Lex duodecim tabularum, 450 v. Chr.)

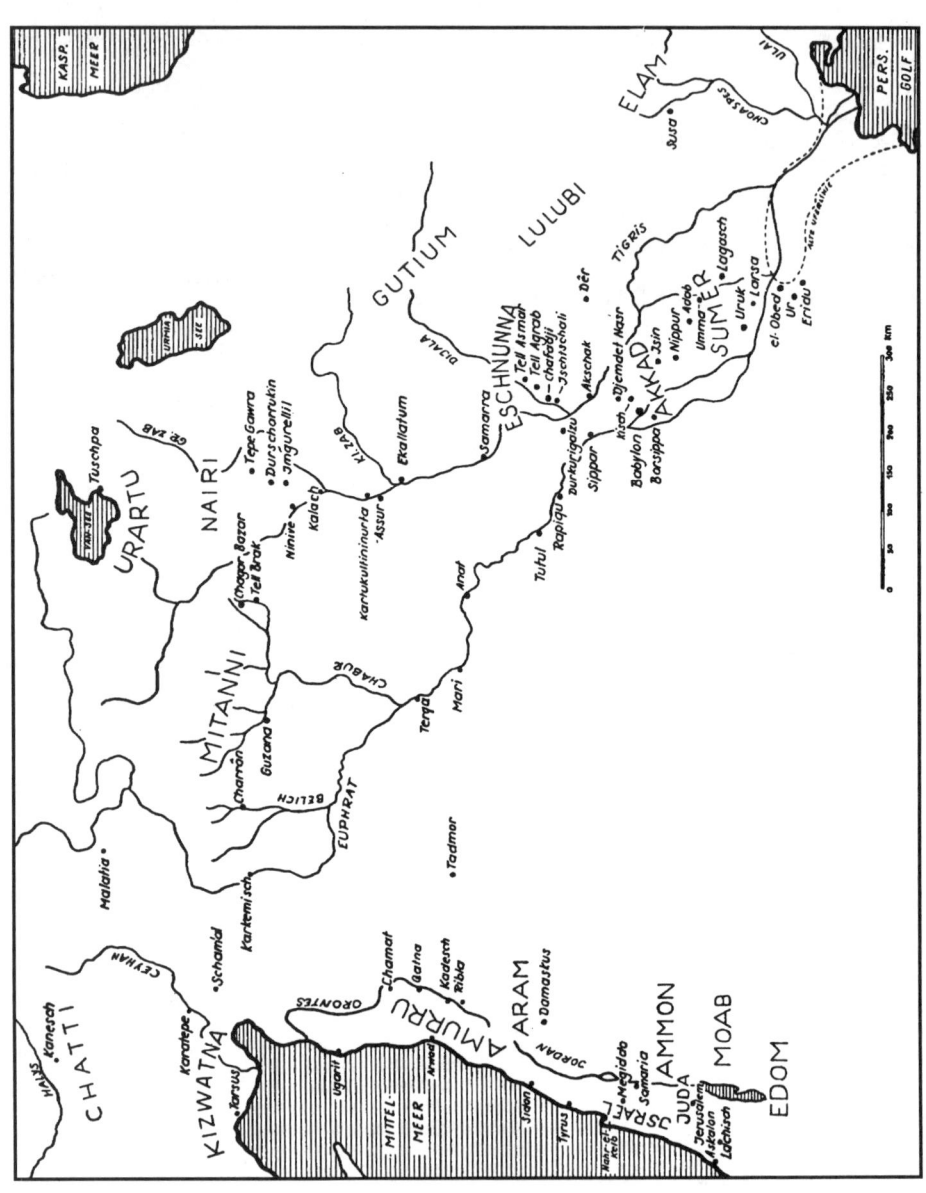